Coleção
HISTÓRIA & HISTORIOGRAFIA

Coordenação
Eliana de Freitas Dutra

Roy Rosenzweig
Introdução de Anthony Grafton

Clio conectada
O futuro do passado na era digital

TRADUÇÃO
Luis Reyes Gil

autêntica

Copyright © 2011 Columbia University Press

Título original: *Clio Wired: The Future of the Past in the Digital Age*

Todos os direitos reservados pela Autêntica Editora Ltda. Nenhuma parte desta publicação poderá ser reproduzida, seja por meios mecânicos, eletrônicos, seja via cópia xerográfica, sem a autorização prévia da Editora.

COORDENADORA DA COLEÇÃO HISTÓRIA E HISTORIOGRAFIA
Eliana de Freitas Dutra

EDITORAS RESPONSÁVEIS
Rejane Dias
Cecília Martins

REVISÃO DE TRADUÇÃO
Mariana Silveira

REVISÃO
Aline Sobreira

PROJETO GRÁFICO
Diogo Droschi

CAPA
Alberto Bittencourt (Sobre tela Clio, *de Pierre Mignard I)*

DIAGRAMAÇÃO
Waldênia Alvarenga

Dados Internacionais de Catalogação na Publicação (CIP)
(Câmara Brasileira do Livro, SP, Brasil)

Rosenzweig, Roy
   Clio conectada : O futuro do passado na era digital / Roy Rosenzweig ; tradução Gil Reyes. -- Belo Horizonte : Autêntica Editora, 2022. -- (Coleção História & Historiografia)

   Título original: Clio Wired: The Future of the Past in the Digital Age
   ISBN 978-65-5928-135-0

   1. História - Estudo e ensino (superior) 2. Historiografia 3. Historiografia - Filosofia 4. Historiografia - Metodologia 5. Historiadores 6. Internet 7. Mídia digital 8. Rede mundial de computadores I. Título II. Série.

22-97812
CDD-902.85

Índices para catálogo sistemático:
1. Recursos de redes de computadores : História 902.85

Maria Alice Ferreira - Bibliotecária - CRB-8/7964

Belo Horizonte
Rua Carlos Turner, 420
Silveira . 31140-520
Belo Horizonte . MG
Tel.: (55 31) 3465 4500

São Paulo
Av. Paulista, 2.073, Conjunto Nacional
Horsa I . Sala 309 . Cerqueira César
01311-940 . São Paulo . SP
Tel.: (55 11) 3034 4468

www.grupoautentica.com.br
SAC: atendimentoleitor@grupoautentica.com.br

As referências a sites da internet (URLs) eram precisas à época em que o livro foi escrito. Nem o autor nem os editores são responsáveis por URLs que possam ter expirado desde que o manuscrito foi produzido.

Para Mae Rosenzweig

Introdução
Roy Rosenzweig: a academia como comunidade
Anthony Grafton 11

Nota aos leitores
Deborah Kaplan 27

Repensar a história nas novas mídias

Capítulo 1
Escassez ou abundância? A preservação do passado 35

Capítulo 2
Rede de mentiras? O conhecimento histórico na internet
Com Daniel J. Cohen 83

Capítulo 3
Wikipédia: a história pode ser feita em código aberto? 115

Praticar a história nas novas mídias: ensinar, pesquisar, apresentar, coletar

Capítulo 4
Historiadores e hipertexto: é mais do que uma moda?
Com Steve Brier 169

Capítulo 5
Reconectar a sala de aula de História e Estudos Sociais: necessidades, parâmetros, perigos e propostas
Com Randy Bass 179

Capítulo 6
As potencialidades do hipertexto para as revistas acadêmicas 205

Capítulo 7
A produção acadêmica de história deveria ser livre? 215

Capítulo 8
Coletar história online
Com Daniel J. Cohen 225

Pesquisar a história nas novas mídias

Capítulo 9
Admirável mundo novo ou beco sem saída?
A história norte-americana na World Wide Web
Com Michael O'Malley 265

Capítulo 10
Magos, burocratas, guerreiros e hackers:
escrever a história da internet 301

Capítulo 11
A estrada para Xanadu: caminhos públicos e
privados para a web de história 341

Agradecimentos 395

INTRODUÇÃO

Roy Rosenzweig: a academia como comunidade

Anthony Grafton

Roy Rosenzweig faleceu, ainda jovem, em 2007. Aqueles que o conheceram e amaram – um grupo extremamente variado de colegas e alunos, vizinhos e correspondentes de e-mail – certamente ainda sentirão sua perda por muitos anos. No entanto, continuamos ouvindo sua voz. Como muitos outros excelentes historiadores, ele continua a nos ensinar por meio de seus livros, que transmitem sua paixão, aliada a erudição, competência e estilo, pela reconstrução das experiências de homens e mulheres comuns. Ele continua a se fazer ouvir também de outras maneiras, especialmente por meio da ampla gama de empreendimentos coletivos, desde páginas da internet a instituições, aos quais dedicou muito de sua energia e inteligência. Toda vez que um aluno de ensino médio ou de faculdade ou um professor abre os sites History Matters e World History Matters;[1] toda vez que um acadêmico independente lê um artigo ou uma resenha na mais recente edição da *American Historical Review* sem precisar pagar por isso; toda vez que alguém curioso sobre os Estados Unidos e o mundo acessa o September 11, 2001 Web Archive, agora em poder da Biblioteca do Congresso, ouve a voz de Roy e se beneficia de suas paixões – seu amor pela história, a crença de que todos deveriam compartilhá-la e sua impressionante capacidade de tornar parcialmente realidade o sonho de acesso universal. Roy jamais escreveu um *best-seller* ou um manual convencional. Mas concebeu

---

[1] History Matters (http://historymatters.gmu.edu/) e World History Matters (https://worldhistorymatters.org/) são páginas voltadas para o ensino de História de cuja concepção Rosenzweig participou. (N.E.)

novos métodos tanto para a história pública como para a educação em história, e com isso alcançou grande público, tanto fora quanto dentro da profissão. Os projetos colaborativos que liderou, além disso, continuam a crescer e se desenvolver, assim como as pessoas que passaram a cuidar deles – muitas das quais ele ajudou a formar –, responsáveis por aprimoramentos técnicos e pela incorporação de novos materiais e novos pontos de vista.

O sucesso acadêmico veio rapidamente para Roy. Ele se formou na Universidade Columbia, em 1971, *magna cum laude*, e ganhou uma das prestigiosas Kellett Fellowships da universidade, o que o levou ao St. John's College, em Cambridge. Mudando-se da Cambridge britânica para a norte-americana, Roy publicou seus primeiros artigos – caracteristicamente nas revistas *Labor History*[2] e *Radical America*[3] – bem antes de concluir sua tese. Terminou o doutorado em 1978, e mesmo naqueles anos de escassez acadêmica sua carreira fluiu bem. Em 1981, começou a lecionar na Universidade George Mason, onde passaria o restante de sua vida acadêmica. E em 1983, a Cambridge University Press publicou uma versão revisada da tese de Roy: *Eight Hours for What We Will: Workers and Leisure in an Industrial City, 1870-1920* [Oito horas para o que quisermos: trabalhadores e lazer em uma cidade industrial, 1870-1920]. Esse livro, que ainda hoje ganha reimpressões, quase três décadas após sua primeira edição, descreve as maneiras como os trabalhadores e trabalhadoras de Worcester, Massachusetts, conseguiram tempo livre e o que fizeram com ele. Inspirado em parte por E. P. Thompson, *Eight Hours for What We Will* permanece sendo um estudo poderoso e provocativo a respeito de como homens e mulheres comuns moldam seu mundo. Parece característico de Roy que, em uma época na qual a história quantitativa esteve em alta e a análise de registros do Censo parecia ter um domínio ilimitado sobre tudo, ele tenha reconstruído a vida cotidiana dos bares da classe trabalhadora. Ele argumentou, com

---

[2] *Labor History*: periódico acadêmico voltado à história do trabalho, publicado desde 1960. Ver: https://www.tandfonline.com/toc/clah20/current. (N.E.)

[3] *Radical America*: revista associada à chamada nova esquerda que circulou entre 1967 e 1999 nos ambientes universitários norte-americanos. Ver: https://library.brown.edu/cds/radicalamerica/about.html. (N.E.)

a força e clareza de sempre, que a cultura que os trabalhadores haviam criado em seu novo tempo livre não era de modo algum um assunto trivial, mesmo que ela não estivesse – como os historiadores românticos de esquerda poderiam ter desejado – centrada em uma oposição absoluta às estruturas de poder existentes. A exploração criativa que Roy realizou a partir de uma ampla gama de registros levou-o a vários novos domínios. Ele investigou de que maneiras diferentes grupos de imigrantes se instalaram, trabalharam e construíram suas comunidades – uma forma de análise que encontraria múltiplos ecos uma geração mais tarde na nova história da imigração da década de 1990 e mais adiante.

Roy, em resumo, foi um acadêmico talentoso e produtivo, que percorreu todas as esferas profissionais. Mas sua vida e sua obra de historiador sempre fugiram do convencional. Como nova-iorquino criado em Bayside, Queens, jogando beisebol na rua e consultando a Biblioteca Pública de Nova York, foi formado pelo pai na grande tradição do marxismo norte-americano – a tendência Groucho (quando era aluno na Columbia, deu ao seu gato hiperativo o nome de Rufus T. Firefly[4]). Seu compromisso de toda a vida com a esquerda foi acompanhado por uma forte aversão a toda forma de pomposidade e pretensão. Essas características o tornaram incapaz de apoiar aqueles que detinham o poder na sua disciplina e profissão. Apesar de ter estudado nos dois dos melhores departamentos de História da América, Roy encontrou relativamente pouco estímulo intelectual nos cursos e seminários formais que frequentou. Muito tempo depois de deixar Harvard, em uma das colunas que escreveu na *Radical History Review*, com Jean-Christophe Agnew, sob o pseudônimo de R. J. Lambrose, Roy trouxe à luz uma pequena e reveladora história: "Há alguns anos, um amigo voltou de uma entrevista de emprego com historiadores estadunidenses de Harvard. Quando lhe perguntaram se havia 'deixado todos eles boquiabertos' com seus conhecimentos, replicou: 'Não tive essa sorte. Já estavam todos de boca aberta quando cheguei'". Talvez

---

[4] Rufus T. Firefly é o nome do personagem interpretado por Groucho Marx no clássico do cinema de 1933 *O diabo a quatro*. A tendência Groucho, ou Grouchomarxismo, é um tipo de humor satírico, iconoclasta, com críticas políticas irreverentes ao sistema e à própria esquerda, algo típico desse comediante. (N.T.)

as palavras não tenham sido de Roy, mas a atitude que expressam certamente lhe correspondiam. Ele leu e explorou o mundo acadêmico e encontrou ricos recursos ali, desde a visão de E. P. Thompson sobre como escrever a história da classe trabalhadora, com a qual teve contato em Cambridge, até o computador, que deve ter usado pela primeira vez ao frequentar o curso de pós-graduação de Stephan Thernstrom. Mas selecionou e aplicou essas ferramentas, e outras, de maneiras profundamente pessoais.

O que moldou Roy, mais do que qualquer seminário, foram suas experiências no mundo urbano fora da universidade – do verão que passou em uma fábrica de calçados no Brooklyn, onde compreendeu o que o trabalho industrial realmente significava para quem o desempenhava, às sessões matinais na Whitehall Street, do lado de fora do Centro de Alistamento Militar de Nova York, tentando ajudar jovens com menos recursos que ele a evitar a convocação para a Guerra do Vietnã. Nunca perdeu a convicção que sedimentou ali: que intelectuais, e os historiadores em particular, precisavam estar sempre a par das circunstâncias políticas, sociais e econômicas nas quais eles e outros estudiosos desempenhavam seus ofícios.

Enquanto Roy trabalhava para elaborar o que havia visto, também aprendia muito com amigos e colegas. Ainda na pós-graduação, adotou o que se tornou uma prática de colaboração para a vida inteira – uma inovação radical na época. Naqueles dias, o trabalho do historiador, qualquer que fosse sua metodologia, costumava ser monástico em sua forma. Cada acadêmico trabalhava isoladamente, trancado em seu cubículo, envolvido em sua luta desesperada para dominar as fontes antes de ser tomado pela melancolia ou incapacitado por um bloqueio criativo em sua escrita. Esse modelo de trabalho intelectual nunca fez sentido para Roy; ao lado de Agnew e outros amigos em Harvard e em outros lugares, logo encontrou maneiras de dar ao trabalho acadêmico rigoroso uma rica e variada dimensão social. Como relembrou recentemente a historiadora Elizabeth Blackmar, da Universidade Columbia, velha amiga de Roy: "O que você faz quando não sabe o que está fazendo? Você organiza um grupo de leitura; você forma um coletivo para produzir uma revista, você procura fazer com que todos os seus amigos se conheçam – seja pessoalmente, seja como lendas. Você entrega a outras pessoas rascunhos de seu trabalho para que elas leiam, e você lê os delas, e troca ideias. Roy ajudou todos nós coletivamente a ganhar confiança para fazer nosso trabalho criativo, e ajudou muitos a encontrar emprego, alojamento, colegas de quarto e amigos para a vida toda". Os projetos ganhavam forma, um após o outro: um livro colaborativo sobre métodos experimentais para ensino de história, baseado nas experiências de mais de 80 indivíduos; documentários sobre Mission Hill, um bairro de classe operária em Boston, e sobre os contextos social e ecológico dos sistemas públicos de tratamento de águas dos Estados Unidos.

Mas principalmente havia a *Radical History Review*. Como os jovens talentosos dos filmes da década de 1930, Roy e seus amigos arrumaram um velho celeiro, improvisaram um cenário e adereços e montaram um espetáculo – que continua até hoje. Embora várias pessoas tenham ajudado a tornar essa revista uma realidade, Roy desempenhou um papel crucial, e ajudou a editar a *RHR* – e a resgatá-la quando o desastre organizacional ou financeiro a espreitava – durante décadas. Como a sua prima britânica um pouco mais jovem, a *History Workshop*, a *Radical History Review* conseguiu várias coisas ao mesmo tempo. Ela patrocinou rodas de discussões, oficinas e palestras: fóruns intelectuais abertos que atraíam magneticamente os jovens mais talentosos. Ofereceu um remédio parcial para a aparente esterilidade das formas mais institucionalizadas de produção historiográfica. Com frequência, forneceu um lar intelectual para investigações, métodos e discussão de questões, temas que não podiam, naqueles dias, ser acolhidos na *American Historical Review* e em outros periódicos estabelecidos; às vezes, tornou-se um fórum para o debate de temas tão centrais quanto o gênero, enquanto eles ainda não eram tratados de forma suficientemente sistemática. Manteve um comentário crítico sagaz sobre o cenário político e econômico mais amplo, especialmente sobre as maneiras como as considerações do mercado e a linguagem do mercado estavam transformando a universidade, e sobre os esplendores e as misérias – geralmente as misérias – da profissão de historiador. Quando revisionistas de direita teciam elogios a Nixon ou quando historiadores de esquerda sofriam ataques, a *Radical History Review* se fazia presente para defender o contraditório.

Nos seus melhores momentos, a *RHR* rebateu a retórica presunçosa da reação com um sarcasmo fulminante, muito mais eficaz do que qualquer argumento formal:

> No último mês de outubro, no vigésimo aniversário da Marcha até o Pentágono, um grupo de ex-membros da nova esquerda realizou uma "Conferência de Reconsideração" em Washington, D.C. Ali, David Horowitz, Peter Collier, Robert Leiken, Ron Radosh e outros fizeram um ritual de retratação em relação ao "romance autoenaltecedor com o terceiro-mundismo corrupto", à "indulgência fortuita com o totalitarismo soviético" e ao "antiamericanismo hipócrita e dramatizado" do qual haviam participado na juventude. E no mesmo evento, Hilton Kramer, Norman Podhoretz e Irving Kristol, de maneira igualmente ritual, refutaram a sua absolvição. Havíamos planejado um comentário sobre esse episódio, mas depois pensamos melhor.

A *Radical History Review* mudou o enfoque da academia e do ensino por uma geração ou mais.

Também deu a Roy um treinamento rápido, por imersão, no trabalho prático de organização e publicação acadêmica. Pelo resto da vida, aplicou com incansável generosidade as habilidades editoriais que aprendeu, não só na *Review*, mas também como coeditor de uma série da Temple University Press chamada Critical Perspectives on the Past, que acabou abrigando quase três dúzias de monografias e coleções de ensaios; como coeditor (com Jean-Christophe Agnew) de *A Companion to Post-1945 America* [Um guia para a América pós-1945] (Oxford: Blackwell, 2002); e em outros locais onde demonstrou sua paixão para tornar os bastidores de cada produção tão perfeitos quanto sua parte visível. Em *Who Built America?* [Quem construiu a América?], um manual sobre história social apaixonado e inovador, Roy trabalhou como editor ou autor nas suas três edições. Apenas seus colegas tiveram noção do quanto sua contribuição foi extensa, mesmo quando ele de início adotou o misterioso crédito de "editor consultivo". Como Stephen Brier explicou em seu prefácio à primeira edição, Roy leu e comentou criticamente cada capítulo dessa enorme obra, propondo melhorias não apenas em partes específicas, mas também na apresentação do todo. Ele convenceu os demais editores a incluírem uma gama mais ampla de documentos em primeira pessoa a fim de realçar o sabor e a textura do livro, e continuou prestando ajuda e aconselhamento durante todo o processo.

As mesmas aptidões críticas, e a mesma paixão em persuadir os demais a se superarem, foram centrais em Roy também como professor – aspecto de sua vocação que, para ele, era profundamente importante, e ao qual se dedicou com uma intensidade que, para dizer o mínimo, nem sempre é demonstrada por outros historiadores veteranos que estejam à altura de sua competência e produtividade como acadêmico. Roy encarava a leitura crítica como um ofício, que praticava com a mesma flexibilidade, envolvimento e paixão tanto ao ler trabalhos de calouros como ao revisar livros de colegas. Isso se tornou uma parte vital do que ele transmitia aos seus alunos. Como relembrou Elena Razlogova:

> Roy me ensinou como comentar o trabalho de outras pessoas. Quando me mostrou como reescrever totalmente um dos meus esboços menos bem-sucedidos, fez um comentário linha por linha de cinco páginas em espaço simples, no qual foi muito direto, até sarcástico às vezes. A respeito de uma das minhas afirmações mais extravagantes, comentou: "Estou disposto a acreditar que seja esse o caso, mas as alegações aqui parecem se apoiar em duas anedotas". No entanto, era igualmente gentil – também usou, sem que houvesse muito fundamento para isso, palavras elogiosas como "aguda percepção", "muito bem escrito" e "maravilhoso", esta última três vezes. Não sei se Roy era capaz de escrever comentários que não fossem detalhados – ele dava respostas muito exaustivas não apenas a dissertações e a capítulos de livros, mas também a trabalhos que ele mandava fazer na... sala de aula.

A paixão de Roy por trabalhar com outras pessoas estendeu-se aos seus projetos acadêmicos mais substanciais. Muitos historiadores trabalham em equipe para produzir livros didáticos, exposições e outros projetos voltados para o grande público. Mas são relativamente poucos os que escrevem artigos ou livros baseados em pesquisas em colaboração. Roy achava natural trabalhar com outras pessoas ao vasculhar arquivos e ao elaborar os fatos e as histórias que garimpava ali em uma prosa vigorosa e elegante. Na realidade, na maior parte de sua carreira foi um "colaborador em série". Ao longo da década de 1980, pesquisou e escreveu *The Park and the People* [O parque e as pessoas], uma história abrangente e inovadora do Central Park, junto a Elizabeth Blackmar. Mesmo as mais solitárias atividades de um historiador tornavam-se, para Roy, uma forma a mais de sociabilidade: "Graças ao temperamento de Roy, voltado para a colaboração", escreve Blackmar, "fomos capazes de rir e de discutir até encontrar nosso caminho para a produção de um livro" – um modelo de criatividade acadêmica tão atraente quanto pouco usual. *The Park and the People* tratou dos suspeitos de sempre, como Robert Bowne Minturn e August Belmont, Frederick Law Olmsted e Robert Moses. Mas também deu espaço aos nova-iorquinos que o Central Park desalojou e aos trabalhadores que o construíram de fato, junto aos aristocratas, arquitetos e planejadores. Projetistas e políticos, aristocratas e empreendedores, o expediente de oito horas e o transporte público, meninos jogando beisebol e mulheres andando de bicicleta, todos tiveram seu papel nessa análise complexa e multinível, assim como todos haviam ajudado a fazer e refazer os espaços naturais e culturais do Central Park. *The Park and the People* ganhou cinco prêmios por sua riqueza de material novo, pelas novas perspectivas e por sua prosa cativante. Roy levou a cabo outra investigação premiada de novas áreas, *The Presence of the Past: Popular Uses of History in American Life* [A presença do passado: usos populares da história na vida americana], em parceria com David Thelen. E escreveu seu último livro, *Digital History: A Guide to Gathering, Preserving, and Presenting the Past on the Web* [História digital: um guia para reunir, preservar e apresentar o passado na web], com Daniel Cohen. Esse livro de excepcional lucidez, informativo e espirituoso, é muito mais que um guia. Ele traça a trajetória da história na web desde a *walking city* [cidade ambulante] às *sprawling megalopolis* [megalópoles extensíveis]; presta tributo aos pioneiros – aos amadores assim como aos profissionais; e oferece claras instruções, capturas de tela bem escolhidas e estimulantes reflexões para ajudar os novatos a dominarem novas partes do território.

Na vida posterior de Roy, três temas se entrelaçam, muitas vezes de maneiras inesperadas: computadores, construção de instituições e – principalmente – a comunidade. Foi um dos primeiros historiadores a não só aderir à revolução do computador pessoal, como também a dominar novas ferramentas de programação e análise de dados, à medida que ficavam disponíveis, geração após geração. Seu primeiro artigo na área, "Automating Your Oral History Program: A Guide to Data Base Management on a Microcomputer" [Automatizar seu programa de história oral: guia para gestão de bancos de dados em um microcomputador], apareceu no *International Journal of Oral History* já em novembro de 1984. Ao longo das décadas, continuou envolvido com uma tecnologia após a outra, dos CD-ROMs da década de 1990 à World Wide Web, onde logo se sentiu em casa. Roy se estabeleceu de imediato como um usuário extremamente criativo das novas tecnologias. Sua habilidade em juntar e analisar dados foi um sustentáculo de seus últimos livros. Os bancos de dados que criou para vincular registros de diferentes tipos permitiu que ele e Blackmar separassem as camadas da história do Central Park e resgatassem do esquecimento as "histórias de lares de afro-americanos, irlandeses e alemães que haviam residido na área".

Ao mesmo tempo, Roy concebeu, levantou fundos e dirigiu projetos que mostraram pela primeira vez o que o computador era capaz de fazer pela história pública – acima de tudo, aqueles extraordinários recursos baseados na web para o ensino de história, Liberty, Equality, Fraternity e History Matters, que oferecem aos usuários não apenas uma vasta gama de fontes primárias em várias mídias, mas também sugestões concebidas com imaginação e muito bem executadas quanto às maneiras mais produtivas de fazer essas fontes falarem. Em 2003, a Fundação Rockefeller e o Centro Nacional de Humanidades concederam-lhe o segundo Prêmio Richard W. Lyman por "notável realização no uso da tecnologia da informação para o avanço dos estudos acadêmicos e do ensino de humanidades" – um reconhecimento público de seu papel pioneiro e da importância de seu exemplo.

As instituições foram importantes para Roy desde o início de sua carreira. Apesar de ter participado e apresentado trabalhos em encontros profissionais, criticou as organizações tradicionais por vê-las rígidas, hierárquicas e não generosas. Seus membros sêniores olhavam com ar de superioridade, e visível falta de empatia, tanto para as mulheres e as pessoas de cor quanto para os acadêmicos gays que ingressavam profissionalmente na área de história. Ao final da nítida prosperidade acadêmica da década de 1960, que beneficiara principalmente homens brancos, os figurões reagiram à miséria econômica e pessoal enfrentada por jovens historiadores pedindo cortes na matrícula de pós-graduandos. Ao que parecia, apenas os que viravam as costas às estruturas tradicionais poderiam construir instituições capazes de promover uma vida intelectual nova, mais democrática. Foi o que resultou na *Radical History Review* e em muitas outras iniciativas.

Roy nunca perdeu sua paixão pela democracia. Mas, ao longo do tempo, tanto ele quanto outros membros de sua geração foram reconhecidos como historiadores por direito próprio e encontraram um lugar – e começaram a ver novo potencial – nas instituições mais antigas, de maior porte. Nos anos 1970, Roy era um dos que se desesperavam com a velha guarda da American Historical Association. Por volta de 2000, Eric Foner, velho amigo e aliado intelectual, foi eleito presidente da AHA. Roy ficou muito envolvido no trabalho da associação, tendo servido durante três anos como vice-presidente de alta eficiência no setor de Pesquisa. Animado e eloquente como sempre, convenceu seus colegas de que os procedimentos às vezes morosos da AHA precisavam mudar. Persuadiu o conselho da associação a abrir acesso universal na web à sua revista, a *American Historical Review*, e às suas outras publicações, e trabalhou com seus colegas para modernizar os encontros anuais da associação.

Mas foi na George Mason, a despojada universidade em ascensão, onde lecionou por mais de um quarto de século, que Roy realizou sua mais destacada tarefa de construção. A partir do início da década de 1990, criou ali o Center for History and New Media (CHNM). No início, o nome majestoso referia-se apenas ao seu gabinete no Departamento de História. Apoiado por sua visão, seu compromisso e sua capacidade retórica, que fizeram dele um solicitante de bolsas quase sempre bem-sucedido, Roy criou projetos que mostravam o potencial da história digital – pelo menos quando concebidos e implantados por um pesquisador e contador de histórias de alto nível. O mais notável é que ele concebeu uma estrutura para apoiar esses esforços, a qual mostrou uma capacidade de crescer e se modificar aparentemente infindável. À medida que o centro adquiria equipamentos e funcionários, estendeu-se pelos escritórios vagos e depois foi transferido para um trailer cheio de goteiras, até finalmente ocupar um grande conjunto de salas no prédio principal de Pesquisa da George Mason. Essas instalações atraentes, construídas especificamente para esse propósito, abrigam, além da equipe do centro, com mais de 40 pessoas, o Center for Earth Observing and Space Research e o Computational Materials Science Center. Parece um local estranho para abrigar um ninho de historiadores, mas, na realidade, é um lar natural para aquilo que Roy construiu.

Tão grande quanto o Departamento de História da George Mason, o centro é agora dirigido e levado adiante por uma equipe de historiadores similares a Roy em seu domínio da narrativa tradicional, assim como das atuais tecnologias digitais – junto a alguns especialistas em programação e design gráfico dedicados integralmente. Entre seus projetos estão sites educacionais bem estabelecidos, como o History Matters e o mais novo e premiado Historical Thinking Matters; mostras e exposições digitais de material original, como o Bracero Archive e o Gulag: Many Days, Many Lives; e novas ferramentas de pesquisa, como o Zotero, que acadêmicos e estudantes de pós-graduação de todo o país utilizam para coletar e gerenciar suas fontes primárias. Roy observou há muito tempo que, conforme as fontes digitais fossem ficando disponíveis em grande quantidade, os historiadores teriam de aprender novas maneiras tanto de localizar o material relevante ocultado sob a grande massa de dados com a qual deparavam como de identificar depois os padrões significativos no material coletado. O centro embarcou em um estudo sobre os métodos disponíveis para garimpar textos e sobre as maneiras como alguns historiadores aplicam agora tais métodos, que muitos outros historiadores vão dominar no futuro.

Dedicado a empreendimentos colaborativos, o centro – ao contrário da maioria dos departamentos de História tradicionais – está alojado em escritórios de planta aberta, projetados para facilitar as discussões. Ele atrai e se beneficia das formidáveis energias e da criatividade dos alunos de pós-graduação e graduandos da George Mason, assim como de membros do Departamento de História e de sua equipe fixa em tempo integral. Em um momento em que as ciências humanas refazem suas trincheiras, o centro – junto a iniciativas aliadas, como o American Social History Project e o Center for Media and Learning, da Universidade da Cidade de Nova York – marca o que pode ser o primeiro novo modelo em grande escala de pesquisa e ensino de história a ganhar forma desde a introdução do sistema de seminários, no final do século XIX, e a criação do National Archives, não muito tempo depois. Com sua característica generosidade, Roy sempre expressou seu respeito por aqueles senhores, improváveis modelos, os acadêmicos barbudos que fizeram da história uma profissão nas décadas por volta de 1900. Eles aceitaram a responsabilidade tanto pela educação quanto pela pesquisa, e também pela coleta e publicação de fontes históricas, assim como pela sua interpretação. Ao criar o centro, Roy concretizou a visão desses pioneiros de uma nova maneira – e inesperadamente mostrou aos jovens historiadores do século XXI que eles podem e devem imitar as melhores qualidades de seus avós profissionais.

O último fio da meada vital no trabalho de Roy – e o que conseguiu unir os outros dois em muitos pontos – foi sua convicção de que a história abrange não apenas o que os historiadores nas universidades pensam e escrevem, mas também todas as maneiras como o povo vê, relembra e compreende seu passado. Desde o início da década de 1980, numa época em que os acadêmicos estavam apenas começando a desenvolver o interesse por museus e outras coleções públicas, Roy examinava a apresentação do passado em revistas e museus e incentivava seus colegas a fazerem o mesmo. As investigações coletivas que montou com eles produziram duas coleções de ensaios, *Presenting the Past: Essays on History and the Public* [Apresentando o passado: ensaios sobre história e o público], coeditado com Susan Porter Benson e Stephen Brier, e *History Museums in the United States: A Critical Assessment* [Museus de história nos Estados Unidos: uma avaliação crítica], coeditado com Warren Leon. Principalmente em *The Presence of the Past: Popular Uses of History in American Life*, Roy e Thelen defendem, contrariando comentaristas especializados tanto da direita quanto da esquerda, que os norte-americanos comuns constroem seus próprios meios de entrar em contato com o passado. Os dois autores dramatizaram habilmente a riqueza, o interesse e a intratabilidade das entrevistas que formaram o cerne de suas fontes. "Em 5 de junho de 1994", escrevem eles no início do livro, "o passado estava empilhado no vestíbulo da casa de Roy, em Arlington, Virginia. Estava em nosso colo em grossos volumes encadernados em espiral e em tabelas impressas geradas em computador, enquanto tentávamos captar o sentido geral do que havíamos aprendido desde março. De que maneira os norte-americanos entendem seu passado?" Com paixão e imaginação características, eles usaram esse material para mostrar que os norte-americanos na realidade investigam regularmente o passado – não aquele dos historiadores, o Grande Passado da narrativa nacional ou os debates sobre suas causas, mas um passado pessoal, um passado narrado por pais e parentes, experimentado por meio de coleções de moedas e objetos de cerâmica, danças tradicionais, feriados e comida, tanto nas cozinhas dos avós como em museus – e trata-se de um passado que mostra consideráveis poderes de imaginação.

Ao mesmo tempo, os dois autores resistiram à tentação de exagerar a profundidade e a riqueza dessas conexões. Em suas reflexões finais, Roy, bem ao seu estilo, sugeriu maneiras de reunir profissionais e amadores, "tanto os que se dedicam às reconstituições da Guerra Civil como os historiadores da Guerra Civil", "arquivistas profissionais" e "produtores de história populares", e enveredar pelas "maneiras íntimas como as pessoas usam o passado". Discutiu os esforços de estudiosos da história pública para criar uma ética de autoridade compartilhada, trabalhando com membros da comunidade para dar forma a museus e exposições – além dos inesperados e às vezes insuperáveis problemas que aparecem quando tais ideais são colocados em prática. Roy apreciava com entusiasmo a capacidade do norte-americano comum de olhar para o passado em termos morais e humanos e de infundir nele sua visão apaixonada. Mas continuava convencido de que essas conexões com o passado precisavam de reforço e enriquecimento. E insistia em que profissionais que tentavam alimentar a sede de informações do público a respeito do passado tinham diante de si uma tarefa tão difícil quanto vital: "prover contexto e comparações e oferecer explicações estruturais" de uma forma que despertasse o interesse, em vez de alienar os leitores comuns. Parte do legado de Roy – talvez a parte mais importante – é a transmissão desse encargo aos historiadores das gerações futuras.

Os ensaios reunidos neste volume refletem de várias maneiras a visão de Roy e suas realizações. Mas lançam uma luz particular em suas conquistas como um crítico dedicado da nova encarnação digital de Clio. Ele via a história digital como um conjunto de ferramentas, mais do que como uma panaceia, e deixou claro, repetidas vezes, que nem hinos de louvor nem gritos de medo fariam justiça às múltiplas maneiras como essas ferramentas poderiam ser empregadas, conforme fosse determinado pelos diversos contextos – sociais, econômicos e técnicos:

Assim como ocorre com suas visões da internet, os acadêmicos devem, em geral, evitar tanto o entusiasmo irrefletido quanto um ludismo instintivo. As novas tecnologias podem restringir o acesso aos estudantes que tenham recursos para comprar equipamentos de último modelo. E os gestores de universidades, ansiosos para cortar custos, ou as grandes corporações, à procura de novos nichos para obtenção de lucros, podem também usar a nova tecnologia para os seus próprios fins. Ao mesmo tempo, porém, a nova tecnologia abre os recursos da Biblioteca do Congresso a estudantes e instituições que não disponham de boas bibliotecas, e isso oferece caminhos para os acadêmicos criarem os próprios materiais de ensino sem a mediação dos grandes conglomerados editoriais. Nem a democratização nem a mercantilização da educação superior são inerentes à tecnologia.

Muitos dos outros pioneiros da web fizeram afirmações exaltadas demais em favor da mídia eletrônica. Roy, em contrapartida, produziu comentários críticos contínuos, bem informados, céticos e tolerantes sobre a transformação dos métodos das ciências humanas, isto é, a mudança que ele mesmo estava ajudando a produzir. Na década de 1990 e depois, muitos defendiam que o ensino a distância poderia substituir as custosas aulas presenciais pela aprendizagem online, que seria de qualidade igual ou superior ao tipo tradicional e muito mais barata. "A evidência que tenho visto até o momento", comentou Roy em 2006, "sugere que a educação a distância de boa qualidade é mais cara e demanda mais trabalho que a instrução presencial". No entanto, ele prossegue e admite que ela certamente seria útil para estudantes em localidades remotas e para aqueles que não pudessem se deslocar. No primeiro auge do hipertexto, muitos afirmavam que as novas formas de apresentação possibilitadas pela web logo iriam tornar obsoletos os artigos e as monografias tradicionais. Ninguém teve maior clareza do que Roy ao avaliar que a nova mídia eletrônica permitia aos acadêmicos tecer argumentos a partir de todo o corpus de evidência que os sustentava – e não só para usar uma vasta gama de recursos visuais e de áudio, mas também para tornar possível um novo tipo de "interatividade" entre usuários e aquelas férteis fontes antes inacessíveis. No entanto, Roy também observou que "a web não foi projetada tendo em mente os acadêmicos de ciências humanas" – e que, portanto, lidava com referências em notas de rodapé com menor competência do que os processadores de texto desenvolvidos anteriormente na história do PC. Mais importante, nunca esqueceu que as mesmas fontes baseadas na web que pareceriam universalmente acessíveis a norte-americanos de classe média poderiam mostrar-se totalmente inacessíveis para latino-americanos ou africanos – ou representar uma visão do passado que poderia soar tão provinciana para visitantes de outras sociedades e culturas quanto as histórias escritas pelas gerações anteriores de historiadores norte-americanos. Ler os artigos de Roy em seu contexto histórico é sentir um novo respeito por seu julgamento, sua visão penetrante e presciente, e compreender as humanidades digitais de uma nova maneira, mais fluente e abrangente.

O passado, Roy insistia, não estava e não está morto. As mídias digitais eram importantes para ele, porque ofereciam uma maneira nova e poderosa de manter o passado vivo e de torná-lo recompensador e atraente. Tinham a capacidade, quando adequadamente mobilizadas, de colocar milhões de norte-americanos que se importavam com o passado em contato direto com fontes primárias e com a vida e as obras que elas haviam registrado. Os novos dispositivos que Roy dominava e criava, o centro que havia fundado, os projetos para os quais providenciara dinheiro e *expertise* e que criara com engenhosidade e energia – tudo isso tinha, afinal, o objetivo de ajudar homens e mulheres comuns, velhos e jovens, a encontrarem os documentos e as imagens e as canções que poderiam dar-lhes um passado rico em sentido e poder. Não apenas "todo homem", na famosa expressão de Carl Becker,[5] mas qualquer um poderia potencialmente ser um historiador – e encontrar a inspiração e a informação necessárias, livremente disponíveis, na tela de seu

---

[5] Carl Becker (1873-1945), historiador norte-americano, ao assumir, em 1931, a presidência da American Historical Association, proferiu um discurso de grande repercussão, intitulado "Everyman His Own Historian"[Todo homem seu próprio historiador], depois publicado em livro, de forma expandida. (N.T.)

computador. No entanto, cumprir essa promessa, como qualquer outra, iria requerer pensamento, dedicação e anos de esforço.

Radical a vida inteira, Roy mostrou, por princípio e pelo exemplo, que aqueles velhos ideais liberais, humanismo e erudição, podiam florescer no palpitante cenário eletrônico que hoje habitamos — que podiam florescer no mundo digital, ser enriquecidos e tornados mais acessíveis do que jamais haviam sido. Nunca sucumbiu à ilusão de que isso aconteceria de modo fácil ou imediato. Mas nunca perdeu sua fé em seu comprometimento e lutou em campo aberto, com generosidade e alegria, para realizar seus ideais. Graças a este livro, novos leitores terão a oportunidade de compartilhar com os amigos de Roy a memória desse bravo e brilhante historiador que criou pequenas repúblicas de letras onde quer que tenha ido e sempre praticou seu ofício a serviço do intelecto democrático.

Nota aos leitores

Deborah Kaplan

Em 2005, Roy Rosenzweig começou a planejar um livro de ensaios que iria rastrear os desenvolvimentos significativos na área da história digital durante seus primeiros anos e considerar as direções possíveis para o seu futuro. Pretendia incluir artigos que já havia publicado e escrever alguns mais. A presente coleção de ensaios não é aquela que Roy tinha em mente, mas não está muito distante dela. Ele foi um precoce e entusiasta usuário das novas mídias – de processadores de texto, de bancos de dados e do e-mail (embora as mensagens precisem de destinatários, e no início houvesse poucos online com quem ele poderia tentar se comunicar) –, e o primeiro artigo que publicou a respeito de sua experiência com elas data do início da década de 1980. Mas os textos desta coletânea foram escritos mais tarde e abrangem o período de 12 anos, de 1994 a 2006, quando Roy se tornou um comentarista incisivo e influente da história digital. Embora eu saiba muito bem que os livros de história costumam ser organizados a partir de um imperativo cronológico, selecionei e arranjei esses ensaios de modo a enfatizar três maneiras como Roy se envolveu com as novas tecnologias que tanto apreciava.

Atraído pelo que a tecnologia era capaz de fazer, ele investigou maneiras de praticar a história que essa tecnologia tornava possíveis; muito do seu profundo conhecimento das novas mídias veio de iniciativas que ele criou com amigos e colegas do American Social History Project, no Center for History and New Media, e com organizações profissionais como a Organization of American Historians. Nos seus últimos 15 anos de vida, muito ricos no aspecto social e intelectual, colaborou em CD-ROMs multimídias de história e em websites que ofereciam uma riqueza de fontes primárias e secundárias para professores e alunos, assim como treinamentos sobre como pensar analiticamente a respeito delas; em experimentos para criar e disseminar pesquisa acadêmica sobre as novas mídias; em ferramentas digitais para acadêmicos, arquivistas, profissionais de museus e aficionados por história; e em arquivos digitais que reuniam relatos de testemunhas oculares a respeito de eventos contemporâneos importantes. Compondo uma parte de *Clio conectada*, os ensaios que escreveu a respeito de praticar história nas novas mídias são uma mistura de relatos de campo e documentos programáticos. Também compartilhou suas experiências em um livro prático, instrucional, que escreveu com um colega do CHNM e amigo, Dan Cohen, *Digital History: A Guide to Gathering, Preserving, and Presenting the Past on the Web*, e incluí aqui um de seus capítulos, "Coletar história online" nessa parte. Julguei adequado incluir dois dos outros ensaios que tiveram amigos como coautores, com os quais havia realizado trabalho prático: Steve Brier e Randy Bass.

Ao mesmo tempo que ele e seus colaboradores ensinavam uns aos outros a serem historiadores digitais e escreviam sobre o que estavam produzindo, Roy pesquisava esse campo em rápido crescimento, publicando ensaios sobre a World Wide Web e sobre a própria história da internet. Compondo outra parte deste livro, esses ensaios são levantamentos, porque se movem cronologicamente, mas também no sentido de que fazem o mapeamento e ao mesmo tempo examinam e avaliam cuidadosamente seu assunto. Roy assumiu os papéis de guia e avaliador a fim de ajudar os outros a compreenderem as dramáticas mudanças que ocorriam conforme a história e seu estudo estavam sendo trazidos para as novas mídias. Com outro amigo próximo e colaborador, Mike O'Malley, escreveu um desses ensaios, "Admirável mundo novo ou beco sem saída? A história norte-americana na World Wide Web", e cinco anos mais tarde revisitou e reavaliou o que havia se tornado um terreno bem mais populoso em "A estrada para Xanadu: caminhos públicos e privados para a web de história".

Com o tempo Roy sentiu que o potencial revolucionário das novas mídias – sua tendência de causar rupturas nos métodos e objetivos convencionais da disciplina – era mais importante que os usos para os quais a tecnologia havia sido implantada. Observou, nos encontros profissionais e nos painéis dos quais participou, que um foco técnico mais estreito iria aos poucos se abrir para "as mais profundas questões a respeito de por que fazemos o que fazemos como historiadores". Os ensaios que escreveu sobre aspectos da história digital, particularmente entre 2001 e 2006, são reflexões a respeito dessas preocupações fundamentais. "Escassez ou abundância? A preservação do passado", por exemplo, trata de quais evidências do passado deveriam ser preservadas e quem deveria ser responsável por preservá-las. "Rede de mentiras? Conhecimento histórico na internet", que escreveu com Dan Cohen, explora aquilo que confere autoridade ao conhecimento histórico na web, de que maneira os historiadores medem o nível de conhecimento dos alunos e por que a história digital pode inaugurar e exigir novos métodos de pesquisa. Qual é o propósito de um artigo acadêmico, e o que diferencia a história amadora da profissional? Essas são duas das questões examinadas por Roy em "Wikipédia: a história pode ser feita em código aberto?". Coloquei esse grupo de ensaios primeiramente nesta coletânea porque eles têm as implicações de maior alcance. Ao identificar e repensar muitos dos pressupostos e práticas estabelecidos, Roy forneceu não só um registro do que tem acontecido à medida que o campo da história adentra as novas mídias, mas também uma avaliação mais ampla do que veio significando e vai significar "fazer história".

As categorias "Repensar", "Praticar" e "Pesquisar" são de fato precisas demais. Espero que sirvam para identificar as operações básicas dos ensaios de Roy, mesmo que poucas das suas peças se encaixem confortavelmente sob uma rubrica apenas. Algumas de suas convicções mais fortes, evidentes mesmo em sua atividade acadêmica pré-história digital, percorrem esses trabalhos e tendem a destacar pontos comuns mais do que diferenças entre os ensaios. Por exemplo, ele acreditava que os acadêmicos precisavam, com efeito, sair mais a campo. Defendia ampliar a visão do estudo histórico, o que significa também encarar de outro modo a comunidade daqueles que praticam história. Roy sentia que o corpo docente da universidade deveria trabalhar mais frequentemente ao lado do ensino primário e secundário e com os professores de faculdades de menor prestígio, já que todos eles precisavam desenvolver e aprender usos eficazes de material online para ensinar história. Ele conclamava os historiadores a se aproximarem de bibliotecários e arquivistas, para ajudar a preservar o passado digital, selecionar e tornar acessíveis fontes históricas online, e influenciar as políticas públicas orientadas para esses esforços. Tinha igualmente interesse em conexões mais próximas entre acadêmicos e funcionários de museus. Tendo escrito extensivamente a respeito da história pública e popular antes que estas passassem a fazer parte das mídias digitais, Roy refletiu muito sobre o que significa para os museus colocar suas coleções online, tornar virtuais os seus objetos (ele tinha planos de escrever um ensaio para este livro discutindo o quanto os artefatos concretos são importantes para os museus, uma questão premente que diz respeito tanto a historiadores quanto a curadores). E mostrava apreço por projetos de aficionados por história, que recolhiam informações e apresentavam o passado online. Mostrou que o trabalho deles tinha muito a ensinar aos acadêmicos, do mesmo modo como acreditava que historiadores profissionais tinham habilidades que deveriam compartilhar com amadores.

Roy estava comprometido, em suas próprias palavras, a "incentivar uma história mais democrática". Ele entendia esse objetivo como uma *prática* – "uma história que poderia contar com a participação de muitas pessoas diferentes, não apenas uma elite acadêmica distanciada e neutra" – e como um *conteúdo* produzido por essa prática – "uma história que incorpore as histórias das pessoas comuns e seja aberta a múltiplas vozes e a perspectivas diversificadas". Mas isso também significava para ele uma ampla *disponibilidade*: "uma história que seja acessível a vários públicos". Este último aspecto deu força moral e urgência à sua escrita. Ao mesmo tempo que seus ensaios com frequência expressam sua admiração pelas mídias digitais, por possibilitarem que as pessoas encontrem recursos históricos que de outro modo não teriam como encontrar, tais ensaios também expressam sua oposição às restrições ao acesso, particularmente as criadas por conglomerados que buscam obter lucros com a internet.

Com frequência, Roy concluía seus ensaios com um chamado à ação. Queria persuadir historiadores a tornar seus próprios escritos e fontes disponíveis gratuitamente na internet. Propunha que contribuíssem com projetos coletivos que reunissem e apresentassem a história online. Esperava que tais esforços inspirassem mais inovação e mudassem a forma da história profissional. Mas esses chamados à ação significavam mais do que realizar um trabalho acadêmico inovador, por mais que ele o valorizasse. Embora preocupado com a crescente privatização e comercialização da web de história, estava convencido de que seu futuro ainda não estava determinado e que cabia aos historiadores moldá-lo. Roy acreditava sinceramente que proteger e fortalecer a web pública exige também engajamento político, aqui e agora.

Repensar a história nas novas mídias

CAPÍTULO 1

Escassez ou abundância?
A preservação do passado

No dia 11 de outubro de 2001, o site satírico Bert Is Evil!, que mostrava fotos do felpudo Muppet [no Brasil, chamado de Beto] ao lado de vilões como Adolf Hitler (figura 1.1), numa intimidade *à la* Zelig,[1] desapareceu da web – um pequeno dano colateral dos ataques de 11 de setembro. Acompanhar a estranha trajetória de Bert Is Evil! nos mostra possíveis futuros do passado na era digital – futuros que os historiadores precisam considerar com maior cuidado do que têm feito até agora.

Em 1996, Dino Ignacio, um web designer filipino de 22 anos de idade, criou o Bert Is Evil! ("trazido a você pela letra H e pela CIA"), que virou um cult entre os primeiros turistas da World Wide Web. Dois anos mais tarde, Bert Is Evil! ganhou um Prêmio Webby[2] na categoria Melhor Site Esquisito. Apareceram então sites de fãs e réplicas com alguma variação do tema Bert Is Evil!. Depois dos atentados a bomba às embaixadas dos Estados Unidos no Quênia e na Tanzânia, em 1998, sites na Holanda e no Canadá colocaram Bert ao lado de Osama bin Laden.[3]

---

[1] Leonard Zelig, personagem de Woody Allen, conhecido como "homem-camaleão", por sua estranha habilidade de adaptar sua aparência e personalidade de acordo com as pessoas que o cercam. (N.E.)

[2] Principal premiação para páginas da internet, que existe desde 1996. Ver: https://www.webbyawards.com/. (N.E.)

[3] MILLER, Greg. Cyberculture: The Scene/The Webby Awards. *Los Angeles Times*, Mar. 9, 1998, D3. Sobre Ignacio, ver a entrevista "Dino Ignacio: Evil Incarnate", em: PHILIPPINE WEB DESIGNERS NETWORK. Philweavers. Disponível

Figura 1.1: Bert, o Muppet, ao lado de Hitler, no site Bert Is Evil!, hoje extinto.

Essa imagem deu mais um salto global depois do 11 de setembro. Quando Mostafa Kamal, gerente de produção de uma gráfica em Dhaka, Bangladesh, precisou de algumas imagens de Bin Laden para pôsteres antiamericanos, ao que se supõe introduziu a frase "Osama bin Laden" no mecanismo de pesquisa de imagens do Google. A dupla Osama e Bert estava entre os primeiros resultados. Como *Vila Sésamo* era menos popular em Bangladesh do que nas Filipinas, Kamal achou que a imagem era um bom acréscimo a uma colagem de Osama. Mas, quando esse circuito transnacional de imagens chegou a algumas partes do mundo mais familiarizadas com o *Vila Sésamo*, por meio de uma foto da Reuters de manifestantes antiamericanos (ver Figura 1.2), ergueu-se uma onda de indignação. A Children's Television Workshop, produtora do programa,

---

em: http://www.philweavers.net/profiles/dinoginacio.html; WOLF, Buck. Osama bin Muppet. *ABC News*, Oct. 11, 2001. Disponível em: https://abcnews.go.com/Entertainment/WolfFiles/story?id=92090&page=1; MEDIA Killed Bert Is Evil. Disponível em: http://plaza.powersurfr.com/bert/ (visto online em 15 de abril de 2002, mas não mais disponível em 4 de julho de 2002); HARTLAUB, Peter. Bert and bin Laden Poster Tied to S.F. Student. *San Francisco Chronicle*, Oct. 12, 2001, A12; DAVIDSON, Gina. Bert and Bin: How the Joke Went Too Far. *The Scotsman*, Oct. 14, 2001, 3.

ameaçou entrar com processo. Em 11 de outubro de 2001, um Ignacio nervoso apertou a tecla Delete, implorando a "todos os fãs [sic] e réplicas de Bert Is Evil que também parassem de divulgar esse site".[4]

Figura 1.2: Apoiadores de Osama bin Laden em uma manifestação contra os Estados Unidos, em Dhaka, Bangladesh, em 11 de outubro de 2001. O pôster, criado a partir de imagens baixadas da internet, mostra Bin Laden justaposto ao personagem Bert, de *Vila Sésamo*.
Copyright: Reuters 2001. Reuters News Picture Service/
Foto de Rafiqur Rahman.

---

[4] BERT Is Evil!. Snopes.com. Disponível em: http://www.snopes2.com/rumors/bert.htm; BERT Is Evil: Proof in the Most Unlikely Places. *HermAphrodite Zine*. Disponível em: http://www.pinktink3.250x.com/hmm/bert.htm; GROSSBERG, Josh. The Bert-Bin Laden Connection? *E! Online News*, Oct. 10, 2001. Disponível em: http://www.eonline.com/News/Items/0,1,8950,00.html; ALARILLA, Joey G. Infotech Pinoy Webmaster Closes Site After "Bert-Bin Laden" Link. *Philippine Daily Inquirer*, Oct. 22, 2001, 17; IGNACIO, Dino. Good-bye Bert. Fractal Cow. Disponível em: http://www.fractalcow.com/bert/bert.htm. Ver também PARK, Michael Y. Bin Laden's Felt-Skinned Henchman?. *Fox News*, Oct. 14, 2001. Disponível em: http://www.foxnews.com/story/0,2933,36218,00.html; McCULLAGH, Declan. Osama Has a New Friend. *Wired News*, Oct. 10, 2001. Disponível em: http://www.wired.com/news/conflict/0,2100,47450,00.html; *SESAME Street* Character Depicted with bin Laden on Protest Poster. AP Worldstream, Oct. 11, 2001. Nikke Lindqvist (N!kke, http://www.lindqvist.com/art.php?incl=bert.php&lang=eng)

O fato de Ignacio ter de repente deletado Bert deve captar nosso interesse como historiadores, já que ilustra muito bem a fragilidade das evidências na era digital. Se Ignacio tivesse publicado sua sátira em um livro ou revista, ela continuaria em milhares de prateleiras de bibliotecas, em vez de ter tido essa existência mais fugaz como impulsos magnéticos em um servidor da web. Embora alguns historiadores possam objetar que o site Bert Is Evil! tem pouca relevância histórica, mesmo historiadores tradicionais deveriam se preocupar com o que a era digital pode significar para o registro histórico. Os registros do governo dos Estados Unidos, por exemplo, estão sendo perdidos diariamente. Embora a maioria dos órgãos do governo tenha começado a usar e-mail e processadores de texto a partir de meados da década de 1980, o National Archives ainda não exige que os registros digitais sejam mantidos nesse formato, e os funcionários do governo mostram confusão a respeito de se devem ou não preservar arquivos eletrônicos.[5] Futuros historiadores talvez sejam incapazes de definir não só se Bert é de fato mau, mas também quais subsecretários de Defesa eram maus, ou pelo menos quais deles favoreceram os conceitos de "Império do Mal" ou de "Eixo do Mal". Não são apenas os registros efêmeros como os de Bert e os do governo que acabam ficando vulneráveis com a digitalização, mas também obras tradicionais – livros, revistas e filmes – que cada vez mais já nascem digitais. Até agora, ninguém encontrou uma solução para assegurar que o nosso presente digital fique disponível aos historiadores do futuro.

Mas, como veremos, estão sendo feitos esforços para preservar nossa herança cultural digital. Se forem bem-sucedidos, os historiadores vão enfrentar um segundo desafio, profundo – ou seja, como escrever a história quando nos defrontarmos com um registro histórico essencialmente completo? Na realidade, essa história do Bert Is Evil! poderia ser usada para contar uma história muito diferente a respeito da promiscuidade e até da persistência do material digital. Afinal,

---

oferece uma excelente crônica do desdobramento da história. Significativamente, muitos dos links nesse site, que visualizei pela primeira vez em fevereiro de 2002, não estavam mais funcionando em março de 2003.

[5] BENNER, Jeffrey. Is U.S. History Becoming History? *Wired News*, Apr. 9, 2001. Disponível em: https://www.wired.com/2001/04/is-u-s-history-becoming-history/.

apesar dos apelos de Ignacio e das ameaças da Children's Television Workshop, várias réplicas de Bert continuam no ar. Mais notavelmente ainda, o Internet Archive – uma organização privada que começou a arquivar a web em 1996 – tem cópias de Bert Is Evil! que remontam a 30 de março de 1997. Decerto esse extraordinário arquivo é consideravelmente mais frágil do que gostaríamos. A existência continuada do Internet Archive apoia-se em grande parte no interesse e na energia de um único indivíduo, e sua coleção de material protegido por copyright está em terreno legal ainda mais instável. Além disso, colocou o futuro do passado – que é tradicionalmente visto como patrimônio público – em mãos privadas.

O acúmulo incrivelmente rápido de dados digitais – óbvio para qualquer um que use o mecanismo de pesquisa do Google e constate 300 mil resultados de algum assunto – deve nos fazer levar em conta que os futuros historiadores podem enfrentar uma sobrecarga de informações. A informação digital está se acumulando a uma taxa particularmente assustadora na ciência e no governo. Mapeamentos digitais do céu, por exemplo, acessam mais de 2 bilhões de imagens. Mesmo há 12 anos, a NASA já tinha 1,2 milhão de fitas magnéticas (muitas delas em precário estado de conservação e documentação) com dados sobre o espaço. Similarmente, a Casa Branca de Clinton, segundo uma estimativa, expedia 6 milhões de mensagens de e-mail por ano. E a NARA[6] está prevendo arquivar registros de inteligência militar que abrangem mais de "1 bilhão de mensagens eletrônicas, relatórios, telegramas e memorandos".[7]

---

[6] NARA: National Archives and Documents Administration (Arquivos Nacionais e Administração de Documentos). (N.T.).

[7] RAJASEKAR, Arcot; MARCIANO, Richard; MOORE, Reagan. Collection-Based Persistent Archives. Disponível em: http://www.sdsc.edu/NARA/Publications/OTHER/Persistent/Persistent.html; U.S. CONGRESS. House Committee on Government Operations. *Taking a Byte out of History: The Archival Presentation of Federal Computer Records*, HR 101-987. Washington, D.C., 1990; NATIONAL ACADEMY OF PUBLIC ADMINISTRATION. *The Effects of Electronic Recordkeeping on the Historical Record of the U.S. Government*. Washington, D.C., 1989, 8, 29; ACHENBACH, Joel. The Too-Much-Information Age. *Washington Post*, Mar. 12, 1999, A01; GENERAL ACCOUNTING OFFICE (doravante, GAO).

Portanto, os historiadores precisam pensar simultaneamente em como pesquisar, escrever e ensinar em um mundo de inédita abundância histórica *e* em como evitar uma futura escassez de registros. Embora essas perspectivas tenham gerado muitas discussões entre bibliotecários, arquivistas e cientistas da computação, elas têm sido praticamente ignoradas pelos historiadores. Em parte, nossa indiferença decorre da suposição de que essas são questões "técnicas", que estão fora do alcance dos acadêmicos de humanidades e ciências sociais. No entanto, os problemas mais importantes e difíceis a respeito da preservação digital são sociais, culturais, econômicos, políticos e legais – problemas nos quais os humanistas devem mostrar excelência. O "sistema" para preservar o passado que tem evoluído ao longo dos séculos está em crise, e os historiadores precisam ajudar a construir um novo sistema para o próximo século. Os historiadores também tendem a aceitar uma divisão profissional de responsabilidades, deixando essas questões para os arquivistas. Mas essa separação entre arquivistas e historiadores é relativamente recente. No início do século XX, os historiadores viam a si mesmos como responsáveis por preservar e também por pesquisar o passado. Naquela época, a visão e a filiação à American Historical Association – que reunia arquivistas, historiadores locais e "amadores", assim como acadêmicos de universidades – era bem mais ampla do que veio a ser mais tarde.[8]

Information Management: Challenges in Managing and Preserving Electronic Records. Washington, D.C., 2002, 11, 66. Ver também STILLE, Alexander. *The Future of the Past*. New York, 2002, p. 306; BROWN, Richard Harvey; DAVIS-BROWN, Beth. The Making of Memory: The Politics of Archives, Libraries, and Museums in the Construction of National Consciousness. *History of the Human Sciences*, v. 11, n. 4, p. 17-32, 1998; MARCUM, Deanna. *Washington Post* Publishes Letter from Deanna Marcum. *CLIR* (Council on Library and Information Resources) *Issues*, n. 2, Mar.-Apr. 1998. Disponível em: http://www.clir.org/pubs/issues/issues02.html#post.

[8] HIGHAM, John. *History: Professional Scholarship in America* [1965]. Baltimore, 1983, p. 16-20. Ver também AMERICAN HISTORICAL ASSOCIATION COMMITTEE ON GRADUATE EDUCATION. *The Education of Historians in the 21st Century*. Urbana, Ill., 2004. Considerar essa visão mais ampla não é negar as circunstâncias históricas muito diferentes (como a desorganização dos arquivos), a óbvia cegueira dos primeiros historiadores profissionais sobre

Por ironia, a ruptura na prática histórica trazida pela tecnologia digital (a perturbação daquilo que Thomas Kuhn chamou de "ciência normal") pode nos levar "de volta ao futuro". O mais importante é que a luta para incorporar as possibilidades da nova tecnologia à antiga prática da história levou a questionar os objetivos e os métodos básicos de nosso ofício. Por exemplo, a internet expandiu dramaticamente os nossos públicos e, com isso, tornou-os mais difusos. Uma revista acadêmica de repente ficou bem mais acessível a alunos do ensino médio e a leigos apreciadores de história. E o trabalho dos aficionados por história ficou igualmente mais visível e acessível aos acadêmicos. Com isso, fomos forçados a repensar quais são na realidade nossos públicos. Similarmente, a grande capacidade das mídias digitais significa que os limites da página das revistas acadêmicas não são mais fixados pelos custos de papel e tinta. Como resultado, passamos a questionar a natureza e o propósito dessas publicações – por que publicar artigos com determinadas extensões e estruturas? Por que publicar tipos particulares de artigos? A simultânea fragilidade e promiscuidade dos dados digitais requer ainda mais reflexão – em questões como se devemos ou não tentar salvar tudo, ou então sobre quem deverá ser "responsável" por preservar o passado e como encontrar e definir evidências históricas.

Os historiadores, na realidade, podem estar diante de uma mudança de paradigma fundamental, de uma cultura da escassez para uma da abundância. Não faz muito tempo, nossa preocupação era com o reduzido número de pessoas que podíamos alcançar, com as páginas de conteúdo acadêmico que éramos capazes de publicar, com as fontes primárias que podíamos apresentar aos nossos alunos e com os documentos que haviam sobrevivido do passado. A tecnologia digital removeu, pelo menos potencialmente, várias dessas limitações: pela internet, não sai mais caro disponibilizar a *American Historical Review* a 15 milhões de pessoas do que a 15 mil; nossos alunos têm custo bem menor ao acessar literalmente milhões de fontes primárias do que ao acessar apenas um punhado delas em uma antologia publicada.

---

muitos assuntos (como raça e gênero) e as primeiras tensões entre "amadores" e profissionais.

Somos capazes agora de poupar dinheiro e ao mesmo tempo fazer uma busca rápida por todos os produtos de nossa cultura. Mas será que essa abundância vai nos propiciar uma história melhor ou mais ponderada e meticulosa?[9]

Os historiadores não deixam de estar cientes desses desafios colocados aos seus modos de trabalhar. Mas, paradoxalmente, essas questões fundamentais costumam ser relegadas a espaços profissionais mais marginais – a conversas informais na hora do almoço ou a artigos breves nas *newsletters* das associações. No entanto, nessa época de mudanças rápidas e desconcertantes, precisamos nos envolver nessas questões referentes ao acesso à academia, à natureza do academicismo, ao público existente para os estudos acadêmicos, às fontes desses estudos e à natureza do treinamento acadêmico nos lugares centrais onde praticamos nosso ofício – revistas acadêmicas, encontros acadêmicos e salas de aula de pós-graduação. Esse envolvimento acadêmico também deveria nos levar, acredito eu, a uma ação pública para defender a preservação do passado como uma responsabilidade *pública* – que os historiadores compartilham. Mas espero convencer mesmo aqueles que não partilham meu posicionamento político particular de que os historiadores profissionais precisariam deslocar pelo menos um pouco de sua atenção ao passado para o presente e o futuro, e resgatar a ampla visão profissional que predominava há um século. O que está em jogo é profundo demais para que os historiadores ignorem o futuro do passado.

Embora os historiadores tenham ficado quase sempre em silêncio, os arquivistas e bibliotecários, as autoridades públicas e outros

---

[9] Para observações interessantes sobre "abundância" em dois domínios diferentes do trabalho histórico, ver O'TOOLE, James. Do Not Fold, Spindle, or Mutilate: Double Fold and the Assault on Libraries. *American Archivist*, v. 64, p. 385-393, Fall-Winter 2001; McCLYMER, John. Inquiry and Archive in a U.S. Women's History Course. *Works and Days*, v. 16, n. 1-2, Spring-Fall 1998, p. 223. Para uma declaração impactante sobre implicações políticas e culturais da "informação digital que se move sem atritos pela rede e tem um custo marginal zero por cópia", ver MOGLEN, Eben. Anarchism Triumphant: Free Software and the Death of Copyright. *First Monday*, v. 4, n. 8, Aug. 1999. Disponível em: https://firstmonday.org/ojs/index.php/fm/article/view/684.

têm emitido alertas enfáticos sobre a ameaça de perda de registros e de publicações digitais, há pelo menos duas décadas. Termos como "desastre" e "crise" ecoam em seus relatórios e atas de conferências. Já em 1985, a Committee on the Records of Government declarou: "os Estados Unidos correm risco de perder sua memória".[10] Mais de 12 anos depois, uma conferência chamada "Time and Bits: Managing Digital Continuity" [Tempo e bits: gerenciando a continuidade digital] reuniu arquivistas, bibliotecários e cientistas da computação para lidar mais uma vez com o problema. Os participantes assistiram ao filme de Terry Sanders *Into the Future: On the Preservation of Knowledge in the Electronic Age* [Rumo ao futuro: a preservação do conhecimento na era eletrônica], e alguns o compararam ao livro de Rachel Carson *Primavera silenciosa* e compararam a si mesmos aos ambientalistas das décadas de 1960 e 1970. O site Time and Bits reuniu o material da conferência e propôs um "diálogo digital contínuo". Mas, como a comprovar o argumento da conferência, o site desapareceu em menos de um ano. O cientista da computação Jeff Rothenberg talvez tenha sido otimista

---

[10] COMMITTEE ON THE RECORDS OF GOVERNMENT. *Report*. Washington, D.C., 1985, 9 (a comissão foi criada pelo American Council of Learned Societies, o Council on Library Resources, e o Social Science Research Council, com financiamento das fundações Mellon, Rockefeller e Sloan); GARRETT, John; WATERS, Donald. *Preserving Digital Information: Report of the Task Force on Archiving of Digital Information*. Washington, D.C., 1996; CONWAY, Paul. *Preservation in the Digital World*. Washington, D.C., 1996. Disponível em: http://www.clir.org/pubs/reports/conway2/index.html. Para outros relatórios com conclusões similares, ver, por exemplo, o relatório de 1989 da National Association of Government Archives and Records Administrators, citado em HEDSTROM, Margaret. Understanding Electronic Incunabula: A Framework for Research on Electronic Records. *American Archivist*, v. 54, p. 334-354, Summer 1991; HOUSE COMMITTEE ON GOVERNMENT OPERATIONS. *Taking a Byte out of History*; COMMITTEE ON AN INFORMATION TECHNOLOGY STRATEGY FOR THE LIBRARY OF CONGRESS; COMPUTER SCIENCE AND TELECOMMUNICATIONS BOARD; COMMISSION ON PHYSICAL SCIENCES, MATHEMATICS, AND APPLICATIONS; NATIONAL RESEARCH COUNCIL. *LC21: A Digital Strategy for the Library of Congress*. Washington, D.C., 2000. Disponível em: https://nap.nationalacademies.org/catalog/9940/lc21-a-digital-strategy-for-the-library-of-congress; GAO. *Information Management*; NHPRC Electronic Records Agenda Final Report (Draft). St. Paul, Minn., 2002.

demais ao comentar: "Documentos digitais duram para sempre – ou cinco anos, o que ocorrer primeiro".[11]

Aqueles que se preocupam com um problema como o da preservação digital, carente de atenção pública, tendem a exagerar. A maior distorção provavelmente tem sido a sugestão implícita de que, de algum modo, estamos vindo de uma era dourada da preservação, na qual tudo o que era importante foi salvo. Só que muito do registro das eras históricas precedentes – na realidade, a maior parte – desapareceu. "Os membros das sociedades pré-históricas não se imaginavam vivendo em tempos pré-históricos", observou o escritor Joel Achenbach, no *Washington Post*. "Apenas não dispunham de um bom meio de preservação." E os registros não digitais que sobreviveram até este século – desde antiguidades gregas e chinesas a tradições folclóricas da Nova Guiné e filmes de Hollywood – também estão seriamente ameaçados.[12]

Outro exagero é o que envolve histórias sobre perdas graves que nunca ocorreram. Uma história amplamente repetida é que os computadores não são mais capazes de ler as fitas de dados do Censo de 1960 dos Estados Unidos. Na realidade, como Margaret Adams e Thomas Brown, do National Archives, têm demonstrado, o Bureau do Censo já havia conseguido, por volta de 1979, copiar quase todos os registros para fitas "padrão de mercado" mais novas. No entanto, mesmo derrubando um dos mitos persistentes da era digital, Adams e Brown revelaram alguns de seus principais problemas. Em apenas uma década e meia, a migração

---

[11] MacLEAN, Margaret; DAVIS, Ben H. (ed.). *Time and Bits: Managing Digital Continuity*. Los Angeles, 1998, 11, 6; ROTHENBERG, Jeff. *Avoiding Technological Quicksand: Finding a Viable Technical Foundation for Digital Preservation*. Washington, D.C., 1998. Disponível em: http://www.clir.org/pubs/reports/rothenberg/contents.html. A conferência realizada em 1997 "Documenting the Digital Age" também desapareceu da web, e tampouco está disponível no Internet Archive. O filme de Sanders está disponível no Council on Library and Information Resources (http://www.clir.org/pubs/film/future/order.html).

[12] ACHENBACH. Too-Much-Information Age. Ver também STILLE. *Future of the Past*; COUNCIL ON LIBRARY AND INFORMATION RESOURCES. *The Evidence in Hand: Report of the Task Force on the Artifact in Library Collections*. Washington, D.C., 2001. Disponível em: http://www.clir.org/pubs/reports/pub103/contents.html.

das fitas do Censo para um formato legível "representou um grande desafio de engenharia" – algo que dificilmente esperamos enfrentar com os registros históricos que estão sendo originados dentro do nosso próprio tempo de vida. E embora "apenas 1.575 registros [...] não puderam ser copiados devido a deterioração", a natureza absoluta da corrosão digital é preocupante.[13] Livros e registros impressos declinam de maneira lenta e desigual – a tinta desbota ou um canto de página se extravia. Mas os registros digitais sucumbem completamente – um único bit danificado pode tornar um documento inteiro ilegível. Essa é a diferença crucial em relação à era do papel: precisamos agir agora, porque os itens digitais ficam ilegíveis com muita rapidez ou são recuperáveis apenas com grande custo.

Isso já aconteceu – se bem que não na escala em que às vezes é sugerida. "Dez a 20 por cento das fitas de dados vitais da missão Viking a Marte", observa Deanna Marcum, presidente do Council on Library Information Resources, "têm erros importantes pelo fato de as fitas magnéticas serem suscetíveis demais à degradação para servirem como meio de armazenamento arquivístico". Com frequência, os próprios registros não têm informação suficiente a respeito de sua organização e codificação para se tornarem utilizáveis. Segundo Kenneth Thibodeau, diretor do programa Electronic Records Archives, da National Archives and Records Administration (NARA), o NARA não tinha documentação adequada para lidar com várias centenas de fitas de rolo de computador do Department of Health and Human Resources e com os arquivos de dados da National Commission on Marijuana and

---

[13] ADAMS, Margaret O.; BROWN, Thomas E. Myths and Realities about the 1960 Census. *Prologue: Quarterly of the National Archives and Records Administration*, v. 32, n. 4, Winter 2000. Disponível em: https://www.archives.gov/publications/prologue/2000/winter/1960-census.html. Ver também carta de 15 de agosto de 1990, de Kenneth Thibodeau, em que se diz que a recuperação de registros demandou "substanciais esforços" da parte do Bureau do Censo, citada em HOUSE COMMITTEE ON GOVERNMENT OPERATIONS. *Taking a Byte out of History*, p. 3. De acordo com Timothy Lenoir, atualmente é caro demais resgatar as fitas de computador que representam o pioneiro sistema de *hypermedia-groupware* de Douglas Engelbart chamado NLS (de oNLine System) – a base de muitas das funcionalidades dos computadores pessoais (LENOIR, Timothy. Lost in the Digital Dark Ages. Trabalho apresentado em "The New Web of History: Crafting History of Science Online", Cambridge, Mass., 28 mar. 2003).

Drug Abuse. Alguns registros puderam ser recuperados por arqueólogos digitais posteriores, mas às vezes isso só foi possível por meio de um custoso "grande desafio de engenharia".[14] A maior preocupação não é com aquilo que já se perdeu, mas com o que os historiadores daqui a 50 anos podem encontrar e não ser capazes de ler.

Muitos acreditam – equivocadamente – que o problema central é que estamos armazenando informações em mídias que têm tempo de vida supreendentemente curto. Sem dúvida, o papel livre de ácido e os microfilmes duram de 100 a 500 anos, enquanto a mídia digital e magnética sofre deterioração em 10 a 30 anos. Mas a mídia está longe de ser o elo mais frágil na cadeia digital de preservação. Muito antes que a maior parte das mídias digitais se deteriore, é provável que se tornem ilegíveis em razão de mudanças no hardware (obsolescência do disco ou dos drives de fitas) ou no software (os dados estão gravados em um formato que é próprio de um programa que não roda mais). A expectativa de vida de uma mídia digital pode ser de 10 anos apenas, mas são poucas as plataformas de hardware ou os programas de software que duram todo esse tempo. Na realidade, a Microsoft só dá suporte ao seu software por cerca de cinco anos.[15]

---

[14] STEPANEK, Marcia. From Digits to Dust. *Business Week*, Apr. 20, 1998; HOUSE COMMITTEE ON GOVERNMENT OPERATIONS. *Taking a Byte out of History*, p. 16; ROTHENBERG, Jeff. Ensuring the Longevity of Digital Documents. *Scientific American*, Jan. 1995, p. 42-47. Ver também GARRETT; WATERS. *Preserving Digital Information*. Muitos registros do Vietnã estão armazenados em um sistema de banco de dados que não é mais suportado e só pode ser traduzido com dificuldade. Consequentemente, a Agent Orange Task Force não conseguiu usar importantes registros de herbicidas (STILLE. *Future of the Past*, p. 305).

[15] A maior parte dos softwares da Microsoft passa para o que a companhia chama de "fase sem suporte" depois de apenas quatro ou cinco anos, apesar de ela oferecer uma mais limitada "fase de suporte estendido" que dura até sete anos. Depois disso, você está por sua conta (MICROSOFT. Windows Desktop Product Life Cycle Support and Availability Policies for Businesses. Oct. 15, 2002. Disponível em: http://www.microsoft.com/windows/lifecycle.mspx; MOORE, Lori. Q&A: Microsoft Standardizes Support Lifecycle. *Press Pass: Information for Journalists*, Oct. 15, 2002. Disponível em: http://www.microsoft.com/presspass/features/2002/Oct02/10-15support.asp). Sobre a longevidade das mídias, ver ROTHENBERG. *Avoiding Technological Quicksand*; MacLEAN; DAVIS. *Time and Bits*; HEDSTROM,

Os problemas mais incômodos das mídias digitais são o reverso de suas maiores virtudes. Como os dados digitais estão na língua franca dos bits, composta por uns e zeros, são expressos por impulsos magnéticos que praticamente não requerem espaço físico, podem ser transmitidos a longas distâncias e representam objetos muito diferentes (palavras, imagens ou sons, assim como texto). Mas os uns e zeros não têm significado intrínseco, requerem software e hardware adequados, que mudam rapidamente em razão da inovação tecnológica e das forças competitivas do mercado. Portanto, essa língua franca exige tradutores em cada programa de computador, que, por sua vez, opera apenas em plataformas de hardware específicas. Para aumentar a dificuldade, as linguagens que são traduzidas mudam em intervalos de poucos anos.

O problema é agravado pela capacidade que as mídias digitais têm de criar e representar objetos complexos, dinâmicos e interativos – outra de suas grandes virtudes. Mesmo documentos relativamente simples, que parecem ter correspondentes análogos impressos, acabam sendo mais complexos de tratar. Imprimir mensagens de e-mail impossibilita fazer buscas rápidas, e muitas vezes elimina links cruciais para outras mensagens e para anexos relacionados. Além disso, os programas multimídias, que em geral dependem de configurações complicadas de hardware e software, não demoram a ficar obsoletos. E tampouco há uma boa maneira de preservar criações digitais interativas e experienciais. Isso é muito óbvio no caso de jogos de computador e da arte digital, mas há também um grande número de páginas da web comuns que são geradas a partir de bancos de dados, o que significa que a página específica que você vê é sua própria "criação", e o sistema pode gerar um número infinito de páginas. Preservar páginas da web vinculadas por hipertexto

---

Margaret. Digital Preservation: A Time Bomb for Digital Libraries. Trabalho apresentado no NSF Workshop on Data Archiving and Information Preservation, 26-27 mar. 1999. Disponível em: http://www.uky.edu/~kiernan/DL/hedstrom.html; STIELOW, Frederick J. Archival Theory and the Preservation of Electronic Media: Opportunities and Standards Below the Cutting Edge. *American Archivist*, v. 55, p. 332-343, Spring 1992; DOLLAR, Charles M. *Archival Theory and Information Technology: The Impact of Information Technologies on Archival Principles and Methods*. Ancona, Italy, 1992, p. 27-32; GAO. *Information Management*, p. 50-52.

coloca o problema adicional de que salvar uma página em sua inteira complexidade acaba em última instância exigindo que você preserve a web inteira, já que praticamente toda página da web está vinculada a todas as outras. E a natureza dinâmica dos bancos de dados desestabiliza os negócios comuns e os registros governamentais, pois com frequência eles são alojados em sistemas que fazem a substituição automática dos dados velhos por novos – uma mutabilidade que, como observa o educador arquivístico Richard Cox, ameaça "os registros de qualquer político dos dias de hoje, de qualquer líder civil, homem de negócios, oficial militar ou líder de outro tipo".[16]

Ainda que essas dificuldades técnicas sejam imensas, os problemas sociais, econômicos, legais e organizacionais são maiores ainda. Documentos digitais – justamente pelo fato de estarem em uma nova mídia – têm desestabilizado sistemas de longa evolução no tempo, que permitem confiabilidade e autenticidade, propriedade e preservação. Restabelecer esses sistemas ou inventar novos é mais difícil do que conceber um mecanismo de armazenamento durável.

Como podemos, por exemplo, assegurar a "autenticidade" de informações digitais preservadas e "confiar" no repositório? Documentos e registros em papel também enfrentam questões de autenticidade, e falsificações de arquivos tradicionais não são raras. A ciência da diplomacia na realidade emergiu no século XVII como uma maneira de autenticar documentos quando os acadêmicos deparavam com flagrantes falsificações em registros medievais. Mas a informação digital – por ser

---

[16] COX, Richard J. Messrs. Washington, Jefferson, and Gates: Quarrelling About the Preservation of the Documentary Heritage of the United States. *First Monday*, v. 2, n. 8, Aug. 1997. Disponível em: https://firstmonday.org/ojs/index.php/fm/article/view/543. Ver também LYMAN, Peter; KAHLE, Brewster. Archiving Digital Cultural Artifacts: Organizing an Agenda for Action. *D-Lib Magazine*, v. 4, n. 7-8, July-Aug. 1998. Disponível em: https://www.dlib.org/dlib/july98/07lyman.html. O CD-ROM da Voyager que explica a *Nona sinfonia*, de Beethoven – um trabalho de referência em multimídia –, já não roda mais, em parte porque a Apple mudou um driver de CD-ROM do qual o programa dependia (WINTER, Robert. *Ludwig van Beethoven Symphony n. 9*. Santa Monica, Calif., 1991). A arte digital apresenta problemas particularmente difíceis; ver, por exemplo, CARLSON, Scott. Museums Seek New Methods for Preserving Digital Art. *Chronicle of Higher Education*, Aug. 16, 2002.

tão facilmente alterada ou copiada e carecer de marcas físicas de sua origem e, de fato, até mesmo de uma clara noção de "original" – não pode ser autenticada da maneira como é possível fazer com documentos físicos e objetos. Não temos, por exemplo, nenhuma maneira de saber se as mensagens de e-mail reencaminhadas que recebemos todos os dias foram alteradas ou não. Na realidade, o arquivo público dos grupos de discussão da Usenet contém centenas de mensagens criadas de maneira propositalmente falsa. "Falsificações", escrevem David Bearman e Jennifer Trant, "não foram um grande problema para a maior parte dos pesquisadores no passado, tanto em razão de barreiras técnicas para se produzir falsificações plausíveis, como pela dificuldade que essas falsificações têm de entrar em uma corrente de informação fidedigna".[17] As mídias, ferramentas e redes digitais alteraram esse equilíbrio.

"Foram necessários séculos até que os usuários de material impresso conseguissem criar a rede de confiança que agora sustenta nosso atual sistema de publicação, disseminação e preservação", observa Abby Smith, figura destacada nos círculos de biblioteconomia e preservação. Documentos digitais estão mexendo com esse sistema cuidadosamente estruturado ao solapar nossas expectativas a respeito de quais documentos e repositórios podem ser confiáveis e autênticos. Mas fazer a transição para um novo sistema requer não apenas medidas técnicas (como assinaturas digitais e "marcas d'água"), mas também, como observa Clifford Lynch, diretor executivo da Coalition for Networked Information, exige também definir de quem é

---

[17] HEDSTROM, Margaret. How Do We Make Electronic Archives Usable and Accessible?. Trabalho apresentado em "Documenting the Digital Age", São Francisco, 10-12 fev. 1997; DURANTI, Luciana. Diplomatics: New Uses for an Old Science. *Archivaria*, v. 28, p. 7-27, Summer 1989; HIRTLE, Peter B. Archival Authenticity in a Digital Age. *In: Council on Library and Information Resources, Authenticity in a Digital Environment*. Washington, D.C., 2000. Disponível em: http://www.clir.org/pubs/reports/pub92/contents.html; CLIR. *The Evidence in Hand*; STELLIN, Susan. Google's Revival of a Usenet Archive Opens Up a Wealth of Possibilities But Also Raises Some Privacy Issues. *The New York Times*, May 7, 2001, C4; BEARMAN, David; TRANT, Jennifer. Authenticity of Digital Resources: Towards a Statement of Requirements in the Research Process. *D-Lib Magazine*, v. 4, n. 6, June 1998. Disponível em: http://www.dlib.org/dlib/june98/06bearman.html.

a responsabilidade de garantir declarações de autoria e financiar um sistema de "gestão de autenticidade e integridade".[18]

Tais questões são particularmente difíceis de responder, pois a digitalização também altera nossa noção sobre quem é o dono desses materiais e, portanto, quem tem o direito e a responsabilidade de preservá-los. Os consumidores (incluindo bibliotecas) tradicionalmente têm adquirido livros e revistas sob a doutrina da "primeira venda", que dá a quem compra algo o direito de fazer qualquer uso disso, inclusive emprestar ou vender a outros. Mas a maioria dos bens digitais é licenciada, em vez de vendida. Já que essas licenças são governadas por direito contratual, os vendedores de conteúdo digital podem impor as restrições que quiserem – por exemplo, dizer que o conteúdo não pode ser copiado ou não pode ser visto por mais de uma pessoa por vez. O leitor de e-books da Adobe chega a incluir uma advertência de que um livro não pode ser lido em voz alta.[19]

Mas, se as bibliotecas não são *proprietárias* do conteúdo digital, como podem então preservá-lo? O problema ficará ainda mais agudo se as editoras adotarem de maneira ampla esquemas de proteção de cópias, como estão seriamente considerando fazer com os livros eletrônicos. Mesmo uma biblioteca que disponha do direito legal de preservar o conteúdo não terá nenhuma razão para supor que será capaz de fazê-lo; ao mesmo

---

[18] SMITH, Abby. Authenticity in Perspective. *In*: CLIR. *Authenticity in a Digital Environment*. Washington, D.C., 2000. Disponível em: http://www.clir.org/pubs/reports/pub92/smith.html; LYNCH, Clifford. Authenticity and Integrity in the Digital Environment: An Exploratory Analysis of the Central Role of Trust. *In*: CLIR. *Authenticity in a Digital Environment*. Disponível em: https://www.clir.org/pubs/reports/pub92/lynch/. Ver também CLANCHY, M. T. *From Memory to Written Record: England 1066-1307*. 2nd ed. Oxford, 1993; RESEARCH LIBRARIES GROUP. *Attributes of a Trusted Digital Repository: Meeting the Needs of Research Resources; An RLC-OCLC Report*. Mountain View, Calif., 2001. Disponível em: https://www.oclc.org/content/dam/research/activities/trustedrep/attributes01.pdf.

[19] KAHLE, Brewster; PRELINGER, Rick; JACKSON, Mary E. Public Access to Digital Materials. Relatório apresentado à Association of Research Libraries e ao Internet Archive Colloquium "Research in the 'Born-Digital' Domain", San Francisco, Mar. 4, 2001. Disponível em: http://www.dlib.org/dlib/october01/kahle/10kahle.html.

tempo, a editora teria pouco incentivo para manter o sistema de proteção funcionando em um novo ambiente de software. Em geral, os sistemas de gestão de direitos digitais e outras formas de "computação confiável" enfraquecem os esforços de preservação ao incorporarem um controle centralizado em sistemas proprietários. "Se a Microsoft, ou o governo dos EUA, não gosta do que você diz em um documento que escreveu", especula o defensor do software livre Richard Stallman, "eles podem criar novas instruções que façam todos os computadores se recusarem a deixar que qualquer pessoa leia o documento".[20]

Conteúdo digital licenciado e controlado de modo centralizado não só erode a capacidade das bibliotecas de preservarem o passado, como também diminui sua responsabilidade. Afinal, por que uma biblioteca vai se preocupar com a preservação de longo prazo de algo que não é dela? Mas, então, quem vai se preocupar? As editoras não têm tradicionalmente assumido a responsabilidade pela preservação, já que não há lucro óbvio a ser auferido por assegurar que algo fique disponível ou legível daqui a 100 anos, quando será de domínio público e não poderá mais ser vendido ou licenciado.[21]

A era digital não só levantou questões de propriedade e preservação para material tradicional protegido por copyright, como também introduziu uma nova e vasta categoria do que poderia ser chamado de obras semipublicadas, que carecem de um modo claro de preservação. O conteúdo gratuito disponível na web é protegido por copyright, apesar de não ter sido formalmente registrado na Agência de Copyright da

---

[20] COMMITTEE ON INTELLECTUAL PROPERTY RIGHTS IN THE EMERGING INFORMATION INFRASTRUCTURE et al. *The Digital Dilemma: Intellectual Property in the Information Age*. Washington, D.C., 1999. Disponível em: https://nap.nationalacademies.org/catalog/9601/the-digital-dilemma-intellectual-property-in-the-information-age; STALLMAN, Richard. Can You Trust Your Computer?. *Newsforge*, Oct. 21, 2002. Disponível em: https://www.gnu.org/philosophy/can-you-trust.html. O *Digital Millennium Copyright Act* torna ilegal contornar serviços técnicos de proteção. Ver LYMAN, Peter. Archiving the World Wide Web. In: CLIR. *Building a National Strategy for Digital Preservation: Issues in Digital Media Archiving*. Washington, D.C., 2002. Disponível em: http://www.clir.org/pubs/reports/pub106/web.html.

[21] CLIR. *The Evidence in Hand*.

Biblioteca do Congresso ou vendido por uma editora. Isso quer dizer que a biblioteca que decidir salvar uma coleção de páginas da web – digamos, aquelas postadas por organizações que defendem o direito ao aborto – estaria tecnicamente violando o copyright.[22] A ausência desse "processo" é o problema mais fundamental com o qual depara a preservação digital. Ao longo dos séculos, um sistema complexo (e imperfeito) de preservação do passado acabou se estabelecendo. A digitalização perturbou esse sistema de responsabilidade pela preservação, e ainda não surgiu um sistema alternativo. Enquanto isso, os objetos culturais e históricos estão sendo perdidos, continuamente.

Existem quatro sistemas diferentes por meio dos quais os documentos e objetos históricos costumam ser preservados. As bibliotecas de pesquisa assumem responsabilidade por livros, revistas e outras obras culturais publicadas, incluindo imagens em movimento e som gravado. Os registros governamentais caem sob a jurisdição do National Archives e de uma rede de arquivos estatais e locais.[23] Os sistemas para a manutenção de outros materiais culturais e históricos são menos formais ou centralizados. "Registros" e "documentos" de empresas, de associações de voluntários e de indivíduos acabaram encontrando acolhida em sociedades históricas locais, em arquivos especializados e em coleções especiais de universidades. Por fim, o corpus de material semipublicado que estamos chamando de "efêmero" tem sido com maior frequência salvo por indivíduos interessados – por exemplo, colecionadores de cartões postais e de quadrinhos – que podem depois depositar o que juntaram em um repositório permanente.[24]

---

[22] COMMITTEE ON INTELLECTUAL PROPERTY RIGHTS IN THE EMERGING INFORMATION INFRASTRUCTURE et al. *Digital Dilemma*.

[23] Assim como ocorre com nossa rede de bibliotecas de pesquisa, esse sistema é uma invenção moderna. O primeiro arquivo governamental público veio com a Revolução Francesa; o British Public Record Office foi criado em 1838, e o National Archives é de uma safra surpreendentemente recente: a legislação que o estabeleceu só foi aprovada em 1934 (McCOY, Donald R. The Struggle to Establish a National Archives in the United States. *In*: WALCH, Timothy (ed.). *Guardian of Heritage: Essays on the History of the National Archives*. Washington, D.C., 1985. p. 1-15).

[24] WATERS, Don. Wrap Up. Trabalho apresentado no DAI Institute, "The State of Digital Preservation: An International Perspective", Washington, D.C., 25 abr.

Enquanto as bibliotecas de pesquisa vêm tentando salvar conjuntos relativamente completos de obras publicadas, outras fontes históricas têm sido geralmente preservadas apenas de uma maneira altamente seletiva e às vezes caprichosa – o que os arquivistas chamam de "preservação por meio de negligência". Materiais que duraram 50 ou 100 anos acabam chegando a algum arquivo, biblioteca ou museu. Embora esse sistema inexato tenha resultado em muitas graves perdas para o registro histórico, também nos deu várias ricas coleções ou documentos e material efêmero de pessoas ou de organizações.[25]

Esse "sistema", porém, não vai funcionar na era digital, porque a preservação não pode começar 25 anos após o fato. O que pode acontecer, por exemplo, com os registros de um escritor ativo na década de 1980 que morre em 2003 após uma longa doença? Seus herdeiros encontrarão uma pilha de disquetes de 5"¼ ilegíveis, com cópias de cartas e poemas escritos em WordStar para o sistema operacional CP/M ou algum dos mais de 50 programas de processamento de texto hoje esquecidos que eram usados no final da década de 1980.[26]

De modo semelhante, arquivos governamentais continuam a confiar na injustificada suposição de que os registros poderão ser examinados e acessados muitos anos após sua criação. Um recente estudo, "Current Recordkeeping Practices Within the Federal Government"

2002. Disponível em: http://www.clir.org/pubs/reports/pub107/contents.html; FLECKER, Dale. Preserving Digital Periodicals. *In*: CLIR. *Building a National Strategy for Digital Preservation*.

[25] MILLER, Michael L. Assessing the Need: What Information and Activities Should We Preserve?. Trabalho apresentado em "Documenting the Digital Age", São Francisco, 10-12 fev. 1997. Sem dúvida, a tendência tem sido de preservar os registros dos ricos e poderosos, embora nos últimos anos "arquivistas ativistas" dedicados tenham buscado conjuntos mais diversificados de materiais (JOHNSTON, Ian. Whose History Is It Anyway?. *Journal of the Society of Librarians*, v. 22, n. 2, p. 213-229, 2001).

[26] Ver CUNNINGHAM, Adrian. Waiting for the Ghost Train: Strategies for Managing Electronic Personal Records Before It Is Too Late. Trabalho apresentado no Society of American Archivists Annual Meeting, Pittsburgh, 23-29 ago. 1999. Disponível em: http://www.rbarry.com/cunningham-waiting2.htm. Sobre o número de programas comerciais processadores de texto, ver HOUSE COMMITTEE ON GOVERNMENT OPERATIONS. *Taking a Byte out of History*, p. 15.

[Práticas atuais de manutenção de registros no Governo Federal], que investigou mais de 40 órgãos federais, constatou que há uma confusão generalizada a respeito das "políticas e procedimentos para gerir, armazenar e dispor de registros e sistemas eletrônicos". A conclusão foi que "funcionários do governo não sabem como resolver o problema dos registros eletrônicos – se a informação eletrônica que criam constitui ou não um registro e, em caso afirmativo, o que fazer com esses registros. Arquivos eletrônicos que se qualificam como registros – particularmente na forma de e-mail, e também documentos de processadores de texto e planilhas – em muitos casos não estão sendo mantidos como registros".[27]

Essa incerteza e essa desorganização não seriam tão graves se pudéssemos supor que elas seriam resolvidas dentro de 30 anos. Mas, se temos a expectativa de preservar o presente para o futuro, então os problemas técnicos de preservação digital, assim como as questões sociais e políticas quanto a autenticidade, propriedade e políticas de preservação, têm de ser enfrentados agora.

Pelo menos inicialmente, arquivistas e bibliotecários tendiam a supor que uma mudança técnica – a preponderância das mídias digitais – exigiria uma solução igualmente técnica. A solução técnica mais simples tem sido traduzir a informação digital em algo mais familiar e reconfortante, como papel ou microfilme. No entanto, como Rothenberg aponta, essa é uma "ação retrógrada" que destrói "funcionalidades únicas (por exemplo, a interação dinâmica, a não

---

[27] SRA INTERNATIONAL. *Report on Current Recordkeeping Practices within the Federal Government.* Arlington, Va., 2001. Disponível em: https://www.archives.gov/files/records-mgmt/faqs/pdf/report-on-recordkeeping-practices.pdf. Esse relatório foi a resposta a um relatório anterior do GAO: U.S. GOVERNMENT ACCOUNTING OFFICE; NATIONAL ARCHIVES. *Preserving Electronic Records in an Era of Rapidly Changing Technology* (Washington, D.C., 1999). O consultor de arquivística Rick Barry reporta que quatro quintos dos criadores de e-mail que ele pesquisou "não fazem ideia" se seus e-mails eram um registro oficial e que a maioria "em grande parte desconhece" as políticas oficiais a respeito do e-mail. Citado em: WALLACE, David A. Recordkeeping and Electronic Mail Policy: The State of Thought and the State of the Practice. Artigo apresentado no Society of American Archivists Annual Meeting, Orlando, Flórida, 3 set. 1998. Disponível em: http://www.rbarry.com/wallace.html.

linearidade e a integração)" e "os atributos digitais essenciais (cópia perfeita, acesso, distribuição e assim por diante)" e sacrifica a "forma original, que pode ser de interesse específico, seja histórico e contextual ou como prova".[28]

Outra solução de perfil retrógrado é preservar o equipamento original. Se você tem arquivos criados num Apple II, então por que não manter um computador desses, para o caso de se mostrar necessário? Bem, cedo ou tarde, um drive de disco vai quebrar, ou um chip pode pifar, e, a não ser que você tenha um "ferro-velho" de computadores e a necessária habilidade para repará-los, estará em maus lençóis. Além disso, a "preservação de tecnologia" requer intervenção antes que seja tarde demais para salvar não apenas os arquivos, mas também o equipamento original. O mesmo pode ser dito daquele que é talvez o método mais amplamente aceito de preservação digital – a "migração de dados", isto é, passar documentos de uma mídia, formato ou tecnologia de computador em vias de obsolescência para outro que esteja se tornando mais comum.[29] Quando o National Archives salvou as fitas do Censo de 1960 dos Estados Unidos, utilizou a migração, e as grandes organizações usam essa estratégia o tempo todo – passando de um sistema contábil a outro. Pela nossa vasta experiência em migração

---

[28] ROTHENBERG. *Avoiding Technological Quicksand*. Sobre a longa controvérsia a respeito da NARA e a impressão de e-mails, ver MILLER, Bill. Court Backs Archivist's Rule: U.S. Agencies May Be Allowed to Delete E-Mail. *Washington Post*, 7 ago. 1999. A02; WALLACE. Recordkeeping and Electronic Mail Policy; GAO. *Information Management*, p. 57-65.

[29] Ver GRANGER, Stewart. Emulation as a Digital Preservation Strategy. *D-Lib Magazine*, v. 6, n. 10, Oct. 2000. Disponível em: http://www.dlib.org/dlib/october00/granger/10granger.html, sobre esta como a abordagem "dominante". Uma intervenção ainda anterior de "migração" é passar objetos digitais para formatos "padronizados" imediatamente ou o mais rápido possível, colocando-os em formatos não proprietários, de código aberto, comumente aceitos (por exemplo, ASCII para texto, .tiff para imagens etc.), que têm maior probabilidade de continuar conosco por um longo período. É claro que padrões populares não são garantia de longevidade; em 1990, a NARA argumentava que planilhas formatadas para Lotus 1-2-3 não constituíam um problema para preservação, já que o programa era muito "difundido" (HOUSE COMMITTEE ON GOVERNMENT OPERATIONS. *Taking a Byte out of History*, p. 12).

de dados, sabemos também que ela consome tempo e é cara. Uma estimativa é que a migração de dados equivale à fotocópia de todos os livros de uma biblioteca a cada cinco anos.[30]

Alguns, como Rothenberg, preocupam-se também, por exemplo, com a perda de funcionalidade que ocorre na migração de arquivos digitais. Além do mais, não há como automatizar o processo, porque "a migração requer uma nova solução específica para cada novo formato ou paradigma e para cada tipo de documento que precise ser convertido para o novo formato". Rothenberg também vê com desdém a prática de traduzir documentos para formatos-padrão e depois retraduzi-los à medida que novos formatos aparecem, algo que ele julga "análogo a traduzir Homero para o inglês moderno fazendo-o passar por todas as linguagens intermediárias que existiram nos últimos 2.500 anos".[31]

A alternativa preferida por Rothenberg é a "emulação" – desenvolver um sistema que funcione em gerações futuras de hardware e software imitando o original. Em princípio, uma única solução de emulação poderia preservar uma vasta quantidade de documentos digitais. Essa também é a alternativa mais promissora para preservar criações digitais interativas e multimídias. Mas os críticos da emulação observam, de modo plausível, que se trata apenas de uma solução teórica. Provavelmente a melhor estratégia é rejeitar as abordagens do tipo tudo ou nada, isto é, a aura de solução mágica implícita nas propostas dos defensores mais ardorosos de qualquer estratégia particular – seja criar cópias impressas, preservar equipamentos antigos, migrar formatos ou emular hardware e software. Margaret Hedstrom, um dos principais nomes na pesquisa sobre preservação digital, defende de modo persuasivo que "a busca do Santo Graal para o arquivamento digital é prematura, irrealista e possivelmente contraproducente". Em vez disso, precisamos desenvolver "soluções que sejam apropriadas, efetivas, de

---

[30] CATHRO, Warwick; WEBB, Colin; WHITING, Julie. Archiving the Web: The PANDORA Archive at the National Library of Australia. Trabalho apresentado em "Preserving the Present for the Future Web Archiving", Copenhague, 18-19 jun. 2001. Ver também VOGT-O'CONNOR, Diane. Is the Record of the 20th Century at Risk?. *CRM: Cultural Resource Management*, v. 22, n. 2, p. 21-24, 1999.

[31] ROTHENBERG. *Avoiding Technological Quicksand*.

custo compatível e aceitáveis para as diferentes classes de objetos digitais existentes nos diferentes contextos tecnológicos e organizacionais".[32]

Mas mesmo a combinação mais ajustada de soluções técnicas não salvará o passado para o futuro, porque, como temos visto, os problemas são muito mais do que técnicos, e envolvem questões sociais, políticas e organizacionais de autenticidade, propriedade e responsabilidade. Múltiplos experimentos e práticas estão em curso – mais do que seria possível discutir aqui. Mas quero destacar algumas abordagens ou experimentos amplamente discutidos, para ilustrar algumas das possiblidades e dos problemas mais persistentes.

Uma das primeiras e mais influentes abordagens à preservação digital (e à autenticidade digital) é o que os arquivistas chamam de "Pitt Project", um esforço de pesquisa de três anos (1993-1996), bancado pela National Historical Publications and Records Commission e centrado na Escola de Estudos de Informação e Biblioteconomia da Universidade de Pittsburgh. Para os historiadores, o que é mais interessante (e às vezes desconcertante) a respeito da abordagem do Pitt Project é o modo como ele simultaneamente estreita e amplia o papel dos arquivos e dos arquivistas ao focar nos "registros como provas", em vez de na

---

[32] HEDSTROM, Margaret. Digital Preservation: Matching Problems, Requirements and Solutions. Trabalho apresentado no NSF Workshop on Data Archiving and Information Preservation, 26-27 mar. 1999. Disponível em: http://cecssrv1.cecs.missouri.edu/NSFWorkshop/hedpp.html (acessado em março de 2002, mas indisponível em maio de 2003). Ver também HEDSTROM, Margaret. Research Issues in Digital Archiving. Trabalho apresentado no DAI Institute, "The State of Digital Preservation: An International Perspective", Washington, D.C., 25 abr. 2002. Disponível em: http://www.clir.org/pubs/reports/pub107/contents.html. O próprio Rothenberg está atualmente desenvolvendo pesquisa sobre emulação, e há outras pesquisas sobre emulação em andamento na Universidade de Michigan e na Universidade de Leeds e no Centro de Pesquisa Almaden da IBM, em San Jose, Califórnia (GREENSTEIN, Daniel; SMITH, Abby. Digital Preservation in the United States: Survey of Current Research, Practice, and Common Understandings. Trabalho apresentado em "Preserving History on the Web: Ensuring Long-Term Access to Web-Based Documents", Washington, D.C., 23 abr. 2002). Mais recentemente, Rothenberg, ao que parece, atenuou sua posição a respeito da oposição entre emulação e migração.

"informação". Como explicam David Bearman e Jennifer Trant, "os registros são aquilo que foi criado na condução dos negócios" e provê "provas de transações". Dados ou informações, ao contrário, são dispensados por Bearman "como não arquiváveis e não merecedores da atenção do arquivista".[33] Desse ponto de vista, o registro governamental de sua conta na Previdência Social é vital, ao contrário das "informações" contidas em cartas que você e outros possam ter escrito queixando-se da ideia de privatizar a Previdência.

O Pitt Project produziu um conjunto pioneiro de "requisitos funcionais para provas na manutenção de registros eletrônicos" – na realidade, estratégias e táticas para assegurar que os registros eletrônicos produzam prova legal ou organizacionalmente aceitável de suas transações. Um foco como esse atende particularmente bem às preocupações sobre a "autenticidade" dos registros eletrônicos. Mas, para os historiadores (e para alguns arquivistas), o foco nos registros como prova em lugar dos registros como fontes de informação, ou de história ou de memória, parece decepcionante, por ser restrito demais. E, como aponta o arquivista canadense Terry Cook, a ênfase em "redesenhar os requisitos funcionais dos sistemas de computação para preservar a integridade e a confiabilidade dos registros" e em atribuir "o contro-

---

[33] BEARMAN, David; TRANT, Jennifer. Electronic Records Research Working Meeting, May 28-30, 1997: A Report from the Archives Community. *D-Lib Magazine*, v. 3, n. 7-8, July-Aug. 1997. Disponível em: http://www.dlib.org/dlib/july97/07bearman.html; COOK, Terry. The Impact of David Bearman on Modern Archival Thinking: An Essay of Personal Reflection and Critique. *Archives and Museum Informatics*, v. 11, p. 23, 1997. Ver ainda HEDSTROM, Margaret. Building Record-Keeping Systems: Archivists Are Not Alone on the Wild Frontier. *Archivaria*, v. 44, p. 46-48, Fall 1997. Ver também BEARMAN, David; SOCHATS, Ken. Metadata Requirements for Evidence, em: University of Pittsburgh, School of Information Sciences, the Pittsburgh Project. Disponível em: http://www.archimuse.com/papers/NHPRC/. (Muitas partes desse site desapareceram, mas esse artigo não datado está disponível em: http://www.archimuse.com/papers/NHPRC/BACartic.html.) BEARMAN, David. An Indefensible Bastion: Archives as Repositories in the Electronic Age. *In*: BEARMAN, David (ed.). *Archival Management of Electronic Records*. Pittsburgh, 1991. p. 14-24; HEDSTROM, Margaret. Archives as Repositories: A Commentary. *In*: BEARMAN (ed.). *Archival Management of Electronic Records*.

le tutelar de longo prazo [...] ao criador dos registros arquivísticos" privilegia "os criadores de registros poderosos, relativamente estáveis e contínuos, capazes de tal reengenharia", e ignora artistas, ativistas e "membros da sociedade marginalizados e mais fracos", que não têm nem os recursos nem a inclinação para produzir "comunicações aceitáveis pelos negócios".[34]

---

[34] COOK. Impact of David Bearman on Modern Archival Thinking, p. 15-37. A partir de outro ponto de vista, o Pitt Project ampliou, em vez de estreitar, as preocupações de arquivistas eletrônicos, já que anteriormente o foco havia sido em bancos de dados estatísticos. Em um esforço para unir a ênfase em registros como prova a um foco sociocultural mais amplo, Margaret Hedstrom argumenta que, "para se beneficiar mais plenamente da sinergia entre as necessidades dos negócios e as exigências de preservação, as preocupações com o patrimônio cultural deveriam estar associadas a metas sociais igualmente cruciais, como o monitoramento da mudança ambiental global, a localização de depósitos de resíduos nucleares e o estabelecimento de direitos de propriedade, todos eles dependentes de acesso de longo prazo a evidências eletrônicas confiáveis" (citado em COX, Richard J. Searching for Authority: Archivists and Electronic Records in the New World at the Fin-de-Siècle. *First Monday*, v. 5, n. 1, Jan. 3, 2000. Disponível em: http://firstmonday.org/issues/issue5_1/cox/index.html). O Pitt Project tem sido um assunto amplamente discutido e gerou importante debate entre os arquivistas; um tratamento pleno e com nuances do assunto está além do escopo deste artigo. Enquanto Cook oferece uma crítica séria de Bearman, que é o líder do projeto junto a Richard Cox, ele também exalta Bearman como "o principal pensador da arquivística do final do século XX". Linda Henry faz um ataque contundente a Bearman e outros defensores de um "novo paradigma" na gestão dos registros eletrônicos em "Schellenberg in Cyberspace" (*American Archivist*, v. 61, p. 309-327, Fall 1998). Uma crítica mais recente é a de Mark A. Greene, em "The Power of Meaning: The Archival Mission in the Postmodern Age" (*American Archivist*, v. 65, n. 1, p. 42-55, Spring-Summer 2002). Terry Cook coloca a questão em uma perspectiva histórica (mas a partir de sua perspectiva particular) em "What Is Past Is Prologue: A History of Archival Ideas Since 1898, and the Future Paradigm Shift" (*Archivaria*, v. 43, Spring 1997. Disponível em: https://archivaria.ca/index.php/archivaria/article/view/12175). O projeto Preservation of the Integrity of Electronic Records (chamado de UBC Project por ter sido realizado na Universidade da Columbia Britânica [University of British Columbia]) e o projeto InterPARES (International Research on Permanent Authentic Records in Electronic Systems), que foi um desdobramento do UBC Project, assumiram uma abordagem diferente, mas compartilham a ênfase do Pitt Project no problema da "autenticidade" e nos "registros", e não na ampla gama de fontes que geralmente interessam aos historiadores

Enquanto o Pitt Project enfatiza aspectos como o profissionalismo no arquivamento, o estreitamento da definição de manutenção de registros e a rejeição da tradição tutelar nos arquivos, e valoriza o planejamento para uma coleta mais cuidadosa no futuro em lugar da atenção à ação no presente, o Internet Archive adotou a abordagem oposta. Ele representa uma resposta popular, imediata, entusiástica à crise da preservação digital, que ao mesmo tempo expande e centraliza ainda mais a responsabilidade por arquivar, de maneiras antes inimagináveis. A partir de setembro de 1996, Brewster Kahle e uma pequena equipe enviaram rastreadores de redes para capturar a web, que se moviam link por link e concluíam uma captura completa a cada dois meses. Apesar de ser um empreendimento em parte filantrópico financiado por Kahle, o Internet Archive também tem um lado comercial. O serviço com fins lucrativos de navegação pela web criado por Kahle, o Alexa Internet (comprado pela Amazon, em 1999, por 300 milhões de dólares), é o que de fato coleta *snapshots* da web, que ele utiliza para analisar padrões de uso da web e depois doá-los ao Internet Archive.[35]

(DURANTI, Luciana. *The Long-Term Preservation of Authentic Electronic Records: Findings of the InterPARES Project*. Vancouver, 2002. Disponível em: http://www.interpares.org/book/index.htm). O rascunho de dezembro de 2002 do *NHPRC Electronic Records Agenda Final Report* sugere que o consenso entre arquivistas está se deslocando em direção a uma definição mais ampla de registros. Meu entendimento dessas questões foi muito auxiliado pelo meu comparecimento à reunião de 8-9 de dezembro de 2002, promovida para discutir essa questão, e por conversas com Robert Horton, da Minnesota Historical Society, que é o líder desse esforço.

[35] SAID, Carolyn. Archiving the Internet: Brewster Kahle Makes Digital Snapshots of Web. *San Francisco Chronicle,* May 7, 1998. B3; KAHLE, Brewster. Preserving the Internet. *Scientific American*, Mar. 1997. Disponível em: http://www.sciamdigital.com; MAYFIELD, Kendra. Wayback Goes Way Back on Web. *Wired News*, Oct. 29, 2001. Disponível em: http://www.wired.com/news/print/0,1294,47894,00.html; BURNER, Mike. The Internet Archive Robot. E-mail para a Robots Mailing List, 5 set. 1996, http://www.robotstxt.org/wc/mailing-list/1258.html. A respeito do Alexa, ver CHANDRASEKARAN, Rajiv. Seeing the Sites on a Custom Tour: New Internet Search Tool Takes Selective Approach. *Washington Post*, Sept. 4, 1997. E01; JACKSON, Tim. Archive Holds Wealth of Data. *Financial Times*, London, Nov. 24, 1997, 15; FLYNN, Laurie J. Alexa's Crusade Continues Under Amazon.com's Flag. *The New York Times*, May 3, 1999. C4. Sobre outros esforços anteriores para "salvar a web", ver REISS, Spencer. Internet in a Box.

Por volta de fevereiro de 2002, o Internet Archive (IA) havia reunido uma coleção monumental de mais de 100 terabytes de dados da web – cerca de 10 bilhões de páginas da web ou cinco vezes todos os livros da Biblioteca do Congresso – e deglutia mais 12 terabytes a cada mês. Naquele mesmo outono, começou a oferecer acesso público à maior parte do acervo por meio do que Kahle chamou de Wayback Machine – uma irônica referência ao dispositivo usado por Mr. Peabody para viajar no tempo no desenho animado *As aventuras de Rocky e Bullwinkle*, da década de 1960. O impressionante é que um único indivíduo, com uma equipe muito pequena, tenha criado o maior banco de dados e a maior biblioteca do mundo em apenas cinco anos.[36]

Em dezembro de 2001, pouco depois de a Wayback Machine ter se tornado pública, a empresa Google lançou o Google Groups, outro enorme arquivo digital – este sob auspícios puramente comerciais. O Google Groups provê acesso a mais de 650 milhões de mensagens postadas ao longo das duas últimas décadas na Usenet, os fóruns de discussão online anteriores até mesmo à internet. Embora "propriedade" pareça um conceito dúbio em relação a um fórum

---

Wired, Oct. 1996. Disponível em: http://www.wired.com/wired/4.10/scans.html; STERLING, Bruce. The Life and Death of Media. Discurso proferido no Sixth International Symposium on Electronic
Art, Montreal, 19 set. 1995. Disponível em: http://www.chriswaltrip.com/sterling/dedmed.html; MARKOFF, John. When Big Brother Is a Librarian. *The New York Times*, Mar. 9, 1997, IV:3; GARDNER, James B. (comp.). Report on Documenting the Digital Age. Washington, D.C., 1997; MYHRVOLD, Nathan. Capturing History Digitally: Why Archive the Internet?. Trabalho apresentado em "Documenting the Digital Age", São Francisco, 10-12 fev. 1997.

[36] MACKINTOSH, Hamish. Interview with Brewster Kahle, "Webarian". *Guardian*, Feb. 21, 2002, 4. Disponível em: http://www.guardian.co.uk/online/story/0,3605,653286,00.html; WOOD, Molly. CNET's Web Know-It-All Goes Where You Won't. *CNET*, Mar. 15, 2002. Disponível em: http://www.cnet.com/software/0–8888–8-9076625–1.html; SEEING the Future in the Web's Past. *BBC News*, Nov. 12, 2001. Disponível em: http://news.bbc.co.uk/hi/english/in_depth/sci_tech/2000/dot_life/newsid_1651000/1651557.stm. Para uma boa explicação do lado técnico da IA, ver KOMAN, Richard. How the Wayback Machine Works. *O'Reilly Network*, Jan. 21, 2002. Disponível em: http://www.oreillynet.com/pub/a/webservices/2002/01/18/brewster.html.

público de discussão, o Google comprou o arquivo da Deja.com, que havia trazido os grupos para a web, mas depois fechou quando a bolha da internet estourou. Apesar da falência da Deja.com, o Google vê o Usenet Archive como outro aspecto atraente de seus celeiros de recursos e ferramentas online.[37]

Tanto o IA quando o Google Groups são bibliotecas organizadas sob princípios mais familiares a cientistas da computação do que a bibliotecários, como aponta Peter Lyman, que conhece esses dois mundos como chefe da biblioteca da Universidade da Califórnia em Berkeley e membro do conselho do IA. A comunidade das bibliotecas tem se concentrado em desenvolver "sofisticadas estratégias de catalogação". Mas os cientistas da computação, incluindo Kahle, interessam-se mais em desenvolver sofisticados mecanismos de pesquisa que operam diretamente sobre os dados que vemos (as páginas da web), em vez de sobre os metadados (a informação para catalogação). Enquanto os projetos de arquivos e bibliotecas focam em "acervos de alta qualidade construídos em torno de temas selecionados" e fazem da página da web a unidade de catalogação, o paradigma da ciência da computação "permite arquivar a web inteira conforme ela muda ao longo do tempo, e então usar mecanismos de pesquisa para recuperar as informações desejadas".[38]

Os projetos concebidos por bibliotecários e arquivistas geralmente têm as vantagens da precisão e da padronização. Eles têm preferência por protocolos e padrões meticulosos como o Dublin Core, o OAIS (Open Archival Information System) e o EAD (Encoded Archival Description). Mas o custo e a dificuldade dos protocolos e procedimentos implicam que sejam com frequência ignorados por arquivos e bibliotecas com menor verba e equipes mais reduzidas. Em uma conferência, o cientista

---

[37] Empregado do Google, em "Google Groups Archive Information Newsgroups", e-mail de 21 de dezembro de 2001; STELLIN. Google's Revival of a Usenet Archive Opens Up a Wealth of Possibilities; FORTSON, Danny. Google Gobbles Up Deja.com's Babble. *Daily Deal*, Feb. 12, 2001; LIEDTKE, Michael. Web Search Engine Google Buys Deja.com's Usenet Discussion Archives. *Associated Press*, Feb. 12, 2001.

[38] LYMAN. Archiving the World Wide Web.

da computação Jim Miller, reagindo a apresentações de defensores de padrões, advertiu que se os arquivistas fizessem muita pressão por metadados de catalogação, "poderiam acabar sem nenhum".[39]

O Internet Archive, que é filho dos mecanismos de pesquisa e dos cientistas da computação, é um recurso extraordinariamente valioso. A maioria dos historiadores pode não ter interesse nele agora, mas em 25 ou 50 anos vão se deliciar ao acioná-lo em suas buscas. Em 2050, um trabalho típico de História na faculdade poderá ser comparar as representações existentes na web a respeito de estadunidenses muçulmanos em 1998 e em 2008. Mas qualquer valorização do IA deve também reconhecer suas limitações. Por exemplo, um grande número de páginas da web não são páginas HTML "estáticas"; em vez disso, ficam armazenadas em bancos de dados, com as páginas sendo geradas "na hora" em que são feitas as buscas. Como resultado, os rastreadores do IA não capturam muito da chamada deep web que está armazenado em bancos de dados. Arquivos multimídias – de *streaming* e *flash* – também, ao que parece, não são capturados. Além disso, os rastreadores do Internet Archive não conseguem seguir avançando sempre; em algum ponto, param, já que, como um dos cientistas de computação que lida com eles reconhece, "a web é essencialmente infinita em tamanho". Qualquer um que use o IA regularmente depara com mensagens como "Não está no arquivo" [Not in Archive] e "Erro na localização do arquivo" [File Location Error], ou mesmo "Fechado para manutenção" [Closed for Maintenance].[40]

---

[39] MILLER citado em GARDNER. Report on Documenting the Digital Age. Para uma visão geral do OAIS, ver LAVOIE, Brian. Meeting the Challenges of Digital Preservation: The OAIS Reference Model. 2000. Disponível em: http://www.oclc.org/research/publications/newsletter/repubs/lavoie243/; sobre o EAD, ver PITTI, Daniel V. Encoded Archival Description: An Introduction and Overview. *D-Lib Magazine*, v. 5, n. 11, Nov. 1999. Disponível em: http://www.dlib.org/dlib/november99/11pitti.html. O OAIS provém da NASA e da comunidade de dados sobre o espaço, não dos bibliotecários. Mas eles o têm adotado.

[40] STATA, Raymie. The Internet Archive. Trabalho apresentado na conferência "Preserving Web-Based Documents", Washington, D.C., 23 abr. 2002. Sobre a oposição entre *deep web* e *surface web*, ver LYMAN. Archiving the World Wide Web; "A estrada para Xanadu: caminhos públicos e privados para a web de história"

Algumas páginas ficam faltando por razões legais ou econômicas, ou então técnicas. Sites privados, bloqueados, estão fora do alcance dos rastreadores do Internet Archive. E muitos sites não bloqueados também desincentivam os rastreadores. O *New York Times* permite acesso aos seus conteúdos atuais, mas cobra por artigos publicados há mais de uma semana. Se o IA coletasse e preservasse o conteúdo do *Times*, não haveria razão para pagar pelo seu arquivo proprietário a fim de acessar o jornal. Então o *Times* coloca em seu site um arquivo de "exclusão de robôs", que o IA respeita. Mesmo os sites sem exclusão de robôs e sem qualquer copyright formal são ainda assim cobertos pela lei de copyright e poderiam contestar o arquivamento de seu conteúdo pelo IA. Para evitar problemas, o IA simplesmente expurga as páginas de quem quer que reclame. É como se Julie Nixon pudesse escrever ao National Archives e mandar deletar as fitas de seu pai ou se um escritor pudesse retirar de circulação um romance seu mais antigo.[41]

Portanto, o Internet Archive está muito longe de uma solução completa para o problema da preservação digital. Ele não lida com os registros digitais que incomodam o National Archives e outros repositórios por sua falta de acessibilidade pública e padronização mínima em HTML das páginas da web. E tampouco inclui muito da literatura formalmente publicada – e-books e revistas –, que é comercializada

---

(neste volume). O próprio Kahle indica vários dos problemas e limitações do Internet Archive em KAHLE, Brewster. Archiving the Internet: Bold Efforts to Record the Entire Internet Are Expected to Lead to New Services. Trabalho apresentado em "Documenting the Digital Age", São Francisco, 10-12 fev. 1997.

[41] Sobre exclusão de robôs, ver http://www.robotstxt.org/wc/exclusion-admin.html. Ao que parece, o IA vai bloquear retroativamente um site sem solicitação direta, bastando que ele simplesmente poste o arquivo robots.txt. Isso pareceria significar que se alguém pegasse um nome de domínio já expirado, eles então poderiam bloquear acesso ao conteúdo anterior. Mas há alguma evidência de que o IA na realidade não "expurga" o conteúdo, simplesmente o torna inacessível. Para uma intensa discussão dessas questões, ver as centenas de postagens online em "The Wayback Machine, Friend or Foe?" (Slashdot, June 19-20, 2002. Disponível em: http://ask.slashdot.org/askslashdot/02/06/19/1744209.shtml). Sobre uma avaliação pessimista da legalidade das práticas do IA (embora não explicitamente dirigida a ele), ver HARDY, I. Trotter. Internet Archives and Copyright. Trabalho apresentado em "Documenting the Digital Age", São Francisco, 10-12 fev. 1997.

e bloqueada para leitura. E mesmo em relação àquilo que coleta, não concebeu ainda um plano de preservação de longo prazo, que precisaria incorporar uma estratégia para acesso continuado aos dados digitais que estão em formatos (e com limites de tempo) particulares. Mais problemático ainda, ele não tem um plano que defina de que maneira vai se sustentar no futuro. Será que Kahle continuará a bancá-lo indefinidamente?[42] E se a Amazon e o Alexa acharem que não vale mais a pena coletar os dados, especialmente depois que os custos de aquisição começaram a duplicar a cada ano?

Questões similares podem ser levantadas a respeito do Google Groups. E se a companhia decidir que não há perspectiva de obter uma renda de publicidade adequada ao tornar disponíveis as mensagens antigas dos grupos (como, de fato, a Deja.com havia previamente determinado)? Embora seja louvável a energia empreendedora do Google em preservar e disponibilizar um enorme corpus de documentos históricos, devemos também examinar com atenção a maneira como as corporações privadas de repente entraram em uma área – arquivos – que fazia parte antes do setor público –, reflexo da onda de privatização que varreu a economia global. Pelo menos até aqui, os nossos acervos digitais mais importantes, e construídos com mais imaginação, estão em mãos privadas.[43]

Levando em conta que a preservação do patrimônio cultural e da história nacional podem ser consideradas bens sociais, por que o governo não toma a liderança desses esforços? Uma razão é que pelo menos alguns aspectos-chave do presente digital – a história de Bert, por exemplo – não se restringem a fronteiras nacionais e, na realidade, agem para erodi-las. Se os arquivos nacionais foram parte dos projetos de construção do Estado e de nacionalismo, então por que os Estados deveriam apoiar arquivos digitais pós-nacionais? O declínio da importância dos arquivos nacionais baseados em Estados pode espelhar o

---

[42] Fontes internas comentaram comigo que o IA desapareceria caso Kahle abandonasse o projeto. Mas há sinais muito recentes de que o IA está ampliando sua base de apoio financeiro.

[43] Para um panorama, breve e recente, dessas tendências, ver KLEIN, Naomi. Don't Fence Us In. *Guardian*, Oct. 5, 2002.

declínio do Estado nacional contemporâneo. Até o momento, o Instituto Smithsonian e a Biblioteca do Congresso têm trabalhado com o Internet Archive apenas quando precisam de sua ajuda para documentar algumas histórias particularmente nacionais – como as eleições de 1996 e 2000 e os ataques de 11 de setembro.

Outra razão para o papel limitado do governo é que a crise da preservação digital emergiu com maior dramaticidade durante a revolução antiestado da era Reagan, na década de 1980. Na década de 1970, por exemplo, o programa de registros eletrônicos do National Archives teve um início modesto, mas promissor. No entanto, como escreve o arquivista Thomas E. Brown, entrou em um "colapso quase total na década de 1980". A equipe reduziu-se a sete pessoas em 1983, e, por incrível que pareça, esse grupo sitiado, encarregado de guardar os registros eletrônicos da nação, não tinha acesso a instalações de computação. As coisas começaram a melhorar no início da década de 1990, mas depois de 1993 o programa de registros eletrônicos sofreu com os cortes adicionais na força de trabalho federal. Com escassez de verbas e de pessoal, o National Archives dificilmente estaria em posição de desenvolver uma solução para o problema dos registros eletrônicos federais, um problema desafiador e de proporções crescentes.[44]

A Biblioteca do Congresso de início também se esquivou de assumir um papel de liderança em preservar materiais digitais, como se queixou mais tarde o National Research Council. Nesse caso, também, era possível detectar o enfraquecimento da influência do Estado. O maior esforço da Biblioteca no domínio digital foi o American Memory, que digitalizou milhões de itens de seus acervos e colocou-os online. Professores, estudantes e pesquisadores amam o American Memory, mas ele nada fez para preservar o crescente número de objetos já "nascidos digitais". Como seria de esperar, o American Memory foi um

---

[44] BROWN, Thomas. What Is Past Is Analog: The National Archives Electronic Records Program Since 1968. Trabalho apresentado no Encontro Anual da OAH (Organization of American Historians), Washington, D.C., 2002. Em 1997, Kenneth Thibodeau estimou que a NARA investiu apenas quantias simbólicas (2 por cento de seu orçamento) em registros eletrônicos (GARDNER. Report on Documenting the Digital Age).

projeto que conseguiu atrair grande número de doações privadas e de corporações, que com frequência veem esse patrocínio como uma boa publicidade e bancaram três quartas partes do projeto.[45]

Não surpreende que abordagens mais bem desenvolvidas à preservação digital, centradas no Estado, tenham aparecido fora dos Estados Unidos – na Austrália e na Escandinávia, por exemplo. A Noruega exige que os materiais digitais sejam legalmente depositados na biblioteca nacional em troca de proteção de copyright.[46] Uma das melhores maneiras como a Biblioteca do Congresso poderia ajudar a preservar o futuro dos materiais digitais seria assegurar assertivamente as alegações de copyright reivindicadas, pois isso atenuaria alguns dos problemas legais e de propriedade com os quais o Internet Archive tem de lidar.[47]

Não obstante, o National Archives e a Biblioteca do Congresso passaram recentemente – pressionados por críticas de fora e apoiados tardiamente pelo Congresso – a adotar uma abordagem mais agressiva em relação à preservação digital. O Archives está propondo uma "Reformulação da Administração dos Registros Federais" para atender ao fato de que "a grande maioria das séries de registros eletrônicos de valor continuado não está chegando à tutela dos arquivos". Também está trabalhando de perto com o Supercomputing Center de San Diego no desenvolvimento de uma "preservação persistente do objeto" [*persistent*

---

[45] COMMITTEE ON AN INFORMATION TECHNOLOGY STRATEGY FOR THE LIBRARY OF CONGRESS *et al. LC21*. Disponível em: https://nap.nationalacademies.org/catalog/9940/lc21-a-digital-strategy-for-the-library-of-congress; "A estrada para Xanadu".

[46] PANDORA. Background Information About PANDORA: The National Collection of Australian Online Publications. Disponível em: http://pandora.nla.gov.au/background.html; CATHRO; WEBB; WHITING. Archiving the Web; WEBB, Colin. National Library of Australia. Trabalho apresentado no DAI Institute, "The State of Digital Preservation: An International Perspective", Washington, D.C., 25 abr. 2002. Disponível em: http://www.clir.org/pubs/reports/pub107/contents.html. Sobre esforços britânicos para lidar com materiais digitais, ver McCUE, Jim. Can You Archive the Net?. *Times*, London, Apr. 29, 2002. Sobre Suécia e Noruega, ver CATHRO, Warwick. Archiving the Web. *National Library of Australia Gateways*, v. 52, Aug. 2001. Disponível em: http://www.nla.gov.au/ntwkpubs/gw/52/p11a01.html/.

[47] Há evidências episódicas de que isso esteja sendo cogitado de maneira séria.

object preservation, POP], que cria uma descrição de um objeto digital (e de grupos de objetos digitais) em etiquetas e esquemas simples, que possam ser compreendidos no futuro; os registros seriam "autodescritivos" e, desse modo, independentes de hardware e software específicos. Os cientistas da computação defendem que os registros nesse formato podem durar de 300 a 400 anos.[48]

Em dezembro de 2000, a Biblioteca do Congresso lançou a mais importante iniciativa, o Programa Nacional de Infraestrutura da Informação Digital [National Digital Information Infrastructure Program, NDIIP]. Mesmo essa importante iniciativa federal de grande porte trazia as marcas da política antiestado, de privatização, da década de 1980. O Congresso aprovou a concessão de uma verba de 5 milhões de dólares à biblioteca para o planejamento, prometendo outros 20 milhões quando aprovasse o plano. Mas os últimos 75 milhões só serão distribuídos quando houver uma quantia equivalente em fundos privados.[49]

Embora o futuro do nosso presente digital continue periclitante, essas recentes iniciativas sugerem algumas estratégias animadoras para preservar

---

[48] NATIONAL ARCHIVES AND RECORDS ADMINISTRATION. *Proposal for a Redesign of Federal Records Management.* July 2002, 10. Disponível em: http://www.archives.gov/records_management/initiatives/rm_redesign.html; WALKER, Richard W. For the Record, NARA Techie Aims to Preserve. *Government Computer News,* v. 20, n. 21, July 30, 2001. Disponível em: http://www.gcn.com/vol20_no21/news/4752–1.html/; GAO. *Information Management,* p. 50. Até o momento, a POP permanece, como um membro da equipe da NARA explicou, em abril de 2001, "além do estado da arte da tecnologia da informação" (WOODS, Adrienne M. Toward Building the Archives of the Future. Trabalho apresentado na Society of California Archivists' Annual Meeting, 27 abr. 2001, acessado online em 1º de maio de 2002, mas não mais disponível em 20 de junho de 2002). Ver também THIBODEAU, Kenneth. Overview of Technological Approaches to Digital Preservation and Challenges in Coming Years. Apresentação no DAI Institute, "The State of Digital Preservation: An International Perspective", Washington, D.C., 24-25 abr. 2002. Disponível em: http://www.clir.org/pubs/reports/pub107/contents.html. Em junho de 2002, o GAO reportou que, em geral, o projeto de registros eletrônicos da NARA "enfrenta riscos substanciais" e "e já se encontra atrasado" (GAO. *Information Management,* p. 3).

[49] FRIEDLANDER, Amy. The National Digital Information Infrastructure Preservation Program: Expectations, Realities, Choices and Progress to Date. *D-Lib Magazine,* v. 8, n. 4, Apr. 2002. Disponível em: http://www.dlib.org/dlib/april02/friedlander/04friedlander.html.

a gama de materiais digitais. Uma combinação de abordagens técnicas e organizacionais é a que tem maiores chances de sucesso, mas a privatização coloca graves riscos ao futuro do passado. Os que defendem a preservação digital precisam mobilizar verbas estatais e o poder do Estado (como a asserção do interesse público em detrimento do copyright dos materiais), mas infundi-lo com o espírito experimental e *ad hoc* do Internet Archive. E temos de reconhecer que, para muitos materiais digitais (especialmente a web), o paradigma imperfeito da ciência computacional provavelmente é mais recomendável do que a abordagem mais meticulosa e sistemática dos bibliotecários e arquivistas. O que se costuma dizer da estratégia militar parece se aplicar à preservação digital: "o maior inimigo de um bom plano é o sonho de um plano perfeito".[50] Nunca preservamos tudo; precisamos começar a preservar algo.

Considerando as enormes barreiras que impedem de salvar os registros e as informações digitais, chega a surpreender que muitos continuem insistindo em que acabará surgindo um plano perfeito – ou pelo menos um plano muito bom. Os tecno-otimistas, como Brewster Kahle, sonham de maneira mais intensa com um plano perfeito e suas consequências surpreendentes. "Pela segunda vez na história", escreveu Kahle com dois colaboradores, "as pessoas estão fazendo planos de coletar todas as informações – a primeira vez foi com os gregos, e culminou com a Biblioteca de Alexandria [...] Agora [...] muitos [estão] uma vez mais dando passos para a construção de bibliotecas que contenham acervos completos". A tecnologia digital, explicam eles, "alcançou o ponto em que escanear todos os livros, digitalizar todas as gravações de áudio, baixar todos os websites e gravar a produção de todas as estações de rádio e TV é não apenas factível, mas também menos oneroso do que comprar e armazenar versões físicas".[51] Bibliotecários

---

[50] A citação costuma ser atribuída de forma incorreta a Carl von Clausewitz. É possível que ela seja simplesmente uma reelaboração da observação de Voltaire de que "*le mieux est l'enemi du bien*" (o melhor é o inimigo do bom) ou da máxima de George S. Patton, "Um bom plano violentamente executado agora é melhor do que um plano perfeito executado na semana que vem".

[51] KAHLE; PRELINGER; JACKSON. Public Access to Digital Materials. Ver, também, LESK, Michael. How Much Information Is There in the World?. Artigo online disponível em http://www.lesk.com/mlesk/ksg97/ksg.html.

e arquivistas continuam céticos a respeito dessas previsões, ressaltando os enormes custos envolvidos em catalogar e tornar disponível o que foi preservado, e também que nunca conseguimos salvar mais do que uma fração de nossa produção cultural. Mas, seja qual for nosso grau de ceticismo, ainda vale a pena pensar seriamente a respeito de como seria um mundo em que tudo fosse salvo.

O aspecto mais óbvio é que arquivos, bibliotecas e outros repositórios de registros ficariam de repente livres da tirania do espaço em prateleiras, que sempre atuou como uma sombra em seu trabalho. A digitalização também remove outros flagelos crônicos da memória histórica, como o fogo e a guerra. O incêndio de 1921 que destruiu os registros do Censo de 1890 produziu uma centelha crucial, que levou finalmente à criação do National Archives. Mas, e se tivéssemos várias cópias do Censo? A facilidade – a quase inevitabilidade – da cópia de arquivos digitais significa que é consideravelmente menos provável hoje que as coisas existam apenas em uma única cópia.[52]

Qual seria o aspecto de uma nova Biblioteca de Alexandria, virtual e universal? Kahle e seus colegas articularam enfaticamente uma visão democrática e expansiva de um passado que inclua todas as vozes e seja aberto a todos. "Há cerca de 10 a 15 milhões de vozes evidentes de pessoas na web", ele relatou a um repórter. "A Rede é uma mídia do povo: os bons, ou maus e os feios. O interessante, o trivial e o profano. Está tudo ali." Defensores da nova biblioteca e arquivo universal falam com muita eloquência sobre a democratização do acesso ao registro histórico. "A oportunidade do nosso tempo é oferecer acesso universal a todo o conhecimento humano", disse Kahle.[53]

---

[52] McCOY. Struggle to Establish a National Archives in the United States, 1, p. 12. De fato, há um programa de preservação digital – LOCKSS (Lots of Copies Keep Stuff Safe [Muitas Cópias Mantêm o Material Seguro]) – que se apoia justamente nesse princípio: http://lockss.stanford.edu/.

[53] DEMBART, Lee. Go Wayback. *International Herald Tribune*, Mar. 4, 2002. Disponível em: http://www.iht.com/cgi-bin/generic.cgi?template=articleprint.tmplh&ArticleId=50002; SEEING the Future in the Web's Past. *BBC News*, Nov. 12, 2001. Ver também MENN, Joseph. Net Archive Turns Back 10 Billion Pages of Time. *Los Angeles Times*, Oct. 25, 2001, A1; GREEN, Heather. A Library as Big as the World. *Business Week Online*, Feb. 28, 2002. Disponível em: http://

A visão de Kahle de abundância cultural e histórica combina a visão democrática tradicional da biblioteca pública com os recursos da biblioteca de pesquisa e do arquivo nacional. Anteriormente, eram poucos os que tinham a oportunidade de vir a Washington assistir aos primeiros filmes de Thomas Edison na Biblioteca do Congresso. E a biblioteca talvez não pudesse atendê-los, se viessem. O acesso democratizado é a verdadeira recompensa dos registros e materiais eletrônicos. Pode ser mais difícil preservar e organizar materiais digitais do que os registros em papel, mas, depois que isso é feito, podemos torná-los acessíveis a um número muito maior de pessoas. Abrir os arquivos e as bibliotecas dessa maneira democratiza o trabalho histórico. Hoje, pessoas que nunca haviam tido acesso direto a arquivos e bibliotecas podem entrar neles. Alunos secundaristas de repente podem fazer pesquisa em fontes

---

www.businessweek.com/technology/content/feb2002/tc20020228_1080.htm. O sonho de um arquivo universal é também o pesadelo dos defensores da privacidade. Na era do papel, o volume físico de arquivos de pessoal e de registros bancários, criminais e médicos tornava mais provável que acabassem todos em aterros em vez de em arquivos. Mesmo quando preservados, a possibilidade de uma indiscrição retrospectiva (o avô do seu vizinho era mesmo malandro e beberrão?) era reduzida pelo puro tédio de vasculhar milhares de páginas de registros. Mas e se sofisticadas ferramentas de mineração de dados ("conte-me tudo sobre meus vizinhos") tornassem essa busca fácil? Mesmo o material "público" na web levanta desafios éticos para os historiadores. "A mulher que será eleita presidenta em 2024 está agora no ensino médio, e aposto que tem uma *home page*", exclama Kahle. O Internet Archive tem "a *home page* da futura presidenta!". Talvez. Mas tem também a *home page* de muitos outros alunos do ensino médio, e pelo menos alguns deles estão passando por sérias perturbações emocionais que mais tarde podem preferir que não venham a público. O próprio Kahle escreveu um presciente artigo em 1992, "Ethics of Digital Librarianship", que mostra preocupações com "tipos de informação que estarão acessíveis" à medida que "o sistema evolui para incluir entretenimento, emprego, saúde e outros servidores". MENN. Net Archive Turns Back 10 Billion Pages; WOOD. CNET's Web Know-It-All; Kahle citado em MARKOFF, John. Bitter Debate on Privacy Divides Two Experts. *The New York Times*, Dec. 30, 1999, C1. Ver também BLANCHETTE, Jean-François; JOHNSON, Deborah G. Data Retention and the Panoptic Society: The Social Benefits of Forgetfulness. *Information Society*, v. 18, p. 33-45, 2002; ROTENBERG, Marc. Privacy and the Digital Archive: Outlining Key Issues. Trabalho apresentado em "Documenting the Digital Age", São Francisco, 10-12 fev. 1997; THE WAYBACK MACHINE, Friend or Foe?.

primárias; e a genealogia teve um grande surto de popularização, porque agora você não precisa mais viajar até arquivos distantes.

Essa visão de acesso democrático promete também acesso direto e sem mediações ao passado. Os entusiastas do comércio eletrônico saúdam a "desintermediação" – que elimina corretores de seguros e de imóveis e outros intermediários – e a emergência de algo como o eBay, formado apenas por compradores e vendedores. Em tese, a biblioteca digital universal pode trazer uma desintermediação cultural similar, permitindo que pessoas interessadas em história façam contato direto com os documentos e artefatos do passado sem a mediação de agentes culturais, como bibliotecários, arquivistas e historiadores. O sociólogo Mike Featherstone especula o surgimento de uma "nova cultura da memória" na qual desapareceriam os "controles hierárquicos" existentes sobre o acesso. Esse "acesso direto a registros e recursos culturais por aqueles que estão fora das instituições culturais" poderia "levar a um declínio do poder intelectual e acadêmico" e tirar o historiador, por exemplo, de sua posição entre as pessoas e seu passado.[54] A Wayback Machine encapsula essa visão de desintermediação, sugerindo que cada um, como Mr. Peabody e seu garoto Sherman, possa entrar em uma máquina do tempo e descobrir como Colombo ou Edison eram "de fato". Claro que a maioria dos historiadores vai argumentar que as pessoas sem experiência provavelmente não saberão como pensar a respeito do que encontrarem em arquivos digitalizados. Mesmo assim, o equilíbrio de poder pode se deslocar. Pergunte a qualquer agente de viagens o quanto seu controle profissional foi restringido pelo acesso amplo a informações.

A maioria dos historiadores não acolheu essa visão na qual todo mundo se torna seu próprio historiador. E tampouco mostrou entusiasmo pela visão de uma biblioteca universal que contenha todas as

---

[54] EATHERSTONE, Mike. Archiving Cultures. *British Journal of Sociology*, v. 51, n. 1, Jan. 2000, p. 178, 166. Para exemplos de profecias entusiásticas a respeito de tais mudanças, ver CAIRNCROSS, Francis. *The Death of Distance: How the Communications Revolution Will Change Our Lives*. Boston, 1997; KELLY, Kevin. New Rules for the New Economy. *Wired*, v. 5, n. 9, Sept. 1997. Disponível em: http://www.wired.com/wired/archive/5.09/newrules_pr.html. Para uma crítica séria e sensata, ver BROWN, John Seely; DUGUID, Paul. *The Social Life of Information*. Boston, 2000. p. 11-33.

vozes e todos os registros. Na minha enquete informal, a maior parte dos historiadores sente-se intimidada ao pensar que precisaria escrever sobre história com mais fontes ainda.[55] Os historiadores não são particularmente hostis a novas tecnologias, mas não estão prontos a dar boas-vindas a mudanças radicais em sua posição cultural ou em seu modo de trabalhar. Por terem passado suas carreiras profissionais em uma cultura de escassez, os historiadores sentem inquietação em relação a um mundo de abundância.

Afinal de contas, a abundância pode ser desconcertante. Como conseguiremos encontrar a floresta, se há tantas malditas árvores? O psicólogo Aleksandr Luria expressou essa ideia em seu famoso estudo de um jornalista russo, "S" (S. V. Shereshevskii), dotado de memória fotográfica impressionante; ele era capaz de reproduzir tabelas numéricas complexas e longas listas de palavras que lhe haviam sido mostradas anos antes. Mas esse "dom" revelou-se uma maldição. Ele não conseguia mais reconhecer pessoas, pois se lembrava de todos os seus rostos com uma precisão excessiva; assim, uma expressão levemente diferente seria registrada como sendo de outra pessoa. Para ele, então, captar o sentido geral de uma passagem ou de uma ideia abstrata "tornou-se uma luta tortuosa [...] contra as imagens que não paravam de aflorar à sua mente". Como observou o psicólogo Jerome Bruner, faltava-lhe "a capacidade de converter encontros com o particular em instâncias do geral".[56]

Se os historiadores precisam colocar a si mesmos "contra o esquecimento" (na poderosa expressão de Milan Kundera), então precisam

---

[55] Ver, por exemplo, GILES, Geoffrey J. Archives and Historians: An Introduction. In: *Archives and Historians: The Crucial Partnership*. Washington, D.C., 1996. p. 5-13, que escreve que "há material de arquivo demais para os arquivistas e historiadores darem conta" e registra sentimentos de "inveja" em relação aos "historiadores que se dedicavam à Antiguidade e à Idade Média, que têm tão pouco material a partir do qual trabalhar".

[56] LURIA, A. R. *The Mind of a Mnemonist: A Little Book About a Vast Memory*. Transl. Lynn Solotaroff. New York, 1968. Foreword by Jerome S. Bruner, p. viii. Veja o relato similar, mas ficcional, em BORGES, Jorge Luis. Funes the Memorious. In: *Labyrinths: Selected Stories and Other Writings*. Ed. Donald A. Yates and James E. Irby. New York, 1964. p. 59-66. [No Brasil: Funes, o memorioso. In: *Ficções*. Trad. Davi Arrigucci Jr. São Paulo: Companhia das Letras, 2007.]

criar novos caminhos através do registro digital potencialmente esmagador do passado. Os historiadores contemporâneos já gemem sob o peso de suas fontes. Robert Caro passou nada menos que 26 anos às voltas apenas com os documentos de Lyndon B. Johnson relativos aos anos anteriores à sua vice-presidência – incluindo 2.082 caixas de documentos do Senado. Com certeza, o compromisso dos historiadores tradicionais de examinar "tudo" não poderá sobreviver em uma era digital na qual "tudo" sobreviveu.[57]

As narrativas históricas que os futuros historiadores poderão escrever talvez não sejam na realidade muito diferentes das produzidas hoje, mas as metodologias usadas podem ter de mudar radicalmente. Se temos, por exemplo, um registro completo de tudo que foi dito em 2010, será que poderemos fazer generalizações a respeito da natureza do discurso de determinado assunto simplesmente a partir de uma "leitura exploratória"? Será que não precisaremos nos envolver em alguma forma de amostragem mais metódica, nos moldes, digamos, da sociologia? Será que isso poderia reviver as abordagens sociocientíficas com as quais os historiadores flertaram brevemente na década de 1970? Ou os historiadores precisariam aprender a lançar mão de buscas e algoritmos complexos que lhes permitissem revirar esse registro massacrante de maneiras criativas, mas também sistemáticas? Os futuros gurus da metodologia de pesquisa histórica talvez venham a ser os cientistas de computação do Google, que descobriram como fazer em meio segundo uma busca no equivalente a uma pilha de papel de 150 quilômetros de altura. "Ser capaz de encontrar coisas com alta precisão e alta confiabilidade tem um impacto incrível no mundo" – e, poderíamos acrescentar, nos futuros

---

[57] WEEKS, Linton. Power Biographer. *Washington Post*, Apr. 25, 2002, C01. A visão desdenhosa de Carl Bridenbaugh acerca da amostragem é um bom exemplo da tradicional ideia de que os historiadores devem examinar tudo. THE GREAT MUTATION. *AHR*, v. 68, n. 2, p. 315-331, Jan. 1963, também disponível juntamente a outros Discursos Presidenciais em http://www.theaha.org/info/AHA_History/cbridenbaugh.htm. Não obstante, historiadores sempre se debateram com o problema de como lidar com grandes quantidades de fontes. Mesmo medievalistas se preocupam com como produzir sentido a partir do imenso número de documentos da Itália do século XII que sobrevivem. Mesmo assim, a era digital aumenta muito a dimensão do problema.

historiadores. No futuro, os cursos de graduação provavelmente terão de ensinar esses métodos sociocientíficos e quantitativos, além de outras aptidões, como uma "arqueologia digital" (a capacidade de "ler" formatos de computação arcanos), a "diplomática digital" (versão moderna da velha ciência de autenticação de documentos) e a mineração de dados (a capacidade de localizar a agulha histórica num palheiro digital).[58] Nos anos que temos à frente, "historiadores contemporâneos" talvez precisem de mais pesquisa especializada e aptidões de "linguagem" do que os medievalistas.

Os historiadores têm tempo para pensar em mudar seus métodos e enfrentar o desafio de uma cornucópia de fontes históricas. Mas precisam agir mais imediatamente para preservar o presente digital, ou essa reconsideração será irrelevante; terão de lutar contra a escassez, e não a abundância, de fontes. No entanto, surpreendentemente, os próprios historiadores têm atuado pouco nessa questão.[59] Arquivistas e bibliotecários vêm debatendo intensamente a digitalização e a apresentação digital há mais de uma década. Escreveram centenas de artigos e relatórios, empreenderam projetos de pesquisa e organizaram conferências e oficinas. Acadêmicos e professores de história praticamente não participaram dessas conferências e não contribuíram com quase nada para essa florescente literatura. As revistas especializadas em história não publicaram nada a respeito do assunto.[60]

---

[58] STELLIN. Google's Revival of a Usenet Archive Opens Up a Wealth of Possibilities; HEDSTROM. How Do We Make Electronic Archives Usable and Accessible?.

[59] Sem dúvida, um número de figuras-chave nos círculos de arquivos e bibliotecas digitais (por exemplo, Daniel Greenstein, Margaret Hedstrom, Abby Smith, Kenneth Thibodeau, Bruce Ambacher) tem doutorado em História, mas não trabalha atualmente como historiador acadêmico. Mesmo assim, seria lógico que historiadores acadêmicos formassem alianças com esses especialistas que têm um pé em cada uma dessas áreas. Até o momento, historiadores acadêmicos têm tido probabilidade muito maior de construir laços com historiadores que trabalham em museus e sociedades históricas do que com aqueles que estão em arquivos e bibliotecas.

[60] É difícil provar uma negativa, mas se você examinar as listas de participantes das principais conferências sobre arquivos digitais, não encontrará nomes de historiadores

A razão disso, em parte, é que preservar os materiais que nasceram digitais para os futuros historiadores parece uma questão teórica e técnica, um problema para daqui um tempo ou, pelo menos, um problema que não é deles. Outra razão para esse desinteresse é o divórcio entre as preocupações da arquivologia e a profissão da história – o que faz parte do estreitamento geral das preocupações dos historiadores profissionais ao longo do século passado. No final do século XIX e início do século XX, historiadores e arquivistas estavam bem alinhados. A comissão mais importante da American Historical Association na década de 1890 talvez tenha sido a Historical Manuscripts Commission, que levou à criação da influente Public Archives Commission da AHA. As preocupações arquivísticas tinham um lugar regularmente assegurado no Encontro Anual da AHA, na *American Historical Review* e especialmente nos volumosos relatórios anuais da AHA. Mais importante ainda, a AHA liderou a luta para fundar o National Archives. Mas, em 1936 (em meio a uma anterior reviravolta tecnológica provocada pelo aparecimento do microfilme), a Conference of Archivists saiu da AHA para criar a Society of American Archivists. Houve nas últimas sete décadas uma acentuada divergência entre as profissões encarregadas de escrever a respeito do passado e as voltadas a preservar os seus registros. Hoje, apenas 82 dos 14 mil membros da AHA identificam-se como arquivistas.[61]

---

praticantes. Uma exceção foi a Committee on the Records of Government, que teve um historiador, Ernest R. May, como presidente, e outra, Anna K. Nelson, como diretora de projeto. Mas, talvez significativamente, essa comissão teve um mandato que lidou tanto com registros em papel quanto com registros eletrônicos (COMMITTEE ON THE RECORDS OF GOVERNMENT. *Report*, 1985). Outra exceção parcial foi a conferência realizada em fevereiro de 1997 "Documenting the Digital Age", patrocinada por NSF, MCI Communications Corporation, Microsoft Corporation e History Associates Incorporated, que incluiu alguns poucos historiadores públicos e baseados em museus, mas apenas um historiador baseado em universidade. Similarmente, revistas de história praticamente não cobriram nenhuma dessas questões. Os arquivistas tampouco leem historiadores. Richard Cox analisou as quase 1.200 citações em 61 artigos sobre gestão de registros eletrônicos publicados na década de 1990 e encontrou apenas um punhado de referências a trabalhos de historiadores (COX. Searching for Authority).

[61] COX. Messrs. Washington, Jefferson, and Gates. Robert Townsend, diretor assistente do Departamento de Pesquisa e Publicações da AHA, gentilmente forneceu

Mas os historiadores ignoram o futuro dos dados digitais e correm risco por isso. O que acontecerá, por exemplo, com a preservação a longo prazo da produção acadêmica que – cada vez mais – está se originando em forma digital. Não só os historiadores precisam assegurar o futuro de sua produção acadêmica, como também o estabelecimento de links em notas de rodapé que remetam a textos eletrônicos – o que constitui uma perspectiva estimulante para os acadêmicos – só será possível se emergir um sistema de arquivamento estável.[62] No futuro previsível, serão os bibliotecários

---

informações sobre a filiação. Um indicador imperfeito, mas revelador, da mudança de interesses de historiadores profissionais: entre 1895 e 1999, a *American Historical Review* publicou 31 artigos com uma das seguintes palavras no título: arquivo ou arquivos, registros, manuscritos, correspondência. Apenas quatro delas apareceram depois da Segunda Guerra Mundial, e isso aconteceu em 1949, 1950, 1952 e 1965. Entre os títulos representativos encontramos: HASKINS, Charles H. The Vatican Archives. *AHR*, v. 2, n. 1, p. 40-58, Oct. 1896; LELAND, Waldo Gifford. The National Archives: A Programme. *AHR*, v. 18, n. 1, p. 1-28, Oct. 1912; CAMPBELL, Edward G. The National Archives Faces the Future. *AHR*, v. 49, n. 3, p. 441-445, Apr. 1944. Para uma boa e breve visão geral do trabalho ativo com arquivos e manuscritos nos primeiros anos da AHA, ver LINK, Arthur S. The American Historical Association, 1884-1984: Retrospect and Prospect. *AHR*, v. 90, n. 1, p. 1-17, Feb. 1985. O artigo da NARA "Timeline for the National Archives and Records Administration and the Development of the U.S. Archival Profession" (http://www.archives.gov/research_room/alic/reference_desk/NARA_timeline.html) destaca o papel da AHA. Deve-se mencionar, porém, que a AHA deu uma notável contribuição às questões arquivísticas por meio de seu papel central na National Coordinating Committee for the Promotion of History (NCC), que foi crucial, por exemplo, para que o National Archives conquistasse sua independência, em 1984. A nova National Coalition for History, que substituiu a NCC, também fez das preocupações arquivísticas parte central de seu trabalho. O acesso a arquivos e fontes primárias foi, é claro, uma preocupação central – na verdade, uma obsessão – dos primeiros historiadores "científicos" e profissionais. Ver SMITH, Bonnie G. Gender and the Practices of Scientific History: The Seminar and Archival Research in the Nineteenth Century. *AHR*, v. 100, n. 4, p. 1150-1176, Oct. 1995.

[62] MARCUM, Deanna B. Scholars as Partners in Digital Preservation. *CLIR Issues*, n. 20, Mar.-Apr. 2001. Disponível em: http://www.clir.org/pubs/issues/issues20.html. "Acadêmicos", adverte a Task Force on the Artifact in Library Collections, do CLIR, "podem não encarar a preservação de coleções de pesquisa como uma responsabilidade sua, mas, até que o façam, há um risco de que muitas valiosas fontes de pesquisa acabem não sendo preservadas" (CLIR. *The Evidence in Hand*).

e arquivistas que tomarão decisões a respeito das prioridades na preservação digital. Os historiadores precisam estar à mesa quando essas decisões forem tomadas. Caso contrário, será que aceitariam endossar, por exemplo, a ênfase do Pitt Project em preservar registros de transações de negócios em vez de "informações" mais abrangentes?

Um dos aspectos mais perturbadores e interessantes da era digital é a maneira como ela tumultua os arranjos tradicionais e nos obriga a levantar questões básicas que sempre estiveram presentes. Algumas delas dizem respeito ao relacionamento entre os historiadores e o trabalho arquivístico. Será que o trabalho de coletar, organizar, editar e preservar fontes primárias deveria voltar a ter o mesmo reconhecimento e respeito que lhe era dedicado nos primeiros dias da profissão? Outras questões implicam definir de quem é a responsabilidade geral por preservar o passado. Por exemplo, será que o National Archives deveria estender seu papel na preservação além dos registros oficiais? Por muitos anos, os historiadores assumiram a postura de não interferir em questões arquivísticas. Com a mudança no *status quo*, deveriam voltar a ser mais ativos nessa área. Se a página da web é a unidade de análise para o bibliotecário digital, e o link é a unidade de análise para os cientistas da computação, qual deve ser a unidade de análise apropriada para os historiadores? Qual seria o aspecto de um sistema arquivístico digital concebido por historiadores? E como poderíamos alterar e aprimorar nossas metodologias num âmbito digital? Por exemplo, em um mundo em que todas as fontes fossem digitalizadas e de acesso universal, os argumentos poderiam ser testados de maneira mais rigorosa. Hoje, muitos argumentos carecem de um escrutínio nesses moldes, porque são poucos os acadêmicos com acesso às fontes originais – um problema que se mostrou especialmente agudo nas recentes controvérsias sobre a obra de Michael A. Bellesiles, *Arming America: The Origins of a National Gun Culture* [Armando a América: as origens de uma cultura nacional de armas] (2000). Em um novo mundo digital, estariam os historiadores sujeitos ao mesmo padrão de resultados "reproduzíveis" dos cientistas?[63]

---

[63] Expresso minha dívida para com Jim Sparrow por várias das ideias contidas neste parágrafo. Para uma cobertura detalhada de "How the Bellesiles Story Developed", ver History News Network (http://hnn.us/articles/691.html).

É claro que, quando os historiadores se sentarem à mesa para negociar a preservação, vão sentir um choque cultural e profissional entre os próprios impulsos de salvar tudo e os dos bibliotecários e arquivistas, que acham inevitável haver uma seleção, seja ativa ou passiva. O National Archives, por exemplo, tem registro permanente de apenas dois por cento dos registros governamentais.[64] Esse conflito veio à tona nas décadas de 1980 e 1990, quando os bibliotecários tentaram trazer os acadêmicos para uma discussão sobre prioridades na preservação de livros que estavam se deteriorando em razão de seu papel ácido. Os bibliotecários acharam a discussão "frustrante". "Muitos acadêmicos", relembra Deanna Marcum, declararam "que era preciso salvar tudo e que não poderiam fazer escolhas". Como seria de esperar, os acadêmicos têm reagido de modo muito diferente ao forte ataque de Nicholson Baker à microfilmagem e ao descarte de livros e jornais velhos em seu livro *Double Fold*,[65] em comparação com a reação de arquivistas e bibliotecários. Enquanto vários acadêmicos partilham do sentimento de ultraje de Baker pela destruição de livros e jornais, os arquivistas e bibliotecários têm sentido ultraje por aquilo que consideram uma falha de Baker em entender que há pressões que impossibilitam salvar tudo. Os historiadores, com seu olhar fixo no passado, preocupam-se com a escassez de informação (a carta ou o diário que se perderam), enquanto arquivistas e bibliotecários reconhecem que vivemos agora em um mundo de avassaladora abundância de informação.[66] Se os

---

[64] HOUSE COMMITTEE ON GOVERNMENT OPERATIONS. *Taking a Byte out of History*, p. 4. Sobre a pressuposição de seletividade entre arquivistas, ver, por exemplo, COX, Richard J. The Great Newspaper Caper: Backlash in the Digital Age. *First Monday*, v. 5, n. 12, Dec. 2000. Disponível em: https://firstmonday.org/ojs/index.php/fm/issue/view/128.

[65] A dobra dupla (*double fold*) é um teste que bibliotecários e gestores de preservação fazem para avaliar a fragilidade de um papel. Consiste em dobrar o canto da página de um livro ou jornal, e depois dobrá-lo no sentido oposto. Repete-se a ação até que o papel se rompa. Servia para identificar peças com o papel degradado, a fim de substituí-las por outro formato (em geral, microfilmagem), para então descartá-las. (N.T.)

[66] SMITH, Abby. *The Future of the Past: Preservation in American Research Libraries*. Washington, D.C., 1999. Disponível em: www.clir.org/pubs/reports/pub82/pub82text.html;

historiadores pretendem participar das discussões sobre preservação, têm de se informar melhor a respeito da simultânea abundância de fontes históricas e da escassez de recursos financeiros, que leva arquivistas e bibliotecários a ficarem exasperados com a displicente insistência dos acadêmicos em querer que tudo seja salvo.

A preservação do passado, no final das contas, é muitas vezes uma questão de alocar os recursos adequados. Talvez o principal problema enfrentado pela preservação dos registros eletrônicos do governo não tenha nada a ver com tecnologia; trata-se, como vários relatórios têm apontado, "da baixa prioridade que tradicionalmente é dada à administração dos registros federais". À falta de novos recursos, os custos de preservação terão de vir do dinheiro que nossa sociedade, em seu conjunto, venha a alocar para a história e a cultura. Richard Cox, por exemplo, argumenta que a maior parte do orçamento da National Historical Publications and Records Commission (NHPRC) deveria ir para a preservação e gestão dos registros eletrônicos, e, com isso, iria menos dinheiro para as Documentary Editions, em impressão tipográfica, que a comissão também financia, já que "a maior parte dos registros representados pelas edições documentais não está sob ameaça imediata". Essa posição fez com que Cox não fosse visto com bons olhos pelos responsáveis pelas edições documentais, mais bem representados entre os historiadores profissionais do que os arquivistas.[67]

MARCUM. Scholars as Partners in Digital Preservation; BAKER, Nicholson. *Double Fold: Libraries and the Assault on Paper*. New York, 2001. Compare, por exemplo, COX. Great Newspaper Caper, e O'TOOLE. Do Not Fold, Spindle, or Mutilate, com a visão de DARNTON, Robert. The Great Book Massacre. *New York Review of Books*, 26 Apr., 2001. Disponível em: www.nybooks.com/articles/14196. Em 1996, a Modern Language Association (MLA) emitiu uma declaração em que argumenta que, "para efeitos práticos, todas as publicações históricas, mesmo as resultantes de técnicas de produção em massa projetadas para minimizar desvios de uma norma, exibem qualidades físicas únicas que podem ter valor como portadoras de evidências (físicas) em um dado projeto de pesquisa" (CLIR. *The Evidence in Hand*).

[67] GAO. *Information Management*, p. 16; COX. Messrs. Washington, Jefferson, and Gates. O artigo de Cox responde, em parte, a um artigo anterior de Raymond

A alternativa a essa discussão sobre a alocação inadequada de recursos para esses propósitos seria promover uma ação conjunta para assegurar mais verbas. Quando Shirley Baker, presidente da American Library Association, questionou a resenha favorável que o historiador Robert Darnton escreveu sobre o livro de Baker, ela observou que "escolhas sempre tiveram de ser feitas" em razão da ausência de "maior comprometimento público com a preservação dos registros históricos". Darnton, em sua resposta, destacou a urgência de criar "uma nova modalidade de biblioteca nacional dedicada à preservação de artefatos culturais" (entre eles os registros digitais que estavam sendo perdidos) e financiada pela renda gerada pela venda ou pelo aluguel de acesso à internet.[68] Essas soluções apoiadas no Estado nos remetem ao tipo de aliança entre historiadores e arquivistas que levou à criação do National Archives na década de 1930, uma era de expansão e não de contração da confiança no Estado-nação. Os historiadores precisam se juntar às pressões ativas para que se possa obter um adequado financiamento tanto do atual trabalho histórico como da preservação de recursos futuros. Também precisam defender com vigor o acesso democratizado aos registros históricos que é possibilitado pelas mídias digitais. E devem juntar suas vozes às daqueles que reivindicam a expansão do depósito legal para copyright de materiais digitais – e que se opõem, aliás, à extensão do copyright –, de modo a dissipar algumas das nebulosidades legais que pairam sobre esforços como os do Internet Archive e conseguir deter a atual privatização de recursos históricos. Mesmo na ausência de ação estatal, os historiadores devem tomar medidas individualmente e dentro de suas organizações profissionais para acolher a cultura da abundância trazida pelas mídias digitais e expandir o espaço público da academia – por exemplo, disponibilizando gratuitamente seu próprio trabalho na

---

W. Smock, no qual este defende que "historiadores não devem depender apenas de arquivistas para tomar decisões a respeito de que história salvar ou publicar" (SMOCK, Raymond W. The Nation's Patrimony Should Not Be Sacrificed to Electronic Records. *Chronicle of Higher Education,* Feb. 14, 1997, B4-5).

[68] DARNTON, Robert; MIKEL, Sarah A.; BAKER, Shirley K. The Great Book Massacre: An Exchange. *New York Review of Books,* Mar. 14, 2002. Disponível em: www.nybooks.com/articles/15195.

web, com referências cruzadas a outras produções acadêmicas digitais, e talvez depositando suas fontes online para que possam ser usadas por outros acadêmicos. Um domínio público forte é hoje um pré-requisito para um registro histórico saudável.[69]

Há mais de um século, Justin Winsor, terceiro presidente da AHA, concluiu seu discurso de posse – centrado num tópico que hoje pareceria estranho, o da preservação das fontes de manuscritos para o estudo da história – com um apelo à AHA para "convencer a Legislatura Nacional" a apoiar um esquema, "antes que fosse tarde demais", para preservar e tornar conhecido "o que ainda resta de manuscritos históricos do país". Para fundadores da profissão de historiador como Winsor, a necessidade de se envolver com a história em sua definição mais ampla – não só em como é pesquisada, mas também em como é ensinada nas escolas e preservada nos arquivos – era algo natural; parte da criação da profissão de historiador.[70] No início do século XXI, talvez nos defrontemos com a recriação da nossa profissão, e será bem-vinda uma visão igualmente ampla de nossa missão. Para que o passado tenha um abundante futuro, para que a história de Bert Is Evil! e centenas de outras possam ser contadas integralmente, os historiadores têm de agir no presente.

---

[69] Ver, por exemplo, KIERNAN, Vincent. "Open Archives" Project Promises Alternative to Costly Journals. *Chronicle of Higher Education*, Dec. 3, 1999; Budapest Open Access Initiative (www.soros.org/openaccess). Sobre as questões de domínio público e privatização, ver LESSIG, Lawrence. *The Future of Ideas: The Fate of the Commons in a Connected World*. New York, 2001.

[70] WINSOR, Justin. Manuscript Sources of American History: The Conspicuous Collections Extant. *Papers of the American Historical Association*, v. 3, n. 1, p. 9-27, 1888. Disponível em: www.historians.org/info/AHA_History/jwinsor.htm. Sobre a preocupação central com o ensino nas escolas, ver LINK. The American Historical Association, 1884-1984, p. 12-15.

CAPÍTULO 2

Rede de mentiras?
O conhecimento histórico na internet

Com Daniel J. Cohen

Na primavera de 2004, quando o *The New York Times* decidiu fazer uma avaliação da importância social e cultural do Google (que então caminhava para sua altamente bem-sucedida Oferta Pública Inicial de ações), veio a público a amostra usual de entusiastas e céticos. Os entusiastas exaltaram as notáveis e fortuitas descobertas possibilitadas pela eficiente busca de bilhões de páginas da web do Google. Robert McLaughlin descreveu ter conseguido rastrear as cinco guitarras para canhotos roubadas de seu apartamento. Orey Steinmann contou ter localizado o pai que lhe havia sido roubado (pela mãe). E uma mulher da cidade de Nova York desencavou um mandado de prisão pendente para um homem que a estava cortejando.

Talvez de modo inevitável, os céticos mais obstinados eram do mundo da academia e da erudição – e particularmente de uma das suas disciplinas mais tradicionais, a história. O presidente do Bard College, Leon Botstein, declarou ao *Times* que uma busca pelo Google "sobrecarrega você de informação demais, a maior parte dela totalmente duvidosa ou à margem do foco. É como procurar um anel perdido no saco do aspirador de pó. O que você mais encontra são migalhas de pão e poeira". Ele advertia que o fato de você "ter encontrado algo no Google não quer dizer que esteja certo". Um colega historiador e bibliotecário do Congresso, James Billington, assentiu em concordância:

"com excessiva frequência, é uma porta para conversa de iletrados, propaganda política e carradas de material ininteligível".[1]

Botstein e Billington eram apenas os exemplos mais destacados de uma longa fila de historiadores que viam a internet com grande ceticismo. Em novembro de 1996, por exemplo, a historiadora britânica Gertrude Himmelfarb manifestou uma crítica "neoludita" à então relativamente jovem web no *Chronicle of Higher Education*.[2] Cinco anos mais tarde, o *Journal of American History* promoveu uma mesa-redonda sobre o ensino de história norte-americana, na qual vários participantes expressaram reservas similares. "Por mais que possa parecer ludita, não uso sites da web ou outras fontes online, em parte porque não estou familiarizado com isso, mas também por ser conservador o suficiente para acreditar que nada substitui um grosso volume e uma poltrona bem estofada", confirmou o professor Douglas Egerton, do Le Moyne College. Ele tinha sérias reservas em relação ao efeito das novas mídias no letramento histórico de seus estudantes: "Muitos de meus alunos do segundo ano da graduação não sabem distinguir um site legítimo, que tenha documentos primários legítimos ou artigos reproduzidos (avaliados por pares) daqueles outros sites que contêm uma versão popularizada da história, ou das salas de bate-papo onde as mais loucas teorias da conspiração são transformadas em realidade". Elizabeth Perry, professora da Universidade de St. Louis e não ludita, disse que, para ela, "a internet pode ser um recurso maravilhoso" para material histórico. Mas, assim como Egerton, disse nutrir sérias dúvidas em relação à sua utilização em sala de aula: "Acho que os alunos não usam [a web] como deveriam. Eles aceitam grande parte do que veem ali sem uma visão crítica [...] [e] quando não conseguem achar alguma coisa na web, costumam concluir que ela não existe". Avaliando que a web está cheia de uma história "pop", inexata, que afasta os alunos da verdade histórica rigorosa dos "grossos volumes", apenas dois dos 11 participantes da mesa-redonda do *Journal of American History* admitiram usar os recursos da web regularmente

---

[1] HOCHMAN, David. In Searching We Trust. *The New York Times*, Mar. 14, 2004, Section 9, 1.

[2] HIMMELFARB, Gertrude. A Neo-Luddite Reflects on the Internet. *Chronicle of Higher Education*, Nov. 1st, 1996, A56.

em suas pesquisas históricas, e um deles declarou restringi-las ao site do editor dos livros didáticos, em vez de se aventurar nos confins da web mais ampla.[3] Essa amostra de historiadores profissionais não é atípica; em um estudo recente, escassos 6 por cento dos que preparam cursos básicos sobre história norte-americana colocam links para a web em seus programas online (além dos links de praxe para os sites oficiais das editoras de livros didáticos).[4]

Esse ceticismo é merecido? O que define a qualidade e a precisão da informação histórica na web? Com o Google agora indexando mais de oito bilhões de páginas,[5] fazer uma avaliação qualitativa completa da informação histórica e dos escritos na web é algo bem além da capacidade de qualquer pessoa ou mesmo de uma equipe. Na realidade, é mais ou menos como propor avaliar todas as obras históricas na própria Biblioteca do Congresso de Billington.[6] Diante de uma missão impossível como essa, partimos para uma abordagem muito diferente para avaliar a qualidade da informação histórica da web, uma que se apoie em duas de suas qualidades mais características – sua escala massiva e a maneira como seus conteúdos podem ser rapidamente rastreados e selecionados. Essas são qualidades centrais do extraordinário sucesso do Google como um ágil localizador de pessoas e informações. E, na realidade, empregamos o Google como nosso assistente indispensável para avaliar a veracidade da informação histórica na web. Nós também argumentamos, de modo um pouco contraintuitivo, que Botstein pode estar certo quanto à web conter muita poeira e migalhas de pão, embora ao mesmo tempo ele se equivoque no argumento geral a respeito da falta de confiabilidade da web.

---

[3] KORNBLITH, Gary J.; LASSER, Carol (ed.). Teaching the American History Survey at the Opening of the Twenty-First Century: A Round Table Discussion. *Journal of American History*, v. 87, Mar. 2001. Disponível em: http://www.indiana.edu/~jah/textbooks/2001/ (acessado em 12 set. 2005).

[4] COHEN, Daniel J. By the Book: Assessing the Place of Textbooks in U.S. Survey Courses. *Journal of American History*, v. 91, p. 1405-1415, Mar. 2005.

[5] Atualmente (2022), são trilhões de páginas. É o site mais acessado no mundo. (N.T.)

[6] James Hadley Billington (1929-2018) foi o 13º bibliotecário da Biblioteca do Congresso (de 1987 a 2015), dando grande impulso à atuação da entidade, que dobrou o porte de suas coleções analógicas de 85,5 milhões de itens para mais de 160 milhões em 2014, ao final de sua gestão. (N.T.)

Igualmente importante, procuramos mostrar que nossa abordagem sugere, de maneiras relativamente primitivas, as possibilidades da descoberta automática de conhecimento histórico, que os historiadores vêm tendendo a desconsiderar depois de seu breve flerte com a história quantitativa na década de 1970. Para concluir, fazemos algumas especulações sobre as implicações mais amplas para a pesquisa histórica e o ensino dessas argumentações sobre a confiabilidade histórica da web e desses métodos para demonstrar sua confiabilidade. O crescimento da web e a emergência dos métodos automatizados de mineração digital de conhecimento histórico são mais importantes no sentido de poderem mudar o ensino e a pesquisa do futuro do que as joias que podem nos permitir encontrar hoje entre as migalhas.

Como os cientistas da computação diferem dos estudiosos das ciências humanas em sua visão da web

A enorme escala e a natureza conectada da web – um desenvolvimento sem precedentes – permitem que ela esteja "certa" no agregado, embora às vezes se mostre muito errada em páginas específicas. Trata-se na realidade de uma compreensão pragmática da web, subjacente a muitos dos recentes trabalhos de cientistas da computação (incluindo os do Google), que tentam forjar um recurso confiável para informação a partir do imenso caos de bilhões de documentos eletrônicos heterogêneos. "O surgimento da world-wide-web levou milhões de usuários", observam Paul Vitanyi e Rudi Cilibrasi, do Centrum voor Wiskunde en Informatica, na Holanda, "a digitarem trilhões de caracteres para criar bilhões de páginas da web com um conteúdo de baixa qualidade na média". No entanto, prosseguem eles, "a imensa massa de informação disponível a respeito de quase qualquer assunto imaginável torna provável que os extremos se cancelem e que a maioria ou a média seja significativa num sentido aproximado de baixa qualidade".[7] Em outras palavras, embora a web

---

[7] VITANYI, Paul; CILIBRASI, Rudi. Automatic Meaning Discovery Using Google. 2005. Disponível em: http://arxiv.org/abs/cs/0412098 (acessado em 30 abr. 2005).

contenha muitas passagens mal redigidas, frequentemente postadas por personagens não confiáveis ou periféricos, em seu conjunto a mídia realmente faz um bom serviço em codificar dados precisos e significativos. Críticos como Himmelfarb e Billington apontam para árvores específicas (as páginas da web) que parecem estar adoecidas ou crescendo em direções bizarras; aqui gostaríamos de nos unir a cientistas da computação, como Vitanyi e Cilibrasi, para enfatizar a saúde geral da vasta floresta (a World Wide Web em geral). Além disso, concordamos com o segundo princípio da teoria da informação subjacente a esse trabalho: à medida que a web cresce, ela se tornará (repetimos, tomada em seu conjunto) uma transcrição cada vez mais precisa do conhecimento humano.

Talvez não devesse nos surpreender essa divisão entre os céticos das ciências humanas e os mais animados cientistas da informação. Os primeiros estão habituados a analisar meticulosamente peças individuais de evidência (como a precisão de um único fólio de um arquivo), enquanto os últimos estão habituados a descobrir os vínculos, os relacionamentos e as sobreposições entre imensos conjuntos de documentos. Cientistas da computação especializam-se em áreas como "mineração de dados" (encontrar tendências estatísticas), "recuperação de informações" (extrair pedaços de texto ou dados específicos) e "sistemas reputacionais" (determinar documentos ou atores confiáveis), e tudo isso pressupõe grandes corpus submetidos a algoritmos. A maioria dos acadêmicos de humanidades, apesar de uns poucos namoros coletivos importantes, mas de curta duração, com bancos de dados e métodos quantitativos de ciências sociais, geralmente acredita que o sentido é mais adequadamente derivado pelo leitor individual (ou o visualizador, no caso de evidência visual) e expresso em prosa mais do que por meio dos números que os algoritmos produzem. Cientistas da computação usam tecnologias digitais para encontrar rapidamente padrões significativos e com frequência sem intervenção humana; os cientistas humanos acreditam que suas disciplinas requerem uma mente humana para discernir e descrever esse sentido.

De fato, Vitanyi e Cilibrasi em grande parte sustentam seu ponto de vista quanto à natureza "significativa" da web usando algumas obscuras análises matemáticas. Mas também apresentam alguns exemplos que leigos são capazes de entender e podem achar surpreendentes. Por exemplo, ao colocar apenas os títulos de 15 pinturas no Google, o programa de computação de Vitanyi e Cilibrasi foi capaz de separar essas obras com muita precisão em grupos que correspondiam aos seus diferentes pintores – nesse caso, um de três pintores holandeses do século XVII: Rembrandt van Rijn, Jan Steen ou Ferdinand Bol. O programa, e o mecanismo de pesquisa que usou para os seus dados, o Google, obviamente não tinha olhos para as sutis distinções entre os estilos de pincelada desses mestres; em vez disso, por meio de alguns rápidos cálculos matemáticos sobre o grau de frequência com que esses títulos apareciam juntos nas mesmas páginas (os resultados comuns no Google), o programa calculou que certos títulos apareciam "mais próximos" do que outros no universo da web. Assim, Vitanyi e Cilibrasi teorizaram (com base em alguns princípios estatísticos de informação anteriores à internet) que o mesmo artista deveria ter pintado aqueles títulos "próximos". Mesmo que algumas páginas da web tivessem títulos de mais de um pintor (uma ocorrência muito comum), ou, o que é mais complicado (e talvez também comum na web), que algumas páginas da web afirmassem equivocadamente que Rembrandt havia pintado *Vênus e Adônis*, quando na realidade foi Bol, a média geral em um corpus enorme de páginas da web sobre pintura holandesa do século XVII é mais do que suficiente para prover a resposta correta.

    Será que isso vale também para a história? Será que a média de todas as páginas da web de história é também "significativa" e precisa? Para responder a essa questão, um de nós (Dan) desenvolveu um localizador automatizado de fatos históricos chamado "H-Bot", a partir da primavera de 2004, que está disponível em um pré-lançamento no Center for History and New Media (CHNM), no site http://chnm.gmu.edu/tools/h-bot (os cientistas da computação chamam esses agentes de software que escaneiam a internet de "*bots*"; e o "H", é claro, refere-se a "história"). O H-Bot é uma versão mais especializada dos softwares de recuperação de informações sobre os quais companhias de bancos de dados e de internet, assim como o governo dos Estados Unidos, vêm trabalhando intensamente para responder automaticamente perguntas que teriam exigido uma enorme consulta manual de documentos na era pré-digital.[8] (Sim, muitas dessas aplicações têm importância para unidades de inteligência como a CIA e a NSA.) Embora, por configuração padrão, a versão disponível ao público do H-Bot examine primeiramente "fontes confiáveis" como as enciclopédias (um método agora usado por Google, MSN e outros mecanismos de pesquisa em suas recentes tentativas de responder perguntas de maneira confiável e direta, em vez de remeter os usuários a páginas da web relevantes), também temos uma versão que se apoia puramente em uma análise estatística do índice do Google para responder a questões sobre história. Em outras palavras, estamos conseguindo usar o H-Bot para avaliar diretamente se podemos extrair informação histórica precisa da poeira e das migalhas de pão da web. E, ao compreendermos como o H-Bot funciona, assim como os pontos fortes e fracos de sua metodologia, obtemos várias visões importantes sobre a natureza do conhecimento online.

H-Bot, um software de história

Vamos supor que você esteja curioso em saber quando foi que o pintor impressionista francês Claude Monet se mudou para Giverny, a pequena aldeia 70 e poucos quilômetros a oeste de Paris onde pintou suas obras mais importantes, como as famosas imagens de nenúfares. Quando perguntamos ao H-Bot "Quando Monet se mudou para Giverny?" (em seu modo "puro", quando ele não tenta simplesmente encontrar uma remissão confiável a alguma enciclopédia sobre o assunto), o software pede ao Google as páginas da web de seu vasto índice que contenham as palavras "Monet", "mudou" e "Giverny" – aproximadamente 6.200 páginas em abril de 2005. O H-Bot então rastreia as páginas mais cotadas – isto é, as mesmas que um estudante desinformado provavelmente consultaria se tivesse de fazer um trabalho sobre Monet –, tratando-as como uma única massa de texto bruto a respeito de Monet. Ao separar essas páginas da web em palavras individuais, ele procura particularmente palavras que tenham o aspecto de anos (isto

---

[8] O mais conhecido desses programas é o Text REtrieval Conference (TREC), do Instituto Nacional de Padrões e Tecnologia, também patrocinado pelo Departamento de Defesa dos Estados Unidos. Ver: http://trec.nist.gov/.

é, números positivos de três e quatro dígitos), e de fato encontra várias ocorrências de "1840" e "1926" (datas de nascimento e morte de Monet, que aparecem na maioria das páginas biográficas sobre o pintor). Mas, principalmente, vai encontrar uma concentração estatística indicativa em torno de "1883". Como se sabe, 1883 é justamente o ano em que Monet se mudou para Giverny.

Das páginas que ele examinou, o H-Bot encontrou algumas vencedoras e algumas perdedoras. Na realidade, algumas poucas páginas da web, no topo dos resultados do Google – ostensivamente as páginas de maior "reputação", segundo o esquema de classificação do próprio mecanismo de pesquisa –, dão informação errada sobre Giverny, algo que os detratores da web receiam que aconteça. Nesse caso, porém, algumas das informações históricas incorretas não vêm de autores obscuros e anônimos da internet, posando de historiadores da arte confiáveis. Uma página do site do altamente respeitável Art Institute of Chicago – a décima-segunda página que o H-Bot escaneou para responder à pergunta "Quando Monet se mudou para Giverny?" – afirma equivocadamente que "Monet mudou-se para Giverny quase 20 anos" após sair de Argenteuil, em 1874.[9] Para fazer justiça ao Art Institute, outra de suas páginas da web que tiveram classificação superior à dessa página fornece a data correta. Mas o mesmo vale para a grande maioria (bem acima de 95 por cento) das páginas que o H-Bot conferiu para essa pergunta. Nos 30 principais resultados do Google, que incluem o site oficial da vila de Giverny, o da Académie des Beaux-Arts da França e uma página da Universidade da Carolina do Norte em Pembroke, especifica-se corretamente 1883; o mesmo faz o democrático (alguns diriam absurdamente anárquico) site da Wikitravel, e também o portal australiano de viagens The Great Outdoors e o site da CenNet, New Horizons for the Over 50s, um site de estilo de vida e namoro.[10]

---

[9] ART INSTITUTE OF CHICAGO. Claude Monet's The Artist's House at Argenteuil, 1873. Disponível em: http://www.artic.edu/artexplorer/search.php?tab=2&resource=406 (acessado em 21 jun. 2005).

[10] ACADEMIE DES BEAUX-ARTS. La Fondation Claude Monet à Giverny. Disponível em: http://www.academie-des-beaux-arts.fr/uk/fondations/giverny.htm (acessado em 21 jun. 2005).

Por meio de uma combinação dessa coleção tão variada de sites (alguns diriam até cômica), o H-Bot responde com precisão à pergunta sobre história feita pelo usuário. A informação histórica correta da web supera suas fragilidades. Além disso, o método combinatório do software permite-lhe neutralizar os problemas que surgem em uma busca regular do Google, que põe foco nos primeiros verbetes, na expectativa de que um link altamente ranqueado, selecionado aleatoriamente, possa oferecer a resposta certa (o que também é conhecido como o método do estudante preguiçoso).

No presente momento, o H-Bot só é capaz de responder perguntas para as quais as respostas sejam datas ou definições simples, do tipo que você encontraria no glossário de um manual de história. Por exemplo, o H-Bot é relativamente bom para responder questões como "O que era o padrão ouro?", "Quem foi Lao-Tsé?", "Quando Charles Lindbergh voou até Paris?" e "Em que ano nasceu Nelson Mandela?". O software também pode responder, com um grau de sucesso menor, perguntas mais difíceis, do tipo "quem", por exemplo, "Quem descobriu o nitrogênio?". Ainda não é capaz de responder questões do tipo "como" ou "onde" ou (o que não surpreende) a mais interpretativa de todas as inquirições históricas, "por que". No futuro, porém, o H-Bot deverá ser capaz de responder perguntas de tipo mais difícil, assim como lidar com o problema mais complicado da desambiguação – isto é, diferenciar uma pergunta sobre Carlos V, imperador do Sacro Império Romano-Germânico (1500-1558), de outra sobre Carlos V, rei da França (1338-1380). Sem dúvida, o H-Bot é uma obra em progresso, um jovem estudante ansioso para aprender. Mas, como sua programação principal tem sido feita sem um investimento intenso de tempo ou de recursos, por um professor de História e um aluno de ensino médio (muito talentoso), Simon Kornblith, e não por uma equipe de engenheiros do Google ou do MIT, e como um investimento maior certamente iria aumentar a precisão do H-Bot, é de suspeitar que os princípios subjacentes do software sejam indicativos da promessa da web de ser um armazém de informações.

Se olharmos não apenas para as respostas que o H-Bot dá, mas também para as suas "deliberações" (se é que podemos antropomorficamente chamá-las assim), teremos uma visão melhor da natureza do conhecimento histórico na web. Em razão de seu imenso porte em comparação mesmo com uma grande obra de referência impressa, como a *Encyclopedia Britannica*, a escrita sobre o passado na web funciona essencialmente como um gigantesco dicionário de sinônimos, com ampla variedade de maneiras ligeiramente diferentes de dizer a mesma coisa a respeito de um evento histórico. Por exemplo, o H-Bot atualmente não entende direito "Quando foi que War Admiral perdeu para Seabiscuit?", mas entende bem quando a pergunta é "Quando foi que Seabiscuit venceu War Admiral?".[11] O que acontece é que os autores da web preferiram até agora a última construção – "Seabiscuit venceu War Admiral" –, em vez da primeira, para tratar da famosa corrida de 1938. É claro que, com o crescimento exponencial da web e a recente febre de interesse por Seabiscuit, o H-Bot provavelmente em um futuro próximo também entenderá "Quando foi que War Admiral perdeu para Seabiscuit?", talvez tão rapidamente quanto um aluno do ensino médio fazendo um trabalho sobre a Grande Depressão escreve a frase "War Admiral perdeu para Seabiscuit em 1938" e a publica no modesto site da sua classe.

Testando o H-Bot e a web

O H-Bot ainda é um projeto de pesquisa sem financiamento, em versão beta, e não uma ferramenta plenamente desenvolvida. Mas, mesmo em sua infância, já é notavelmente bom em responder questões históricas, e sua precisão está diretamente relacionada à precisão das informações históricas da web. Além disso, como Vitanyi e Cilibrasi especulam com base na matemática e na teoria da informação, à medida que a web cresce, ela se torna cada vez mais precisa (como um todo) a respeito de mais e mais tópicos. Mas quão boa ela é neste exato momento, em comparação com uma obra de referência da área de história que seja publicada?

Primeiramente realizamos um teste básico do H-Bot em relação à informação do *The Reader's Companion to American History* [Guia para

---

[11] Seabiscuit e War Admiral foram dois cavalos de corrida campeões na década de 1930, nos Estados Unidos. Seabiscuit, o maior vencedor dos dois, foi tema de muitos livros e filmes. (N.T.)

leitores de história americana], um guia enciclopédico respeitado, editado por dois historiadores de prestígio, Eric Foner e John A. Garraty.[12] Selecionando a primeira e a segunda biografias de cada letra do alfabeto (exceto a letra "X", para a qual não havia nomes), perguntamos ao H-Bot o ano de nascimento do primeiro personagem e o ano da morte do segundo – que talvez sejam algumas das perguntas mais simples e diretas que poderiam ser feitas ao software. Para 48 dessas 50 questões, o H-Bot deu a mesma resposta do *The Reader's Companion*, alcançando um escore extremamente competente de 96 por cento. E um exame mais preciso dos dois resultados divergentes indica que o H-Bot é na realidade ainda mais preciso.

O primeiro problema do H-Bot foi em responder à pergunta "Quando foi que David Walker morreu?". Em vez de dar a resposta (1830) que consta do *The Reader's Companion*, ele respondeu educadamente "Sinto muito. Não posso fornecer nenhuma informação a respeito disso. Por favor, verifique se redigiu corretamente ou reformule sua pergunta e tente de novo". Mas nenhuma reescrita iria ajudar, já que o H-Bot não tem como distinguir o abolicionista David Walker (o que aparece no *The Reader's Companion*) de vários outros "David Walkers" que aparecem nos resultados mais bem ranqueados de uma busca no Google – o web designer, o astronauta, o cientista da computação da Universidade de Cardiff, o bibliotecário de desenvolvimento da web e o cientista da computação de Princeton. Esse problema de desambiguação é uma das questões mais espinhosas da recuperação de informação e da mineração de dados na ciência da computação. Talvez por estar familiarizado com o problema, o David Walker de Cardiff chega a oferecer sua própria página da web de desambiguação, na qual explica: "Há várias pessoas chamadas David Walker no mundo", e ressalta que ele não é o David Walker de Princeton e tampouco um terceiro cientista da computação chamado David Walker (esse é o de Oxford).[13] Apesar da importância do problema da desambiguação, ele não é um problema da qualidade da

---

[12] GARRATY, John A.; FONER, Eric (ed.). *The Reader's Companion to American History*. New York: Houghton Mifflin, 1991.

[13] WALKER, David W. Who am I?. Disponível em: http://users.cs.cf.ac.uk/David.W.Walker/who.html (acessado em 12 set. 2005).

informação histórica na web, e sim da sofisticação das ferramentas – como o H-Bot – para a mineração dessa informação.

A outra resposta que o H-Bot deu que diferia da do *The Reader's Companion* é mais reveladora para a avaliação da qualidade da informação histórica online. O primeiro nome na letra "H" era Alexander Hamilton, então perguntamos ao software "Quando foi que Alexander Hamilton nasceu?". Ele respondeu 1757, dois anos depois da data fornecida pelo *The Reader's Companion*. Mas, nos bastidores, o H-Bot deve ter ficado intrigado com esse outro ano, 1755. Em termos estatísticos, o software viu certo número de anos possíveis nas páginas da web a respeito de Hamilton, mas nas páginas que discutem seu nascimento havia dois picos de concentração maiores em torno dos números 1755 e 1757, com este último um pouco acima dos demais nas páginas mais bem ranqueadas da web (daí a resposta dada pelo H-Bot).

Embora pudéssemos achar que a data de nascimento de um dos Pais Fundadores da América fosse um fato simples e estabelecido, pesquisa histórica recente desafiou esse ano geralmente mencionado de 1755, usado em 1991 no *Reader's Companion* pelo conhecido historiador Edward Countryman, autor do perfil de Hamilton. Mas, na realidade, escrevendo menos de uma década mais tarde na *American National Biography*, o igualmente conhecido historiador Forrest McDonald explica: "o ano de nascimento costuma ser dado como 1755, mas a evidência dá maior suporte ao ano 1757". Uma recente exposição na New-York Historical Society (N-YHS) decidiu também adotar esse último ano, e o mesmo fizeram vários historiadores – e também milhares de artigos na web sobre Hamilton.[14] Na realidade, as páginas da web mais novas postadas online usam 1757 com maior frequência que 1755 (incluindo o site da exposição da N-YHS), o que fez o H-Bot dar a impressão de que possui um "faro" atualizado sobre o consenso histórico vigente sobre o assunto. Esse faro baseado em estatística também significa que

---

[14] McDONALD, Forrest. Hamilton, Alexander. *In: American National Biography Online*. New York: Oxford University Press, 2000; NEW-YORK HISTORICAL SOCIETY. Alexander Hamilton: The Man Who Made Modern America. Disponível em: http://www.alexanderhamiltonexhibition.org/timeline/timeline1.html (acessado em 12 set. 2005).

o H-Bot é mais atualizado do que o *The Reader's Companion*, e, com a constante atualização da web, o software estará sempre em comparação com qualquer obra impressa desse tipo. (A mesma atualização constante, assim como as mudanças contínuas no diretório do Google, significa que algumas das questões que discutimos aqui podem produzir resultados diferentes em outros momentos.)

Outra maneira, talvez mais precisa, de compreender o H-Bot é dizer que o software está mais preocupado não com o que a maioria das pessoas chamaria de "fatos", mas com consensos. A web funciona para o software do H-Bot como uma grande câmara de discussão sobre o passado. Isso torna o H-Bot de certa maneira menos confiável, mas em outro aspecto – como no caso da data de nascimento de Hamilton – mais flexível e atual. Esses fatos "flutuantes" são mais comuns em história (e na realidade nas ciências humanas em geral) do que os não profissionais poderiam suspeitar, especialmente quando adentramos mais nos escuros recantos do passado. Historiadores profissionais revisaram várias vezes o ano de nascimento mais aceito de Gêngis Khan ao longo do século passado; mesmo figuras mais recentes, como Louis Armstrong e Billie Holiday, têm "fatos" como seu ano de nascimento ainda controversos.

No entanto, os mesmos algoritmos que permitem ao H-Bot responder rapidamente e com precisão certas perguntas, como os anos de nascimento e morte, revelam uma fragilidade no software. Veja, por exemplo, o que acontece se você perguntar ao H-Bot quando foi que os extraterrestres pousaram em Roswell ou quando Stálin foi envenenado, dois boatos comuns na história. O H-Bot responde "corretamente" essas questões como 1947 e 1953, respectivamente. Ele analisa estatisticamente as muitas páginas da web que discutem esses assuntos (nada menos do que 250 mil páginas, no caso dos alienígenas de Roswell) para obter os anos de consenso que ele então fornece como respostas. Nesses casos, a "sabedoria das massas" se transforma na "loucura das massas".[15]

É concebível que essa fragilidade nos algoritmos do H-Bot – poderíamos chamá-la de credulidade ou ingenuidade histórica – pudesse ser

---

[15] SUROWIECKI, James. *The Wisdom of Crowds: Why the Many Are Smarter Than the Few and How Collective Wisdom Shapes Business, Economies, Societies and Nations*. New York: Doubleday, 2004.

remediada com mais recursos de programação. Por exemplo, talvez o programa pudesse levantar uma bandeira de suspeita quando um tópico fosse discutido em muitas páginas da web terminadas em .com, mas não em muitas páginas terminadas em .edu (em comparação com a relativa frequência daqueles domínios de alto nível na web em geral). Ou o H-Bot poderia rapidamente analisar a qual série corresponderia o nível de escrita de cada página da web que ele escaneasse e então incluiria isso em sua matemática de "confiabilidade". Esses dois métodos têm o potencial de reinjetar uma medida de elitismo antidemocrático, que os críticos da web encaram como algo que falta à nova mídia. A realização de mais pesquisas sobre essa questão de boato *versus* fato beneficiaria não apenas o H-Bot, mas também nossa compreensão da expressão popular da história na web.

No aspecto mais geral, porém, o problema reflete a realidade de que até mesmo os "fatos" da história podem ser motivo de contendas. Afinal, são muitas as pessoas que acreditam de modo genuíno e apaixonado que extraterrestres de fato pousaram em Roswell em 1947. E um livro acadêmico muito recente argumenta que Stálin foi envenenado em 1953.[16] Se essa se tornar a visão mais aceita, a web está bem posicionada para captar essa mudança de consenso mais rapidamente do que as fontes estabelecidas. Isso também nos faz lembrar das maneiras como a web desafia nossas noções sobre o "consenso" histórico – ampliando debates tanto nos recintos credenciados do Encontro Anual da American Historical Association (e suas publicações) como nos tumultuados fóruns populares que acontecem online.

Após o duelo do H-Bot com o *The Reader's Companion to American History*, alimentamos seu software com uma lista mais extensa e variada de perguntas sobre história, mas mantendo a meta de ver se ele conseguia dar respostas corretas quanto ao ano em que o evento nomeado havia ocorrido. Para esse teste, usamos uma edição de *The Timetables of History* [Calendários da história] (1982), um livro popular de Bernard Grun, com prefácio de Daniel J. Boorstin, ex-bibliotecário da Biblioteca do Congresso. O primeiro evento listado a cada três anos a partir de 1670

---

[16] BRENT, Jonathan; NAUMOV, Vladimir. *Stalin's Last Crime: The Plot Against the Jewish Doctors, 1948-1953*. New York: HarperCollins, 2003.

até 1970 foi reformulado como uma pergunta e então alimentado no H-Bot. As perguntas começavam com o agora relativamente obscuro Tratado de Dover (1670) e com a declaração de guerra à França feita pelo imperador Leopoldo, do Sacro Império Romano-Germânico (1673), e terminavam com as datas para a Guerra dos Seis Dias (1967) e para os tiros desferidos contra estudantes pela Guarda Nacional na Universidade Estadual de Kent (1970). Embora tendessem mais para eventos da história norte-americana e europeia, muitas das 100 questões cobriam outras partes do globo.

O H-Bot teve um desempenho respeitável nesse teste, mas não foi tão bem quanto no teste sobre grandes personagens estadunidenses, fornecendo corretamente o ano listado no livro de referência em 74 de 100 eventos. O software não conseguiu fornecer uma resposta para três das 100 questões e errou feio em outras cinco. Mas chegou com diferença de apenas um ano para os verbetes do *Timetables* em outras oito respostas, com dois anos de diferença em um verbete, e com diferença dentro de um âmbito de 50 anos para outras nove questões (e, nessas, quase sempre por ter escolhido um ano de nascimento ou morte em vez do ano de um evento do qual o personagem histórico tivesse participado). Uma avaliação mais generosa, portanto, poderia dar ao H-Bot 83 por cento, um respeitável B ou B-, nesse teste, se incluíssemos os nove erros por margem reduzida, mas excluindo os nove erros por uma margem grande.

As dificuldades do H-Bot com esses nove erros por uma margem grande e as cinco respostas completamente equivocadas foram causadas, mais uma vez, e neste caso quase inteiramente, por questões de desambiguação – por exemplo, a capacidade de entender quando uma pergunta a respeito de Frederico III se referia ao imperador do Sacro Império Romano-Germânico (1415-1493), ao príncipe-eleitor da Saxônia (1463-1525) ou ao rei da Dinamarca e da Noruega (1609-1670). Como seria de esperar, muitas das perguntas que fizemos ao H-Bot lidavam com a realeza, cujos nomes eram bem pouco característicos, especialmente na história europeia. Por meio do acréscimo de um mecanismo de *feedback* – que, diante de uma pergunta, pedia para especificar "Você se refere a Frederico III, imperador do Sacro Império Romano-Germânico, ao eleitor da Saxônia ou ao rei da Dinamarca e da Noruega?" –, o H-Bot conseguiu lidar com o problema da desambiguação, que parecia ter atarantado o software naqueles oito casos que iam desde a declaração de guerra à França feita por Leopoldo I, em 1673, à morte de Tewfik Pasha, em 1892. (A expansível e popular enciclopédia Wikipédia tem "páginas de desambiguação" muito úteis, que costumam começar com algo do tipo "Existem mais de uma dessas... ", a fim de direcionar buscadores confusos para o verbete que estão procurando; o site de referência Answers.com usa essas páginas para encaminhar os pesquisadores na direção correta, em vez de fornecer apressadamente uma resposta incorreta, como o H-Bot atualmente faz.) Um segundo problema, menor, decorre da escassez de páginas da web a respeito de certos tópicos históricos, e, como já observamos, esse problema deverá se resolver por si só. Conforme a web continuar a crescer exponencialmente e proliferarem os tópicos escritos nela por historiadores profissionais e amadores, o software encontrará mais páginas relevantes sobre, digamos, a política no final do século XVII, em relação ao que é capaz de fazer hoje.

Mesmo com essas ressalvas, é possível recorrer ao bom senso, desligar o computador e ir à prateleira de livros de referência para encontrar informações precisas, já que o melhor que o H-Bot consegue fazer é fornecer três respostas corretas com precisão para cada quatro perguntas. Mas esse teste do H-Bot também revelou importantes fragilidades em relação a obras de referência como *The Timetables of History* – fragilidades que são menos óbvias para o leitor do que para o pesquisador online que usa o H-Bot, pois o software é capaz de "mostrar sua competência" de forma instantânea ao identificar as páginas da web relevantes que procurou para responder à consulta. A maior parte das pessoas considera que os livros de referência são perfeitos, mas devemos lembrar aquilo que nossos professores da quarta série diziam: Não acredite em tudo o que você lê. O *Timetables* tem problemas de desambiguação também, embora menos perceptíveis que os do H-Bot. Por exemplo, no verbete para 1730, o livro diz que "Ashraf" foi morto. Mas que Ashraf? A Wikipédia lista nada menos do que 25 Ashrafs, a maioria deles sultões egípcios, mas há também personagens mais recentes, como o médico de Yasser Arafat. Esse verbete de 1730, como muitos outros do *Timetables*, na realidade não é de muita ajuda para o usuário ignorante.

Um problema mais sério do *Timetables*, embora o livro seja atualmente melhor que o H-Bot, é que identifica incorretamente pelo menos quatro "fatos" no teste, se bem que de maneira menos grave. Afirma que o estado de Delaware se separou da Pensilvânia em 1703; mas na realidade ele ganhou sua legislatura independente em 1704. A Grã-Bretanha adquiriu Hong Kong como colônia em 1842 (no Tratado de Nanquim, após a Primeira Guerra do Ópio), não em 1841. Kara Mustafa, o líder militar otomano, morreu em 1683, e não em 1691, como o livro registra. O *Timetables* também afirma que Frederico III da Prússia foi coroado rei daquele Estado alemão em 1688, mas ele foi coroado príncipe-eleitor de Brandemburgo naquele ano, e só mais tarde, em 1701, é que se tornou rei da Prússia — que é o ano que o H-Bot forneceu acertadamente. Esses são erros talvez menores do que os erros grosseiros que o H-Bot comete às vezes. Mesmo assim, é algo que nos relembra que registrar de modo correto todos os fatos é mais difícil do que parece. "As pessoas não imaginam quão difícil é acertar as coisas mais simples", confessou Lars Mahinske, veterano pesquisador para a prestigiosa *Encyclopedia Britannica*, em declaração ao repórter Michael McCarthy, do *Wall Street Journal*, em 1990. Mas, diversamente da *Britannica* (ou pelo menos da sua tradicional forma impressa), o H-Bot, como temos visto, pode se autocorrigir, enquanto um livro impresso é para sempre algo fixado, com erros e tudo mais.

A história factualista: o H-Bot faz o Exame Nacional para Avaliação de Conhecimentos de História e adquire alguns novos talentos

Alguns podem objetar que o H-Bot não é um "historiador" de verdade e que só é capaz de responder questões meramente factuais, que historiadores sérios encaram como triviais. Mas, antes de descartarmos o H-Bot por considerá-lo um idiota erudito, devemos observar que essas são justamente as questões usadas por aqueles que definem políticas e pelos educadores como referência para avaliar o grau de "ignorância" do aluno (e do público) a respeito do passado — ou seja, o tipo de questões presentes nos testes de "Padrões de Aprendizagem" [Standards of Learning, SOL] e da Avaliação Nacional do Progresso Educacional [National Assessment of Educational Progress, NAEP].

Decidimos elaborar uma versão especial do H-Bot capaz de realizar uma prova de múltipla escolha (essa versão atualmente não está disponível ao público) e submetê-lo ao exame sobre História dos Estados Unidos do NAEP, para ver se conseguia ser aprovado. (O exame do NAEP traz atualmente tanto questões de múltipla escolha quanto questões abertas com respostas curtas; como o H-Bot ainda não é tão responsivo e loquaz quanto o robô HAL 9000 de *2001: uma odisseia no espaço*, nós o submetemos apenas às questões de múltipla escolha.) Essa versão do software para realização de provas funciona com vários dos mesmos princípios da versão para resposta de questões sobre história, mas incorpora outra técnica-chave (a de "distância de informação normalizada"), que faz parte das ferramentas dos cientistas da computação. Como será explicado a seguir, ela abre algumas possibilidades adicionais para a extração automática de informação histórica. Na realidade, é o uso da "distância de informação normalizada" que permite a Vitanyi e Cilibrasi associar automaticamente pinturas holandesas do século XVII aos seus pintores sem precisar visualizar as obras.

O H-Bot, na versão capaz de realizar provas, conta com uma vantagem significativa que os seres humanos também têm quando fazem uma prova de múltipla escolha – e que coloca os testes um nível abaixo do ideal para poder avaliar o real conhecimento de história. Em resumo, em vez de uma pergunta aberta como "Quando foi que Monet se mudou para Giverny?", as questões de múltipla escolha especificam apenas três, quatro ou cinco possíveis respostas. Ao restringir as respostas a essas possibilidades, as questões de múltipla escolha oferecem um domínio de informação circunscrito, em que certas dicas sutis tanto na pergunta quanto nas poucas respostas permitem que os mais astutos façam associações úteis e excluam certas respostas (as companhias que elaboram testes, como a Stanley Kaplan e a Princeton Review, sabem disso há décadas e aproveitam ao máximo). Esse tipo de "jogo" com uma questão pode ocorrer mesmo quando quem é testado não sabe a resposta correta e não está totalmente familiarizado com o tema histórico envolvido. Mas, mesmo com essa falha inerente, as questões do NAEP podem não ser tão diretas e constituir uma tarefa mais dura para o H-Bot, desafiando mesmo o enorme banco de dados de escritos sobre história na web. Com certeza algumas das questões são do tipo simplista, que o H-Bot convencional mostrou-se competente para responder – uma resposta de uma só palavra, por exemplo, a uma questão histórica direta. Por exemplo, uma das questões sobre história norte-americana de um exame da NAEP para a quarta série pede para o testado dizer "do que a maioria das pessoas nas colônias do sul subsistia", e a resposta obviamente é "agricultura" (em vez de "pesca", "construção de navios" ou "mineração de ferro"). O H-Bot deriva rapidamente essa resposta da pletora de páginas da web a respeito do Sul pré-guerra, pois detecta que essa palavra aparece com frequência bem maior do que as outras alternativas nas páginas que mencionam "Sul" e "colônias".

Em termos mais gerais, e especialmente no caso de questões mais complicadas e de respostas com várias palavras, o software do H-Bot para responder a testes tenta entender o quanto as palavras significativas da pergunta têm relação próxima com as palavras significativas de cada resposta possível. O H-Bot primeiramente divide a questão e as possíveis respostas em suas palavras mais significativas, e sua importância é calculada (de modo bem tosco, mas eficaz, similarmente ao que a Amazon.com faz com as "frases estatisticamente improváveis" para livros), levando em conta a baixa frequência com que uma palavra aparece na web. Diante da questão "Quem ajudou a incitar o boicote ao sistema de ônibus de Montgomery por se recusar a ceder seu assento em um ônibus segregado?", o H-Bot rapidamente determina que a palavra "ônibus" é muito comum na web (aparece cerca de 73 milhões de vezes no índice do Google), enquanto a palavra "montgomery" é menos comum (cerca de 20 milhões de menções nos diferentes sentidos da palavra). Similarmente, na resposta possível (c), "Rosa Parks", "parks" é encontrada em vários lugares na web, enquanto "rosa" aparece em apenas um terço delas. A presença de duas palavras incomuns juntas, como "montgomery" e "rosa", em certo número de páginas da web, é mais incomum ainda – e, portanto, é algo significativo. Na realidade, é assim que o H-Bot conclui que a mulher que se recusou a ir para a parte de trás do ônibus, desencadeando o boicote em Montgomery, no Alabama, e inaugurando uma nova fase para o movimento dos direitos civis, só poderia ser Rosa Parks (em vez de qualquer uma das três outras respostas apresentadas, "Phyllis Wheatley", "Mary McLeod Bethune" ou "Shirley Chisholm").

Como os cientistas da computação Vitanyi e Cilibrasi diriam, essa alta coincidência entre "rosa" e "montgomery" no gigantesco corpus da web significa que elas têm uma pequena "distância de informação normalizada" – uma medida algorítmica de proximidade de sentido (ou, talvez de modo mais preciso, uma medida da falta de aleatoriedade na coincidência entre essas palavras na web).[17] Em termos mais próprios das ciências humanas, supondo que o índice do Google de bilhões de páginas da web codifique relativamente bem a totalidade do conhecimento humano, esse conjunto particular de palavras significativas na resposta certa parece ter uma relação mais próxima com aquelas da pergunta do que as palavras significativas nas outras respostas, as incorretas.

O H-Bot é capaz, de fato, de avaliar a distância de informação normalizada entre conjuntos de palavras, não apenas de palavras individuais, presentes na pergunta e nas possíveis respostas, o que aumenta sua capacidade de supor corretamente, usando "as páginas da web de conteúdo com baixa qualidade na média", na expressão de Vitanyi e Cilibrasi. Esses algoritmos, combinados com o corpus massivo da web, permitem ao software responder rapidamente questões do NAEP que supostamente exigiriam processos de pensamento histórico de nível avançado e que só poderiam ser respondidas se você de fato entendesse o assunto e fosse capaz de raciocinar a respeito do passado. Por exemplo, uma das questões do NAEP é: "Qual foi a principal razão que trouxe os peregrinos e puritanos à América?", e oferece as seguintes alternativas:

(a) Praticar a religião livremente
(b) Ganhar mais dinheiro e ter uma vida melhor
(c) Construir um governo democrático
(d) Expandir as terras controladas pelo rei da Inglaterra

---

[17] Muito dessa teoria de distância de informação se desenvolveu a partir do trabalho de KOLMOGOROV, A. N. Three Approaches to the Quantitative Definition of Information. *Problems in Information Transmission*, v. 1, n. 1, p. 1-7, 1965.

O H-Bot não é capaz de compreender princípios como liberdade religiosa, esforço pessoal, sistemas políticos ou imperialismo. Mas não precisa compreender esses conceitos para responder corretamente. Em vez disso, para responder à questão aparentemente abstrata sobre puritanos e peregrinos e por que razão vieram para a América, o H-Bot descobriu que as páginas da web que contém palavras como "puritano" e "peregrino" contêm também as palavras "religião" e "prática" (religiosa) com maior frequência do que palavras como "dinheiro", "democrático" ou "expandir" e "terras". (Para ser mais preciso, nesse caso os algoritmos do H-Bot na realidade comparam a frequência normal dessas palavras na web com a frequência delas em páginas relevantes, portanto descontam a menção a "dinheiro" nessas páginas onde aparecem os termos "puritanos" e "peregrinos", porque "dinheiro" aparece em mais de 280 milhões de páginas da web, aproximadamente em uma de cada 28 páginas.) Portanto, o H-Bot deduz com acerto que a resposta é (a). De novo, usando a matemática da distância de informação normalizada, o software não precisa encontrar páginas que tratem especificamente do êxodo da Inglaterra no século XVII ou que contenham uma frase óbvia como "Os puritanos vieram para a América para poder praticar sua religião livremente". Usando seus algoritmos em vários conjuntos de palavras, o H-Bot conclui que certas combinações de palavras raras são mais prováveis que outras. Ele "entende" que tanto religião quanto liberdade têm muito a ver com a história dos peregrinos e puritanos.

Ou talvez devêssemos ser um pouco mais cautelosos (ou mais céticos, alguém poderia dizer) e considerar que essa avaliação da centralidade da liberdade religiosa é a interpretação histórica mais comum que se faz a respeito dos peregrinos e puritanos, mais do que um fato concreto e incontroverso que seja apoiado por milhares de páginas da web. Embora a maioria dos historiadores profissionais e amadores certamente concorde com essa avaliação, outros poderiam discordar, expondo razões econômicas, políticas ou imperialistas para legitimar as respostas (b), (c) ou (d). No entanto, tais vozes são sobrepujadas na web pelas vozes daqueles que se ajustam mais ao relato dos manuais de história sobre a emigração britânica do século XVII às colônias norte-americanas. Sem dúvida, os conservadores ficariam felizes com esse triunfo online do consenso em detrimento de interpretações do passado que ousam usar lentes marxistas para descrever a fundação dos Estados Unidos.[18] Mas desafiar relatos convencionais e manuais de história muitas vezes é importante para uma compreensão mais integral do passado. Por exemplo, o recente livro de Charles Mann sobre a América pré-colombiana mostra que quase toda a informação que consta dos livros didáticos de história dos Estados Unidos sobre a antiguidade, a sofisticação e a extensão da cultura indígena norte-americana está desatualizada.[19] Portanto, nosso factualista H-Bot fornece uma visão empobrecida do passado – assim como os livros do ensino médio e os testes padronizados.

O interessante é que o uso da distância de informação normalizada para identificar fortes consensos também permite que o H-Bot seja estranhamente capaz de responder a algumas perguntas (que não incluímos no teste principal) e que parecem requerer uma interpretação visual. Por exemplo, apesar de não ser capaz de ver a famosa foto de Neil Armstrong ao lado da bandeira americana na superfície da Lua, o H-Bot não teve dificuldades em responder corretamente à pergunta embaixo dessa foto:

O que o astronauta da foto está explorando?
(a) O Sol
(b) O Ártico
(c) A Lua
(d) Plutão

Há muito menos páginas em que a palavra "astronauta" aparece junto a "ártico" ou a "Plutão" do que junto a "Lua". "Astronauta" aparece junto a "sol" ou a "lua" em praticamente o mesmo número de páginas da web (11.340 páginas *versus* 11.876), mas, como o número total de páginas da web que mencionam "lua" é cerca de um quarto do

---

[18] Nossos agradecimentos a James Sparrow, por apontar isso a nós e por seus outros comentários úteis a respeito deste artigo.

[19] MANN, Charles C. *1491: New Revelations of the Americas Before Columbus*. New York: Knopf, 2005.

número de páginas que mencionam "sol" (cerca 20 milhões contra 75 milhões), o H-Bot entende que há uma relação especial entre a Lua e os astronautas. Em outras palavras, quando uma página da web contém a palavra "astronauta", a palavra "lua" tem probabilidade bem maior de aparecer na mesma página, em comparação com sua frequência normal na web. O H-Bot, portanto, não precisa "entender" a foto de Armstrong ou sua história *per se* nem saber que esse evento ocorreu em 1969 – os documentos no massivo corpus da web apontam para uma proximidade estatisticamente esmagadora da resposta (c) a partir das palavras significativas da pergunta.

Assim como a sua outra encarnação, o H-Bot também mostra imperfeições ao realizar o teste do NAEP. Essas fragilidades diferem dos problemas com boatos e falsidades que ele enfrentou na sua versão principal do software. O H-Bot, como a questão da Lua demonstra, está projetado para buscar mais as relações próximas que as distantes, e por isso tem problemas com aquelas ocasionais questões do NAEP que são enunciadas negativamente – perguntas como "Qual dessas afirmações NÃO é verdadeira". Além disso, quando lhe é perguntado qual evento vem primeiramente ou por último dentro de uma série cronológica, o algoritmo cegamente aponta aquele evento que é discutido com maior frequência. De novo, tais problemas poderiam ser em grande parte corrigidos com uma programação adicional, e refletem as imperfeições do H-Bot como ferramenta, mais do que as imperfeições da informação histórica online.

Além disso, mesmo com todas essas fragilidades, quando o H-Bot terminou de processar as 33 questões de múltipla escolha da prova de História dos Estados Unidos do NAEP para a quarta série, havia chegado a 27 respostas certas, ou seja, alcançou respeitáveis 82 por cento. E como ocorreu com a outra versão do H-Bot, se o índice da web disponível se tornar maior (e mais atualizado), ele deverá se sair ainda melhor nesses exames. Alunos médios de quarta série têm desempenho bem pior. Em 1994, o ano mais recente para dados desse teste, 69 por cento tinham conhecimento das origens agrárias do Sul norte-americano, 62 por cento identificaram Rosa Parks corretamente, e apenas 41 por cento entenderam a motivação por trás da emigração de puritanos e peregrinos.

Conclusão: A descoberta automática e o estudo de história

Os cientistas têm se mostrado cada vez mais pessimistas quanto à sua capacidade de construir o tipo de "inteligência artificial" antes amplamente vista como se estivesse aguardando para se revelar a nós no próximo computador.[20] A cada década, a partir da Segunda Guerra Mundial, os tecnólogos previram a iminente chegada de um cérebro de silício equivalente ou melhor que o humano, conforme o notável ritmo da inovação de software e hardware se acelerava. Mais recentemente, o magnata da tecnologia Ray Kurzweil afirmou, em *The Age of Spiritual Machines* [A era das máquinas espirituais] (2000), que por volta de 2029 a inteligência dos computadores iria não só alcançar paridade com a mente humana, como também iria superá-la. No entanto, desde as primeiras tentativas de razão baseada em máquina feitas pelos vitorianos, a mente mostrou-se repetidas vezes bem mais elusiva do que os tecnólogos esperavam. Kurzweil sem dúvida tem razão ao afirmar que os computadores se tornam mais e mais poderosos a cada ano; mas ainda estamos frustrantemente distantes de uma compreender por completo aquilo que viemos tentando copiar da matéria orgânica do cérebro e de transportá-la para os caminhos cada vez mais velozes dos circuitos de sílica.

No entanto, embora a aurora das máquinas totalmente inteligentes pareça recuar sempre para mais longe, o futuro a curto prazo de ferramentas mais circunscritas, como o H-Bot, parece promissor. Uma razão é que a web está ficando muito grande, muito rapidamente. Em setembro de 2002, o Google afirmava ter indexado 2 bilhões de páginas da web. Apenas 15 meses mais tarde, celebrava ter cerca de 4 bilhões. E levou apenas 11 meses mais para dobrar de novo para 8 bilhões.[21]

---

[20] MULLINS, Justin. Whatever Happened to Machines That Think?. *New Scientist*, Apr. 23, 2005.

[21] Esses são os números que foram reportados, e sujeitos a alguma discussão. Ver SEARCH ENGINE WATCH. Search Engine Sizes. Disponível em: http://searchenginewatch.com/reports/article.php/2156481 (acessado em 12 set. 2005); CASLON ANALYTICS. Net Metrics & Statistics Guide. Disponível em: http://www.caslon.com.au/metricsguide2.htm (acessado em 12 set. 2005).

Esses números são muito importantes, porque, como observamos, o poder da descoberta automática apoia-se tanto na quantidade quanto na qualidade. (Na realidade, o H-Bot trabalha a partir da Interface de Programação de Aplicativos pública do Google, a API [Application Programming Interface], que permite acesso a apenas cerca de 1,5 bilhão de páginas em seu índice; a companhia parece cautelosa em relação a prover acesso a todos os 8 bilhões.)

Mas acontece que a qualidade do que está na web pública também vai em breve melhorar muito, pois o Google anda ocupado em digitalizar milhões daqueles "grossos volumes" que geralmente lemos em "poltronas bem estofadas". Se a descoberta automática pode funcionar tão bem ao trabalhar a partir de páginas da web de estudantes do ensino médio, pense no que poderá fazer quando conseguir examinar a biblioteca inteira da Universidade de Michigan. Por fim, os algoritmos para extrair sentido e padrões daqueles bilhões de páginas estão ficando cada vez melhores. Também o Google (e seus concorrentes Yahoo e Microsoft) são responsáveis por isso. Afinal, um humilde doutor em História, treinado em história da ciência e não na ciência dos algoritmos, foi capaz de criar o H-Bot. Mas o Google e seus concorrentes estão contratando esquadrões dos mais talentosos engenheiros e doutores, procedentes de diversas áreas, como ciência da computação, física e, claro, matemática, para trabalhar em métodos de descoberta automática. Só no segundo trimestre de 2005, o Google acrescentou 230 novos programadores para aprimorar seu vasto império de buscas; um professor de Ciência da Computação observou que um terço de seus melhores alunos em uma classe de tecnologia de buscas saíram de lá diretamente para empregos no Google. O Yahoo não fica muito atrás nessa corrida, e a Microsoft vem dedicando enormes recursos para ajustar o passo.[22] Estamos em um momento único da história humana, em que literalmente milhões de dólares estão sendo investidos na busca de fórmulas matemáticas e técnicas eficientes para a mineração de bilhões de documentos na internet.

---

[22] ELGIN, Ben. Revenge of the Nerds – Again. *BusinessWeek Online*, July 28, 2005. Disponível em: http://www.businessweek.com/technology/content/jul2005/tc20050728_5127_tc024.htm (acessado em 12 set. 2005).

Portanto, o H-Bot é hoje capaz de chegar a apenas 82 por cento de acertos na prova de História dos Estados Unidos da NAEP; seus sucessores provavelmente alcançarão 95 ou mesmo 99 por cento. Isso deve nos preocupar? A maior parte dos historiadores já sabe o essencial a respeito dos peregrinos ou pelo menos sabe como descobrir isso rapidamente. Por que um agente de software capaz de responder a essas questões deveria impressioná-los? Será que não é apenas um truque inteligente de salão? Achamos que a resposta seja não, porque esses desenvolvimentos têm importantes implicações para nós enquanto professores e pesquisadores.

O H-Bot talvez nunca se torne "inteligente", mas já provou ser muito esperto para responder perguntas de múltipla escolha sobre história. A maioria dos historiadores também encararia as capacidades factuais do H-Bot com desdém e condescendência. No entanto, paradoxalmente, nós (e nossos compatriotas no mundo da educação) muitas vezes acabamos decidindo que são justamente essas capacidades as que constituem uma boa medida do "conhecimento" histórico. Como o professor de História e psicólogo Sam Wineburg demonstrou, passamos os últimos 90 anos reclamando da "ignorância" dos alunos em relação à história, julgando-os por sua "[in]capacidade de responder a questões factuais a respeito de personagens e eventos históricos". E as conclusões que extraímos dessa incapacidade têm sido apocalípticas. Em 1943, o *The New York Times* abriu mão de um pouco do tempo dedicado à sua cobertura da guerra para repreender calouros de faculdade "assustadoramente ignorantes" por suas notas no exame de História Nacional do ano anterior. Quase meio século depois, Diane Ravitch e Chester Finn declararam que notas baixas no NAEP colocavam os estudantes "em risco de ficarem gravemente incapacitados em razão de sua [...] ignorância, quando entrassem na fase adulta, virassem cidadãos plenos e assumissem responsabilidades como pais".[23]

Como apontou Wineburg, a tecnologia é responsável em parte por nosso apego ao teste factual de múltipla escolha. "Usamos esses testes", escreve ele, "não porque sejam historicamente saudáveis ou porque

---

[23] WINEBURG, Sam. *Historical Thinking and Other Unnatural Acts: Charting the Future of Teaching the Past*. Philadelphia: Temple University Press, 2001. p. vii.

façam prever um futuro envolvimento com o estudo da história, mas porque podem ser lidos por máquinas que produzem gráficos de fácil leitura, como os gráficos de barras."[24] Qualquer professor sobrecarregado por uma pilha de ensaios de história que ele ainda não corrigiu e que vê um colega indo embora feliz da vida por já ter concluído seu relatório das notas dos alunos em testes de múltipla escolha que ele corrigiu em sua máquina de leitura óptica de provas conhece muito bem essa cena. Mas a tecnologia pode também acabar com isso ou transformá-lo. Há um ou dois anos, nosso colega e também historiador Peter Stearns propôs a ideia de espécie de "calculadora" para a área de história, um dispositivo portátil que forneceria aos alunos os nomes e as datas que pudessem cair na prova – uma Clioladora, como ele a chamou, fazendo a brincadeira de juntar o nome da musa da história, Clio, à palavra "calculadora". Ele observou que talvez houvesse resistência à adoção da Clioladora, do mesmo modo como alguns educadores têm resistido ao uso da calculadora em sala de aula. Mas também argumentou, a nosso ver com razão, que isso melhoraria o ensino da história, pois acabaria com a fetichização da memorização factual.

Quando discutimos essa ideia com Peter, concentramo-nos de início no fato de que a Clioladora seria muito mais difícil de construir do que uma calculadora. Afinal, a calculadora só precisa entender alguns princípios básicos de matemática para responder a um número praticamente infinito de questões. A Clioladora precisaria ser alimentada com quantidades muito substanciais de informações históricas para poder se mostrar útil, mesmo que modestamente. Afinal, quem poderia prever quais seriam os fatos que um aluno iria querer saber? Mas então percebemos que já estávamos construindo uma versão da Clioladora com o H-Bot, e que milhões de pessoas estavam subindo esses milhões de fatos históricos para nós em suas páginas da web.

A combinação da magnífica, embora imperfeita, criação coletiva da web com algumas fórmulas matemáticas relativamente simples havia nos dado uma versão gratuita da Clioladora. E o dispositivo portátil para acessá-la – o celular – já está no bolso da maioria das crianças em

---

[24] WINEBURG, Sam. Crazy for History. *Journal of American History*, v. 90, p. 1401-1414, Mar. 2004.

idade escolar. Em muito pouco tempo, quando o acesso por celular a materiais baseados na web se tornar corriqueiro e o H-Bot (ou seus sucessores) forem um pouco mais aprimorados, os alunos começarão a nos perguntar por que insistimos em testar sua capacidade de responder perguntas que seus celulares respondem em segundos. E acharão estranho não poderem usar o H-Bot para responder a uma pergunta sobre os peregrinos, tanto quanto um aluno acharia estranho que alguém lhe dissesse que não poderia usar uma calculadora para a aritmética de rotina de uma equação algébrica. O gênio já terá saído da lâmpada, e teremos de começar a pensar em maneiras mais consistentes de avaliar o conhecimento histórico – ou a "ignorância". E isso vale não apenas para professores do ensino médio e autoridades de educação estatais, mas também para o substancial número de professores universitários que se apoiam em questões de múltipla escolha e em máquinas de correção de provas.

Se o futuro do ensino de história parece diferente na era das máquinas burras (mas rápidas), o que dizer da pesquisa histórica? Para os pesquisadores de história, a questão não é se as técnicas matemáticas nos ajudam a garimpar fatos históricos dentro do vasto corpus de relatos. Os historiadores profissionais sabem há muito tempo localizar rapidamente os fatos de que precisam (e, mais importante, avaliar sua qualidade). A questão, em vez disso, é se essas mesmas abordagens ajudam a encontrar coisas em *fontes* históricas. Será que podemos usar a mineração de fontes primárias digitalizadas para obter novos *insights* sobre o passado? Nesse sentido, uma fragilidade crucial do H-Bot – o fato de se apoiar em visões de consenso – revela-se uma virtude. Afinal, uma meta central do historiador cultural é conseguir descobrir qual era o consenso – ou a mentalidade – das gerações passadas. Quando fazemos história, estamos geralmente mais interessados em descobrir em quais coisas as pessoas acreditavam do que em saber se aquilo em que acreditavam era "verdadeiro" ou não.

O potencial para descobrir isso por meio de métodos automatizados tornou-se muito maior em razão das vastas quantidades dessas fontes primárias digitalizadas que de repente ficaram disponíveis na década passada. Mesmo uma lista bem parcial já é impressionante por sua abrangência e profundidade: o projeto American Memory, da

Biblioteca do Congresso, reúne mais de 8 milhões de documentos históricos. O site Making of America, organizado pela Universidade de Michigan e pela Universidade Cornell, oferece mais de 1,5 milhão de páginas de textos de livros e artigos, a partir de meados do século XIX. O ProQuest Historical Newspapers oferece o texto integral de oito grandes jornais, incluindo edições inteiras do *New York Times* e do *Los Angeles Times*. O esforço de digitalização do Google vai apequenar esses projetos já enormes, que colocam em forma digital uma proporção espantosamente vasta de nosso patrimônio cultural. E o projeto Google, ao que parece, desencadeou uma corrida pela digitalização. A Yahoo anunciou uma "Aliança de Conteúdo Aberto", que vai, em parceria com bibliotecas e com o Internet Archive, digitalizar e tornar disponíveis livros de domínio público.[25] A Comissão Europeia, com a preocupação de que a União Europeia seja passada para trás à medida que essas duas mastodônticas companhias norte-americanas convertam o passado analógico em futuro digital, revelou recentemente seu esforço de transformar em bits eletrônicos tudo o que há em papel nas bibliotecas europeias.

Nossa capacidade de extrair pepitas históricas dessas minas de ouro digitais é limitada, pois muitas dessas coleções (diferentemente da web pública) só podem ser acessadas ao passarmos por uma catraca que cobra uma pesada tarifa. Além disso, muitas delas têm capacidades de busca limitadas. E os termos de acesso para o projeto Google continuam nebulosos. Não há Google que consiga fazer buscas nas coleções da "deep web" e da "web privada". Mesmo assim, historiadores já descobriram enormes riquezas por meio da mais simples das ferramentas – a busca por palavra.

Tais esforços, no entanto, não aproveitaram de fato as potentes ferramentas que estão à disposição do pesquisador digital. Muitos dos métodos de pesquisa em humanidades digitais são apenas versões mais rápidas daquilo que os acadêmicos já vêm fazendo há décadas, se não há mais tempo ainda. Filólogos alemães já contavam exemplos de palavras específicas nas Bíblias hebraica e cristã, se bem que de maneira muito

---

[25] OPEN CONTENT ALLIANCE. *Open Content Alliance*. 2005. Disponível em: http://www.opencontentalliance.org/.

mais trabalhosa, antes do advento das contagens de palavras computadorizadas das versões digitais desses textos antigos. E muito antes dos gráficos e mapas de computador, o médico vitoriano John Snow foi capaz de descobrir as origens de um surto de cólera em Londres traçando marcas correspondentes aos endereços de pessoas infectadas, até constatar que elas se agrupavam em volta de uma bomba d'água.

Será que poderemos aprender mais usando técnicas mais sofisticadas de investigação automática, como os testes estatísticos usados pelo H-Bot ou por meio da distância de informação normalizada empregada por seu primo na realização de provas? Historiadores – excetuando talvez sua efêmera atração por história quantitativa na década de 1970 – têm olhado com suspeitas qualquer auxílio automatizado ou estatístico para o estudo do passado. Preferem ver sua disciplina como uma arte ou um ofício, em vez de encará-la como ciência, e acreditam que os melhores historiadores examinam "tudo" e então refletem sobre o que leram, em vez de, por exemplo, coletarem amostras sistematicamente, à maneira de um sociólogo. Idolatram os trabalhos heroicos daqueles que passam 20 anos vasculhando todos os papéis de um Grande Homem. Mas a combinação da digitalização de imensas porções do passado com a extraordinária documentação disponível sobre alguns aspectos da história do século XX provavelmente vai obrigá-los a reconsiderar se os historiadores, como os sociólogos, não fariam bem em incluir "amostragem" – especialmente amostragem sistemática – como parte de suas ferramentas de rotina.[26]

---

[26] Alguns sociólogos históricos vêm apontando caminhos para pesquisas desse tipo usando codificação de textos e análise de conteúdo. Ver SEGAL, Mady Wechsler; HANSEN, Amanda Faith. Value Rationales in Policy Debates on Women in the Military: A Content Analysis of Congressional Testimony, 1941-1985. *Social Science Quarterly*, v. 73, p. 296-309, June 1992; BURSTEIN, Paul; BRICHER, Marie R.; EINWOHNER, Rachel L. Policy Alternatives and Political Change: Work, Family, and Gender on the Congressional Agenda, 1945-1990. *American Sociological Review*, v. 60, p. 67-83, Feb. 1995; GRISWOLD, Wendy. American Character and the American Novel: An Expansion of Reflection Theory in the Sociology of Literature. *American Journal of Sociology*, v. 86, p. 740-765, 1981; GAMSON, William; MODIGLIANI, Andre. The Changing Culture of Affirmative Action. *Research in Political Sociology*, v. 3, p. 137-77, 1987.

A era digital parece querer confrontar os historiadores – antes mais inclinados a se preocupar com a escassez das evidências sobreviventes do passado – com o novo "problema" da abundância. Um registro histórico mais profundo e denso, especialmente o que assume a forma digital, oferece-nos uma oportunidade incrível. Mas seu porte esmagador significa que teremos de passar muito tempo tentando achar o melhor meio de aproveitar essa oportunidade – e que provavelmente precisaremos de sofisticadas ferramentas estatísticas e de mineração de dados para isso.[27]

Essas abordagens mais sistemáticas à mineração da documentação histórica também precisarão tirar partido de algumas das abordagens matemáticas que esboçamos aqui. Os historiadores dedicados ao século XVIII, por exemplo, com certeza vão querer contar o número de referências a "Deus" e a "Jesus" nos escritos dos pensadores do Iluminismo e dos Pais Fundadores (e Mães). Mas por que não ir além e avaliar a proximidade de diferentes termos? Será que alguns escritores são mais adeptos do uso de uma linguagem religiosa quando falam sobre a morte do que ao tratarem de outros temas? Teria isso se modificado ao longo do tempo? Mulheres escritoras do século XIX são mais inclinadas a usar palavras como "amor" ou "paixão" ao falarem de casamento do que as do século XVIII? Tais questões seriam relativamente fáceis de responder com as fórmulas matemáticas descritas aqui – supondo, é claro, o devido acesso ao corpus apropriado de fontes digitalizadas.

Seria ilusório achar que tais abordagens podem prover um caminho bem definido para alguma "verdade" ou "certeza" histórica, como às vezes foi prometido por alguns dos defensores mais entusiastas da história quantitativa, nas décadas de 1960 e 1970. A história nunca será uma ciência, mas isso não quer dizer que um uso mais sistemático das evidências e que técnicas mais sistemáticas para mineração de um grande corpus de evidência não possam ser úteis em nossa imperfeita

---

[27] Em uma recente solicitação de bolsa encaminhada ao Fundo Nacional para as Humanidades, Gregory Crane se propôs a fazer exatamente isto: analisar e desenvolver ferramentas linguísticas e estatísticas avançadas para as humanidades ("An Evaluation of Language Technologies for the Humanities", rascunho de 25 de junho de 2005).

busca de interpretar o passado.[28] Arthur Schlesinger Jr. pode ter razão em argumentar ceticamente que "quase todas as questões importantes são importantes justamente porque não são suscetíveis a ter respostas quantitativas". Mas isso não significa que métodos quantitativos e sistemáticos não possam nos ajudar a desenvolver essas respostas qualitativas. A mineração de dados históricos pode ser mais bem pensada como um método de "prospecção", de testar questões interessantes e procurar veios ricos de evidência histórica que possamos examinar mais de perto. Na realidade, esse tipo de prospecção é justamente o que John Snow fez ao assinalar os endereços das mortes por cólera num mapa de Londres.

Finalmente, embora o H-Bot atualmente responda apenas perguntas simples sobre história, o software sugere em última instância a possibilidade de utilizar maneiras consideravelmente mais complexas para analisar o passado por meio de ferramentas digitais. Seria possível usar outras teorias da ciência da computação para levantar e responder novas questões históricas? O H-Bot usa apenas alguns dos muitos princípios da teoria da informação – distância de informação normalizada, medições de significância estatística e métodos de recuperação de texto automatizados.[29] Mas isso é apenas a ponta do iceberg. Será que não existem outras teorias, talvez ainda mais reveladoras, que possam ser aplicadas à pesquisa histórica em um corpus digital?

---

[28] THOMAS, III, William G. Computing and the Historical Imagination. *In*: SCHREIBMAN, Susan; SIEMENS, Raymond George; UNSWORTH, John (ed.). *A Companion to Digital Humanities*. Malden, Mass.: Blackwell, 2005. p. 56-68.

[29] Uma boa introdução a essas teorias para estudiosos das ciências humanas: WIDDOWS, Dominick. *Geometry and Meaning*. Stanford, Calif.: CLSI, 2005.

CAPÍTULO 3

Wikipédia: a história pode ser feita em código aberto?

História é um ofício profundamente individualista. Trabalhos de um único autor são o padrão da profissão; dos mais de 32 mil trabalhos acadêmicos indexados a partir de 2000 no "Recent Scholarship", o abrangente guia bibliográfico da *Journal of American History*, apenas cerca de 6 por cento têm mais de um autor. Trabalhos com vários autores – muito comuns nas ciências – são ainda mais difíceis de encontrar. Menos de 500 (menos de 2 por cento) têm três ou mais autores.[1]

Os trabalhos acadêmicos de história caracterizam-se também por um individualismo *possessivo*. A boa prática profissional (e também o cuidado para evitar acusações de plágio) requer de nossa parte a atribuição de ideias e palavras a historiadores específicos – somos ensinados a falar sobre a "interpretação do Progressismo à luz do desejo de status feita por Richard Hofstadter".[2] E, quando usamos mais de um limitado número de palavras de Hofstadter, precisamos enviar um cheque ao seu espólio. Misturar a prosa de Hofstadter à própria prosa e publicar é uma violação tanto dos direitos autorais quanto das normas profissionais.

---

[1] Meus agradecimentos a Melissa Beaver, da *Journal of American History*, por compilar esses números. Entre as 32 mil obras constam cerca de 7 mil teses, nenhuma delas em coautoria, mas também coletâneas, que envolvem um nível de colaboração menor que o de livros ou artigos produzidos em coautoria.

[2] Ver HOFSTADTER, Richard. *The Age of Reform: From Bryan to F.D.R.* New York, 1955. p. 131-73.

Assim, em nossa cultura profissional é praticamente impossível encontrar uma obra histórica sem detentores de direitos e com múltiplos e anônimos autores. No entanto, fato notável, é justamente assim que podemos descrever a enciclopédia online conhecida como Wikipédia, que contém 3 milhões de artigos (1 milhão deles em inglês).[3] A história é provavelmente a categoria que abrange o maior número de artigos. A Wikipédia é totalmente livre. E isso significa não só que qualquer pessoa pode lê-la (uma liberdade negada pelas revistas acadêmicas, como as que estão no site JSTOR, que exige uma assinatura institucional de custo elevado), mas também – o que é mais notável ainda – que todo mundo tem a liberdade de utilizá-la. Você pode pegar o verbete da Wikipédia sobre Franklin D. Roosevelt e colocá-lo no seu site, pode entregar cópias dele aos seus alunos e pode publicá-lo em um livro – tudo isso com apenas uma restrição: você não pode impor aos leitores e usuários subsequentes nenhuma outra restrição além das que lhe foram impostas. E a Wikipédia não tem autores, em nenhum sentido convencional. Dezenas de milhares de pessoas – que nem sequer tiveram a glória de colocar seu nome nela – vêm escrevendo essa enciclopédia colaborativamente. O verbete sobre Roosevelt, por exemplo, foi emergindo ao longo de quatro anos, à medida que seus 500 autores fizeram cerca de 1.000 edições nele. Essa extraordinária liberdade e cooperação fazem da Wikipédia a mais importante aplicação dos princípios do movimento de software livre e de código aberto dentro do mundo da produção cultural, e não no mundo do software.[4]

Apesar desse modo de produção e distribuição de código aberto, ou quem sabe por causa dele, a Wikipédia se tornou lida e citada com uma

---

[3] Dados de 2005. Em 2022, são 6,4 milhões de artigos em inglês e quase 58,5 milhões no total. (N.E.)

[4] http://en.Wikipedia.org/wikistats/EN/TablesArticlesTotal.htm (5 set. 2005). Essa contagem cobre o período desde a criação do artigo sobre Franklin D. Roosevelt, em setembro de 2001, até 4 de julho de 2005. Ver http://en.wikipedia.org/wiki/Franklin_Delano_Roosevelt. Eu cito os artigos da Wikipédia pela URL e indico a data de acesso entre parênteses porque os artigos mudam continuamente; os leitores podem acessar a versão que usei selecionando a aba "Ver histórico" e vendo a versão a partir desta data. Todos os recursos online não datados estavam disponíveis quando checados em 27 de dezembro de 2005.

amplitude impressionante. Mais de um milhão de pessoas por dia visitam o site da Wikipédia. As classificações de tráfego do Alexa colocam-no na 18ª posição, bem acima do *The New York Times* (50ª), da Biblioteca do Congresso (1.175ª) e da venerável *Encyclopedia Britannica* (2.952ª). Em poucos anos, ela talvez tenha se tornado a maior obra online escrita sobre história, a mais amplamente lida obra de história digital e a mais importante fonte histórica gratuita da World Wide Web. Ela ganhou rasgados elogios ("um dos desdobramentos mais fascinantes da Era Digital"; ou "um incrível exemplo de colaboração intelectual de código aberto"), assim como fortes críticas (uma "enciclopédia baseada na fé" e "na melhor das hipóteses, uma piada"). E é quase inteiramente um esforço voluntário; em setembro de 2005, tinha dois funcionários em expediente integral. Com certeza é um fenômeno ao qual os historiadores profissionais devem prestar atenção.[5]

Contribuindo para isso, este ensaio busca responder a algumas questões básicas sobre a história na Wikipédia. Como ela se desenvolveu? Como funciona? Qual o nível de qualidade de seus textos sobre história? Quais suas potenciais implicações para a nossa prática como acadêmicos, professores e provedores de passado ao público em geral?

Escrever sobre a Wikipédia envolve uma dificuldade enlouquecedora. Pelo fato de se tratar de um assunto em constante mudança, muito do que escrevo sobre a Wikipédia pode não ser mais verdade na hora em que você estiver lendo. Uma dificuldade extra decorre de sua

---

[5] Os números de visitantes mais recentes disponíveis são de outubro de 2004. A "contagem oficial de artigos" em novembro de 2005 foi de 2,9 milhões, 866 mil dos quais em inglês, segundo http://en.wikipedia.org/wikistats/EN/TablesUsageVisits.htm (14 mar. 2006). Mas a *home page* em inglês diz 1.023.303 artigos. Ver http://en.wikipedia.org/wiki/Main_Page (14 mar. 2006). Os rankings do Alexa (disponíveis em http://www.alexa.com/) são de 14 de março de 2006. A informação sobre o número de funcionários foi fornecida por Terry Foote (um dos funcionários) na reunião da Fundação Hewlett, em Logan, Utah, em 27 de setembro de 2005. Ver também WIKIMEDIA FOUNDATION. Budget/2005. Disponível em: http://wikimediafoundation.org/wiki/Budget/2005 (23 out. 2005). As declarações elogiosas foram citadas em McHENRY, Robert. The Faith-Based Encyclopedia. TCS: Tech Central Station, Nov. 15, 2004. Disponível em: http://www.techcentralstation.com/111504A.html. Sobre "piada", ver JACSO, Peter. Peter's Picks and Pans. *Online*, v. 26, Mar. 2002, p. 74.

grande escala. Não posso afirmar que li os 500 milhões de palavras da Wikipédia inteira, nem mesmo o subconjunto de artigos (que chegam à metade) que poderiam ser considerados como de conteúdo histórico.[6] Este ensaio é apenas um relato muito parcial e preliminar de um *front* em constante mudança, mas que a meu ver tem profundas implicações para a nossa prática de historiadores.

Figura 3.1: A Wikipédia hoje: essa homepage da Wikipédia reflete a escala do projeto (mais de 1 milhão de artigos em língua inglesa) e suas múltiplas línguas
Fonte: http://wikipedia.org/ (8 mar. 2006).

---

[6] Havia cerca de 512 milhões de palavras em maio de 2005, das quais 202 milhões estavam em inglês. Ver http://en.wikipedia.org/wikistats/EN/TablesDatabaseWords.htm (5 set. 2005).

Origens

A própria Wikipédia remonta suas raízes, de maneira grandiloquente, à "antiga Biblioteca de Alexandria e Pérgamo" e ao "conceito de reunir todo o conhecimento do mundo em um único lugar", assim como remete a "Denis Diderot e os enciclopedistas do século XVIII". Mas as origens mais imediatas estão em um projeto chamado Nupedia, lançado em março de 2000, por Jimmy Wales e Larry Sanger. Não foram os primeiros a pensar em uma enciclopédia gratuita baseada na web; nos primeiros dias da web, houve quem falasse em criar uma "Interpedia" livre; em 1999, Richard Stallman, figura-chave no surgimento do software livre e de código aberto, propôs a GNUpedia, como uma "Enciclopédia Universal e Recurso de Aprendizagem Gratuito". Wales (também conhecido como Jimbo), então com 33 anos de idade, que enriquecera no mercado financeiro e depois se tornou empreendedor na internet, decidiu criar uma enciclopédia gratuita online. Recrutou Sanger, então com 31 anos de idade, que estava concluindo seu curso de Filosofia na Universidade Estadual de Ohio – e que Wales conhecia por terem participado juntos de listas de e-mail e de grupos de discussão na Usenet dedicados a Ayn Rand e ao objetivismo –, e colocou-o como editor-chefe remunerado. A Bomis, a companhia de Wales, um portal de busca da internet e que vendia "imagens eróticas" online (o Bomis Babe Report), pagou essa conta inicialmente.[7]

---

[7] http://en.wikipedia.org/wiki/History_of_Wikipedia (29 jul. 2005); McHENRY. Faith-Based Encyclopedia; http://www.gnu.org/encyclopedia/free-encyclopedia.html. Sobre Jimmy Wales, ver PINK, Daniel. The Book Stops Here. *Wired*, v. 13, Mar. 2005. Disponível em: http://www.wired.com/wired/archive/13.03/wiki_pr.html; BARNETT, Cynthia. Wiki Mania. *Florida Trend*, v. 48, Sept. 2005. Disponível em: http://www.floridatrend.com/issue/default.asp?a=5617&s=1&d=9/1/2005; e SIDENER, Jonathan. Everyone's Encyclopedia. SignOnSanDiego.com, Dec. 6, 2004. Disponível em: http://www.signonsandiego.com/uniontrib/20041206/news_mz1b6encyclo.html; http://en.wikipedia.org/wiki/Jimmy_Wales (5 jul. 2005). Sobre Larry Sanger, ver ROUSH, Wade. Larry Sanger's Knowledge Free-for-All: Can One Balance Anarchy and Accuracy?. *Technology Review*, v. 108, Jan. 2005, p. 21; http://en.wikipedia.org/wiki/Larry_Sanger (5 set. 2005). Sobre sua participação conjunta nos grupos da Usenet, ver no Google

Sanger projetou a Nupedia como lugar em que especialistas escreveriam e checariam meticulosamente o conteúdo. Em parte por causa dessa revisão extensiva, ela só conseguiu publicar cerca de 20 artigos nos seus primeiros 18 meses. No início de janeiro de 2001, Sanger tentava achar maneiras de fazer com que pessoas sem credenciais formais tivessem maior facilidade em dar sua contribuição à Nupedia. Um amigo programador falou-lhe então a respeito do software WikiWikiWeb, desenvolvido pelo programador Ward Cunningham em meados da década de 1990, que facilitava criar ou editar uma página da web – sem necessidade de codificar em HTML (linguagem de marcação de hipertexto) ou de subir o conteúdo a um servidor. (Cunningham copiou o nome de uma expressão havaiana, *"wikiwiki"*, que significa "rápido" ou "informal".) Sanger imaginou que usuários wiki iriam criar conteúdo rápida e informalmente para a Nupedia, que seus especialistas então editariam e aprovariam. Mas os editores da Nupedia encararam o experimento com suspeita; em meados de janeiro, Sanger e Wales haviam dado ao projeto um nome à parte, Wikipédia, e um domínio próprio.[8]

Em pouquíssimo tempo, a Wikipédia se tornou o rabo que abanava o cachorro (a Nupedia). Em menos de um mês, tinha mil artigos; ao final de seu primeiro ano, 20 mil; ao final do segundo, 100 mil artigos, só na edição em inglês. (A essa altura, já começara a gerar edições em outras línguas, das quais existem hoje 185, do abcázio ao klingon e ao zulu, com a edição em alemão sendo a maior, depois da de língua inglesa.) O próprio Sanger não ficou mais ali para desfrutar do crescimento desembestado da Wikipédia. Ao final de 2001, o *boom* tecnológico já havia terminado, e a Bomis, como a maioria das demais ponto-com, estava perdendo dinheiro e dispensando funcionários. O esforço para vender anúncios e poder pagar o salário de Sanger fracassou, já que a

---

Groups "humanities.philosophy.objectivism" e "alt.philosophy.objectivism". Até 2003, a Bomis era de fato dona da Wikipédia, mas em junho daquele ano todos os ativos foram transferidos para a Fundação Wikimedia, sem fins lucrativos: http://en.wikipedia.org/wiki/Bomis (29 out. 2005).

[8] SANGER, Larry. The Early History of *Nupedia* and *Wikipedia:* A Memoir. Slashdot, Apr. 18, 2005. Disponível em: http://features.slashdot.org/features/05/04/18/164213.shtml; http://en.wikipedia.org/wiki/History_of_Wikipedia (29 jul. 2005).

publicidade na internet havia desabado, e Sanger perdeu seu emprego, em fevereiro de 2002. Ele continuou de modo intermitente como voluntário, mas acabou afastando-se em janeiro de 2003, em razão da tolerância do projeto em relação a participantes problemáticos e da sua hostilidade em relação a especialistas.[9]

Desde então, o crescimento da Wikipédia se acelerou. Em janeiro de 2004, no seu terceiro aniversário, ela contava com quase meio milhão de artigos; apenas nove meses mais tarde, ultrapassara a marca de um milhão. Mais de 55 mil pessoas haviam feito pelo menos 10 contribuições à Wikipédia.[10] Ao longo de sua curta história, ela havia também desenvolvido um estilo de operação e um conjunto de princípios operacionais que requerem explicação antes que iniciemos qualquer discussão sobre a história na Wikipédia.

O modo Wikipédia: como ela funciona

A página de "Políticas e Recomendações" da Wikipédia tem dezenas de links para outras páginas, incluindo seis páginas sobre "Orientações Gerais" (por exemplo, "Contribua com o que você sabe ou com o que desejaria aprender"); 12 páginas de "Políticas de Comportamento" ("Não agrida os novatos"); 19 de "Políticas de Conteúdo" ("Cheque seus fatos"); nove de "Recomendações de estilo" ("Evite parágrafos de uma só sentença"); e cinco de "Convenções" ("Como dar título a artigos"). Mas, entendendo que "eles" (emprego esse pronome para me referir à coletividade da Wikipédia, formada por autores, editores, administradores e programadores) não teriam participantes se fosse exigido dos autores o domínio desse imenso conjunto de instruções antes de escrever, eles acrescentam, para facilitar: "Você não precisa ler todos os itens de política da Wikipédia antes de contribuir!", e oferecem uma breve apresentação de quatro "políticas-chave".[11]

---

[9] http://en.wikipedia.org/wiki/Wikipedia:Multilingual_ranking_July_2005 (16 ago. 2005); http://en.wikipedia.org/wiki/History_of_Wikipedia (29 jul. 2005).

[10] http://en.wikipedia.org/wikistats/EN/TablesWikipediansContributors.htm (1º set. 2005).

[11] http://en.wikipedia.org/wiki/Wikipedia:Policies_and_guidelines (5 jul. 2005).

"A Wikipédia", declaram eles na abertura, "é uma enciclopédia. Suas metas não vão além disso." Ensaios pessoais, verbetes de dicionário, resenhas críticas, "propaganda política ou defesa de interesses" e "pesquisa original" ficam excluídos. Os historiadores podem achar essa última exclusão surpreendente, já que valorizamos a pesquisa original acima de tudo, mas faz sentido para uma enciclopédia criada cooperativamente. Afinal, de que modo a coletividade poderia avaliar a validade de declarações, se não há uma checagem além da alegação de que "descobri isso em minha pesquisa"?[12] Como resultado, a Wikipédia (como as enciclopédias em geral) resume a sabedoria convencional que é aceita a respeito de um tópico, mas não traz grandes inovações. E alguém cuja *expertise* se apoie em ter feito uma pesquisa extensiva original sobre algum tópico não obterá maior respeito por isso. Essa subestimação da *expertise* contribuiu para a saída de Larry Sanger do projeto.

A segunda injunção crucial da Wikipédia é "evitar enviesamentos". "Os artigos têm de ser escritos a partir de um ponto de vista neutro [*neutral point of view*, NPOV]", insistem eles, "expondo pontos de vista diferentes sobre um assunto de maneira factual e objetiva". Historiadores que, em suas aulas na universidade sobre métodos da história, aprenderam (ou ensinam) o mantra de que "não existe história objetiva" vão encarar esse conselho com reservas. Mas os wikipedianos rapidamente destacam que a política de NPOV (como é incessantemente referida nas discussões na Wikipédia) "não pressupõe que seja possível escrever um artigo a partir de um ponto de vista único, não tendencioso, objetivo". Em vez disso, os wikipedianos dizem que sua intenção é descrever discussões em vez de tomar partido nelas, e portanto querem caracterizar as posições divergentes de maneira equânime.[13]

Claro que escrever "de modo imparcial" – mesmo da maneira circunscrita como a Wikipédia define isso – é, como os próprios wikipedianos admitem, "difícil", já que "todos os artigos são editados por pessoas" e "pessoas são inerentemente parciais". Mas, mesmo que a "neutralidade" seja um mito, ela é um "mito fundador" para a Wikipédia,

---

[12] http://en.wikipedia.org/wiki/Wikipedia:Policies_and_guidelines; http://en.wikipedia.org/wiki/No_original_research (5 jul. 2005).

[13] http://en.wikipedia.org/wiki/NPOV (8 jul. 2005).

tanto quanto a "objetividade", segundo Peter Novick, é um "mito fundador" para a história profissional. Os artigos da Wikipédia raramente alcançam o nível de neutralidade pretendido, mas a política NPOV fornece uma base compartilhada de discurso entre wikipedianos. Nas páginas de "Discussão" que acompanham cada artigo da Wikipédia, o tópico número um de debate é se o artigo segue o NPOV. Às vezes, esses debates podem se estender a ponto de atordoar a mente, como ocorre com as literalmente centenas de páginas dedicadas a um verbete sobre o genocídio armênio, que ainda traz uma advertência de que "a neutralidade deste artigo é discutível".[14] Os verbetes da Wikipédia sobre esses assuntos controversos raramente conseguem atender à meta do fundador, Jimmy Wales, de apresentar "ideias e fatos de maneira que tanto apoiadores quanto opositores possam concordar". Mas, surpreendentemente, chega-se com frequência a "um tipo de escrita capaz de ser aceito por pessoas essencialmente racionais, que podem diferir em pontos particulares". Infelizmente, esse "tipo de escrita" às vezes produz uma prosa inconsistente, exemplificada por essa descrição do historiador Daniel Pipes: "Ele é uma figura controvertida, que ao mesmo tempo que é elogiada, é também condenada por outros comentadores".[15]

A terceira "política-chave" é mais simples: "não viole direitos autorais". Assim como alguns estudantes podem facilmente copiar verbetes da Wikipédia e apresentá-los como seus trabalhos de semestre, autores da Wikipédia podem facilmente postar texto copiado da vasta máquina de plágios da web. Mas os mecanismos de pesquisa tornam relativamente fácil flagrar essas duas formas de plágio, e isso não parece ser muito problemático na Wikipédia. O desvio mais profundo está expresso na seguinte frase: a Wikipédia "é uma enciclopédia livre licenciada sob os termos da Free Documentation License [Licença de Documentação Livre] da GNU (GFDL)", uma contrapartida da General Public License [Licença Pública Geral] (GPL) da GNU (usada em projetos gratuitos de

---

[14] NOVICK, Peter. *That Noble Dream: The "Objectivity Question" and the American Historical Profession.* Cambridge, UK, 1988, 3; http://en.wikipedia.org/wiki/Armenian_Genocide (10 jul. 2005).

[15] http://en.wikipedia.org/wiki/NPOV (8 jul. 2005); http://en.wikipedia.org/wiki/Daniel_Pipes (21 jul. 2005).

software como o Linux), projetada aqui para conteúdos abertos como os de manuais e livros didáticos.[16]

O GFDL (e o GPL) são os que mais surpreendentemente se desviam das regras convencionais de propriedade intelectual, ao darem a liberdade de você usar o texto da maneira como quiser. Como a licença declara: "Você pode copiar e distribuir o Documento por qualquer meio, tanto comercial quanto não comercial, desde que [...] não acrescente quaisquer condições àquelas que constam desta Licença".[17] A cláusula "desde que" significa que qualquer documento derivado deve herdar as mesmas liberdades oferecidas pelo original – o que os partidários do GNU chamam de *copyleft*.[18] Você pode publicar uma compilação de biografias de presidentes baseada nos perfis da Wikipédia; pode até reescrever metade deles. Mas sua nova versão deve dar crédito à Wikipédia e permitir que outros reutilizem e refaçam sua versão revisada. Na realidade, há inúmeras versões de conteúdos da Wikipédia espalhadas por toda a web.

Outra implicação da implementação pela Wikipédia de princípios de softwares livres e de código aberto é que seu conteúdo fica disponível para ser baixado, manipulado e submetido a "mineração de dados" – algo que não é possível até mesmo com outros recursos (jornais, por exemplo) que também podem ser lidos de graça online. A Wikipédia, portanto, pode ser usada para outros propósitos, incluindo serviços como esse de resposta a questões do H-Bot, o buscador automatizado de fatos históricos do Center for History and New Media. Ou pode prover a base para ferramentas que permitam a você efetuar buscas inteligentes em quantidades de textos digitais indiferenciados e fazer distinções, digamos, entre as referências a John D. Rockefeller e as referência ao filho dele, John D. Rockefeller Jr. Como Daniel J. Cohen tem defendido, recursos como a

---

[16] http://en.wikipedia.org/wiki/Wikipedia:Policies_and_guidelines (5 jul. 2005).

[17] FREE SOFTWARE FOUNDATION. *GNU Free Documentation License*. Última modificação em 2 maio 2005. Disponível em: http://www.fsf.org/licensing/licenses/fdl.html.

[18] Jogo de palavras com o termo "*copyright*". Aproveitando que "*right*" quer dizer não só "direito", mas também "direita", "*copyleft*" (*left*, "esquerda") ressalta também uma noção oposta à proteção de direitos de *copyright*, indicando que são menos rígidas (e têm mais variedade) as regras de utilização, difusão e modificação de obras identificadas com *copyleft*. Ver https://bit.ly/3MC45Gh. Acesso em 28 abr. 2022. (N.T.)

Wikipédia, "que são de uso livre em todos os sentidos, embora imperfeitos, são mais valiosos que aqueles que são fechados ou de uso restrito, mesmo que esses recursos sejam qualitativamente melhores". A liberdade que permite tanto reescrever verbetes da Wikipédia como manipulá-las para outros propósitos é, portanto, possivelmente mais profunda que o fato de você poder lê-las "de graça". É por essa razão que os defensores do software livre dizem que, para compreender o conceito de software livre, você precisa pensar em *free speech* [livre expressão], mais do que em *free beer* [cerveja grátis].[19]

O quarto pilar da sabedoria da Wikipédia é "respeite os outros colaboradores".[20]

Isso, assim como escrever de modo imparcial, é mais fácil de falar do que de fazer. Que tipo de respeito, por exemplo, você deve a um colaborador que desfigurou outras contribuições ou atacou outros colaboradores? Como você pode garantir que os verbetes não sejam continuamente preenchidos por insultos e vandalismo, quando a wiki permite a qualquer pessoa de qualquer lugar que escreva o que ela quiser em qualquer verbete da Wikipédia?

A Wikipédia de início seguiu adiante com um mínimo de regras, em parte para incentivar a participação.

> Começamos [relembra Sanger] sem quaisquer políticas em particular (ou com poucas) e dissemos que a comunidade é que iria determinar – por meio de uma espécie de vago consenso, baseado na experiência dela de trabalhar junto – quais seriam essas políticas. O primeiro verbete numa página de "regras a considerar" era a regra "Ignore todas as regras" (ou seja: "Se regras deixam você nervoso e deprimido, e sem vontade de participar na wiki, então ignore-as totalmente e vá em frente").

---

[19] COHEN, Daniel J. From Babel to Knowledge: Data Mining Large Digital Collections. *D-Lib Magazine*, v. 12, Mar. 2006. Disponível em: http://www.dlib.org/dlib/march06/cohen/03cohen.html (21 mar. 2006). Sobre o H-Bot, que foi também desenvolvido por Daniel J. Cohen, ver http://chnm.gmu.edu/tools/h-bot/ (21 mar. 2006). Para definições de software livre, consultar FREE SOFTWARE FOUNDATION. The Free Software Definition. Disponível em: http://www.fsf.org/licensing/essays/free-sw.html (21 mar. 2006).

[20] http://en.wikipedia.org/wiki/Wikipedia:Policies_and_guidelines (5 jul. 2005).

Com o tempo, no entanto, as regras proliferaram. Mas a Wikipédia ganhou leis antes de ter polícia ou tribunais. Sanger e Wales "concordaram logo com isso, pelo menos no início, [eles] não deveriam expulsar ninguém do projeto exceto talvez nos casos mais extremos [...] apesar da presença de personagens difíceis desde praticamente o início do projeto". O próprio Sanger ficou cada vez mais incomodado com a tolerância dispensada a essas "pessoas difíceis", ou *trolls*, na Wikipédia, achando que afugentavam "muitos colaboradores melhores, mais valiosos". Os *trolls* acabaram esgotando Sanger e o pressionaram a sair do projeto.[21]

Apesar de Sanger ter perdido sua batalha, talvez tenha ganhado a guerra. A Wikipédia aos poucos desenvolveu elaborados mecanismos para lidar com pessoas difíceis. Criou regras intrincadas por meio das quais os participantes podiam ser banidos da Wikipédia por comportamento inadequado, de modo temporário ou permanente. Também montou uma elaborada estrutura de "administradores", "burocratas", "monitores", "desenvolvedores" e curadores eleitos para supervisionar o projeto.[22] Mas o ideal continuou sendo alcançar o consenso – algo no estilo da democracia participativa da década de 1960 –, em vez de impor uma disciplina formal.

Mas, acima dessa ruidosa pólis democrática, está o fundador, Jimmy Wales – o "*God-King*" [Rei-Deus], como alguns o chamam. A "política de banimento" explica que os usuários podem ser banidos da Wikipédia pela "comissão de arbitramento" ou pelos wikipedianos agindo "de acordo com políticas adequadas voltadas à comunidade com apoio de consenso". Mas também acrescenta de modo conciso: "Jimbo Wales mantém o poder de banir usuários, e o tem usado". O poder de Wales se baseia não só em seu prestígio como fundador, mas também em seu lugar na estrutura legal da enciclopédia. A Fundação Wikimedia, que controla a Wikipédia, tem um conselho de cinco membros: dois membros eleitos mais Wales e dois de seus parceiros de negócios.[23]

---

[21] SANGER. The Early History of *Nupedia* and *Wikipedia*.

[22] http://en.wikipedia.org/wiki/Wikipedia:Administrators (5 set. 2005).

[23] http://en.wikipedia.org/wiki/Wikipedia:Banning_policy (5 set. 2005); http://en.wikipedia.org/wiki/Jimmy_Wales (5 jul. 2005). Mas note que Wales "declarou que se os dois membros do conselho que editam a Wikipédia votam da mesma

Tudo isso funciona surpreendentemente bem. Mas, é claro, a Wikipédia pode ser um lugar desconcertante e incômodo para os recém-chegados. Uma queixa comum é que "colaboradores 'fanáticos', até mesmo 'meio malucos', com sistemas de crenças idiossincráticos, fora da curva, não científicos, podem facilmente introduzir seu ponto de vista, porque ninguém tem tempo e energia para se opor a eles, que podem estar também em altas posições na burocracia wikipediana". Seja como for, milhares de voluntários dispersos que não se conhecem organizaram de algum modo um empreendimento de grandes proporções. Consenso e democracia às vezes falham. A coletividade wikipediana tem de "bloquear" temporariamente verbetes polêmicos quando descambam para vandalismos e "guerras de edição", nas quais os artigos são alterados e imediatamente após são alterados de volta, como ocorreu com um esforço por parte da NYCExpat de remover quaisquer referências ao antissemitismo do padre Charles Coughlin. Mas outros verbetes – mesmo aqueles em que partidários devotados, como os seguidores de Lyndon LaRouche, batalham para impor seus pontos de vista – continuam abertos a qualquer um que queira editá-los e ainda assim apresentam um relato razoavelmente preciso.[24]

---

maneira a respeito de algo, ele dará voto favorável a eles, concedendo-lhes efetivamente o controle da maioria" (http://en.wikipedia.org/wiki/Jimmy_Wales). A maior parte do dinheiro que sustenta a Fundação Wikimedia veio de esforços bem-sucedidos de levantamento de fundos, mas ela também recebeu apoio de corporações e fundações. Ver Wikimedia Foundation (http://wikimediafoundation.org/wiki/Home). Wales também controla uma companhia com fins lucrativos, a Wikia, que vende anúncios; administra a Wikicities, uma coleção de mais de 250 comunidades wiki; e hospeda a Memory Alpha, uma enciclopédia sobre Star Trek, e a Uncyclopedia, uma paródia de enciclopédia (http://en.wikipedia.org/wiki/Wikia, 28 dez. 2005). Ver também BARNETT. Wiki Mania.

[24] CRITICAL Views of Wikipedia. Wikinfo (um desdobramento da Wikipedia). Disponível em: http://www.wikinfo.org/wiki.php?title=Critical_views_of_Wikipedia (23 jul. 2005); http://en.wikipedia.org/wiki/Talk:Charles_Coughlin (5 set. 2005). O artigo estava bloqueado na primeira vez em que o procurei, em 24 de agosto de 2005, mas foi desbloqueado em 1º de setembro de 2005, com o comentário de que a "página foi protegida por tempo demais. Trata-se de uma wiki, é hora de deixar que as pessoas a editem de novo". Sobre as guerras de edição, ver BOXER, Sarah. Mudslinging Weasels into Online History. *The New York Times*, Nov. 10, 2004. E1. Mas os relatos na imprensa tendem a exagerar o grau em que as páginas são

A Wikipédia como história

A Wikipédia criou uma comunidade de trabalho, mas será que criou uma boa fonte histórica? Os wikipedianos são bons historiadores? Como no velho conto dos homens cegos e do elefante, a avaliação que você faz da Wikipédia como história depende muito de que parte dela você toca. Depende também, como veremos, de como você define "história".

Historiadores norte-americanos poderiam olhar primeiramente para a página da Wikipédia intitulada "Lista dos artigos sobre história dos Estados Unidos", que contém 12 artigos com uma retrospectiva da história norte-americana dividida em períodos convencionais e outros 30 e tantos artigos sobre tópicos importantes, como imigração, história diplomática e história das mulheres. Infelizmente, o homem cego, ao fazer o relato dessas regiões inferiores, voltaria balançando a cabeça irritado. Começaria queixando-se de que o ensaio sobre os Estados Unidos de 1918 a 1945 descreve de maneira imprecisa a Lei de Recuperação da Indústria Nacional de 1933 como tendo sido em parte uma resposta aos "desafios dissidentes" de Huey Long e do padre Charles Coughlin – uma curiosa caracterização para uma lei decretada quando Coughlin era ainda um entusiástico apoiador de Roosevelt, e Long era um aliado oficial (apesar de ser cada vez mais crítico). Mas ficaria ainda mais irritado com a cobertura incompleta e quase extravagante do ensaio do que com os erros menores. Dezenas de tópicos-padrão – a Ameaça Vermelha, a Ku Klux Klan, o Renascimento do Harlem, o sufrágio feminino, a ascensão do rádio, a emergência do sindicalismo industrial – não foram nem sequer mencionados. E também rangeria os dentes pela prosa pouco elegante, pela falta de análise ("o estado de espírito da nação rejeitou o estilo internacionalista de Wilson") e pela estrutura às vezes confusa (o parágrafo sobre a legislação aprovada em 1935 aparece na seção que trata do segundo mandato de Roosevelt).[25]

---

bloqueadas. Ver http://en.wikipedia.org/wiki/Lyndon_LaRouche (5 set. 2005); e o muito extenso debate a respeito desse verbete em http://en.wikipedia.org/wiki/Talk:Lyndon_LaRouche (5 set. 2005).

[25] http://en.wikipedia.org/wiki/History_of_the_United_States_(1918–1945) (31 jul. 2005); BRINKLEY, Alan. *Voices of Protest: Huey Long, Father Coughlin, and the Great Depression*. New York, 1983. p. 57-61, 108.

Outros verbetes nessa série sobre a história dos Estados Unidos são piores ainda. O verbete sobre as mulheres deixa de fora a Décima Nona Emenda, mas dedica um parágrafo às divisões na National Organization for Women (NOW) quanto à defesa de Valerie Solanas (que atirou em Andy Warhol). O verbete de 1865 a 1918 alude apenas brevemente à Guerra Hispano-Americana, mas dedica cinco parágrafos à Guerra das Filipinas, uma estranha reversão da tendência geral dos livros de história, que geralmente ignoram a última e dedicam toda atenção à primeira. O ensaio ainda faz um plágio de uma frase de outra fonte online. O ensaio de 4 mil palavras sobre a imigração dos Estados Unidos beira a incoerência e menciona a imigração irlandesa na época da Grande Fome apenas em uma legenda de foto de uma linha.[26]

Parte do problema é que um texto abrangente e sintético como esse não é fácil de fazer de forma colaborativa. Igualmente importante é que alguns artigos não parecem ter atraído muito interesse dos wikipedianos. O ensaio sobre o período entreguerras teve apenas 137 edições, cerca de um sétimo do número de intervenções no artigo sobre Franklin Delano Roosevelt. A participação nos verbetes da Wikipédia geralmente se dá em temas da história de interesse popular, mais do que em temas acadêmicos. A história cultural dos Estados Unidos, que recentemente passou a ser uma das áreas mais movimentadas da escrita profissional de história, aparece sob uma forma que a Wikipédia chama de esboço, consistindo de apenas uma frase banal ("A história cultural dos Estados Unidos é um tópico amplo, cobrindo ou tendo influência em muitos dos aspectos culturais do mundo"). Em contraste com isso, a Wikipédia oferece um artigo detalhado, com 3.100 palavras, intitulado "Selos e história postal dos Estados Unidos", um tópico com seguidores populares muito dedicados e que atrai pequeno interesse acadêmico.[27]

---

[26] http://en.wikipedia.org/wiki/History_of_the_United_States_(1865–1918) (31 jul. 2005); http://en.wikipedia.org/wiki/Feminist_history_in_the_United_States (31 jul. 2005); http://en.wikipedia.org/wiki/Immigration_to_the_United_States (31 jul. 2005). A frase foi retirada de um manual de história online da Agência de Informação dos Estados Unidos, disponível em http://odur.let.rug.nl/~usa/H/index.htm.

[27] http://en.wikipedia.org/wiki/Cultural_history_of_the_United_States (31 jul. 2005); http://en.wikipedia.org/wiki/Postage_stamps_and_postal_history_of_the_United_States (18 set. 2005).

As biografias de personagens históricos constituem um terreno mais favorável para a Wikipédia, já que biografias são sempre uma área de interesse histórico popular. Além disso, as biografias oferecem a oportunidade de uma comparação mais sistemática, pois a unidade de análise é mais definida, enquanto outros assuntos podem ser divididos e esquadrinhados de múltiplas maneiras. Mas mesmo a avaliação da qualidade dos textos biográficos na Wikipédia requer alguma contextualização. Você não pode, por exemplo, comparar as 5 mil palavras da Wikipédia sobre Martin Luther King Jr. com os três volumes da premiada biografia de Taylor Branch (2.900 páginas).[28] Mas como ficam elas em comparação com outras obras de referência?

Avaliei 25 biografias da Wikipédia, comparando-as com verbetes correspondentes na *Encarta*, a bem conceituada enciclopédia online da Microsoft (uma das poucas enciclopédias comerciais que sobrevivem em um mercado que já foi muito disputado), e na *American National Biography Online*, uma obra de referência especializada, de alta qualidade, publicada pela Oxford University Press para o American Council of Learned Societies, e escrita em sua maior parte por historiadores profissionais, com apoio de importantes bolsas de pesquisa. A comparação é injusta – já que essas duas publicações tiveram orçamentos de vários milhões de dólares –, mas ainda assim é esclarecedora, e lança alguma luz favorável sobre a Wikipédia.[29]

---

[28] BRANCH, Taylor. *Parting the Waters: America in the King Years, 1954-63*. New York, 1988; BRANCH, Taylor. *Pillar of Fire: America in the King Years, 1963-65*. New York, 1998; BRANCH, Taylor. *At Canaan's Edge: America in the King Years, 1965-68*. New York, 2006.

[29] A *American National Biography* recebeu pelo menos 2,5 milhões de dólares em subvenções. Ver SCOTT, Janny. Commerce and Scholarship Clash; Publisher Seeks to Update a Classic, to Cries of "Thuggery". *The New York Times*, Nov. 22, 1996. B1. Sobre os percalços do ramo de enciclopédias, ver ABRAMSON, Ronna. Look under "M" for Mess. *Industry Standard*, Apr. 9, 2001, 56; WONG, May. Pity the Poor Encyclopedia. *Associated Press*, Mar. 6, 2004, acessado por meio da LexisNexis. Sobre o desenvolvimento da *Encarta* (que envolveu uma equipe de 135 pessoas mesmo na sua primeira fase como CD-ROM), ver MOODY, Fred. *I Sing the Body Electric: A Year with Microsoft on the Multimedia Frontier*. New York, 1995. p. 6-17. De início, a *Encarta* se baseou na medíocre enciclopédia *Funk & Wagnalls*, mas foi substancialmente melhorada por uma extensa revisão.

Em cobertura, a Wikipédia atualmente fica atrás da abrangente *American National Biography Online*, que tem 18 mil verbetes, mas supera a *Encarta*, que é de interesse geral. De uma amostra de 52 pessoas listadas na *American National Biography Online*, a Wikipédia incluiu metade, mas a *Encarta*, apenas cerca de um quinto. Os perfis da *American National Biography Online* eram também mais detalhados, tendo em média quatro vezes mais palavras que os da Wikipédia. A *Encarta* mostrou-se a menos detalhada, com seus verbetes para a amostra tendo apenas cerca de um quarto da extensão daqueles da Wikipédia.[30] No entanto, o que mais impressiona é que a Wikipédia tenha encontrado voluntários não pagos para escrever retratos surpreendentemente detalhados e confiáveis de personagens históricos relativamente obscuros – por exemplo, 900 palavras sobre o general Romeyn B. Ayres, que lutou pela União durante a Guerra Civil Americana".

O fato de contar com voluntários e de não ter controles editoriais rigorosos acaba fazendo com que os artigos da Wikipédia tenham extensões muito variáveis. Ela dedica 3.500 palavras ao escritor de ficção científica Isaac Asimov, mais do que reserva ao presidente Woodrow Wilson (3.200), mas menos que as dedicadas ao teórico da conspiração e perene candidato à presidência Lyndon LaRouche (5.400); a *American National Biography Online* oferece uma cobertura mais proporcional (segundo a perspectiva histórica convencional), com 1.900 palavras para Asimov e 7.800 para Wilson (ela ignora LaRouche). É claro que a *American National Biography Online* também revela a natureza tendenciosa de seus editores em suas alocações de palavras: será que os não historiadores concordariam que o historiador Charles Beard mereça o dobro de palavras de Harold Ickes, o reformador e administrador do New Deal?

A julgar pela atenção dispensada a Asimov, os autores da Wikipédia não são provenientes de um apanhado qualquer da população mundial. O mais provável é que sejam homens, falantes de inglês e frequentadores

---

[30] Calculei as médias a partir de nove biografias que estavam nas três fontes (excluindo a de Andrew Jackson, que distorcia a comparação em razão de sua extensão incomum): *American National Biography Online*: 1.552 palavras por biografia; Wikipedia: 386; *Encarta*: 107. Dos 20 oficiais do exército atuantes na Guerra Civil cobertos pela *American National Biography Online*, a Wikipedia tinha oito, e a *Encarta*, apenas dois.

da internet. Esse viés tem gerado muita discussão, inclusive entre os wikipedianos. Em uma página de sincera autocrítica intitulada "Por que a Wikipédia não é tão boa assim", eles reconhecem que o que moldou a enciclopédia foram "as prioridades dos *geeks*": "Há muitos artigos extensos e bem escritos sobre personagens obscuros da ficção científica ou da fantasia e sobre questões muito especializadas de ciência da computação, da física e da matemática; há esboços, textos curtos ou artigos de *bots* [gerados por máquinas], ou então nada, para vastas áreas das artes, história, literatura, cinema, geografia". Um colaborador regular em artigos de história na Wikipédia observou (um pouco ironicamente): "A Wikipédia dá de 10 a zero na *Britannica* quando se trata de jogos MMP [de *massively multiplayer*, isto é, para muitos jogadores], jogos de cartas colecionáveis, factoides tolkienianos e sobre Guerra nas Estrelas!". "Essa é a enciclopédia que o Slashdot construiu" é uma queixa familiar que se refere à promoção da Wikipédia em seus primórdios feita por esse site, que se anuncia como o lar das "notícias para nerds". O "efeito Google" incentivou ainda mais a participação daqueles que vivem surfando a web. Como Sanger mais tarde explicou: "cada vez que o Google 'aranhava' [isto é, aplicava programas rastreadores a] nosso site, mais páginas eram indexadas; quanto mais páginas eram indexadas, mais pessoas chegavam ao projeto; quanto mais pessoas se envolviam no projeto, mais páginas havia no índice".[31]

O editor-chefe da *Encyclopedia Britannica*, Dale Hoiberg, destacou para o *Guardian*, defendendo seu lado, que "os autores da Wikipédia escrevem sobre as coisas pelas quais se interessam, e muitos assuntos não são cobertos; e eventos que figuram no noticiário são cobertos com detalhes. O verbete sobre o Furacão Frances tem cinco vezes a extensão do verbete sobre arte chinesa, e o verbete sobre o programa da TV britânica *Coronation Street* é duas vezes maior que o artigo sobre Tony Blair" (wikipedianos responderam a essa crítica tornando o verbete sobre Blair 50 por cento maior que o do programa de TV). Mas a maior parcialidade da Wikipédia – pelo menos na versão em língua

---

[31] http://en.wikipedia.org/wiki/Wikipedia:Why_Wikipedia_is_not_so_great (25 jul. 2005); Jengold entrevistado via e-mail por Joan Fragaszy, 4 jun. 2004 (Center for History and New Media, George Mason University, Fairfax, Va.); SANGER. The Early History of *Nupedia* and *Wikipedia*.

inglesa – é o favorecimento da cultura ocidental (e das nações de língua inglesa), mais que da cultura *geek* ou popular.[32]

Talvez como resultado disso, a Wikipédia é surpreendentemente precisa em reportar nomes, datas e eventos da história dos Estados Unidos. Nas 25 biografias que li detidamente, encontrei erros factuais evidentes em apenas quatro. A maioria eram erros de pouca monta e sem grandes consequências. Afirma-se que Frederick Law Olmsted administrou a mina de ouro Mariposa após a Guerra Civil, quando fez isso em 1863. E alguns erros simplesmente repetem crenças imprecisas amplamente disseminadas, como a de que Haym Salomon fez um empréstimo pessoal de centenas de milhares de dólares ao governo norte-americano durante a Revolução e que nunca foi ressarcido (na realidade, o dinheiro apenas passou por suas contas bancárias). Tanto a *Encarta* quanto a *Encyclopedia Britannica* repetem esse mesmo mito.[33] O ensaio de 10 mil palavras sobre Franklin Roosevelt foi o único com múltiplos erros. De novo, alguns eram de pouca monta e amplamente aceitos, como a falsa alegação (feita por apoiadores de Roosevelt durante a eleição de 1932) de que Roosevelt havia redigido a Constituição do Haiti ou que o dinheiro de Roosevelt havia sido crucial para sua primeira eleição a um cargo público, em 1910. Mas dois desses erros são mais importantes – a sugestão de que uma mudança de posição dos delegados de Al Smith (na verdade, foi dos delegados de John Nance Garner) foi o que possibilitou a Roosevelt sua indicação como candidato à presidência, em 1932; e a declaração de que a Suprema Corte rejeitou a Lei de Recuperação da Indústria Nacional [*National Industrial Recovery Act*, NIRA) em 1937, quando o ano correto é 1935.

A inexistência de um único autor ou de um editor-geral faz com que a Wikipédia às vezes registre as coisas de modo errado em um lugar e corretamente em outro. O verbete sobre Olmsted diz (acertadamente) que ele formou a Olmsted, Vaux and Company em 1865, e que estaria nessa mesma época na Califórnia administrando a Mariposa (incorreto).

---

[32] Dale Hoiberg citado em uma boa compilação de críticas: http://en.wikipedia.org/wiki/Criticism_of_Wikipedia (5 set. 2005).

[33] http://en.wikipedia.org/wiki/Frederick_Law_Olmsted (10 abr. 2005); McMANUS, Edward. Salomon, Haym. *American National Biography Online*. New York, 2000.

O verbete sobre Andrew Jackson Downing afirma que Olmsted e Calvert Vaux projetaram o Central Park em 1853, mas o artigo sobre Vaux, que consta como referência cruzada, coloca-o (com acerto) como o vencedor da competição de projetos em 1858.[34]

Encontrar quatro verbetes com erros em 25 biografias pode parecer preocupante, mas na realidade é excepcionalmente difícil registrar todos os fatos corretamente em obras de referência. "As pessoas não imaginam quão difícil é acertar as coisas mais simples", observou Lars Mahinske, veterano pesquisador da *Britannica*. Eu chequei 10 biografias da *Encarta* sobre personagens que também aparecem na Wikipédia, e no produto comercial encontrei pelo menos três biografias com erros factuais. Mesmo a cuidadosamente editada *American National Biography Online*, cujas biografias foram escritas por especialistas, contém pelo menos um erro factual nos 25 verbetes que examinei detidamente, o da data em que o ganhador do Prêmio Nobel I. I. Rabi obteve o doutorado – data que a Wikipédia registra corretamente. De fato, os wikipedianos, que gostam de apontar os erros cometidos pelas fontes de referência respeitáveis, publicam bem-humoradamente uma página dedicada a "Erros da *Encyclopedia Britannica* que foram corrigidos na Wikipédia".[35]

---

[34] http://en.wikipedia.org/wiki/Frederick_Law_Olmsted (10 abr. 2005); http://en.wikipedia.org/wiki/Andrew_Jackson_Downing (16 ago. 2005); http://en.wikipedia.org/wiki/Calvert_Vaux (24 ago. 2005). Obras de referência editadas em moldes profissionais também padecem de inconsistências. A edição de 1958 da *Encyclopedia Britannica* repete a lenda de Betsy Ross no verbete a respeito dela, mas não naquele sobre a bandeira, e coloca Pocahontas resgatando John Smith no verbete sobre Smith, mas não naquele sobre Pocahontas, segundo EINBINDER, Harvey. *The Myth of the Britannica*. New York, 1964. p. 359-362, 179-180.

[35] McCARTHY, Michael J. It's Not True about Caligula's Horse; Britannica Checked. *Wall Street Journal*, Apr. 22, 1990. A1; http://en.wikipedia.org/wiki/Wikipedia:Errors_in_the_Encyclop%C3%A6dia_Britannica_that_have_been_corrected_in_Wikipedia (5 set. 2005). O verbete da *American National Biography Online* (escrito por William A. Nierenberg) coloca 1926 como a data do doutorado de I. I. Rabi, mas a *Encarta*, a Wikipédia, o Dissertation Abstracts e o catálogo da Universidade Columbia registram 1927. Rabi submeteu uma versão de sua tese em formato de artigo à *Physical Review* em 1926, o que talvez seja a base da datação feita pelo *American National Biography Online*. Ver RIGDEN, John S. *Rabi: Scientist and Citizen*. Cambridge, Mass., 1987. p. 45.

A Wikipédia, portanto, ganha da *Encarta*, mas não da *American National Biography Online*, em cobertura e se equivale mais ou menos à *Encarta* em precisão. Essa conclusão geral é apoiada por estudos que compararam a Wikipédia a outras grandes enciclopédias. Em 2004, uma revista alemã sobre computação pediu que especialistas comparassem artigos de 22 diferentes áreas publicados em três grandes enciclopédias digitais em alemão. Ela colocou a Wikipédia em primeiro lugar, com uma pontuação de 3,6 em uma escala até 5 pontos, acima da *Brockhaus Premium* (3,3) e da *Encarta* (3,1). No ano seguinte, a revista científica britânica *Nature* pediu que especialistas avaliassem 42 verbetes científicos na Wikipédia e na *Encyclopedia Britannica*, sem revelar quais artigos vinham de qual publicação. Os resenhistas encontraram apenas oito erros graves, como algumas interpretações equivocadas de conceitos centrais, mas em igual número nas duas enciclopédias. Também apontaram que a Wikipédia tinha um número um pouco maior (162 *versus* 123) de pequenos erros, como "erros factuais, omissões ou declarações imprecisas". A *Nature* concluiu que "a vantagem da *Britannica* pode não ser grande, pelo menos no que se refere a artigos científicos" e que "levando em conta a maneira como são escritos os artigos da Wikipédia, esse resultado pode parecer surpreendente".[36]

Assim, a enciclopédia Wikipédia, livre e de código aberto, representa um formidável desafio à bem estabelecida e prestigiosa *Encyclopedia Britannica,* assim como à mais recente e bem cotada *Encarta*, da Microsoft, do mesmo modo como o sistema operacional Linux, livre e de código aberto, desafia agora seriamente o Windows, da Microsoft, no mercado de servidores. Não é surpresa que a *Encarta* esteja se esforçando para competir – tanto ao tornar seu conteúdo disponível

---

[36] KURZIDIM, Michael. Wissenswettstreit. Die kostenlose Wikipedia tritt gegen die Marktführer Encarta und Brockhaus an (Knowledge competition: Free Wikipedia goes head to head with market leaders Encarta and Brockhaus). *c't*, p. 132-139, Okt. 4, 2004; GILES, Jim. Internet Encyclopaedias Go Head to Head. *Nature*, Dec. 15, 2005. Disponível em: http://www.nature.com/nature/journal/v438/n7070/full/438900a.html. O cientista da computação Edward Felten comparou seis verbetes da Wikipedia com artigos similares na *Encyclopedia Britannica* e concluiu que quatro daqueles na Wikipedia eram melhores (FELTEN, Edward. Freedom to Tinker, blog, Sept. 3, 2004. Disponível em: http://www.freedom-to-tinker.com/?p=674).

de maneira mais ampla (você pode obter acesso gratuito usando o mecanismo de pesquisa MSN) como ao convidar os leitores a propor edições em seu conteúdo.

Mesmo que os amadores não remunerados da Wikipédia tenham conseguido superar uma obra de referência de produção cara como a *Encarta* e fornecer um retrato surpreendentemente abrangente e em grande parte preciso de personagens maiores e menores da história norte-americana, isso não deve fazer os historiadores profissionais temerem que os wikipedianos possam rapidamente tirá-los do ramo. Um bom texto histórico requer não apenas precisão factual, mas também um domínio da literatura acadêmica, a produção de análises e interpretações convincentes e também uma prosa clara e envolvente. Avaliada por essas medidas, a *American National Biography Online* facilmente supera a Wikipédia por boa margem.

Compare, por exemplo, o retrato em 7.650 palavras de Abraham Lincoln na Wikipédia com o artigo de 11 mil palavras na *American National Biography Online*. Ambos estão isentos de erros factuais e cobrem quase todos os episódios importantes da vida de Lincoln. Mas qualquer acadêmico certamente vai preferir o retrato da *American National Biography Online* feito pelo destacado historiador da Guerra Civil James McPherson. Parte da diferença está nas mais ricas contextualizações de McPherson (como sua concisa explanação da ascensão do partido Whig) e sua vinculação da vida de Lincoln a temas dominantes na historiografia (como a ideologia do trabalho livre). Mas o perfil de McPherson destaca-se ainda mais por seu hábil uso de citações para capturar a voz de Lincoln, pelos retratos evocativos que constrói com palavras (o jovem Lincoln tinha "1,90 metro de altura, um aspecto franzino, pele e osso, cabelo preto espesso e desalinhado, uma personalidade sociável e um pendor para contar histórias bem-humoradas") e por sua capacidade de transmitir uma mensagem profunda com poucas palavras ("A república persistiu, e a escravidão pereceu. Esse é o legado de Lincoln"). Em contraste com isso, a apreciação feita pela Wikipédia é ao mesmo tempo prolixa e enfadonha: "A morte de Lincoln fez do presidente um mártir para muitos. Hoje ele é talvez o segundo presidente mais famoso e amado da América, depois de George Washington. Várias enquetes de historiadores têm colocado Lincoln entre os maiores presidentes da história dos Estados Unidos".[37]

Somando-se à prosa elegante de McPherson, o perfil que ele traça incorpora o talento e o julgamento confiante de um historiador experiente. O mesmo vale para muitos outros retratos da *American National Biography Online* – o de Alan Brinkley sobre Franklin Roosevelt ou o de T. H. Watkins sobre Harold Ickes, por exemplo. Essas joias do texto biográfico curto combinam uma prosa ágil com julgamentos concisos a respeito da importância de seus assuntos. Mesmo verbetes menos magistrais da *American National Biography Online* geralmente exibem uma prosa mais fluente que a da Wikipédia. E também indicam uma bibliografia confiável, com as obras acadêmicas mais recentes. Os verbetes da Wikipédia geralmente trazem referências, mas nem sempre as melhores. A bibliografia para Haym Salomon contém apenas duas obras, ambas publicadas há mais de 50 anos. A respeito de um desses livros, a *American National Biography Online* adverte que ele "repete todos os mitos e invenções encontrados em relatos mais antigos".[38]

Claro que nem todos os historiadores escrevem tão bem quanto McPherson e Brinkley, e que alguns dos verbetes mais bem escritos da Wikipédia oferecem retratos mais envolventes que certos verbetes estéreis de rotina da *American National Biography Online*. Por exemplo, o retrato que a *American National Biography Online* faz do arremessador de beisebol do Hall da Fama Red Faber traz um relato tedioso, quase ano por ano, enquanto a Wikipédia dá uma visão geral mais concisa de sua carreira e importância. O perfil que a Wikipédia faz do guerrilheiro confederado William Clarke Quantrill talvez cumpra melhor a tarefa de detalhar as controvérsias a respeito de suas ações que o da *American National Biography Online*. Mesmo assim, apresenta uma

---

[37] http://en.wikipedia.org/wiki/Abraham_Lincoln (23 out. 2005); McPHERSON, James. Lincoln, Abraham. *American National Biography Online*. A *Nature* chega a uma conclusão similar a respeito da escrita na Wikipedia, observando que vários de seus leitores especializados acharam os artigos "mal estruturados e confusos". Ver GILES. Internet Encyclopaedias Go Head to Head.

[38] McMANUS. Salomon, Haym. Ver também BRINKLEY, Alan. Roosevelt, Franklin D. *American National Biography Online*; e WATKINS, T. H. Ickes, Harold. *American National Biography Online*.

conclusão tipicamente vaga, que contrasta fortemente com os julgamentos firmes dos melhores ensaios da *American National Biography Online*. Diz a conclusão: "Alguns historiadores se lembram dele como um fora da lei oportunista, sanguinário, enquanto outros continuam a vê-lo como um soldado ousado e como um herói popular local".[39]

Essa enrolação – incentivada pela política NPOV – significa que é difícil discernir qualquer posição interpretativa geral na história contada pela Wikipédia. Talvez se pudesse esperar uma inclinação libertária ou conservadora – levando em conta o posicionamento político de seus fundadores, simpáticos aos preceitos de Ayn Rand, ou então a força dos sentimentos libertários no ciberespaço. Mas não encontrei isso. É possível ver alguns lampejos, como na biografia de Calvin Coolidge, na qual se afirma, com visível aprovação: "Coolidge foi o último presidente dos Estados Unidos que não tentou intervir no livre mercado, deixando que os ciclos de negócios seguissem seu curso". Essa frase foi inserida há bastante tempo por um libertário explícito e sobreviveu a dezenas de edições subsequentes. Mas a Wikipédia também enfoca o socialista Eugene V. Debs em termos lisonjeiros; a única crítica é que ele "subestimou o poder duradouro do racismo". Pelo menos um blogueiro conservador acusa a Wikipédia de ser "mais progressista que a mídia progressista".[40]

Quando muito, o viés nos artigos da Wikipédia favorece o assunto tratado. "Os artigos tendem a ser nem lá nem cá", reconhecem eles em um de seus vários comentários de autocrítica. "As pessoas gostam de destacar qualquer coisa que seja excepcional em sua província natal, em sua cidadezinha, ou então um hobby bizarro que elas cultivem, sem perceber que sua província natal não tem absolutamente nada de especial, sua cidadezinha não é de modo algum tão especial assim ou que seu hobby bizarro é, na realidade, bizarro." Esse apego ao que é local pode às vezes criar conflitos em verbetes que não tenham esse espírito, como

---

[39] http://en.wikipedia.org/wiki/William_Quantrill (15 jul. 2005).

[40] http://en.wikipedia.org/wiki/Calvin_Coolidge (10 mar. 2006); http://en.wikipedia.org/wiki/Eugene_V._Debs (24 ago. 2005); No Oil for Pacifists, blog, June 17, 2005. Disponível em: http://nooilforpacifists.blogspot.com/2005/06/open-source-closed-minds.html.

o perfil de Olmsted, no qual um wikipediano de Louisville reclama na página de "Discussão" que a biografia superestima o trabalho de Olmsted em Buffalo e ignora seu trabalho em – surpresa! – Louisville.[41]

Além disso, pelo modo de composição coletivo da Wikipédia e sua repetida invocação da política NPOV, ela tende a evitar posições controversas a todo custo. Apesar do grande interesse popular por aspectos mais escabrosos da história, os editores da Wikipédia afastam-se de interpretações sensacionalistas (mas não de discutir controvérsias a respeito de tais interpretações). A biografia de Warren G. Harding faz uma advertência cautelosa a respeito de "insinuações" e "especulações" em torno de seus casos extraconjugais, além de expressar dúvidas sobre seu alegado caso com Nan Britton, e insiste em que não há "base científica ou legal" para os rumores do "sangue" mestiço de Harding. E, enquanto a história popular mostra interesse por teorias da conspiração,

---

[41] http://en.wikipedia.org/wiki/Wikipedia:Why_Wikipedia_is_not_so_great (25 jul. 2005); http://en.wikipedia.org/wiki/Talk:Frederick_Law_Olmsted (5 set. 2005). O caso extremo desse enviesamento particular é a edição de verbetes da Wikipedia feitas para lisonjear a si próprio. O antigo VJ da MTV Adam Curry editou anonimamente o artigo sobre *podcasting* para enfatizar a contribuição que ele mesmo havia dado ao desenvolvimento dessa prática. Similarmente, Jimmy Wales editou o verbete a seu respeito na Wikipedia para remover referências ao papel de Larry Sanger na cofundação da enciclopédia online e à presença de conteúdo de "pornografia" na Bomis Babes. As diretrizes da Wikipedia sobre "autobiografia" começam citando Wales: "É um passo em falso social escrever a respeito de si mesmo" (TERDIMAN, Daniel. Adam Curry Gets Podbusted. Media Blog, Nov. 2, 2005. Disponível em: http://news.com.com/2061-10802_3-5980758.html); http://www.cadenhead.org/workbench/news/2828 (28 dez. 2005); CADENHEAD, Rogers. Wikipedia Founder Looks Out for Number 1. *Workbench*, Dec. 19, 2005; http://en.wikipedia.org/wiki/Talk:Jimmy_Wales (28 dez. 2005); http://en.wikipedia.org/wiki/Wikipedia:Autobiography#If_Wikipedia_already_has_an_article_about_you (28 dez. 2005). Wales mais tarde contou a um repórter que se arrependera de ter feito as mudanças: "Teria sido melhor se não tivesse feito. Foi algo de mau gosto" (BLAKELY, Rhys. Wikipedia Founder Edits Himself. *Times Online*, Dec. 20, 2005. Disponível em: http://www.timesonline.co.uk/article/0,,1-1948005,00.html. Em janeiro de 2006 veio à tona que alguns membros de gabinetes de parlamentares estavam alterando a biografia de seus chefes para construir retratos mais lisonjeiros ou, por exemplo, para remover as menções ao líder da maioria na Câmara, o indiciado Tom DeLay. Ver http://en.wikinews.org/wiki/Congressional_staff_actions_prompt_Wikipedia_investigation (14 mar. 2006).

a Wikipédia parece tender mais a desbancá-las. Ela judiciosamente conclui que "não há nenhuma evidência" de que Roosevelt "sabia tudo sobre o planejado ataque a Pearl Harbor, e que nada fez para evitá-lo".[42]

De modo geral, a escrita é o calcanhar de Aquiles da Wikipédia. Comissões raramente escrevem bem, e os verbetes da Wikipédia muitas vezes têm aquele aspecto entrecortado que resulta de emendar frases ou parágrafos escritos por pessoas diferentes. Alguns wikipedianos contribuem com seus préstimos de editores e dão melhor acabamento à prosa de vários artigos. Mas parecem ser menos numerosos que os demais tipos de voluntários. Poucos escritores realmente talentosos contribuem com a Wikipédia. A *Encarta*, apesar de ser menos abrangente que a Wikipédia, em geral tem um texto melhor – principalmente, mais conciso.

Mesmo assim, são poucos aqueles que prefeririam a *Encarta* ou a *Encyclopedia Britannica* com base na qualidade de sua escrita. Como outras obras desse tipo, a Wikipédia utiliza a "voz enciclopédica", que, segundo Robert McHenry, ex-editor da *Encyclopedia Britannica*, é fruto de "um processo padronizado e de formas padronizadas, e [...] de uma equipe editorial permanente, cujos membros treinam seus sucessores naquilo que acaba constituindo uma aprendizagem". Também reflete a aversão geral das obras de referência a opiniões expressas de modo exaltado. Há mais de 40 anos, Charles Van Doren, que se tornou editor da *Encyclopedia Britannica* depois do fracasso de seu programa de perguntas e respostas, queixava-se de que "o tom das enciclopédias norte-americanas costuma ser fervorosamente desumano. Parece que o desejo de alguns colaboradores é escrever sobre instituições vivas como se fossem sapos em formol, estendidos sobre uma mesa de dissecação". Compare qualquer verbete de uma enciclopédia moderna com este a respeito de John Keats, escrito por Algernon Charles Swinburne, na nona edição (datada do final do

---

[42] http://en.wikipedia.org/wiki/Warren_G._Harding (4 jul. 2005); http://en.wikipedia.org/wiki/-Franklin_Delano_Roosevelt (3 jul. 2005). John Summers oferece uma defesa concisa do caso Warren G. Harding-Nan Britton em resposta a uma carta que defende a visão oposta (Robert H. Ferrell and Warren G. Harding III to Editor. *Journal of American History*, v. 88, p. 330-331, June 2001; John Summers to Editor. *Journal of American History*, v. 88, p. 331-332, June 2001).

século XIX) da *Encyclopedia Britannica*: "A 'Ode a um rouxinol', uma das obras-primas definitivas do trabalho humano de todos os tempos e para todas as eras, é imediatamente precedida em todas as edições que circulam hoje por uma versalhada das mais vulgares e enjoativas já choramingadas por um insípido e afeminado poetastro no seu mais enfadonho estágio de incipiência".[43]

Essa "parcialidade" de Swinburne seria uma transgressão não só ao NPOV da Wikipédia como também à preferência das modernas e convencionais enciclopédias por aquilo que McHenry chama de "a insipidez da mera informação". De fato, o NPOV mimetiza o "estilo enciclopédia" convencional. "Os usuários da Wikipédia", concluem dois cientistas sociais, "apropriam-se de normas e expectativas a respeito do que uma 'enciclopédia' deveria ser, o que abrange as normas de formalidade, neutralidade e consistência da cultura mais ampla". Como resultado, opinam eles, os verbetes da Wikipédia tornam-se com o tempo "em grande medida indistinguíveis estilisticamente daqueles da *Columbia Encyclopedia*, criados por especialistas".[44]

Em contrapartida, os verbetes mais mal escritos são os mais recentes e menos editados. Como a página "Respostas a Objeções Comuns" explica: "A Wikipédia contém uma boa dose de trabalho bem-intencionado, porém mal informado e amador. Na verdade, acolhemos isso – porque um artigo amador que pode ser melhorado mais tarde é melhor que nada".[45] Isso significa que você pode encontrar tanto um verbete bem aprimorado sobre Red Faber como um artigo incompleto sobre a história das mulheres. Os leitores menos sofisticados talvez não percebam a diferença.

---

[43] McHENRY, Robert. Whatever Happened to Encyclopedic Style?. *Chronicle of Higher Education*, Feb. 23, 2003. B13; Algernon Charles Swinburne citado em McHENRY. Whatever Happened to Encyclopedic Style?; Charles Van Doren citado em PINK. Book Stops Here.

[44] EMIGH, William; HERRING, Susan C. Collaborative Authoring on the Web: A Genre Analysis of Online Encyclopedias. *In: Proceedings of the 38th Hawaii International Conference on System Sciences*, 2005. Disponível em: http://csdl.computer.org/comp/proceed-ings/hicss/2005/2268/04/22680099a.pdf.

[45] http://en.wikipedia.org/wiki/Wikipedia:Replies_to_common_objections (23 jul. 2005).

Eles também podem não perceber quando um artigo foi vandalizado. Mas a vandalização revela-se menos comum do que se poderia imaginar em um sistema totalmente aberto. Ao longo de um período de dois anos, vândalos deturparam o verbete sobre Calvin Coolidge apenas 10 vezes – quase todas elas com obscenidades ou comentários juvenis que não teriam enganado nenhum visitante do site (a única exceção foi a mudança de sua data de nascimento para 1722, que também era improvável que confundisse alguém). O tempo médio para reparar o dano foi de três minutos.[46] Testes mais sistemáticos descobriram que o vandalismo em geral tem vida curta na Wikipédia. O blogueiro Alex Halavais, diretor da pós-graduação da escola de informática da Universidade de Buffalo, inseriu 13 pequenos erros em verbetes da Wikipédia – por exemplo, a afirmação de que o "conhecido abolicionista Frederick Douglass fez de Syracuse seu lar durante quatro anos". Para sua surpresa, wikipedianos atentos removeram todos os erros em duas horas e meia. Outros têm tido mais sucesso em introduzir sub-repticiamente alguns erros na enciclopédia, como ocorreu com uma história inventada sobre Chesapeake, Virginia, a qual descrevia a cidade como uma grande importadora de esterco de vaca até que "ela desabou sob o peso de um imenso monte", história que perdurou na Wikipédia por um mês.[47] Mas vândalos enfrentam

---

[46] Para um relato de que alguns estudos em escala maior encontraram taxas similares de correções de vandalismo, ver PINK. Book Stops Here.

[47] http://en.wikipedia.org/w/index.php?title=Syracuse,_New_York&diff= prev&oldid=5526247 (27 dez. 2005); ISCHIZUKA, Kathy. The Wikipedia Wars: School Librarian Sparks Fight over Free Online Resource. *School Library Journal*, v. 50, Nov. 2004, p. 24; Dispatches from the Frozen North, blog, Dec. 4, 2004. Disponível em: http://www.frozennorth.org/C2011481421/E652809545/; LONDON, Simon. Web of Words Challenges Traditional Encyclopedias. *Financial Times*, July 28, 2004, 18. Ver também The Now Economy, blog, Sept. 8, 2004. Disponível em: http://blog.commerce.net/archives/2004/09/decentralized_a. html. Um estudo sistemático descobriu que uma forma comum de vandalismo (deletar em massa) costuma ser reparada em dois minutos; ver VIEGAS, Fernanda B.; WATTENBERG, Marvin; DAVE, Kushal. Studying Cooperation and Conflict between Authors with History Flow Visualizations. *IBM Watson Center Technical Report*, #04-19, 2004. Disponível em: http://domino.research.ibm.com/cambridge/research.nsf/a1d792857da52f638525630f004e7ab8/53240210b04ea0e b85256f7300567f7e?OpenDocument.

contramedidas formidáveis que a Wikipédia foi desenvolvendo com o tempo, como uma "patrulha de mudanças recentes" que monitora constantemente as mudanças reportadas em uma página de "Mudanças Recentes", assim como as "listas pessoais de vigilância", que comunicam aos colaboradores quando um artigo de seu interesse foi alterado. Em média, cada artigo consta da lista de vigilância de duas contas, e alguns dos mantenedores dessas listas checam obsessivamente os artigos várias vezes por dia. Em termos mais gerais, o imenso volume das edições – quase 100 mil por dia – significa que os verbetes, pelo menos os mais populares, estão sob um escrutínio quase constante.[48]

Mesmo assim, como fica claro na controvérsia no outono de 2005 que envolveu um verbete sobre o jornalista John Seigenthaler, os controles e as contramedidas da Wikipédia são uma obra em andamento, e o vandalismo em verbetes que são lidos com rara frequência pode escapar do radar. Em maio de 2005, Brian Chase alterou o artigo sobre Seigenthaler para fazer uma "brincadeira" com um colega de trabalho na Rush Delivery, em Nashville, Tennessee, que era frequentada pelo falecido irmão de Seigenthaler. Essa alteração, de um humor muito questionável, sugeria que Seigenthaler, que trabalhara para Robert Kennedy, era tido como alguém "diretamente envolvido nos assassinatos dos Kennedy, tanto de John quanto de seu irmão, Bobby". Em setembro, Seigenthaler soube das difamantes acusações e queixou-se a Jimmy

---

[48] Um administrador observou: "Basicamente os custos de transação para curar a Wikipedia são menores que aqueles para danificá-la, por um período razoável de tempo. Sou um administrador e se vejo que um artigo foi vandalizado, são necessários no total cerca de 10 cliques para checar se esse editor vandalizou outros artigos e não fez contribuições positivas, bloquear seu endereço IP ou seu nome de usuário e desfazer todos os vandalismos dele. Exige mais cliques se eles editaram um monte de artigos rapidamente, mas eles precisaram gastar muito mais tempo inventando coisas estúpidas para colocar nos artigos, fazendo a edição, submetendo-a etc. Depois de serem bloqueados, têm de ser realmente muito persistentes para continuar voltando a fim de vandalizar. Alguns são, mas felizmente há ali muito mais gente para notá-los e reverter o vandalismo. É uma coisa bonita" (Taxman 415a, comentário sobre SANGER. The Early History of *Nupedia* and *Wikipedia*. Disponível em: http://features.slashdot.org/comments.pl?sid=146479&threshold=1&commentsort=0&mode=thread&cid=12276095 (21 mar. 2006). Sobre o número de edições por mês, ver http://en.wikipedia.org/wikistats/EN/Tables DatabaseEdits.htm (5 set. 2005).

Wales, que as removeu tanto da página ativa quanto do histórico da página. Mas, como Seigenthaler escreveu no *USA Today* no final de novembro, "a 'biografia' falsa e mal-intencionada" havia "constado sob [seu] nome por 132 dias". Além disso, alguns sites que replicam o conteúdo da Wikipédia, como o Answers.com e o Reference.com, mantiveram essas falsidades por mais três semanas. O episódio foi amplamente noticiado, com muitos críticos da Wikipédia apoiando a acusação de Seigenthaler de que a enciclopédia online "é uma ferramenta de pesquisa cheia de falhas e irresponsável", que está cheia de "vândalos voluntários com intelectos dotados de canetas venenosas".[49]

Os defensores da Wikipédia reclamaram, entre eles Paul Saffo, diretor do Institute for the Future, para quem Seigenthaler "claramente não entende a cultura da Wikipédia". Saffo e outros argumentaram que Seigenthaler "deveria simplesmente ter editado" as declarações falsas. Mas Seigenthaler ressaltou que as mentiras haviam ficado online vários meses antes que ele sequer soubesse delas, e que não queria ter nada a ver com aquele empreendimento falido. Uma defesa mais persuasiva, oferecida por outros, admitiu as falhas, mas ressaltou a relativa facilidade de corrigi-las. Afinal de contas, há muito tempo figuras públicas viam-se envolvidas em fofocas maliciosas, e é muito difícil rastrear sua origem e impedir que se disseminem. Mesmo quando isso aparece em publicações impressas, que estão sujeitas (ao contrário da Wikipédia) à regulamentação sobre crimes contra a honra, o único remédio é ir aos tribunais. No caso da Wikipédia, as declarações difamatórias a respeito de Seigenthaler haviam sido totalmente expurgadas. O professor Lawrence Lessig, da Escola de Direito de Stanford, argumentou que a difamação é um subproduto da liberdade de expressão e que, "embora a Wikipédia não esteja imune a esse tipo de atos maliciosos [...] eles são, em comparação com outros aspectos da vida, mais fáceis de corrigir". Como Wade

---

[49] Sobre o próprio resumo da Wikipedia e links para parte da cobertura principal, ver http://en.wikipedia.org/wiki/John_Seigenthaler_Sr._Wikipedia_biography_controversy (27 dez. 2005). A biografia revisada e corrigida pode ser consultada em http://en.wikipedia.org/wiki/John_Seigenthaler_Sr. (27 dez. 2005). Para o artigo de opinião original de Seigenthaler, consultar SEIGENTHALER, John. A False Wikipedia "Biography". *USA Today*, Nov. 29, 2005. Disponível em: http://www.usatoday.com/news/opinion/editorials/2005-11-29-wikipedia-edit_x.htm.

Roush, editor da *TechnologyReview.com*, escreveu em seu blog, "o modelo de edição comunitária nos dá um poder recém-descoberto de produzir infrações – mas também de revertê-las".[50]

De qualquer modo, o episódio erodiu a credibilidade da Wikipédia e levou a esforços para controlar os danos. Jimmy Wales anunciou que a Wikipédia agora iria exigir dos usuários que se registrassem antes de criar novos artigos. É claro que essa regra não teria impedido Brian Chase, pois o registro não é exigido quando se trata simplesmente de editar um verbete existente. Além disso, o registro pode na realidade levar a uma menor responsabilização; para se registrar, você não precisa indicar nem sequer um endereço de e-mail, ao passo que os usuários não registrados têm seu endereço de internet (Internet Protocol, IP) anotado, e foi esse endereço que possibilitou rastrear Chase. A Wikipédia, além disso, não tem nenhum mecanismo para garantir a precisão de um verbete na hora em que você acessa o site; um vândalo ou mesmo um acadêmico tentando testar o sistema podem ter simplesmente alterado o "fato" que você está buscando. Os wikipedianos têm discutido possíveis soluções para esse problema. Por exemplo, os visitantes poderiam ter a opção de ver apenas uma versão de um artigo já "patrulhada", isto é, checada quanto a eventuais vandalismos, ou os usuários poderiam escolher entre ver uma página "aprovada" ou uma "pendente" da aprovação de certo número de editores.[51]

A Wikipédia já oferece uma versão limitada desse tipo de escolha, ao permitir que você cheque o "histórico" da página. O software wiki permite que você compare cada versão individual de um artigo, recuando até sua criação. Numa crítica à Wikipédia que circulou am-

---

[50] KORNBLUM, Janet. It's Online, but Is It True?. *USA Today*, Dec. 6, 2005. Disponível em: http://www.usatoday.com/tech/news/techpolicy/2005-12-06 wikipedia-truth_x.htm; Lessig citado em SEELYE, Katharine Q. Rewriting History; Snared in the Web of a *Wikipedia* Liar. *The New York Times*, Dec. 4, 2005, Section 4, 1; ROUSH, Wade. Wikipedia: Teapot Tempest. TR Blogs, Dec. 7, 2005. Disponível em: http://www.technologyreview.com/Blogs/wtr_15974,292,p1.html. Outra mudança recente permite que alguns artigos fiquem "semiprotegidos" – ninguém pode fazer mudanças a não ser que esteja registrado há pelo menos quatro dias. Ver http://en.wikipedia.org/wiki/Wikipedia:Semi-protection_policy (14 mar. 2006).

[51] Ver comentários em Dispatches from the Frozen North, blog, Sept. 4, 2004.

plamente, o ex-editor da *Encyclopedia Britannica* McHenry observou que "o usuário que visita a Wikipédia [...] está quase na mesma posição de alguém que visita um banheiro público. Este pode estar visivelmente sujo, o que lhe indicará que precisa ter grande cuidado, ou pode parecer razoavelmente limpo, de modo que a pessoa seja iludida por uma falsa sensação de segurança. O que ele certamente não sabe é quem usou o banheiro antes". McHenry está certo quanto ao aspecto "público" da Wikipédia, mas por que não escolher uma analogia mais inspiradora, como uma escola pública ou um parque público? Além disso, ele se equivocou a respeito de não saber o que houve antes de você chegar. As páginas de "histórico" não apenas informam você sobre quem usou as instalações (pelo menos, fornecem seus nomes de usuário ou seus endereços IP), mas também indicam com precisão o que eles fizeram ali. De fato, o simples fato de resgatar a informação enterrada na página de "Histórico" e torná-la mais pública já iria melhorar a Wikipédia – por exemplo, a página do "Artigo" poderia dizer: "Este artigo foi editado 350 vezes desde sua criação, em 5 de maio de 2002, incluindo as 30 vezes em que foi editado nesta última semana". Poderia até acrescentar que "wikipedianos muito ativos" (aqueles com mais de 100 edições naquele mês) contribuíram com 52 por cento daquelas edições. Essa informação poderia ser gerada automaticamente, e isso daria ao leitor dicas adicionais sobre a qualidade daquele verbete. Outro aprimoramento possível seria sugerir que os leitores avaliassem por meio de uma nota a qualidade dos verbetes individuais da Wikipédia, abordagem usada por vários sites populares da internet, como o da Amazon.com (que convida os visitantes não só a fazerem uma resenha e darem nota aos livros, mas também a responderem a questão "Essa resenha foi útil para você?") e o Slashdot (que tem um complexo sistema de "moderação", que avalia por meio de uma nota a qualidade dos comentários postados). Durante a controvérsia de Seigenthaler, Wales anunciou que a Wikipédia em breve acrescentaria esse recurso.[52] Como Roush e Lessig e outros argumentaram durante o calor do episódio Seigenthaler, a falta de parâmetros mais estáveis da Wikipédia também tem um lado

---

[52] McHENRY. Faith-Based Encyclopedia; SEELYE. Rewriting History.

mais positivo – ela pode ser atualizada instantaneamente. Os wikipedianos gostam de destacar que, após o tsunami do Oceano Índico de 2004, acrescentaram verbetes relevantes em questão de horas, até mesmo animações, informação geológica, reportagens sobre os esforços internacionais de auxílio e mais uma série de links. Sem dúvida, a capacidade de capturar as notícias do dia desperta menor interesse em historiadores, mas a Wikipédia também tem capturado rapidamente as últimas "notícias" históricas. Você precisou esperar até a manhã de 1º de junho de 2005 para saber por meio do seu jornal local que W. Mark Felt havia sido desmascarado como o "Deep Throat", mas mesmo antes do noticiário da noite de 31 de maio você já podia ler a respeito disso no artigo da Wikipédia sobre o "escândalo Watergate". Assim como faz o jornalismo, a Wikipédia oferece um primeiro rascunho da história, mas, diversamente do esboço jornalístico, essa história está sujeita a uma contínua revisão. A facilidade de revisão da Wikipédia não só a torna mais atualizada que a enciclopédia tradicional, como também lhe confere (assim como à própria web) uma qualidade de autocura, já que os defeitos que são criticados podem ser rapidamente corrigidos, e os pontos de vista alternativos podem ser instantaneamente acrescentados. A crítica de McHenry, por exemplo, destacou os problemas no verbete sobre Alexander Hamilton. Dois dias depois, eles já estavam corrigidos.[53]

---

[53] PINK. Book Stops Here; http://en.wikipedia.org/w/index.php?title=Watergate_scandal&action=history (5 set. 2005). O nome de W. Mark Felt foi inserido às 17h18 do dia 31 de maio de 2005 (QUON, Wynn. The New Know-It-All: Wikipedia Overturned the Knowledge Aggregation Model by Challenging Contributors to Constantly Improve Its Entries. *Financial Post*, Feb. 26, 2005, acessado por meio da LexisNexis). Quando o *Wall Street Journal* notou que a Wikipedia estava reportando uma cifra desatualizada para o número de mortos na Guerra da Coreia, isso foi corrigido no mesmo dia (BIALIK, Carl. A Korean War Stat Lingers Long after It Was Corrected. *Wall Street Journal*, June 23, 2005. Disponível em: http://online.wsj.com/public/article/SB111937345541365397-C9Z_jEOnlmcAqpHtdvX4upR6r7A_20050723.html (14 mar. 2006); http://en.wikipedia.org/w/index.php?title=Korean_War&diff=15663363&oldid=15663246 (4 set. 2005).

Por que devemos nos preocupar? Implicações para os historiadores

Uma das razões pelas quais historiadores profissionais precisam prestar atenção à Wikipédia é porque nossos alunos estão fazendo isso. Um estudante que contribuía para uma discussão online sobre a Wikipédia observou que usava a enciclopédia online para estudar períodos históricos para uma prova sobre os primórdios do romantismo na Grã-Bretanha. Outros estudantes citam-na rotineiramente nas bibliografias de seus trabalhos acadêmicos. Não devemos ver isso com um alarmismo despropositado. A Wikipédia em geral descreve os fatos acertadamente (o estudante da cultura britânica reportou que a Wikipédia se mostrou tão precisa quanto a *Encyclopedia Britannica* e mais fácil de usar). E o pânico geral a respeito do uso de fontes da internet pelos alunos é exagerado. Você pode encontrar história ruim também na biblioteca, e, embora circule muita desinformação na internet, ela também ajuda a derrubar mitos e a corrigir informações erradas.[54]

Mesmo assim, a ubiquidade e a facilidade de uso da Wikipédia ainda colocam importantes desafios aos professores de História. A Wikipédia pode funcionar como um megafone, amplificando a sabedoria convencional (às vezes incorreta). Como explica a Wikinfo (um desdobramento ou filhote da Wikipédia): "Uma wiki com tantas centenas de milhares de páginas está fadada a registrar erradamente algumas coisas. O problema é que, como a Wikipédia se tornou a 'AOL'[55] do mundo das bibliotecas e das referências, essas falsas informações e definições incorretas de termos tornam-se incompetências multiplicadas, propagadas a milhões de leitores potenciais ao redor do mundo". Não é só a Wikipédia que propaga informações errôneas, mas também aqueles que se apropriam de seu conteúdo, algo que eles têm o direito de fazer, segundo o GFDL. O resultado é que, como

---

[54] Sobre a declaração do estudante, ver comentários em SANGER. The Early History of *Nupedia* and *Wikipedia*.

[55] A AOL (American Online), pioneira no ramo da internet, era, nos anos 1990 e no início dos 2000, o principal provedor de acesso à internet. (N.E.)

observou o blogueiro John Morse, "quando você faz uma busca no Google por algum termo obscuro a respeito do qual a Wikipédia tem alguma informação, você pode obter duas dezenas de resultados que dizem todos eles a mesma coisa – e que aparentemente são fidedignos, até você compreender que todos partem de um instantâneo da Wiki – um instantâneo que de repente ficou separado do contexto de editabilidade e pode dar a impressão de que merece maior crédito do que realmente merece". O site Answers.com, que promete prover "respostas rápidas e equilibradas", apoia-se fortemente na Wikipédia para dar suas respostas. E o Google, que já coloca os resultados da Wikipédia em altas posições no seu ranking, agora remete as pessoas que procuram "definições" para o Answers.com. Você consegue ouvir o som de uma mão batendo palmas?[56]

Por sua vez, a facilidade de uso da Wikipédia e sua tendência a aparecer no topo do ranking do Google reforçam a tendência dos alunos de pegarem a primeira fonte que encontram, em vez de avaliarem múltiplas fontes de informação. Os professores têm pouco mais a temer por seus alunos começarem pela Wikipédia que por começarem pela maioria das outras fontes básicas de referência. Eles têm de se preocupar é quando os alunos *param* aí. Ressaltando o óbvio, a Wikipédia é uma enciclopédia, e as enciclopédias têm limites intrínsecos. A maioria dos acadêmicos não se apoia fortemente em enciclopédias desde seus dias no ensino médio. E a maioria não quer ver seus alunos apoiando-se fortemente em enciclopédias – digitais ou impressas, livros ou por assinatura, escritas por profissionais ou amadoras e colaborativas – para a realização de seus trabalhos acadêmicos. Uma colaboradora da Wikipédia observou que, apesar de ter "profunda apreciação por ela", ainda "revira os olhos toda vez que seus alunos apresentam dissertações com alguma citação da

---

[56] CRITICAL Views of Wikipedia. Wikinfo (um desdobramento da Wikipédia). Disponível em: http://www.wikinfo.org/wiki.php?title=Critical_views_of_Wikipedia (23 jul. 2005); comentário de John Morse sobre blog de Clay Shirkey, "K5 Article on Wikipedia Anti-elitism", em Many 2 Many, Jan. 5, 2005. Disponível em: http://www.corante.com/many/archives/2005/01/03/k5_article_on_Wikipedia _antielitism.php. Ver também MORSE, John. Dystopia Box, blog. Disponível em: http://dysto-piabox.blogspot.com; http://www.answers.com/main/ir/about_company.jsp.

Wikipédia". "Qualquer enciclopédia, seja de que tipo for", escreveu outro observador, "é um lugar horrível para extrair toda a história referente a qualquer assunto". Enciclopédias "dão a você a primeira linha"; elas são "a *Seleções do Reader's Digest* do conhecimento profundo". Cinquenta anos atrás, a enciclopédia da família oferecia aquela "primeira noção, curta e grossa, sobre algum nome ou assunto"; agora esse papel está sendo desempenhado pela internet, e cada vez mais pela Wikipédia.[57]

Mas será que devemos culpar a Wikipédia pelo apetite por informação pré-digerida e pré-preparada ou pela tendência a acreditar que tudo aquilo que você lê é verdade? Esse problema já existia antes, nos dias da enciclopédia da família. E uma solução-chave continua sendo a mesma: passar mais tempo mostrando as limitações de todas as fontes de informação, a Wikipédia incluída, e enfatizando as habilidades de análise crítica das fontes primárias e secundárias.

Outra solução é emular o grande triunfo democrático da Wikipédia – sua demonstração de que as pessoas estão desejosas de recursos de informação livres e acessíveis. Se os historiadores acreditam que o que está disponível gratuitamente na web é de baixa qualidade, então temos a responsabilidade de tornar disponíveis online fontes de informação melhores. Por que tantas das nossas revistas acadêmicas estão trancadas atrás de portais de assinatura? O que dizer da *American National Biography Online* – escrita por historiadores profissionais, com patrocínio de sociedades acadêmicas e apoio de milhões de dólares em subvenções de fundações e do governo? Por que ela só está disponível a bibliotecas, que com frequência pagam milhares de dólares por ano, em vez de se abrir a todos na web, como a Wikipédia? Será que os historiadores profissionais não deveriam se juntar à massiva democratização do acesso ao conhecimento, refletida pela Wikipédia e pela web em geral?[58]

---

[57] LAWLEY, Liz. Many 2 Many, Jan. 4, 2005. Disponível em: http://www.corante.com/many/ar-chives/2005/01/04/academia_and_wikipedia.php; comentário de Patrick McLean sobre o blog de Shirkey, 4 jan. 2004. Disponível em: http://www.corante.com/many/archives/2005/01/03/k5_article_on_Wikipedia_antielitism.php; comentário de Oedipa sobre Lawley, 5 jan. 2005. Ver também ISCHIZUKA. Wikipedia Wars.

[58] A *American National Biography Online* oferece assinaturas individuais a 89 dólares por ano; os preços para instituições variam de 495 dólares a 14mil dólares por ano,

A *American National Biography Online* pode ser um recurso histórico significativamente melhor que a Wikipédia, mas seu impacto é muito menor, porque ela está disponível a pouquíssimas pessoas.

Contar com um público limitado para os recursos históricos baseados em assinatura, como a *American National Biography Online*, torna-se um problema ainda maior quando saímos das fronteiras dos Estados Unidos, e especialmente em partes mais pobres do mundo, onde essas taxas de assinatura representam grandes problemas mesmo para as bibliotecas. Além disso, em alguns desses lugares, onde a censura a livros e outros recursos sobre história é comum, o fato de a liberdade da Wikipédia significar ao mesmo tempo "cerveja grátis" e "liberdade de expressão" tem implicações profundas, porque permite a circulação de vozes e narrativas históricas alternativas. Alguns governos repressivos têm reagido restringindo o acesso à Wikipédia. A China, por exemplo, atualmente impede que seus cidadãos leiam as versões inglesa ou chinesa da Wikipédia. E talvez não seja coincidência que o primeiro bloqueio da Wikipédia na China tenha se iniciado no décimo quinto aniversário dos protestos da Praça Tiananmen.[59]

Historiadores profissionais têm coisas a aprender não só com o modelo de distribuição aberto e democrático da Wikipédia, mas também com seu modelo de produção aberto e democrático. Embora a Wikipédia, como produto, seja problemática como única fonte de informação, o processo de criação da Wikipédia estimula a valorização justamente das habilidades que os historiadores tentam ensinar. Apesar do modo não convencional da Wikipédia de produzir e distribuir

---

dependendo do porte. Sobre livre acesso à produção acadêmica, ver WILLINSKY, John. *The Access Principle: The Case for Open Access to Research and Scholarship*. Cambridge, Mass., 2005.

[59] http://en.wikipedia.org/wiki/Blocking_of_Wikipedia_in_mainland_China (17 mar. 2006). Embora os chineses tenham um sistema altamente sofisticado de filtragem da internet, ele está longe de ser impermeável. Uma economia clandestina de servidores *proxy*, uma série de tecnologias que permitem driblar esses filtros e redes anônimas de comunicações pela internet colocam desafios significativos ao que acabou ficando conhecido como o "grande *firewall* da China" [trocadilho com "*wall*" (muralha) e "*firewall*" (algo como "corta-fogo", dispositivo de segurança de uma rede de computadores). (N.E.)].

conhecimento, sua abordagem epistemológica – exemplificada pela política NPOV – é altamente convencional, até mesmo antiquada. Os documentos sobre orientações gerais e recomendações que a Wikipédia oferece aos seus editores soam muito parecidos com os manuais-padrão oferecidos em aulas sobre métodos de história nas faculdades. Os editores são instruídos, por exemplo, a "citar a fonte" e a checar seus fatos, e são lembrados de que a "verificabilidade" é uma "política oficial" da Wikipédia. Um artigo dirigido àqueles que escrevem textos de história para a Wikipédia explica (à maneira de um professor de um curso introdutório de história) a diferença entre fontes primárias e secundárias, e sugere também, de maneira muito útil, que "o padrão correto de material para gerar verbetes de enciclopédia a respeito de assuntos históricos consiste em: 1. Artigos de uma publicação sobre história revisados por pares; 2. Monografias escritas por historiadores (com títulos de graduação, mestrado ou doutorado); 3. Fontes primárias".[60]

Aquelas que participam do processo de edição também costumam aprender uma lição mais complexa a respeito da escrita da história – ou seja, que os "fatos" do passado e a maneira como esses fatos são arranjados e relatados costumam ser muito contestados. Um documento sobre linhas gerais da Wikipédia reporta, com um ar de descoberta: "Embora pareça não haver lógica em se preocupar com um artigo da Wikipédia, o fato é que as pessoas discutem acirradamente o tempo inteiro sobre história e sobre a maneira como é escrita". E essas escaramuças irrompem por toda a Wikipédia. Cada artigo contém uma página de "Discussão" agregada, e nessas páginas os editores se envolvem – muitas vezes se engalfinham – no que só podemos chamar de debate historiográfico. Woodrow Wilson era racista? O New Deal resolveu os problemas da Grande Depressão? Às vezes os debates são sobre questões relativamente restritas (por exemplo, o papel de William Jennings Bryan na aprovação da Lei Butler, que proibiu o ensino da teoria evolucionista no Tennessee),

---

[60] http://en.wikipedia.org/wiki/Verifiability (26 jul. 2005); http://en.wikipedia.org/wiki/Wikipedia:WikiProject_History (31 jul. 2005).

o que abre para questões mais amplas (por exemplo, as fontes do sentimento antievolucionista na década de 1920).[61]

A Wikipédia desenvolveu até mesmo sua própria forma de revisão por pares em seus debates sobre a concessão ou não a um artigo do status de "artigo em destaque". Aqueles que aspiram ter esse status em seus artigos – conferido aos melhores 1 por cento, conforme julgados por critérios como completude, precisão factual e boa escrita – são orientados a solicitar "revisão por pares", a fim de "expor os artigos a um exame mais detido".[62] Então, alguns debates públicos adicionais decidem se os wikipedianos concordam em conceder esse status de "artigo em destaque".

Ou seja, aqueles que criam artigos na Wikipédia e debatem seu conteúdo envolvem-se em um processo impressionantemente intenso e amplo de autoeducação democrática. A Wikipédia, observa um de seus ativistas, "ensina tanto os colaboradores quanto os leitores. Ao empoderar os colaboradores para que informem os demais, confere-lhes incentivo para aprender como fazer isso de modo eficaz, e como escrever bem e com neutralidade". O classicista James O'Donnell tem argumentado que o benefício da Wikipédia pode ser maior para seus participantes ativos do que para seus leitores: "Uma comunidade que encontra uma maneira de falar desse modo está criando educação e discurso online num nível mais elevado".[63]

Meus colegas no Center for History and New Media entrevistaram pessoas que colaboram regularmente com artigos sobre história na Wikipédia, e em muitas delas transparece uma paixão pela autoeducação. Um colaborador canadense, James Willys Rosenzweig (sem parentesco comigo), observou que seu "envolvimento na Wikipédia [é] algo natural", porque "estou interessado em uma ampla variedade de assuntos,

---

[61] http://en.wikipedia.org/wiki/Wikipedia:Abundance_and_redundancy (30 ago. 2005); http://en.wikipedia.org/wiki/Talk:Scopes_Trial (6 set. 2005).

[62] http://en.wikipedia.org/wiki/Wikipedia:What_is_a_featured_article (1º set. 2005); http://en.wikipedia.org/wiki/Wikipedia:Peer_review (1º set. 2005).

[63] Entrevista por e-mail realizada por Joan Fragaszy, 22 jun. 2005 (Center for History and New Media); MYERS, Peter. Fact-Driven? Collegial? This Site Wants You. *The New York Times*, Sept. 20, 2001. G2.

e leio por prazer em quantas áreas me for possível". APWoolrich, um colaborador britânico que abandonou a escola aos 16 anos e se tornou um dedicado arqueólogo industrial autodidata, responde à questão "Por que gosto disso?" com "É muito melhor que a TV em qualquer dia da semana, na minha opinião!".[64]

Mas APWoolrich entusiasma-se não só em contribuir com a educação dos outros, como também com a própria. A Wikipédia, contou-nos, "está em sintonia com minha filosofia pessoal de compartilhar conhecimento, e me permite criar um vínculo com o resto da humanidade". Ele acredita que temos o "dever" de compartilhar conhecimento "sem visar recompensa". "A Wikipédia é o conceito da 'Faculdade Invisível' revivido para o século XXI." Um aluno de ensino médio cego teve um ponto de referência diferente. "É quase como um jogo de computador, mas na realidade é útil, porque ajuda alguém em algum lugar do mundo a obter informação que não é atravancada por tranqueiras", contou-nos. "Penso em mim como um professor", disse Einar Kvaran, um não credenciado "historiador da arte, sem portfólio", que passa cerca de seis horas por dia escrevendo artigos sobre arte e escultura norte-americana. Assim como fazem os blogueiros e desenvolvedores amadores de sites da web, os colaboradores da Wikipédia apreciam a oportunidade de tornar seu trabalho público e de contribuir para construir o espaço público da web.[65]

Será que aqueles que ganham a vida escrevendo sobre história deveriam se juntar e esses fazedores de história populares e escrever também para a Wikipédia? Minha resposta em princípio é sim.[66] Se a

---

[64] ROSENZWEIG, James W. Entrevista por e-mail realizada por Fragaszy, 27 maio 2005 (Center for History and New Media); APWoolrich (nome de usuário na Wikipedia) entrevistado via e-mail por Fragaszy, 27 maio 2005 (Center for History and New Media).

[65] APWoolrich, entrevista; Academic Challenger (nome de usuário na Wikipedia), entrevistado via e-mail por Fragaszy, 6-26 maio 2005 (Center for History and New Media); PINK. Book Stops Here.

[66] Eu, no entanto, decidi evitar editar verbetes da Wikipedia, deixando para fazê-lo apenas depois de publicar este artigo. Algumas das hesitações a respeito de participar da Wikipedia que têm sido demonstradas por historiadores profissionais são capturadas no comentário de Richard Jensen: "Tudo bem, eu confesso, escrevo para a Wikipédia". Embora (como uma leitura das listas de discussão da H-Net deixa

Wikipédia está se tornando a enciclopédia da família do século XXI, os historiadores provavelmente têm obrigação profissional de torná-la tão boa quanto possível. E se dedicassem apenas um dia para melhorar os verbetes em sua área de especialização, isso não só significaria uma elevação da qualidade da Wikipédia, como também iria aumentar o letramento histórico da população em geral. Os historiadores poderiam igualmente ter um papel participando do processo populista de revisão por pares que certifica as contribuições como "artigos em destaque".

Mesmo assim, minha visão é contrabalançada pelo reconhecimento de que o encontro entre historiadores profissionais e amadores wikipedianos tem a probabilidade de ser espinhoso às vezes. Isso parece que foi particularmente verdadeiro nos primeiros dias da Wikipédia. Larry Sanger reportou que alguns dos primeiros colaboradores eram "acadêmicos e outras pessoas altamente qualificadas" – entre elas dois historiadores com doutorado – que "aos poucos foram se cansando e se afastando por terem de lidar com pessoas difíceis no projeto". "Sinto que minha integridade tem sido questionada", escreveu o historiador J. Hoffmann Kemp ao se afastar, em agosto de 2002. "Estou cansado demais disso para continuar brincando."[67]

Mesmo Jimmy Wales, que tem sido mais tolerante com "pessoas difíceis" do que Sanger, queixou-se de "uma triste tendência a desrespeitar a história como disciplina profissional". Ele viu tal tendência refletida em verbetes sobre história que sintetizavam "trabalhos de uma maneira fora do padrão" e "produziam narrativas e interpretações históricas novas com citação a fontes primárias para apoiar sua interpretação dos eventos". Ele observou que "algumas pessoas, que compreendem muito bem por que a Wikipédia não deveria criar novas teorias de física

---

claro) muitos historiadores profissionais continuem céticos em relação à Wikipedia, tem havido um crescente interesse, e um número cada vez maior de historiadores começou a participar diretamente a partir de meados de 2005 (JENSEN, Richard. Wikipedia and the gape. Online posting, h-shgape, Dec. 9, 2005. Disponível em: http://www.h-net.org/~shgape/).

[67] SANGER. The Early History of *Nupedia* and *Wikipedia*; http://en.wikipedia.org/wiki/User:JHK (1º set. 2005). Alguns cientistas que têm editado verbetes da Wikipedia sobre temas controversos como o aquecimento global acabaram se envolvendo em grandes batalhas. Ver GILES. Internet Encyclopaedias Go Head to Head.

a partir de citações dos resultados de experimentos e de coisas desse tipo para sintetizá-los em algo novo, talvez não estivessem conseguindo enxergar que isso também se aplica à história".[68]

Mas o outro lado do respeito de Wales pela disciplina de história, como expresso na exclusão de pesquisa original (e de interpretações originais), é que ele aparentemente limita visivelmente o papel dos historiadores profissionais na Wikipédia. A política de "não aceitar pesquisa original" significa que você não pode apresentar uma interpretação inteiramente nova sobre Warren Harding com base em fontes recém-descobertas. Com isso, embora a Wikipédia formalmente "dê boas-vindas a especialistas e acadêmicos", ela também adverte que "tais especialistas não ocupam nenhuma posição privilegiada na Wikipédia. Devem se referir a si mesmos e às suas publicações na terceira pessoa e escrever a partir de um ponto de vista neutro (NPOV). Devem também citar publicações e não podem usar seus conhecimentos não publicados como fonte de informação (o que seria impossível de verificar)".[69]

Mesmo uma comparação focada na proibição de pesquisas originais igualmente subestima as diferenças entre profissionais e amadores. Em primeiro lugar, a *expertise* histórica não reside primariamente na posse de algum conjunto obscuro de fatos. Ela se apoia mais frequentemente na profunda familiaridade com uma ampla variedade de narrativas já publicadas e na capacidade de sintetizar essas narrativas (e fatos) de modo coerente. É bem mais fácil elaborar uma política sobre "verificabilidade" ou mesmo "neutralidade" do que a respeito de "significado histórico". Historiadores profissionais podem achar um relato preciso e razoável, mas trivial; é isso que alguns veem como a diferença entre história e antiquariato. Assim, o conflito entre profissionais e amadores não é

---

[68] Wales citado em http://en.wikipedia.org/wiki/No_original_research (5 jul. 2005).

[69] http://en.wikipedia.org/wiki/No_original_research (5 jul. 2005). A proibição de "pesquisa original" cria alguma tensão com a sugestão de que "fontes primárias" sejam usadas em artigos de história. Presume-se que os wikipedianos apoiariam o uso de fontes primárias para verificar algum fato particular, mas não para construir uma nova interpretação. Portanto, você pode usar uma fonte primária para verificar que Franklin D. Roosevelt afirmou "uma data que viverá na infâmia", em vez de "um dia que viverá na infâmia", mas não para decidir se ele já tinha conhecimento antecipado do ataque a Pearl Harbor.

necessariamente uma disputa simples sobre se as pessoas estão fazendo boa ou má história, mas sim um conflito mais complexo (e mais interessante) a respeito do tipo de história que está sendo feito. Comparar a Wikipédia gratuita com a *American National Biography Online*, de produção cara e trabalhosa, erige o conhecimento histórico-acadêmico profissional à condição de um padrão trans-histórico e transcultural de escrita da história, quando sabemos que há várias maneiras de escrever e de falar sobre o passado. O que é particularmente interessante e revelador a respeito da Wikipédia é que ela reflete o que poderíamos chamar de uma "poética da história popular", que segue regras diferentes da produção acadêmica convencional.[70]

Uma diferença perceptível é o apego a detalhes surpreendentes, divertidos ou curiosos – algo que a Wikipédia compartilha com outras formas de escrita popular da história, como os artigos da revista *American Heritage*. Basta examinar alguns detalhes que os wikipedianos fazem constar em sua biografia de Lincoln e que não entram no perfil de McPherson: o fato de Lincoln ter a mesma data de aniversário de Charles Darwin; seu apelido (Rail Splitter[71] é mencionado duas vezes); seu decreto que tornou o Dia de Ação de Graças feriado nacional; e o fim de sua linhagem de sangue com a morte de Robert Beckwith, em 1985. Não surpreende que a Wikipédia dedique cinco vezes mais espaço ao assassinato de Lincoln do que o perfil mais longo dele na *American National Biography Online*.[72] A mesma predileção por detalhes singulares marca outros retratos. Ficamos sabendo, por exemplo, na biografia de Harding, que o socialista Norman Thomas, quando garoto,

---

[70] Tomei a ideia de uma "poética" da história emprestada de DENING, Greg. *History's Anthropology: The Death of William Gooch*. Lanham, Md., 1988, 2.

[71] Rail Splitter foi o apelido dado a Lincoln na campanha da convenção de 1860 para a escolha do candidato à presidência. *Split rails* é o trabalho braçal de rachar troncos para construir cercas ou dormentes de trilhos de ferrovias. Um *rail-splitter* seria um trabalhador incansável, um pioneiro abridor de frentes. (N.T.)

[72] ROSENZWEIG, Roy. Marketing the Past: *American Heritage* and Popular History in the United States, 1954-1984. *In*: BENSON, Susan Porter; BRIER, Stephen; ROSENZWEIG, Roy (ed.). *Presenting the Past*. Philadelphia, 1986; http://en.wikipedia.org/wiki/Abraham_Lincoln (23 out. 2005); McPHERSON. Lincoln, Abraham.

era um jornaleiro de rua do *Marion Daily Star* (do qual Harding foi dono), e que Harding alcançou o sublime grau de Mestre Maçom, e também que Al Jolson e Mary Pickford vieram a Marion, Ohio, para situações armadas para a realização de fotos durante a campanha de 1920. A biografia dedica dois parágrafos à especulação de que Harding teria "sangue negro" e cinco parágrafos aos seus casos extraconjugais. Enquanto isso, tópicos centrais – políticas doméstica e externa, a Lei Sheppard-Towner de Maternidade e Infância, de 1921, as restrições à imigração e os tratados navais – são ignorados ou tratados meio às pressas. Aprendemos igualmente que Woodrow Wilson pertenceu à fraternidade Phi Kappa Psi e que escreveu suas iniciais na parte de baixo da sua mesa no departamento de História da Universidade Johns Hopkins, mas não há nada sobre sua atividade como advogado ou seu desenvolvimento intelectual na Universidade de Princeton.[73]

A visão da história da Wikipédia é não apenas mais anedótica e colorida do que a história profissional, é também – de novo, como boa parte da história popular – mais factualista. Isso se reflete na incessante discussão a respeito da NPOV, mas pode ser visto também na obsessão pela elaboração de listas. O perfil de Roosevelt conduz você não só por uma listagem de presidentes, mas também por um elenco de todos os secretários do Interior, de cada presidente do Democratic National Committee, de cada evento-chave ocorrido em 12 de abril (quando Roosevelt morreu) e de cada nascimento importante em 1882 (ano em que ele nasceu). Da perspectiva dos historiadores profissionais, o problema da história wikipediana não é que ela não leve em conta os fatos, mas que os eleva acima de tudo mais e gasta tempo e energia demais (ao estilo de muitos colecionadores) em organizar esses fatos em categorias e listas.

Finalmente, a história wikipediana é presentista e de maneira um pouco diferente daquela da história profissional – na qual, por exemplo, uma guinada conservadora no regime nos leva a reavaliar o conservadorismo no passado. Em vez disso, os verbetes da Wikipédia costumam focar em tópicos que tenham desencadeado uma recente controvérsia pública, não simplesmente profissional. O tema da sexualidade

---

[73] http://en.wikipedia.org/wiki/Warren_G._Harding (4 jul. 2005); http://en.wikipedia.org/wiki/Woodrow_Wilson (5 jul.2005).

e Lincoln – não mencionado por McPherson – ocupou tanto espaço da biografia da Wikipédia que em dezembro de 2004 foi criado um verbete à parte, com 1.160 palavras, tratando do então recente e controverso livro de C. A. Tripp, *The Intimate World of Abraham Lincoln* [O mundo íntimo de Abraham Lincoln]. O verbete sobre a Guerra Hispano-Americana examina com consideráveis detalhes se o *Maine* foi afundado por uma mina (um assunto que estava na mídia em razão de um estudo de 1998 da *National Geographic*), mas não dá qualquer atenção aos importantes argumentos (para historiadores profissionais) expostos no livro de Kristin L. Hoganson, naquele mesmo ano, de que foi a "política de gênero" que provocou a guerra.[74]

O fato de ser um artigo recente da *National Geographic*, e não um livro recente da Yale University Press, o que molda um verbete da Wikipédia mostra que os historiadores da Wikipédia operam em um mundo diferente em relação aos historiadores empregados em universidades. Embora a Wikipédia estimule seus autores a "citar a fonte", o cumprimento dessa política funciona sobretudo como a exceção que comprova a regra – diversamente do que se dá nas revistas acadêmicas de história, nas quais os autores e editores valorizam obsessivamente as citações, sempre feitas na íntegra. Além disso, a bibliografia dos verbetes da Wikipédia costuma ser incompleta ou desatualizada – um pecado capital na história profissional. Os wikipedianos, porém, têm consciência de que há uma comunidade mais ampla de "historiadores"; a questão é que, para eles, a comunidade mais importante é a dos autores de outros verbetes para a Wikipédia. E cada artigo inclui literalmente dezenas de referências cruzadas (links) a outros artigos da Wikipédia.

Um relato sobre a vida de Lincoln que põe foco em sua sexualidade e se demora em sua data de nascimento, nos apelidos e no seu assassinato não está "errado", mas não é o tipo de relato breve que um

---

[74] http://en.wikipedia.org/wiki/The_Intimate_World_of_Abraham_Lincoln (28 ago. 2005); TRIPP, C. A. *The Intimate World of Abraham Lincoln*. New York, 2005; http://en.wikipedia.org/wiki/Spanish-American_War (12 abr. 2005); http://www.s-t.com/daily/02–98/02–15–98/a02wn012.htm; HOGANSON, Kristin L. *Fighting for American Manhood: How Gender Politics Provoked the Spanish-American and Philippine-American Wars*. New Haven, 1998.

historiador profissional como McPherson escreveria. Historiadores profissionais que entram no terreno da Wikipédia terão facilidade em corrigir o ano em que a Suprema Corte invalidou a Lei de Recuperação da Indústria Nacional, mas terão dificuldade para eliminar os apelidos de Lincoln. Os wikipedianos concordariam com historiadores profissionais em relação à decisão da Suprema Corte ter acontecido em um dia particular, mas poderiam discordar de que os apelidos de Lincoln fossem "desimportantes" ou "desinteressantes". E esses historiadores terão de decidir o quanto de sua "autoridade" disciplinar estão preparados a "compartilhar" nesse novo espaço público.[75]

Embora possa ser perturbador transformar em nossos colaboradores as pessoas que geralmente vemos como nosso público, isso pode também ser instrutivo. Um aluno de doutorado em História em uma instituição da prestigiosa Ivy League, e que contribuiu ativamente para a Wikipédia, explicou: "Eu a utilizo basicamente para praticar escrita para um público não acadêmico, e como uma maneira de solidificar minha compreensão de assuntos (nada ajuda tanto alguém a lembrar das coisas do que reescrevê-las)". Ele acrescentou: "Encaro minhas contribuições à Wikipédia como informais e relativamente anônimas, e adoto uma atitude muito mais casual do que a que caberia em um ambiente profissional (ou seja, eu muitas vezes digo às pessoas que elas não sabem do que estão falando)".[76] Se a Wikipédia nos ensinar (e aos nossos alunos) a falar mais claramente ao público e a dizer com maior clareza o que está na nossa mente, isso terá um impacto positivo na cultura acadêmica.

Mas uma questão mais ampla sobre a cultura acadêmica é se os métodos e as abordagens que têm se mostrado tão bem-sucedidos na Wikipédia podem também afetar a maneira como o trabalho acadêmico é produzido, compartilhado e debatido. A Wikipédia concretiza uma visão otimista de comunidade e colaboração, que já embasa o melhor do empreendimento acadêmico. O sociólogo Robert K. Merton falou sobre "o comunismo do *ethos* científico" e sobre a partilha comunal como

---

[75] Sobre "autoridade compartilhada", ver FRISCH, Michael. *A Shared Authority: Essays on the Craft and Meaning of Oral and Public History*. Albany, 1990.

[76] Entrevista por e-mail com anônimo, realizada por Fragaszy, 3 jun. 2005 (Center for History and New Media).

uma ideia que alguns historiadores defendem e que muitas de nossas práticas refletem, embora também prosperem modos alternativos, mais individualistas e competitivos.[77]

Será que o jeito wiki pode fomentar a criação colaborativa de conhecimento histórico? Uma abordagem promissora se beneficiaria do trabalho voluntário de amadores e entusiastas para fazer avançar a compreensão histórica. Certamente os historiadores têm se beneficiado do trabalho de amadores e voluntários. Pense nas gerações de historiadores locais que têm coletado, preservado e organizado documentos históricos que depois são garimpados por historiadores profissionais. Mas a nova tecnologia da internet abre a possibilidade de esforços bem mais massivos, apoiados no que o acadêmico de Direito Yochai Benkler tem chamado de "produção colaborativa baseada em recursos comuns".[78] A "característica central" de uma produção nesses moldes, escreveu Benkler, "é que grupos de indivíduos colaboram de modo bem-sucedido em projetos de larga escala a partir de um conjunto diverso de impulsos motivacionais e sinais sociais, em lugar de preços de mercado ou de ordens administrativas". "Redes ubíquas de comunicações por computador", argumentou ele, trouxeram "uma dramática mudança de escopo, escala e eficácia para a produção por pares".[79] O mais destacado exemplo recente dessa produção por pares não baseada no mercado é o software livre de código aberto. A internet atualmente deixaria de funcionar direito ou pararia de vez se não fossem esses recursos livres e de código aberto, como o sistema operacional Linux, o software Apache de servidores web, o banco de dados MySQL e a linguagem de programação PHP.

No entanto, como Benkler mostrou, a produção de informação por pares é mais ampla do que no software livre, e Benkler dá a Wikipédia como exemplo notável. Outro exemplo – esse talvez mais relevante para historiadores profissionais – é o projeto Ames Clickworkers, da Administração

---

[77] MERTON, Robert K. The Normative Structure of Science, 1942. In: *The Sociology of Science: Theoretical and Empirical Investigations*. Chicago, 1973. p. 275.

[78] Ver https://bit.ly/3LtXKg6 e https://bit.ly/38xlQI6. Acesso em: 28 abr. 2022. (N.E.)

[79] BENKLER, Yochai. Coase's Penguin; or, Linux and the Nature of the Firm. *Yale Law Journal*, v. 112, Dec. 2002. Disponível em: http://www.benkler.org/CoasesPenguin.html.

Nacional de Aeronáutica e Espaço [National Aeronautics and Space Administration, NASA], que convida voluntários a "marcar crateras nos mapas de Marte, classificar crateras que já tenham sido marcadas ou procurar na paisagem de Marte terrenos 'favo de mel'". Em seis meses, mais de 85 mil pessoas visitaram o site e fizeram quase 2 milhões de contribuições. Uma análise das marcas descobriu que "o consenso computado automaticamente a partir das ações de um grande número de *clickworkers*[80] é praticamente indistinguível das contribuições de um geólogo com anos de experiência na identificação de crateras em Marte".[81]

Talvez o equivalente mais próximo dos *clickworkers* da NASA sejam as legiões de genealogistas voluntários que vêm digitalizando milhares de documentos. É o caso dos voluntários reunidos pela Igreja de Jesus Cristo dos Santos dos Últimos Dias, que digitalizaram os registros de 55 milhões de pessoas listadas no Censo de 1880 dos Estados Unidos e no Censo canadense de 1881, disponibilizando-os gratuitamente para o FamilySearch Internet Genealogy Service, dessa igreja. Outro esforço voluntário, o Project Gutenberg, criou um repositório online de 15 mil textos digitalizados de livros de domínio público. Softwares de OCR [sigla inglesa para "reconhecimento óptico de caracteres"] podem digitalizar automaticamente obras impressas, de forma relativamente barata, mas em geral têm uma precisão de apenas 95 a 99 por cento. Obter um texto totalmente limpo é mais caro. Entram em cena os "revisores distribuídos" – um método de revisão colaborativo baseado na web que divide um trabalho em páginas individuais para permitir que vários revisores trabalhem no mesmo livro simultaneamente. Cerca de metade dos livros do Project Gutenberg são fruto dessa produção colaborativa baseada em recursos comuns.[82]

---

[80] *Clickworkers* é o nome que esse experimento da NASA dá aos voluntários leigos que identificam por meio de cliques e classificam crateras de Marte pela internet, a partir de um banco de dados de imagens fornecido pelo Programa Viking. (N.T.)

[81] CLICKWORKERS Results: Crater Marking Activity. Disponível em: http://clickworkers.arc.nasa.gov/documents/crater-marking.pdf.

[82] FACTS and Statistics. FamilySearch Internet Genealogy Service, July 1st, 2003. Disponível em: http://www.familysearch.org/Eng/Home/News/frameset_news.asp?-PAGE=home_facts.asp; FREE Internet Access to Invaluable Indexes of American

E que tal se organizássemos "transcritores distribuídos" similares para trabalhar em documentos históricos escritos à mão, que de outra maneira jamais seriam digitalizados? Voluntários podem se revezar transcrevendo imagens de páginas dos amplamente usados Cameron Family Papers na Southern Historical Collection, que seriam disponibilizados a eles online. Seria possível aplicar o mesmo processo automatizado de checagem usado pelo Ames Clickworkers ou pelos revisores distribuídos. Uma abordagem similar poderia ser adotada para transcrever as imensas quantidades de som gravado – as fitas de Lyndon B. Johnson, por exemplo –, que são extremamente caras de transcrever e não podem ser transformadas em texto pelos atuais métodos automatizados. Max J. Evans, diretor da National Historical Publications and Records Commission, propôs recentemente algo similar. Ele pediu a formação de corpos de "extratores voluntários de dados", que iriam indexar e descrever coleções de arquivo que estão atualmente processadas apenas minimamente. Tal abordagem, defende ele, tiraria "partido de usuários organizados ou autosselecionados e anônimos, que podem trabalhar em casa e em locais remotos".[83]

Os obstáculos para o sucesso de um projeto desse tipo são mais sociais do que tecnológicos. Conceber os sistemas para disponibilizar online as imagens de páginas ou as fitas não é muito difícil. Mais difícil é despertar interesse para envolver voluntários num projeto desse tipo. Mas quem teria pensado que 85 mil pessoas iriam se apresentar como voluntárias para procurar crateras em Marte ou que 60 mil pessoas iriam

---

and Canadian Heritage. The Church of Jesus Christ of Latter-day Saints, Oct. 23, 2002. Disponível em: http://www.lds.org/newsroom/showrelease/ 0,15503,3881-1-13102,00.html; http://www.familysearch.org; BENKLER. Coase's Penguin. Sobre custos de digitalização, ver COHEN, Daniel J.; ROSENZWEIG, Roy. *Digital History: A Guide to Gathering, Preserving, and Presenting the Past on the Web*. Philadelphia, 2005. p. 93. Disponível em: http://chnm.gmu.edu/digitalhistory/digitizing/4.php.

[83] http://www.lexisnexis.com/academic/guides/southern_hist/plantations/plantj1. asp; EVANS, Max J. The Invisible Hand and the Accidental Archives. Trabalho apresentado em "Choices and Challenges Symposium", Henry Ford Museum, Oct. 8, 2004. Disponível em: http://www.thehenryford.org/research/publications/symposium2004/papers/evans.pdf (15 mar. 2006).

escrever e editar verbetes para a Wikipédia? Claro que os que passam muito tempo na internet provavelmente ficam mais animados a procurar crateras em Marte do que em examinar diários escritos por mulheres do século XIX. De qualquer modo, tais projetos têm mostrado a capacidade, como Benkler escreveu, de "capitalizar um imenso reservatório de criatividade humana inteligente subutilizada e a disposição de se envolver em um esforço intelectual".[84]

Se a internet e a noção de produção colaborativa baseada em recursos comuns oferecem intrigantes oportunidades de mobilizar um entusiasmo voluntário por história na produção de um imenso arquivo digital, que tal mobilizar e coordenar o trabalho de historiadores profissionais nesses mesmos moldes? O fato de haver tanto trabalho profissional na área de história que já se apoia em esquemas voluntários – a revisão por pares de artigos de revistas, a composição de equipes nas comissões que elaboram programas de congressos – sugere que os profissionais se dispõem a abrir mão de significativa parte de seu tempo para levar adiante o empreendimento da história. Mas será que também se disporiam a dar um passo além e abandonar o crédito individual e a propriedade intelectual individual, como fazem os autores da *Wikipédia*?

Poderíamos, por exemplo, escrever um manual colaborativo sobre a história dos Estados Unidos que fosse disponibilizado a todos os nossos alunos gratuitamente? Afinal, há uma grande sobreposição de conteúdo e de interpretações entre as mais de duas dezenas de compêndios de nível universitário. No entanto, o sistema de publicação comercial impõe que cada novo texto de síntese comece do zero. Um manual de código aberto seria não só gratuito, para que todos pudessem ler, mas também livre, para que todos escrevessem nele. Um professor insatisfeito com a versão do manual sobre a Guerra de 1812 simplesmente reescreveria aquelas páginas e as ofereceria para que outros decidissem pela sua incorporação. Um professor que achasse que o livro havia negligenciado a história do Novo México no século XIX poderia escrever alguns parágrafos, que outros poderiam decidir se seria o caso de incorporar.

---

[84] Mais de 55 mil pessoas fizeram pelo menos 10 edições (http://en.wikipedia.org/wikistats/EN/Tables-WikipediansContributors.htm, 11 set. 2005). BENKLER. Coase's Penguin.

Esse modelo faz imaginar alguma coisa aberta e anárquica no estilo da Wikipédia. Manuais (para não mencionar artigos acadêmicos) levantam problemas mais profundos em mediar interpretações conflitantes do que os enfrentados pela Wikipédia com sua ênfase factualista. Mas a produção colaborativa baseada em recursos comuns não precisa ser tão desprovida de estrutura. Afinal, não é todo mundo que consegue reescrever o núcleo do Linux. Todos podem contribuir com ideias e códigos, mas uma comissão central poderia decidir o que seria incorporado em um lançamento oficial. Similarmente, o PlanetMath, uma enciclopédia online de matemática colaborativa e livre, utiliza um modelo de autoridade "centrado no proprietário", em contraste com a abordagem de "forma livre" da Wikipédia. Como explica um de seus fundadores, Aaron Krowne: "há um proprietário para cada verbete – que de início é o criador da entrada. Outros usuários podem sugerir mudanças em cada verbete, mas apenas o proprietário pode aplicá-las. Se o proprietário confia o suficiente nos usuários individuais, ele ou ela pode conceder acesso a esses usuários específicos para 'editar' o verbete". Isso tem a desvantagem potencial de desestimular a participação aberta e de exigir maior comprometimento de alguns participantes, mas abre um espaço mais consistente para a *expertise*, ao supor que o "proprietário é o especialista *de facto* no tópico em questão, acima dos demais, e que todos os outros devem ceder".[85]

---

[85] KROWNE, Aaron. The FUD-Based Encyclopedia. *Free Software Magazine*, Mar. 2005. Disponível em: http://www.freesoftwaremagazine.com/free_issues/issue_02/fud_based_encyclopedia/. Existe também o perigo de que o proprietário do verbete não seja a pessoa com maior *expertise* ou maior poder de julgamento. A PlanetMath FAQ [de *Frequently Asked Questions*, ou "Perguntas Frequentes"] reconhece que "atualmente não há um real recurso contra alguém que, digamos, escreva verbetes ruins e se recuse a aceitar todas as correções, por despeito. No futuro, isso será manejado por um sistema de pontuações, e por filtragem/seleção baseada em pontuações". Mas observa também que "não tivemos problemas desse tipo até o momento" (http://planetmath.org/?method=12h&from=collab&id=35&op=getobj, 30 mar. 2006). Para mais sobre a abordagem de Krowne, ver KROWNE, Aaron. Building a Digital Library the Commons-Based Peer Production Way. *D-Lib Magazine*, v. 9, Oct. 2003. Disponível em: http://www.dlib.org/dlib/october03/krowne/10krowne.html (21 mar. 2006).

Mesmo assim, são óbvias as dificuldades para implementar um modelo como esse de atividade acadêmica profissional. Como você lidaria com controvérsias sobre interpretações, que estão no cerne da escrita acadêmica da história? De que maneira iríamos alocar créditos, algo que é parte tão integral da cultura profissional? Você conseguiria obter uma promoção com base em ter "contribuído para" um projeto colaborativo? Não há soluções fáceis. Mas vale a pena observar que aqueles que contribuem em projetos de software de código aberto não são motivados apenas por altruísmo. Sua reputação – e, portanto, o quanto eles podem ser atraentes como empregados – costuma ser muito valorizada pela participação em tais projetos. E na realidade já oferecemos recompensas a pessoas por seu trabalho profissional colaborativo, como quando prestam serviços em um conselho editorial. E os projetos colaborativos tampouco são tão livres e sem atritos quanto seus maiores entusiastas gostam de sustentar. Há custos organizacionais significativos – o que os economistas chamam de "custos transacionais" – para criar e manter tais projetos. Alguém tem de pagar pelos servidores e pela largura de banda e para instalar e atualizar o software. A Wikipédia jamais teria conseguido decolar sem o apoio de Wales e Bomis. Mais recentemente, ela lançou campanhas para levantar fundos e poder cobrir suas despesas substanciais e crescentes.

De qualquer modo, a Wikipédia e o Linux mostram que há modelos alternativos para produzir enciclopédias e software, além do modelo hierárquico e comercial representado por Bill Gates e pela Microsoft. E não importa se os historiadores levam em conta ou não esses modelos alternativos para a produção do próprio trabalho, eles precisam prestar maior atenção aos seus antigos concorrentes na Wikipédia, em comparação com a atenção que a Microsoft dispensou a um obscuro sistema operacional livre e de código aberto chamado Linux.

Praticar a história nas novas mídias: ensinar, pesquisar, apresentar, coletar

CAPÍTULO 4

Historiadores e hipertexto: é mais do que uma moda?

Com Steve Brier

"Daqui a 10 anos mais ou menos", previu D. H. Jonassen há mais de uma década, em *The Technology of Text* [A tecnologia do texto] (1982), "o livro, como o conhecemos, será tão obsoleto quanto os tipos móveis hoje". Jonassen não foi o único entusiasta da tecnologia a se encantar com o potencial das mídias eletrônicas de remodelar a maneira como consumimos e lemos informações. Há mais de 30 anos, Ted Nelson, que cunhou o termo "hipertexto", já anunciava que os livros impressos ficariam obsoletos em apenas cinco anos.

Os anos 1980 não viram o livro impresso definhar, embora tenham marcado a emergência de uma vasta literatura a respeito do "hipertexto" (a maior parte dela, ironicamente, em forma impressa). Mas a falha do hipertexto e do livro eletrônico em cumprir as promessas e profecias dos entusiastas por tecnologia não deve nos levar a rejeitar as possibilidades do uso de computadores e de mídia digital para apresentar o passado. Mesmo à luz da tecnologia existente, livros eletrônicos de história sem dúvida têm lugar em nossas prateleiras, mesmo que não seja ainda hora de jogar no lixo da história as nossas leais brochuras (livros). Neste ensaio, queremos reportar nosso esforço para a publicação eletrônica a fim de com isso sugerir algumas das vantagens e algumas das limitações dessa nova mídia.

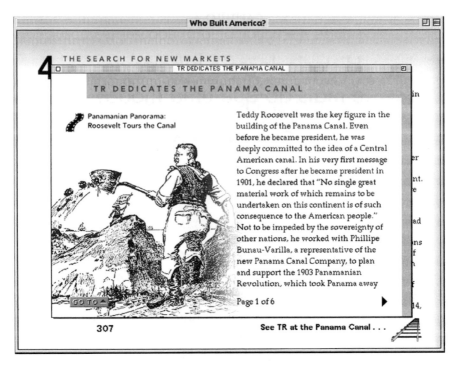

Figura 4.1: Uma tela de amostra da versão em CD-ROM de *Who Built America?*. Ao clicar no ícone do trilho de trem, no canto direito inferior da página, os usuários são levados a um vídeo que mostra o presidente Theodore Roosevelt durante uma viagem ao Panamá.

Num breve resumo, nosso livro eletrônico de história *Who Built America? From the Centennial Celebration of 1876 to the Great War of 1914* [Quem construiu a América? Da comemoração do centenário de 1876 à Grande Guerra de 1914], publicado pela The Voyager Company e desenvolvido por nós em colaboração com Josh Brown e outros colegas do American Social History Project (ASHP), do Hunter College e da Universidade George Mason, oferece uma introdução interativa, multimídia, à história norte-americana do final do século XIX e início do século XX, em um único CD-ROM para computadores Macintosh. A "espinha dorsal" desse livro para computador é um panorama básico da história norte-americana de 1876 a 1914, extraída do segundo volume do livro da ASHP, *Who Built America?*, publicado pela Pantheon Books em 1992. A esse panorama foram acrescentadas duas centenas de "digressões", como ramificações do corpo principal do texto – que, nesse processo, transformaram-no. Essas digressões contêm cerca de 700 fontes documentais em mídias diversas, que permitem aos estudantes, assim como ao público em geral de leitores interessados, ir além (e até aos bastidores) da página impressa, para uma imersão nas fontes primárias e secundárias que os historiadores profissionais utilizam para sua compreensão do passado. Além das cerca de 5 mil páginas de documentos textuais, há cerca de quatro horas e meia de documentos de áudio (histórias orais, falas gravadas e performances musicais), 45 minutos de filmes, mais de 700 imagens com qualidade fotográfica e em torno de 75 tabelas, gráficos e mapas.

As vantagens do computador e do CD-ROM em apresentar a virada do século para os estudantes são fáceis de resumir. Há o apoio do vasto espaço oferecido pelo CD-ROM, capaz de abrigar 640 megabytes de dados – o equivalente a mais de 300 mil páginas impressas. Assim, enquanto a versão impressa de quatro capítulos de *Who Built America?* conseguia reunir apenas 40 documentos primários de 250 a 750 palavras, o CD-ROM contém não apenas várias centenas mais de documentos, mas também documentos mais extensos. Por exemplo, abriga dezenas de cartas escritas por imigrantes suecos, ingleses e poloneses para seus parentes no país de origem, em vez de apenas uma ou duas. Na realidade, a edição para fins educacionais de *Who Built America?* traz cinco livros em toda a sua extensão, entre eles o de Upton Sinclair, *The Jungle* [A selva], e o de Booker T. Washington, *Up from Slavery* [Saí da escravidão] (a grande capacidade do CD-ROM também nos incentivou a incorporar algumas digressões menos "sérias", que talvez não coubessem em um livro convencional. Uma delas explora a origem do costume de atender o telefone dizendo "alô" e traz um antigo número de comédia *vaudeville*, "Cohen ao telefone". Outra digressão permite que você preencha as primeiras palavras cruzadas que apareceram no mundo, em 1913, num jornal de Nova York).

A segunda vantagem crucial dessa mídia é sua capacidade de localizar e rastrear toda informação de maneira muito eficaz. Se pedíssemos a você que localizasse as 117 menções à palavra "trabalho" nos primeiros quatro capítulos do volume impresso, você levaria uns dois dias fazendo isso, e é provável que deixasse de apontar várias delas. Na versão eletrônica, isso demora apenas 11 segundos. E com mais alguns segundos, poderíamos localizar todas as 406 menções a essa mesma palavra em todos os milhares de páginas dos documentos primários, nas introduções de digressões, nas legendas e nas cronologias, e então fornecer uma lista de todas as menções nos respectivos contextos. O computador também indicaria quais delas você teria examinado e manteria marcações para as menções às quais você pretende voltar. Além disso, você pode fazer buscas de modo mais extensivo e complexo; pode ser levado apenas até as menções a "classe trabalhadora" ou a "políticas da classe trabalhadora" ou mesmo até páginas em que a palavra "classe" aparece em qualquer lugar próximo à palavra "mulheres". O programa oferece ainda muitas outras maneiras de localizar e vincular coisas rapidamente. Um "índice dos recursos", por exemplo, permite rápido acesso a todos os 700 documentos primários, organizados por assunto (de nativos americanos a mulheres) ou por tipo de documento (vídeo, áudio, fotos e imagens, enigmas e jogos, mapas e gráficos, ou texto). Usando a ferramenta *localizar* e o índice de recursos, é possível aprender sobre história norte-americana também de uma maneira decididamente não linear.

Outra vantagem da capacidade do computador de rastrear informações é o que poderíamos chamar de "simultaneidade" – a capacidade de passar rapidamente de um corpo de informações a outro. É possível passar rapidamente de um texto sobre o congressista afro-americano Robert Smalls em que se denuncia a restrição ao voto de eleitores negros ao estudo estatístico dos efeitos do voto secreto, ao exame do texto da Cláusula do Avô na Louisiana,[1] ao debate histórico entre C. Vann Woodward e Howard Rabinowitz sobre as origens das leis de Jim Crow, ou então ouvir uma gravação de Booker T. Washington pronunciando seu famoso "Compromisso de Atlanta". Os leitores podem, portanto, examinar instantaneamente os bastidores da página e ver o material a partir do qual o texto básico foi elaborado. Além disso, têm como localizar com muita rapidez informações que vão ajudá-los a compreender melhor o que estão lendo. Você pode, por exemplo, segurar o mouse sobre qualquer cidade que conste do texto, e então sua

---

[1] Ver https://bit.ly/3F4J9Fp. Acesso em: 28 abr. 2022. (N.E.)

localização será exibida em um mapa dos Estados Unidos. Caso você se perca no tempo, em vez de espacialmente, poderá acessar qualquer das sete categorias de uma linha do tempo detalhada que abrange o período de 1876 a 1914.

A terceira coisa que o livro eletrônico consegue proporcionar, ao contrário da versão impressa, é a multimídia. Para historiadores, as vantagens disso são óbvias. O passado aconteceu em mais de uma mídia, então, por que não apresentá-lo em múltiplas dimensões? As quatro horas e meia de "documentos" de áudio são particularmente valiosas para fazer com que o passado se torne algo imediato e vívido. Trinta e cinco diferentes testemunhos orais da história – por exemplo, Miriam Allen deFord falando de como ela foi apresentada ao controle de natalidade em 1914; George Kills in Sight falando sobre a morte de Crazy Horse; Pauline Newman comentando a organização do "Levante dos 20 mil", em 1909; Eubie Blake explicando as origens do *ragtime*; Vaseline Usher falando sobre o motim racial de Atlanta, de 1906; e Luther Addington discorrendo sobre religião na região rural de Appalachia – todos contam suas histórias com a própria voz.

Essas reminiscências são complementadas por 16 clipes sonoros contemporâneos de norte-americanos famosos, como William Jennings Bryan em seu discurso da "Cruz de Ouro", Woodrow Wilson em campanha à presidência, William Howard Taft pedindo o voto dos trabalhadores, Andrew Carnegie exaltando o "Evangelho da riqueza", Russell Conwell procurando "Acres de diamantes" e Weber e Fields em dois populares números de *vaudeville*. Vinte e cinco canções mostram a diversidade musical da nação, incluindo *corridos* mexicanos, marchas de John Philip Sousa, músicas de Natal ítalo-americanas, melodias da Tin Pan Alley, canções de trabalho de afro-americanos e lamentos de trabalhadores das minas de carvão.

Ao começarmos a trabalhar nesse projeto, em 1990, a única maneira de apresentar vídeos teria sido colocá-los em um laserdisc adicional, para rodar em um player de laserdiscs separado, acoplado a um monitor de TV. Mas, com o surgimento, em 1991, do QuickTime, um recurso de software que permite exibir filmes diretamente na tela do computador, conseguimos incorporar também 20 clipes de filmes antigos. Assim, a digressão sobre as eleições de 1912 traz um trecho de filme com todos os três candidatos principais dos partidos. Outro trecho de filme mostra o "documentário" de Edwin Porter sobre o naufrágio do *Maine*, mulheres sufragistas marchando pela Quinta Avenida, em 1915, uma visão de 1904 do interior da gigantesca fábrica da Westinghouse, soldados negros marchando nas Filipinas, o campeão dos pesos-pesados Jim Corbett nocauteando Peter Courtney e uma visão de Boston em 1906 filmada de dentro de um bonde. Também recorremos aos primeiros filmes de ficção: a digressão sobre as ferrovias nos permite ver na íntegra um clássico, *O grande roubo do trem*; e a digressão sobre a temperança inclui uma visão satírica de Carry Nation em *Kansas Saloon Smashers* [Destruidores do *saloon* no Kansas].

As vantagens do espaço imenso e da multimídia trazem consigo alguns perigos implícitos. Não há dúvida, por exemplo, de que 640 megabytes oferecem novas e excitantes possibilidades que simplesmente são inviáveis em 640 páginas de livros. Mas, como sabemos a partir dos livros impressos, extensão não é igual a qualidade. O slogan da programação de computadores – "se entra lixo, sai lixo" – pode igualmente ser aplicado aos CD-ROMs. Embora som e vídeo sejam incríveis acréscimos ao ensino de história, essas mídias podem transformar a história em comerciais de televisão, nos quais os recursos vistosos da mídia se sobreponham a um contato sustentado com ideias difíceis de assimilar. No nosso entender, é preciso ter muita cautela quanto à justificativa para a multimídia, que está sendo oferecida com insistência: os alunos não leem mais; eles são orientados visualmente. Portanto, precisamos reagir a isso com a própria multimídia. Sim, é verdade, deveríamos com certeza reagir a isso, por exemplo, concebendo e depois desenvolvendo aptidões de letramento visual. Mas não há razão para desistir de ler, simplesmente porque seja de certo modo algo antiquado ou fora de moda. Adotamos aqui assertivamente o slogan que nossos colaboradores na editora Voyager cunharam e até colocaram em suas camisetas: "Texto: A Próxima Fronteira" [Text: The Next Frontier].

Assim, apesar da natureza não convencional de *Who Built America?*, tentamos manter vários aspectos tradicionais de um livro impresso. A obra ainda se parece bastante na tela com um livro impresso, com duas colunas de caracteres tipográficos entremeadas por fotos. Nós e nossos colaboradores na Voyager dedicamos considerável tempo e esforço a testar tipografias e layouts a fim de conseguir que *Who Built America?* ficasse agradável de olhar e fácil de ler. O leitor pode passar rapidamente pelas páginas usando as teclas de setas. Para tornar possível a rápida passagem das páginas, as fotos não são apresentadas imediatamente com toda a qualidade fotográfica de oito bits, pois elas levam alguns segundos para ser carregadas na memória do computador. Mas, para se obter a qualidade superior da imagem, incluindo uma legenda detalhada e informação sobre a fonte, basta um clique do mouse.

Foram mantidos também outros aspectos de um livro tradicional. Você pode, por exemplo, fazer anotações na margem ou em um livro de notas separado. (Algo menos tradicional, um "coletor de recursos" serve como uma espécie de bloco de notas multimídia, no qual você pode juntar suas próprias compilações ou sons e clipes de vídeo específicos e fotos, assim como texto.) Se preferir usar a modalidade eletrônica dos "destaques" de texto, pode passar qualquer trecho selecionado para negrito ou sublinhado. Aqui a vantagem sobre o livro impresso é que você pode apagar facilmente quaisquer marcas que tiver feito. E pode também dobrar o canto da página eletronicamente e, de novo, o computador vai rapidamente localizar essa página marcada, assim como qualquer de suas notas marginais.

Do mesmo modo como a versão em CD-ROM de *Who Built America?* preserva muitos aspectos tradicionais de um livro impresso, seu processo de escrita também foi bastante tradicional em vários sentidos. O volume maior de nosso trabalho envolveu as costumeiras tarefas familiares a todos os historiadores: seleção, análise e síntese. Embora nosso CD-ROM contenha bem mais documentos primários do que qualquer livro impresso, esses documentos ainda representam uma pequena seleção do vasto registro histórico. Essa seleção está enraizada em nosso melhor julgamento histórico. Similarmente, os documentos não podem se sustentar prontamente por si sós. Cada documento é explicado e contextualizado; gastamos centenas de horas pesquisando os históricos de cada documento e sintetizando a pesquisa acadêmica mais recente sobre uma miríade de tópicos, como os cultivos em parceria no Sul, a educação dos nativos indígenas na Carlisle School, imigrantes asiáticos na Ilha Angel, o Exército de Coxey em Washington ou o Armory Show em Nova York. Para nós, há pouco risco de que as mídias eletrônicas "desalojem" os historiadores; uma preocupação mais realista seria que o vasto espaço dos CD-ROMs pode desafiar a energia e a engenhosidade dos historiadores em preencher esses discos de maneiras criativas e inteligentes.

Novas mídias eletrônicas também vão desafiar nossa criatividade como professores, se decidirmos usá-las de maneiras que correspondam à sua promessa de democratizar a educação e de empoderar os estudantes. Na sua melhor expressão, a tecnologia interativa tem o potencial de disponibilizar um material excitante a um público mais amplo, de dar aos estudantes e ao grande público acesso a documentos primários que podem estar disponíveis na Biblioteca do Congresso, mas não na sua biblioteca local. Além disso, a tecnologia dos computadores pode tornar possível (embora não assegure essa possibilidade), tanto a estudantes como a outros leitores, um maior controle sobre sua aprendizagem, e permitir-lhes avançar segundo seu próprio ritmo, tomando decisões a respeito da direção que querem seguir e dos caminhos alternativos que querem investigar. A nova tecnologia pode também libertar os professores de algumas de suas tarefas mais repetitivas e enfadonhas e permitir-lhes gastar mais tempo trabalhando de maneira direta e criativa com os alunos.

Mas devemos ter sempre em mente as tendências opostas, que estão pelo menos implícitas (isto é, que essas novas e caras tecnologias possam acabar disponíveis apenas em instituições mais ricas, e que sejam exploradas de modo a tornar a educação ainda mais restritiva, fazendo com que os alunos se prendam de maneira ainda mais rígida ao material apresentado). Pelo menos para alguns, a nova tecnologia é vista como uma maneira barata e rápida de tentar consertar os problemas da educação nos Estados Unidos. Por exemplo, Chris Whittle e seus aliados nos negócios e na educação estão promovendo tecnologia como uma maneira de aumentar a produtividade do professor e (não por acaso) transformar a educação em um empreendimento privado e voltado ao lucro.

A nossa visão, no entanto, é que estamos ainda longe dos dias em que os alunos passarão para a universidade digital. Mesmo a tarefa aparentemente simples e direta de fazer o corpo docente e os estudantes aprenderem a usar as novas tecnologias de computador está longe de ser simples e direta. E, pelo menos dentro dos próximos anos, nossas batalhas com formatos e plataformas incompatíveis vão nos lembrar da razão pela qual a adoção de uma bitola-padrão nas ferrovias no final do século XIX foi um avanço tão importante. Além disso, duvidamos que o ensino estará tão prontamente sujeito à automação como alguns acreditam ou esperam. O futuro ainda está longe de se mostrar definido. E qualquer nova tecnologia carrega em si possibilidades tanto repressivas quanto libertadoras. Embora uma resistência ludita à mudança tecnológica possa às vezes parecer atraente, poderíamos argumentar em vez disso que vale a pena se envolver com essas novas tecnologias em um esforço para tentar assegurar que elas de fato se tornem ferramentas muito necessárias de empoderamento, esclarecimento e estímulo. Talvez ainda tenhamos um longo caminho a percorrer até a morte do livro impresso, mas a rápida emergência de novas mídias eletrônicas para leitura, armazenamento e vinculação de informações talvez signifique que mesmo aqueles de nós que gastam muito tempo estudando o passado precisem prestar mais atenção, também, ao futuro.

CAPÍTULO 5

Reconectar a sala de aula de História e Estudos Sociais: necessidades, parâmetros, perigos e propostas[1]

Com Randy Bass

Cinco anos depois de Alexander Graham Bell ter feito sua primeira apresentação do telefone, na Exposição do Centenário de 1876, a *Scientific American* prometia que o novo dispositivo propiciaria maior "afinidade à humanidade" e "nada menos do que uma nova organização da sociedade". Outros se mostraram menos animados, preocupando-se com a possível disseminação de germes por meio dos fios de telefone, com a destruição dos sotaques locais e com os governos autoritários, que teriam agora uma escuta dentro das casas de seus súditos. Os Cavaleiros de Colombo[2] se inquietaram, receando que os telefones comprometessem a vida doméstica, fizessem as pessoas parar de visitar os amigos e criassem uma nação de preguiçosos que não iriam mais sair de suas escrivaninhas.[3]

---

[1] Parte do material deste artigo foi extraída de "Teaching Culture, Learning Culture, and New Media Technologies", de Randy Bass e Bret Eynon, um ensaio introdutório para o volume "Intranational Media: The Crossroads Conversations on Learning and Technology in the American Culture and History Classroom", *Works & Days* (Spring-Fall 1998). Os autores expressam sua dívida para com Bret Eynon, da vice-diretoria do American Social History Project/Center for Media and Learning, por suas contribuições tanto para a versão anterior do texto como, mais significativamente, com as ideias por trás deste artigo, que são em grande medida o fruto de suas colaborações.

[2] Cavaleiros de Colombo: organização voluntária e fraternal católica de grandes proporções e abrangência global. (N.E.)

[3] Citações da *Scientific American* de 1880 e 1881, em LUBAR, Steven. *InfoCulture: The Smithsonian Book of Information Age Inventions*. Boston: Houghton Mifflin, 1993.

Previsões extravagantes, tanto de utopias quanto de desastres, sempre acompanharam a maioria das novas tecnologias de comunicações, e a mesma retórica de exaltação e denúncia tem envolvido a internet. Para o editor da revisa *Wired*, Louis Rossetto, a revolução digital promete "mudanças sociais tão profundas que o único paralelo possível talvez seja com a descoberta do fogo". Segundo o jornal oficial do governo do Iraque, *Al-Jumhuriya*, a internet anuncia "o fim das civilizações, culturas, interesses e ética".[4]

A mesma retórica excessiva tem marcado algumas discussões específicas sobre computadores e educação. "Daqui a 30 anos os grandes campi de universidades serão relíquias", proclama Peter Drucker na *Forbes*. "Foram necessários mais de 200 anos (de 1440 até o final do século XVII) para que o livro impresso criasse a escola moderna. Não vai demorar nada nem perto disso para a [próxima] grande mudança." Um anúncio na web capta a mistura de oportunidade e ansiedade ocasionada pela nova tecnologia. Três pequenas escolas pintadas de vermelho são mostradas juntas em um campo. Uma linha ou fio verde pulsante ilumina uma das escolas com uma palpitação de energia e excitação, colocando as outras duas na sombra. "A Intraescola está chegando a um distrito perto de você", uma placa luminosa anuncia. "Não fique para trás!" E o lado oposto tem igualmente mobilizado exageradas previsões fatalistas. Sven Birkerts, por exemplo, lamenta o surgimento das novas mídias como uma triste ameaça a hábitos essenciais de sabedoria – "a luta que há milênios tem sido central para a própria ideia de cultura".[5]

---

p. 130, e FISCHER, Claude S. *America Calling: A Social History of the Telephone to 1940*. Berkeley: University of California Press, 1992, p. 2 (ver também 1 e 26). MARVIN, Carolyn. *When Old Technologies Were New: Thinking about Electrical Communication in the Late Nineteenth Century*. New York: Oxford University Press, 1988, e RAYMAN, Graham. Hello, Utopia Calling?. *Word*, [s.d.]. Disponível em: http://www.word.com/machine/jacobs/phone/index.html.

[4] Rossetto citado em HUDSON, David. *Rewired: A Brief and Opinionated Net History*. Indianapolis: Macmillan Technical Publishers, 1997, 7; Al-Jumhuriya em LAMBROSE, R. J. The Abusable Past. *Radical History Review*, v. 70, 1998, p. 184.

[5] LENZNER, Robert; JOHNSON, Stephen S. Seeing Things as They Really Are. *Forbes*, Mar. 10, 1997. Disponível em: http://www.forbes.com/forbes/97/0310/5905122n.htm; Birkerts em "The Electronic Hive: Two Views:"

Há alguns sinais recentes que animam a crer que as profecias exageradas de utopia ou distopia estão perdendo força e que estamos iniciando um processo mais sensato de avaliar em que medida computadores, redes, mídia digital (nossa definição operante de "tecnologia") são ou não úteis. Em lugar de uma transformação apocalíptica, parece que o que nos aguarda é o que Phil Agre chama de "modelo de digestão". "À medida que a nova tecnologia vai surgindo", ele observa, "vários grupos organizados de participantes em um campo institucional existente apropriam-se seletivamente da tecnologia a fim de fazer mais daquilo que já estão fazendo – incorporam a nova tecnologia a velhos papéis, velhas práticas e a velhas maneiras de pensar. E, no entanto, depois que essa apropriação tem lugar, a amplificação seletiva de funções particulares rompe o equilíbrio da ordem existente, dando origem a dinâmicas internas da instituição e à eventual emergência de um novo equilíbrio, talvez qualitativamente diferente".[6]

No ensino de estudos sociais, já iniciamos o processo de "apropriação seletiva" de tecnologia.[7] Mas, antes que possamos passar a um novo equilíbrio, que esperamos seja melhor, temos de levantar algumas questões difíceis. Primeiramente, e mais importante: o que estamos tentando realizar? Segundo, que abordagens podem funcionar melhor? Terceiro, há perigos que precisamos tentar evitar ao nos apropriarmos seletivamente de novas tecnologias nas aulas de Estudos Sociais? Quarto, de que maneira podemos incentivar e apoiar a adoção e o desenvolvimento das melhores práticas?

"Refuse It" (Sven Birkerts) e "Embrace It" (Kevin Kelly), em *Harper's Magazine* (maio 1994). Ver também BIRKERTS, Sven. *The Gutenberg Elegies: The Fate of Reading in an Electronic Age*. Boston: Faber and Faber, 1994; e OPPENHEIMER, Todd. The Computer Delusion. *Atlantic Monthly*, July 1997.

[6] AGRE, Philip E. Communities and Institutions: The Internet and the Structuring of Human Relationships, que circulou por meio de Red Rock Eater's News Service, cópia disponível em http:egroups.com/group/rre/804.html.

[7] Os leitores notarão que muitas das nossas referências aqui são sobre ensino de história e cultura norte-americanas, já que são essas as nossas especialidades, mas acreditamos que nossos argumentos se apliquem amplamente à área curricular geralmente referida como "Estudos Sociais".

Por que usar tecnologia no ensino de estudos sociais?

Ao longo dos últimos cinco anos comandando oficinas sobre tecnologia para centenas, quando não milhares professores de faculdades e de cursos livres oferecidos pelas universidades, temos começado com a seguinte pergunta: "O que você está fazendo agora na sua atividade docente que gostaria de fazer melhor? O que gostaria que seus alunos fizessem com maior frequência ou de modo diferente?", "Que problemas pedagógicos você está tentando resolver?". O mais comum é responderem que gostariam que seus alunos se envolvessem mais na aprendizagem; que construíssem novos e melhores relacionamentos com o conhecimento, e não apenas que fossem melhor nas provas; e seu desejo é que os alunos adquiram uma compreensão mais profunda e mais duradoura dos conceitos essenciais.

Tais respostas vão no sentido oposto de outro discurso público a respeito do ensino de história e estudos sociais – a preocupação, ou mesmo o alarme, a respeito do conhecimento de um corpo de material factual pelos alunos. "Certamente, acertar apenas 33 de 100 questões sobre os fatos mais simples e óbvios da história norte-americana não é algo de que uma escola de ensino médio possa se orgulhar" é uma lamentação que qualquer um que acompanhe o ensino de estudos sociais conhece muito bem. De fato, essa queixa deve soar familiar: trata-se de uma citação particular, de um estudo publicado no *Journal of Educational Psychology* em 1917. Como aponta o especialista em psicologia educacional Sam Wineburg, "considerando as diferenças entre o estrato de elite da sociedade que frequentava o ensino médio em 1917 e as matrículas quase universais de hoje, a permanência estável dessa ignorância inspira incredulidade. Quase tudo mudou entre 1917 e hoje exceto uma coisa: a garotada continuar sem saber nada de história".[8] Também inalterada

---

[8] WINEBURG, Sam. Making Historical Sense. *In*: STEARNS, Peter; WINEBURG, Sam; SEIXAS, Peter (ed.). *Knowing, Teaching, and Learning History: National and International Perspectives*. New York: NYU Press, 2000. Sobre a questão do conhecimento factual, o estudo mais influente dos últimos anos tem sido o de Diane Ravitch e Chester Finn Jr., *What Do Our 17-Year-Olds Know? A Report on the First National Assessment of History and Literature* (New York: Harper & Row,

e persistente é a preocupação dos conselhos escolares e das autoridades públicas a respeito dessa aparente ignorância.

No entanto, com base na nossa própria experiência, esse não é o problema que mais preocupa aqueles que ensinam em nossas salas de aula (a não ser na medida em que padrões curriculares e provas limitam a inovação e a flexibilidade); tampouco é o problema que mais preocupa aqueles que estudam nessas salas de aula. Em 1994, empreendemos um estudo em escala nacional a partir de uma amostra representativa de 808 norte-americanos (além de amostras adicionais especiais de 600 afro-americanos, mexicano-americanos e nativos sioux) que visava descobrir como os norte-americanos usam e compreendem o passado. Pedimos a uma parte de nossa amostra que escolhesse "uma palavra ou frase para descrever como foi sua experiência nas aulas de História da escola elementar ou do secundário". As descrições negativas superaram significativamente as positivas. "Maçantes" foi a resposta mais comum entre as compostas por uma só palavra. No estudo inteiro, as noções de "monotonia" ou "tédio" quase nunca apareceram nas descrições sobre atividades conectadas com a descoberta do passado, e a significativa exceção era quando os entrevistados falavam sobre o estudo de história na escola – era nesse contexto que tais termos apareciam repetidas vezes.[9]

A mesma questão aparecia, e de modo ainda mais intenso, quando pedíamos aos entrevistados para identificarem o quanto se sentiam

---

1987). Há uma ampla literatura que debate a obra de Ravitch e Finn. Ver, por exemplo, AYERS, William. What Do 17-YearOlds Know? A Critique of Recent Research. *Education Digest*, v. 53, p. 37-39, Apr. 1988; WHITTINGTON, Dale. What Have 17-Year-Olds Known in the Past?. *American Educational Research Journal*, v. 28, p. 759-780, Winter 1991; MEIER, Deborah; MILLER, Florence. The Book of Lists. *Nation*, v. 245, p. 25-27, Jan. 9, 1988; TEACHOUT, Terry. Why Johnny Is Ignorant. *Commentary*, p. 69-71, Mar. 1988. Há também dois estudos mais recentes da National Assessment of Education Progress (NAEP). Para relatos breves a respeito, ver MEHLE, Michael. History Basics Stump U.S. Kids, Study Finds. *Bergen Record*, Apr. 3, 1990, A1; INNERST, Carol. History Test Results Aren't Encouraging; US Teens Flop on "Basic" Quiz. *Washington Times*, Nov. 2, 1995, A2.

[9] ROSENZWEIG, Roy; THELEN, David. *The Presence of the Past: Popular Uses of History in American Life*. New York: Columbia University Press, 1998; ver também http:chnm.gnm/edu/survey.

conectados ao passado em sete situações diferentes – reuniões familiares, celebração de feriados, experiências ao ler livros, ao assistir a filmes, em visitas a museus ou locais históricos e ao estudar história na escola. Os entrevistados colocavam a sala de aula por último, com uma pontuação média de 5,7 numa escala até 10 pontos (em comparação, digamos, com os 7,9 pontos quando avaliavam as reuniões familiares). Apenas um quinto dos entrevistados reportou se sentir muito conectado com o passado na escola (dando a essas experiências uma pontuação 8 ou mais alta), mas mais de dois terços disseram se sentir muito conectados com o passado nas reuniões familiares. Claro que essa comparação não é inteiramente justa. A escola é a única atividade obrigatória que incluímos nas perguntas; as outras são em boa medida voluntárias (embora alguns possam discordar quanto às reuniões familiares). Mesmo assim, nossa enquete mostrou que as pessoas ficam mais desconectadas do passado no lugar em que elas deparam com ele mais sistematicamente – a escola.

Claro que esses comentários negativos a respeito da história em sala de aula não apareciam sempre nas observações a respeito de determinados professores. Os entrevistados, por exemplo, elogiaram aqueles professores que envolviam os alunos no estudo do passado por meio de uma postura de ensino ativa. Um jovem da Carolina do Norte, de 20 e tantos anos, por exemplo, elogiou uma professora que "nos deixou muito envolvidos" com sua iniciativa de "promover várias viagens e fazer a gente pôr a mão na massa" na história. Uma mulher do Bronx também falou com entusiasmo do "realismo" trazido pelo envolvimento da classe num trabalho sobre um incidente da história de Porto Rico: "Cada um tinha uma informação diferente sobre o assunto, cada um dava uma contribuição especial a respeito da mesma coisa, então ficou muito estimulante".

Embora alguns professores fossem capazes de fazer as aulas de História parecerem similares aos ambientes e às maneiras como os entrevistados gostavam de se envolver com o passado, a maioria dos norte-americanos reportou que as aulas de História pareciam quase sempre incluir um conteúdo muito afastado de seus interesses e realçar demais a memorização e regurgitação de detalhes sem sentido. Os entrevistados relembravam com grande veemência que os professores haviam exigido deles a memorização e regurgitação de nomes, datas e detalhes que não tinham qualquer conexão com eles. Com frequência acrescentavam que esqueciam esses detalhes assim que a prova terminava. Essas queixas puderam ser captadas nas palavras de um analista financeiro de 36 anos de idade de Palo Alto, Califórnia: "Era apenas um amontoado gigante de dados que a gente tinha de memorizar [...] apenas números e nomes e hoje ainda sou incapaz de lembrar deles".

Nem todo mundo concordaria com essas queixas. Há quem argumente que o verdadeiro problema das escolas é o analfabetismo histórico e cívico a respeito de história e civismo – uma falta de conhecimento dos fatos básicos relativos a história, política e sociedade. Nosso ponto de vista (e o dos professores com os quais trabalhamos) é que esse conhecimento factual emerge mais de um envolvimento ativo com a aprendizagem do que a partir de um livro didático ou de um currículo orientado para provas. Como essas questões geram muito debate, achamos importante reconhecer e mencionar já de cara qual é nosso viés. O problema que estamos tentando corrigir é aquele que preocupa os professores com os quais temos trabalhado e as pessoas que entrevistamos – como é possível tornar a aula de Estudos Sociais um local de aprendizagem ativa e de pensamento crítico? Será que a tecnologia pode ajudar a alcançar essas metas?

O que funciona? Três modelos de uso de tecnologia para promover a aprendizagem ativa

A notícia encorajadora que vem da prática, embora episódica, é que a tecnologia tem sido de fato útil em promover essas metas para um número de professores e alunos ao redor do país, e que há um corpo emergente de experiências que sugerem algumas abordagens promissoras. Nosso próprio modelo para categorizar e discutir essas abordagens nasce de nossa observação de muitos professores em oficinas patrocinadas pelo American Studies Crossroads Project, pela New Media Classroom e pelo programa American Memory Fellows, da Biblioteca do Congresso.[10] Com base nessas interações, concluímos que os usos

---

[10] Sobre o Crossroads, ver http://www.georgetown.edu/crossroads/; sobre o New Media Classroom, copatrocinado pelo American Social History Project/Center for Media & Learning (ASHP/CML) em colaboração com o Crossroads Project,

educacionais mais bem-sucedidos da tecnologia digital enquadram-se em três amplas categorias:

- *Aprendizagem baseada em pesquisa*, utilizando fontes primárias disponíveis em CD-ROMs e na World Wide Web, e incluindo exploração de ambientes multimídias, com combinações potencialmente fluidas de texto, imagem, som e imagens móveis, em atividades de apresentação e pesquisa;
- *Juntar leitura e escrita por meio de interação online*, estendendo o tempo e o espaço para diálogos e aprendizagem, e unindo letramento com pesquisa disciplinar e interdisciplinar;
- *Tornar público o trabalho que alunos realizam nos formatos das novas mídias*, incentivando as pedagogias construtivistas por meio da criação e do intercâmbio de representações do conhecimento, e criando oportunidades para revisão por audiências profissionais e públicas mais amplas.

Cada tipo de atividade se beneficia de qualidades específicas das novas mídias. E cada tipo de atividade está também ligado a estratégias e objetivos pedagógicos particulares.

Atividades de pesquisa: o novato no arquivo

Provavelmente a influência mais importante da disponibilidade de materiais digitais e redes de computadores foi no desenvolvimento de exercícios baseados em pesquisa, enraizados na recuperação e análise de documentos primários relativos à sociedade e à cultura. Essas atividades abrangem desde simples exercícios na web em que os alunos têm de encontrar uma foto que lhes diga alguma coisa a respeito de como era o trabalho no final do século XIX, até propor tarefas nas quais eles examinem de que maneira diferentes fotógrafos, pintores e escritores têm tratado historicamente o tema da pobreza. De fato, os professores

---

da American Studies Association, ver http://www.ashp.cuny.edu/index_new.html; sobre a American Memory Fellows, ver http://memory.loc.gov/ammem/ndlpedu/amfp/intro.html.

relatam que as atividades de pesquisa com materiais digitais têm sido eficazes em todos os níveis do currículo do ensino das 12 séries, do elementar ao final do ensino médio. Em Hillsborough, Califórnia, por exemplo, estudantes do ensino médio simulam o trabalho de historiadores por meio de uma análise meticulosa de imagens de crianças na virada do século, que eles encontram online. Eles depois constroem, a partir disso, um projeto de um semestre de duração solicitando aos alunos que "construam uma compreensão dos principais 'temas' do período e digam como eles poderiam impactar uma criança nascida em 1900". Para isso, eles precisam reunir um álbum de recortes, físico e digital, com cartas, imagens, histórias orais, artefatos e anotações em diários, e refletir criticamente a respeito dessas fontes.[11] Similarmente, alunos da quarta série de Nova York usam as histórias de vida da Works Progress Administration disponíveis online na Biblioteca do Congresso para reconstruir os mundos dos imigrantes, e então usam fotos dos arquivos online para "ilustrar" essas narrativas em apresentações em pôsteres. E alunos do segundo ano do ensino médio em Kansas City vasculham os "Registros de Negros Libertos" no site Valley of the Shadow, que trata da Guerra Civil, não só para aprender a respeito da vida dos afro-americanos libertos no Vale de Shenandoah antes da Guerra Civil, mas também para refletir sobre os usos e as limitações dos diferentes tipos de materiais digitais e primários para se chegar a uma compreensão do passado.[12]

A análise de fontes primárias e o processo de aprendizagem por meio de pesquisa estruturada que costuma ser usado em tais explorações são amplamente reconhecidos como passos essenciais para construir nos alunos um interesse por história e cultura e ajudá-los a compreender as maneiras como os acadêmicos se envolvem em pesquisa, estudo e interpretação. Documentos primários dão aos estudantes uma noção da realidade e complexidade do passado; constituem uma oportunidade de ir além da construção pré-digerida e que esconde as descontinuidades

---

[11] Ver http://www.nueva/pvt.k12.cn.us/~debbie/library/cur/20c/turn.html.

[12] Sobre as histórias de vida do WPA, ver http://lcweb2.loc.gov/ammem/ndlpedu/lesson97/first-hand/main.html; para uso de registros sobre negros libertos, ver http://historymatters.gmu.edu/text/3freeblacks-shulkin.html.

da maioria dos livros didáticos, para promover o envolvimento com pessoas e problemas reais. A natureza fragmentária e contraditória das fontes primárias pode ser desafiadora e frustrante, mas também é intrigante e, em última instância, compensadora, pois ajuda os alunos a entenderem a natureza problemática das evidências e o fato de as interpretações históricas e sociais serem algo construído. Praticamente todas as versões dos parâmetros nacionais para estudos de história e estudos sociais publicados na década de 1990 têm (pelo menos a esse respeito) seguido as orientações do *National Standards for United States History* [Normas nacionais para a história dos Estados Unidos], de 1994, que declara que "talvez nenhum aspecto do pensamento histórico seja tão estimulante para os alunos ou tão produtivo para o seu crescimento como pensadores históricos como 'fazer história'", por meio de um encontro direto com "documentos históricos, relatos de testemunhas oculares, cartas, diários, artefatos [e] fotos".[13]

Obviamente, o uso de fontes primárias e de métodos de pesquisa não depende de ferramentas digitais. Os professores há muito tempo utilizam antologias documentais e livros de referência (muitas vezes aproveitando outro avanço tecnológico um pouco menos recente, a cópia xerográfica). Mas o surgimento das novas mídias e da nova tecnologia de computadores incentivou e melhorou o ensino baseado em pesquisa por três razões principais.

A primeira e mais óbvia é a grande ampliação do acesso a fontes primárias que os CD-ROMs e a internet têm possibilitado. Praticamente da noite para o dia, professores, bibliotecários de escolas e alunos, que antes tinham pouco acesso ao material primário usado pelos acadêmicos para construir interpretações da sociedade e da cultura, têm agora à disposição vastos repositórios de material primário, cultural e histórico. Basta uma conexão à internet para que professores de escolas de centros

---

[13] NATIONAL CENTER FOR HISTORY IN THE SCHOOLS. *National Standards for United States History: Exploring the American Experience*. Los Angeles: NCHS, 1994, 29. Os novos padrões da American Association of School Librarians para aprendizagem de alunos similarmente põe foco no letramento informacional, na habilidade de encontrar, selecionar, analisar e interpretar fontes primárias. Ver "Information Power: The Nine Information Literacy Standards for Student Learning" (http://www.ala.org/aasl/ip_nine.html).

urbanos tenham acesso a mais material de fontes primárias do que as mais subvencionadas escolas particulares ou da elite nos Estados Unidos. Só as 60 diferentes coleções (com cerca de um milhão de diferentes documentos primários) que a Biblioteca do Congresso disponibilizou a partir da década de 1990 já constituem uma revolução nos recursos colocados à disposição daqueles que ensinam história, sociedade ou cultura norte-americanas. E quase toda semana há outros arquivos importantes sendo disponibilizados online. Entre eles, coleções diversificadas como os bancos de dados multimídias da Suprema Corte dos Estados Unidos na Universidade Northwestern (com seu imenso arquivo escrito e em áudio de decisões e sustentações feitas na Corte), o Museu Memorial do Holocausto dos Estados Unidos (com seu banco de 50 mil imagens), e o Exploring the French Revolution, da Universidade George Mason (com seu abrangente arquivo de imagens e documentos).[14]

Para o professor de História e Estudos Sociais e o bibliotecário de escola, mesmo o aspecto mais frequentemente criticado da web – a presença sem filtros de grandes volumes de lixo – é potencialmente uma oportunidade, embora do tipo que deve ser abordado com cuidado. Sites ruins e tendenciosos, nas mãos de um professor criativo, são fontes primárias fascinantes e reveladoras. Com efeito, muitas aptidões tradicionalmente ensinadas por professores de Estudos Sociais – por exemplo, a avaliação crítica de fontes – ganharam importância maior no mundo online. A web oferece uma arena estimulante e autêntica na qual os alunos podem aprender a se tornar consumidores críticos de informação. Igualmente importante, a web apresenta ao estudante um conhecimento social empregado em contexto "real". Um aluno que estude Marcus Garvey ou Franklin Roosevelt por meio de fontes baseadas na web aprende não só o que Garvey ou Roosevelt fizeram nas décadas de 1920 e 1930, mas também o que essas figuras históricas significam para as pessoas do presente.

---

[14] Oyez Project, Northwestern University, U.S. Supreme Court Multimedia Database (http://oyez.org/); U.S. Holocaust Memorial Museum (http://www.ushmm.org/); Liberty, Equality, Fraternity: Exploring the French Revolution está sendo desenvolvido pelo Center for History and the New Media na Universidade George Mason (GMU) e no American Social History Project, da Universidade da Cidade Nova York (CUNY) e disponível em http://chnm.gmu.edu/revolution.

Um segundo aspecto atraente desse novo arquivo cultural disponibilizado é seu caráter multimídia. O professor que conta apenas com uma máquina Xerox fica restrito a textos escritos e estáticos (e talvez a imagens com resolução precária). Agora, os professores podem envolver seus alunos em análises de centenas de imagens em movimento antigas, colocadas online pela Biblioteca do Congresso, em discursos e histórias orais disponíveis na National Gallery of Recorded Sound, que a Universidade Estadual de Michigan está começando a reunir, e em centenas de milhares de fotos históricas.[15]

Em terceiro lugar, a digitalização de documentos permite aos estudantes examiná-los com ferramentas eletrônicas maleáveis, conduzindo pesquisas que facilitam e transformam o processo de investigação. Por exemplo, a American Memory Collection oferece mecanismos de pesquisa que operam dentro de coleções e também de uma coleção a outra; se alguém está pesquisando cultivos em parceria nos milhares de transcrições de entrevistas que constam do arquivo do Federal Writers Project, a busca rapidamente poderá encontrar (e levar você até) cada uma das menções a "cultivo em parceria" de cada uma dessas transcrições. De modo similar, buscas por palavras-chave como "raça" ou "etnia" revelam padrões interessantes e *insights* inesperados em relação à linguagem e aos pressupostos vigentes hoje em dia. Em outras palavras, os mecanismos de pesquisa não só ajudam os estudantes a encontrarem o que estão procurando; também permitem que examinem padrões de uso de palavras e de construção de linguagem em um documento e entre diversos documentos.

Atividades desse tipo – busca, exame de padrões, descoberta de conexões entre artefatos – são todos aparentados aos processos autênticos de pensamento de historiadores e acadêmicos que se dedicam ao estudo da sociedade e da cultura. As mídias digitais, além de darem acesso flexível a esses recursos, também tornam visíveis os contextos dos arquivos, que normalmente passam despercebidos, e é a partir

---

[15] LIBRARY OF CONGRESS. *Inventing Entertainment: The Early Motion Pictures and Sound Recordings of the Edison Companies*. Disponível em: http://memory.loc.gov/ammem/edhtml/ed home.html. Sobre planos para a National Gallery of Recorded Sound, ver http://www.hnet.msu.edu/about/press/ngsw.html.

deles que os sentidos interpretativos são formados. "Todos sabem que o passado era maravilhosamente complexo", observa o historiador Ed Ayers. "Na prática convencional, os historiadores vão obscurecendo suas escolhas e concessões à medida que filtramos evidências usando crivos cada vez mais refinados de anotações, narrativas e análises, conforme os padrões abstratos assumem uma fixidez própria. Um arquivo digital, ao contrário, relembra-nos toda vez que o consultamos das conexões que não estamos fazendo, das complicações do passado."[16]

A combinação desse maior acesso com o desenvolvimento de poderosas ferramentas digitais de busca tem o potencial de transformar a natureza e a escala da relação dos alunos com o próprio material. Talvez pela primeira vez, ela permite ao estudante inexperiente entrar nos arquivos e se envolver em tipos de atividade dentro deles que apenas estudantes avançados costumavam ser capazes de dominar.[17] Claro que a natureza de seu contato com materiais e processos primários ainda está no nível de um estudante iniciante. A oportunidade única que os arquivos eletrônicos, simulados, propicia é a de criar experiências abertas, porém guiadas, que seriam difíceis ou impossíveis de recriar na maior parte dos ambientes de bibliotecas de pesquisa. Também liberta estudantes e professores da tradicional dependência do próprio lugar em que estão para poderem realizar pesquisas de primeira mão, sociais, políticas ou históricas. Ou, talvez mais importante, significa que estudantes podem comparar mais prontamente sua comunidade com outras, mais distantes.

A tarefa de criar essas experiências abertas, porém guiadas, depara com obstáculos. Os professores devem não apenas aprender a usar a nova tecnologia, mas passar também um tempo explorando os arquivos digitais (talvez junto a bibliotecários da escola), a fim de aprender o que

---

[16] AYERS, Ed. The Futures of Digital History. Trabalho não publicado apresentado no encontro da Organization of American Historians, Toronto, abr. 1999.

[17] Sobre o "inexperiente no arquivo", ver BASS, Randy. Engines of Inquiry: Teaching, Technology, and Learner-Centered Approaches to Culture and History. *In*: AMERICAN STUDIES CROSSROADS PROJECT. *Engines of Inquiry: A Practical Guide for Using Technology in Teaching American Culture*, 1997, que pode ser encomendado em http://www.georgetown.edu/crossroads.

há neles e avaliar o que os alunos podem aprender ali. A elaboração de atividades de pesquisa eficazes exige conhecimento do assunto, dos documentos, do arquivo, e habilidade para introduzir os alunos no processo de pesquisa. Implementar abordagens de pesquisa na sala de aula consome um tempo considerável da aula, que os professores às vezes relutam em ceder. E o processo de pesquisa, por definição, não é fácil de controlar; os alunos provavelmente vão dar respostas inesperadas. Na melhor das hipóteses, porém, as tecnologias das novas mídias podem ajudar a tornar visíveis e acessíveis aos estudantes os "processos intermediários do conhecimento histórico", em parte porque ajudam os alunos a abordarem a solução de problemas e a construção de conhecimentos como processos abertos, passíveis de revisão, e em parte porque fornecem ferramentas que dão aos professores – como aprendizes especializados – uma visão dos processos de pensamento dos estudantes.[18]

Juntando leitura e escrita por meio da interação online

Uma dimensão muito importante de "tornar o pensamento visível" é juntar leitura e escrita por meio da escrita online e do diálogo eletrônico. Os benefícios da escrita e do diálogo para a aprendizagem do estudante já estavam bem estabelecidos antes do surgimento dos computadores e da internet. Ao longo das últimas décadas, educadores em várias disciplinas e nos diversos níveis do ensino passaram a acreditar que uma educação significativa envolve os alunos não apenas como receptores passivos dos conhecimentos ministrado pelo professor, mas também como contribuidores ativos no processo de aprendizagem. Um dos elementos-chave nessa pedagogia é a importância da discussão e da interação dos estudantes, com o professor e entre eles, que oferecem oportunidades para que os estudantes articulem, troquem e aprofundem sua aprendizagem. Educadores de uma ampla variedade de contextos praticam variações desse processo.

---

[18] WINEBURG, Sam. The Cognitive Representation of Historical "Texts". *In*: LEINHARDT, G.; BECK, I. L.; STANTON, C. (ed.). *Teaching and Learning in History*. Hillsdale, N.J.: Erlbaum Associates, 1994, 85. Ver também COLLINS, Allan; BROWN, John Seeley; HOLUM, Ann. Cognitive Apprenticeship: Making Thinking Visible. *American Educator*, p. 6-11, 38-46, Winter 1991.

Mas o surgimento de mídias, ferramentas e redes digitais multiplicou as possibilidades. O e-mail, as listas de discussão eletrônicas e os murais da web podem dar apoio e melhorar essas pedagogias, pois criam novos espaços para conversas em grupo.[19] Uma das maiores vantagens de usar a interação eletrônica é que ela envolve o processo de escrita, o que pode facilitar o pensamento complexo e a aprendizagem, assim como a construção de habilidades relacionadas. Essas vantagens podem ser combinadas com o potencial das discussões eletrônicas de trazer estudantes que permanecem em silêncio para uma discussão cara a cara. A interação online também se mostrou eficaz para ajudar a construir conexões entre a aprendizagem baseada em conteúdos e as habilidades de letramento (leitura e escrita), que com excessiva frequência são tratadas separadamente.

As ferramentas de discussão online também incentivam a noção de comunidade e o diálogo. Um diálogo ativo, guiado, ajuda a envolver os estudantes nos processos de produção do conhecimento, em testar e ensaiar interpretações e comunicar suas ideias aos outros em modos públicos. As ferramentas de diálogo online têm ainda a vantagem de ajudar os estudantes a fazerem conexões além da sala de aula, seja melhorando o estudo da história regional e nacional por meio de conexões com alguma outra sala de aula em outro lugar dos Estados Unidos, seja ajudando a expandir os currículos de Estudos Sociais globais por meio de programas de "amigos" por correspondência com estudantes de outras partes do mundo. O Postcard Geography é um projeto simples, organizado por meio da internet, no qual centenas de turmas (particularmente turmas da escola elementar) aprendem geografia trocando cartões-postais (reais e virtuais, comprados e gerados em computador). Um professor de escola elementar do Alabama

---

[19] No nível da graduação, uma das maiores vantagens de usar a interação eletrônica é que ela aumenta a quantidade de tempo que os estudantes ficam focados e interagindo a respeito do assunto. Outra vantagem é a oportunidade para uma discussão assíncrona: os estudantes podem se envolver na conversa de acordo com as próprias agendas, em vez de fazê-lo apenas no momento em que o professor e outros estudantes estão disponíveis. Por enquanto, esses usos são menos pertinentes para o contexto do ensino primário e secundário do que outros benefícios da interação online que estamos descrevendo.

observou o efeito estimulante desse projeto em seus alunos de escola rural, que "não saem de sua cidade, muito menos de seu estado ou país!".[20] Na Escola Secundária North Hagerstown, em Maryland, os alunos montam discussões online sobre questões como a crise em Kosovo, envolvendo-se em diálogos entre eles e com colaboradores mais distantes – do Brooklyn a Belgrado.[21]

Projetar espaços públicos construtivistas para a aprendizagem

A terceira dimensão de nossa estrutura está intimamente conectada tanto à escrita online quanto a atividades de pesquisa: trata-se do uso de espaços construtivistas virtuais como ambientes para os estudantes sintetizarem sua leitura e escrita por meio de produtos públicos. Assim como ocorre com outros usos das novas tecnologias, as vantagens das apresentações públicas de trabalhos de estudantes são bem conhecidas. Mas, de novo, as novas tecnologias – em particular a emergência da web como espaço público acessível a todos – têm incentivado muito uma prática já existente. Ambientes virtuais oferecem muitos níveis de espaço público que ajudam a tornar o pensamento visível e a levar os estudantes a desenvolverem um senso mais forte de responsabilização pública por suas ideias. A criação e a construção de projetos públicos são outra manifestação dessas pedagogias públicas, e envolvem os estudantes de modo significativo na concepção e construção de produtos do conhecimento como parte crucial do processo de aprendizagem.

No uso de novas tecnologias de mídia nas áreas de cultura e história, as abordagens "construtivistas" e "construcionistas" propiciam meios para que os estudantes tornem público o seu trabalho nos espaços das novas mídias, como parte de seu processo de aprendizagem. Esses trabalhos vão desde a construção individual de páginas da web à participação em grandes projetos colaborativos já em andamento, que envolvem muitos estudantes e professores ao longo de vários anos de

---

[20] Ver http://www.internet-catalyst.org/projects/PCG/postcard.html.

[21] Ver http://www.fred.net/nhhs/html/newspage.html.

desenvolvimento.[22] Por exemplo, em uma escola primária da Virginia, alunos de quinta série que estudavam culturas do mundo foram construindo a cada ano uma "ala" diferente de um museu virtual, pesquisando e anotando artefatos culturais e depois montando tudo isso online. De modo similar, alunos de sexta série de uma escola secundária da Filadélfia trabalharam de perto com um museu local para criar um CD-ROM sobre a Mesopotâmia, usando imagens e recursos do acervo do museu.[23] Alunos de sétima série em Arlington, Virginia, publicaram um *Jornal da Guerra Civil* online, com fotos de Matthew Brady obtidas na Biblioteca do Congresso junto às próprias análises e fotos.[24] Projetos mais ambiciosos construídos por estudantes podem evoluir ao longo de vários anos e conectar estudantes de maneira mais íntima às suas comunidades, como em St. Ignatius, Montana, onde alunos de ensino médio ajudaram a criar um arquivo online da comunidade.[25]

O poder do ambiente digital para projetos desse tipo vem não só de sua natureza pública, mas também das capacidades das ferramentas eletrônicas de representar o conhecimento de maneiras não lineares e por meio de múltiplas mídias e múltiplas vozes. As ferramentas digitais são capazes de representar conexões e relações complexas e de tornar disponíveis e manipuláveis grandes volumes de informação. Estamos

---

[22] O *construtivismo* implica uma teoria de aprendizagem que enfatiza a criação ativa de conhecimento por quem aprende, mais do que a transmissão de informação e conhecimento pelo professor. Um segundo sentido de construtivismo, também chamado às vezes de *construcionismo*, é a extensão de abordagens construtivistas que enfatizam a construção de objetos de conhecimento. "Construcionismo", como definido por Yasmin Kafai e Mitchel Resnick, "sugere que aqueles que aprendem são particularmente propensos a elaborar novas ideias quando estão ativamente envolvidos na produção de algum tipo de artefato exterior [...] sobre o qual possam refletir e que possam compartilhar com os outros" (KAFAI; RESNICK (ed.). *Constructionism in Practice: Designing, Thinking, and Learning in a Digital World.* Mahwah, N.J.: Lawrence Erlbaum Associates, 1996, 1).

[23] http://www.fcps.k12.va.us/VirginiaRunES/museum/museum.htm; Daniel Sipe, Apresentação no NMC, Nova York, jul. 1997.

[24] Ver http://www.wms-arl.org/amf1/student.htm.

[25] Ver http://206.252.235.34/projects/local.htm. Para uma taxonomia de projetos construtivistas de estudantes, com links para exemplos desenvolvidos em escolas e faculdades, ver http://www.georgetown.edu/crossroads/constructive.html.

apenas começando a compreender como usar as ferramentas digitais em abordagens construcionistas da aprendizagem, que ajudem os estudantes a adquirirem e expressarem a complexidade da cultura e do conhecimento histórico. Projetos construcionistas realizados por alunos oferecem uma síntese de recursos e habilidades expressivas potencialmente muito rica; combinam recursos arquivísticos e de bancos de dados com ferramentas de conversação, colaborativas e dialógicas, em contextos digitais caracterizados por hipertexto e outros modos de descobrir e representar relações entre objetos de conhecimento.

O que evitar: riscos ao longo das fronteiras eletrônicas

Todos esses objetivos têm forte apelo, e já começam a aparecer algumas experiências encorajadoras, embora ainda preliminares, que sugerem que a tecnologia pode nos ajudar a alcançá-los. Mas seria imprudente, ou mesmo perigoso, sugerir que a tecnologia é uma panaceia para os problemas do ensino de história e ciências sociais ou que qualquer dessas abordagens seja fácil de implementar. Na realidade, o perigo mais sério da introdução de tecnologia na sala de aula é a suposição equivocada de que ela sozinha seja capaz de transformar a educação. Uma aplicação unilateral de soluções tecnológicas ao ensino certamente será um desastre, tanto quanto aplicar soluções unilaterais à agricultura ou ao manejo florestal. Como a primeira geração de engenheiros florestais aprendeu muito bem, qualquer mudança em um ambiente complexo precisa ser pensada ecologicamente.[26] Novas abordagens amparadas em tecnologia – seja de aprendizagem baseada em pesquisa, seja de exercícios construcionistas feitos por alunos – devem ser introduzidas com muito cuidado dentro do contexto das abordagens de ensino existentes e dos cursos e atividades existentes. Que atividades já estão funcionando bem? De que maneira uma nova atividade vai alterar o equilíbrio geral de um curso? De que modo novas abordagens se manifestam e repercutem em um currículo ou em uma escola?

---

[26] Sobre os problemas do florestamento científico, ver SCOTT, James C. *Seeing Like a State: How Certain Schemes to Improve the Human Condition Have Failed*. New Haven: Yale University Press, 1998. p. 11-22.

Ao levantarmos essas questões, devemos também lembrar a nós mesmos que só devemos usar tecnologia quando ela puder dar uma clara contribuição à aprendizagem em sala de aula. Algumas estratégias de ensino, por exemplo, funcionam melhor com materiais tradicionais. Um professor que faça seus alunos anotarem regras de importância histórica em folhas de papel-jornal para serem espalhadas pelas paredes da sala de aula pode achar que a presença visual delas é mais forte ali do que no site da turma na internet. Em termos mais gerais, a tecnologia é mais bem aplicada em propiciar uma compreensão mais profunda de alguns tópicos cruciais por meio de pesquisa e trabalhos construcionistas, do que quando é implantada para atender à demanda de cobrir certos assuntos com base nos parâmetros adotados.

Temos de avaliar sempre se as novas tecnologias atendem aos objetivos que escolhemos como ponto de partida, pois isso nos permite ficar atentos a situações em que a tecnologia pode atuar na direção oposta da pretendida. É importante reconhecer que, embora existam muitas experiências positivas com a tecnologia, as quais podemos aproveitar, há também um vasto corpo de exemplos negativos, a partir dos quais podemos também extrair lições. Os exemplos mais óbvios são o considerável volume de software educacional que promove a passividade em vez da tão prometida "interatividade". Uma das grandes vantagens das mídias digitais – a capacidade de incorporar som e vídeo a textos e imagens – é também um dos maiores problemas, pela tentação de transformar a história em comerciais de TV nos quais a vivacidade da mídia sobrepuja a necessidade de um contato sustentado com ideias complexas. É o caso de algumas extravagâncias multimídias de vários milhões de dólares, que oferecem múltiplas interpretações de assuntos sem dar ao usuário nenhuma noção de quais interpretações são mais plausíveis, e que não oferecem nenhum nível real de interatividade que incentive um pensamento ativo e crítico.

Algumas dessas precariedades estavam presentes também nos piores CD-ROMs que já apareceram no mercado no início e em meados da década de 1990. Em muitos deles, a noção de multimídia era apenas uma voz lendo as palavras que já apareciam na tela. Um CD-ROM (vendido a 395 dólares) mostrou ser apenas uma tira de filme com imagens estáticas recicladas – pior ainda, de um filme de

25 anos atrás.[27] Tais usos da mídia digital promovem a mesma enfadonha memorização de fatos da qual várias gerações de estudantes têm se queixado, e fazem desperdiçar os escassos fundos das escolas com produtos educacionais que são verdadeiros trambiques.

A pressão de fornecedores de produtos comerciais leva a uma cilada parecida, isto é, inclina os sistemas escolares a investirem em equipamento, software e treinamento tecnológico meticulosamente concebidos, à custa de um investimento no desenvolvimento profissional que permitiria um uso sensato da nova tecnologia. Computadores são máquinas caras e delicadas, que costumam quebrar e exigem manutenção recorrente. O rápido desenvolvimento dessa área significa que os laboratórios de computação não demoram a ficar desatualizados. Estabelecer conexões à internet em salas de aula é algo caro e às vezes difícil, particularmente em prédios escolares mais antigos. O software também pode ser dispendioso, e as constantes atualizações exigidas para ficar em dia com os novos recursos criam a necessidade de dispor de uma equipe apta a prestar consultoria em tecnologia. Oferecer um desenvolvimento eficaz à equipe de professores ao longo de todo o sistema educacional é um acréscimo de custo significativo ao valor da compra de equipamentos. As despesas somadas de instalar, manter e dar suporte a um uso eficaz de laboratórios de computação podem ser imensas. E, como Diane Ravitch aponta com razão, "os bilhões gastos em tecnologia representam dinheiro não gasto em música, arte, bibliotecas, manutenção e outras funções essenciais".[28]

Esses custos pesam de maneira desigual nas diferentes escolas, sistemas escolares e comunidades – o que é outra ameaça crucial das novas tecnologias. Escolas e faculdades com poucos recursos passam maus bocados para levantar fundos que paguem o preço exigido pelas novas tecnologias. Embora os programas de subvenções federais, estaduais e corporativas sejam úteis, não são suficientes, e geralmente bancam apenas o hardware, e não a manutenção ou o desenvolvimento de pessoal.

---

[27] Sobre CD-ROMs de história, ver ROSENZWEIG, Roy. So What's Next for Clio? CDROM and Historians. *Journal of American History*, p. 1621-1640, Mar. 1995.

[28] RAVICH, Diane. The Great Technology Mania. *Forbes*, Mar. 23, 1998. Disponível em: http://www.forbes.com/forbes/98/0323/6106134a.htm.

Como resultado, as escolas e faculdades que atendem a comunidades pobres ou de classe trabalhadora ficam atrasadas na efetiva implementação de tecnologia. E seus alunos — com uma grande proporção de afro-americanos e latinos — são os que sofrem mais. Segundo o relatório mais recente do Centro Nacional de Estatística Educacional, 51 por cento das salas de aula de escolas públicas têm acesso a internet. Mas em escolas com número maior de alunos pobres ou de minorias, o número cai a menos de 40 por cento. Essa disparidade também está presente em faculdades e universidades. Enquanto 80,1 por cento de todos os alunos que ingressam em faculdades particulares de elite reportam que fazem uso regular de computadores, entre alunos que entram em faculdades historicamente frequentadas por negros esse índice cai para apenas 41,1 por cento. Em muitas faculdades, os alunos que vêm de sistemas escolares com poucos recursos terão de acrescentar a tecnologia à longa lista de desafios educacionais e sociais que precisarão enfrentar. Existe uma ameaça real — e que de várias maneiras é crescente — de que a nova tecnologia aumente a já imensa estratificação das oportunidades educacionais em todo o país. De fato, o mais recente relatório nacional sobre a segmentação digital indica que o uso de tecnologia continua dividido ao longo de linhas tanto de classe quanto de raça.[29] E o problema é mais grave ainda no plano internacional.

Por fim, há ainda o perigo maior de que educadores, pais e direções de escolas passem a encarar a tecnologia como um fim em si, e não como um meio de alcançar uma melhor aprendizagem por parte dos alunos.

---

[29] U.S. DEPARTMENT OF EDUCATION; NATIONAL CENTER FOR EDUCATION STATISTICS. Internet Access in Public Schools and Classrooms: 1994-98. Feb. 1999. Disponível em: http://nces.ed.gov/pubs99/1999017.html. Ver também NATIONAL TELECOMMUNICATIONS AND INFORMATION ADMINISTRATION; U.S. DEPARTMENT OF COMMERCE. *Falling Through the Net: Defining the Digital Divide*. July 1999. Disponível em: http://www.utia.doc.gov/ntiahome/digitaldivide/; e ATTEWELL, Paul; BATTLE, Juan. Home Computers and School Performance. *The Information Society*, v. 15, n. 1, p. 1-10, 1999, que constata que estudantes que têm computadores em casa tiram notas mais altas nas provas mesmo levando em conta a renda familiar, mas que crianças de lares de nível socioeconômico mais alto (e brancas) mostram ganhos educacionais maiores com computadores domésticos do que crianças de status socioeconômico mais baixo (e de minorias).

A tecnologia pode atuar como um poderoso narcótico, levando-nos a acreditar que estamos ensinando os alunos pelo simples fato de colocar máquinas na sala de aula. Os problemas intelectuais e pedagógicos mais árduos – ensinar alunos a avaliar a qualidade da informação, a lidar com evidências conflitantes, a desenvolver moldes de análise – fazem parte tanto dos ambientes impressos quanto dos digitais.

O que temos a seguir? Rumo à aprendizagem dos alunos

Como seria de esperar, nossas recomendações para o futuro têm por base nossa experiência com esse histórico de uma década de aplicação de tecnologia digital às salas de aula de história e estudos sociais.

Primeiro, gostaríamos de ressaltar a necessidade de um renovado compromisso nacional em assegurar que os benefícios das novas tecnologias sejam compartilhados igualmente por todos. Muitas outras pessoas têm defendido esse mesmo ponto de vista, portanto há pouca necessidade de insistir com ele aqui.

Segundo (e embora estejamos ainda combatendo moinhos de vento), gostaríamos de argumentar que o formato das avaliações precisa ser revisto para tornar possível medir com precisão a aprendizagem no ambiente das novas mídias. No presente momento, os padrões de avaliação tendem a obstruir a integração da tecnologia ao ensino. Enquanto a avaliação, como ocorre na maioria dos estados, continuar apoiada em tecnologia anterior ao século XX (isto é, caneta e papel) e tendo foco no conteúdo e no conhecimento factual, os professores se mostrarão compreensivelmente relutantes em adotar estratégias que aproveitem o potencial da tecnologia em promover uma compreensão mais profunda. Mas, se a avaliação for orientada para que reflita uma compreensão mais profunda da leitura, da interpretação e dos processos de argumentação, bem como daquilo que os alunos precisam saber no século XXI – o que inclui como usar a internet e os computadores para pesquisar, analisar e apresentar informações –, então a integração da tecnologia aos estudos sociais e outros currículos acadêmicos poderá ser imensamente incentivada.

Terceiro, achamos que os professores precisam de mais ferramentas e apoio para poder usar os recursos eletrônicos de maneira ativa e crítica. Os professores valorizam sites do tipo *gateway* [intermediadores de links e informações], porque oferecem pontos de partida confiáveis, mecanismos de filtragem e currículos de amostra para uso da web.[30] Além disso, como muitos professores também são de certo modo novatos nos arquivos, eles carecem de linhas gerais para avaliar e analisar material de fontes primárias. Também precisam dispor de ferramentas de software que permitam aos seus alunos colaborarem eletronicamente com facilidade. E também de acesso a software e hardware que tornem os projetos construcionistas dos alunos factíveis em múltiplos ambientes. Esses ambientes de software têm de permanecer abertos e flexíveis, em vez de proceder de documentos-padrão do tipo "um tamanho único para todos", que já pressupõem o domínio de certos estilos ou abordagens de ensino.

Em quarto lugar, os professores precisam de programas sólidos de desenvolvimento pessoal que lhes permitam reformatar suas ferramentas para encarar o futuro eletrônico. Os bilhões de dólares investidos em preparar escolas para o século XXI têm sido destinados (e continuam sendo) quase exclusivamente a hardware e conexões. Quando os professores não recebem o treinamento e o apoio necessários, os laboratórios de computação muitas vezes acabam acumulando poeira, ou então são usados como sofisticados laboratórios para digitação de textos. Para que haja um progresso significativo nesse campo, é preciso dar à subvenção de desenvolvimento profissional uma prioridade igual à da subvenção de software. Mas não se trata apenas da quantidade do desenvolvimento disponível para o corpo docente; há também uma questão de qualidade. O mais comum é que o desenvolvimento profissional em tecnologia seja realizado com um foco estreito na construção de habilidades ou na familiarização dos professores com determinadas aplicações de software. O formato mais comum de desenvolvimento de professores é o de uma oficina de duas a quatro horas de duração, conduzida por pessoal de apoio em tecnologia, que em geral é muito competente em questões técnicas, mas pouco familiarizado com os mais recentes enfoques sobre

---

[30] Para dois exemplos de *gateways*, ver American Studies Electronic Crossroads (http://www.georgetown.edu/crossroads/) e History Matters: The U.S. Survey Course on the Web (http://historymatters.gmu.edu).

conteúdo disciplinar e metodologia de ensino. Nossa experiência e o *feedback* que recebemos de nossos colegas sugerem que é fundamental desenvolver uma abordagem diferente.

Em particular, gostaríamos de incentivar os líderes dessa área a criar, nutrir e dar apoio a abordagens de desenvolvimento profissional enraizadas nos problemas e nas experiências da prática diária em sala de aula, isto é, construídas diretamente a partir da *expertise* dos professores em ambientes não tecnológicos, e que possibilitem aos professores adaptarem suas habilidades a um novo contexto. Eles precisam ter contato com as reais necessidades da sala de aula, ajudar os professores a encontrar caminhos para usar a tecnologia na solução de velhos problemas, a fazer melhor seu trabalho e a alcançar com maior eficácia os objetivos que traçaram para os seus cursos e seus alunos. E devem encaminhar os professores para implementação, teste e experimentação dentro da sala de aula, com alunos reais em situações reais de sala de aula. Além disso, o desenvolvimento profissional deve envolver um processo sustentado e recorrente. Em vez de uma única oficina, o desenvolvimento profissional eficaz em tecnologia deve se estender ao longo do tempo e oferecer várias oportunidades para os professores poderem realizar idas e vindas entre as oficinas iniciais de treinamento, os testes em sala de aula e os seminários voltados à reflexão, em que possam articular e analisar coletivamente seus experimentos com os recursos da nova tecnologia.

Tais abordagens vão se beneficiar elas próprias dos usos eficazes da tecnologia. Um dos efeitos mais estimulantes da internet para os professores tem sido a erosão do isolamento que tradicionalmente aflige o professor na sala de aula. Os professores com os quais temos trabalhado na Crossroads, na New Media Classroom e no programa da American Memory ganharam um conjunto mais amplo de colegas do que era possível antes. Eles se consultam regularmente sobre como ensinar uma determinada matéria ou como organizar uma atividade particular. Outros professores têm desenvolvido relacionamentos de apoio mútuo com professores ao redor do país que eles nunca encontraram pessoalmente, mas com os quais conversam por meio de listas como H-High, H-Teach, os fóruns da Talking History patrocinados pelo History Matters, ou então o Highroads, patrocinado pela Crossroads. Em alguns desses ambientes, um professor de ensino médio em Kansas

City pode obter um conselho sobre os mais recentes desenvolvimentos em história das mulheres de uma acadêmica destacada como Gerda Lerner ou se informar sobre atividades bem-sucedidas realizadas por um premiado professor de ensino médio da Virginia. O ambiente de informações muitas vezes caótico da web também incentiva os professores a forjarem parcerias com bibliotecários de escolas, que podem contribuir com habilidades particulares na avaliação de informações.

Quinto, considerando a dificuldade de alterar esses padrões de desenvolvimento profissional arraigados, faz sentido concentrar esforços para que essa instrução se dê não só previamente, mas também durante da aplicação dos serviços. Tais esforços – como evidenciado tanto nos currículos educacionais quanto nos requisitos estatais de certificação – precisam ir consideravelmente além desses cursos sobre novas mídias e métodos de ensino. O que os futuros professores mais precisam é de cursos baseados em disciplinas, nos quais a tecnologia esteja integrada ao conteúdo do curso. Cursos nesses moldes permitirão que os professores entendam esses "arquivos ao alcance de um clique" não como uma maneira de trazer a biblioteca até a porta da sua casa, mas como uma mudança fundamental na maneira como a sociedade lida com o conhecimento – a sua acessibilidade e o que é possível fazer com ele. Além do mais, os professores só farão uso eficaz dos vastos arquivos agora acessíveis se compreenderem, por exemplo, a natureza da evidência e da argumentação histórica ou outros contextos da disciplina para o uso das novas mídias.[31] Em termos gerais, educar os professores para um uso eficaz da tecnologia deve ir bem além do simples treinamento em software ou em técnicas de implementação, e incluir uma iniciação nos hábitos de uma prática reflexiva, que possibilitará que se adaptem e inovem em novos ambientes de aprendizagem ao longo de suas carreiras, mesmo que as tecnologias e aplicações específicas mudem.

Sexto, precisamos reconhecer que estamos ainda no ponto inicial da apropriação seletiva de nova tecnologia e que precisamos de uma pesquisa séria na sala de aula sobre o que funciona e o que não funciona. Parte dessa pesquisa precisa vir de pesquisadores profissionais de

---

[31] Ver WINEBURG, Sam. Historical Thinking and Other Unnatural Acts. *Phi Delta Kappan*, n. 80, p. 488-499, Mar. 1999.

educação. Mas também acreditamos que a pesquisa possa ser combinada com desenvolvimento profissional quando o professor se tornar o pesquisador. O apoio a essa recomendação vem de abordagens que começaram a aparecer no nível universitário sob a rubrica de "estudos acadêmicos sobre o ensino" e que estão começando a ser exploradas também no nível pré-universitário.

Mas, quaisquer que sejam as abordagens adotadas, elas têm de voltar sempre aos primeiros princípios e levar-nos a questionamentos do seguinte tipo: o que estamos tentando conseguir na sala de aula de História e Estudos Sociais? A tecnologia pode ajudar a tornar isso possível? Uma maneira de manter esse mantra na mente é lembrar a velha piada do homem que trabalhava numa fábrica e saía de lá todo fim de tarde com um carrinho de mão cheio de palha. Toda vez que ia embora da fábrica e passava pelo portão, o guarda vasculhava a palha achando que o homem estava roubando alguma coisa. Depois de 20 anos, o homem decidiu largar o emprego, e foi saindo, como sempre, com o carrinho de mão cheio de palha. O guarda então vira-se para o homem e diz:

"Durante 20 anos o senhor saiu daqui todo dia com um carrinho de mão cheio de palha. Durante 20 anos, todo fim de tarde, vasculhei a palha e não achei nada. Eu sei que o senhor andou roubando alguma coisa. Esse é seu último dia. Para saciar minha curiosidade, o senhor precisa me contar: o que foi que roubou esses anos todos?"

O homem responde: "Os carrinhos de mão!".

Se essa piada fosse usada como analogia, então a tecnologia corresponderia à palha. É apenas o recurso que nos ajuda a carregar para fora algo mais valioso (o carrinho). E quais são as coisas mais valiosas que estamos tentando levar? São, é o que defendemos, a melhoria da aprendizagem por meio da interação e do diálogo; uma abordagem cada vez mais expansiva, inclusiva e socialmente consciente do estudo da história, da sociedade e da cultura; e a elevação dos nossos padrões daquilo que é aceito como aprendizagem dos alunos.

CAPÍTULO 6

As potencialidades do hipertexto para as revistas acadêmicas

As mudanças são lentas na vida acadêmica. Se você colocar a *American Historical Review* de 1899 junto a sua edição atual, do final de 1999, constatará que há uma continuidade tranquilizadora. Claro que o conteúdo dos artigos mudou, e o artigo sobre "Corpos crioulos na África do Sul colonial" tomou o lugar de "Legalistas de Connecticut". Os artigos também são um pouco mais extensos, mas não muito. Mas o formato da revista e os artigos em grande parte não mudaram – as monografias estão nas primeiras páginas da revista, as resenhas de livros, nas páginas finais; há notas no rodapé da página; são cerca de 500 palavras por página; os artigos colocam sua declaração principal no início e as conclusões no final. Se J. Franklin Jameson[1] ressuscitasse dos mortos (soube que uma mulher ligou uma vez para a American Historical Association para relatar que estava "canalizando" o espírito do antigo editor), ele seria capaz de retomar suas atribuições sem muita dificuldade.

A sabedoria popular nos indica que os computadores e a internet vão mudar tudo isso rapidamente. Mas como será que os acadêmicos e, em particular, as revistas acadêmicas vão "digerir" a nova tecnologia? É com isso que estivemos lidando nos dois últimos anos, eu e meus colegas do Center for History and New Media, da Universidade George Mason, e mais duas prestigiosas publicações de ciências humanas – *Journal of American History* e *American Quarterly*. Dentro de um espírito *à la* Mickey

---

[1] John Franklin Jameson (1859-1937), historiador, foi o primeiro editor da *American Historical Review*, além de presidente da American Historical Association. (N.T.)

Rooney de "Produzir algo de impacto", decidimos tentar algumas coisas em edição eletrônica, em vez de simplesmente apresentar mais teorizações a respeito de qual será o aspecto do ciberfuturo. Gostaria de examinar o que aprendemos ali, como uma maneira de examinar o que temos pela frente.

Nossos esforços, é claro, apoiaram-se nos consideráveis (e mais bem financiados) experimentos que já haviam sido realizados. Como seria de esperar, as mudanças mais rápidas foram as que ocorreram em revistas de ciência e tecnologia, nas quais parece que publicações apenas em versão eletrônica serão cada vez mais comuns. Nessa área, o modelo de publicação instantânea introduzido pioneiramente por Paul H. Ginsparg – físico do Laboratório Nacional de Los Alamos, cujo banco de dados de artigos científicos cresce à taxa de 25 mil por ano – tem sido particularmente influente. No ano passado, por exemplo, o Instituto Nacional de Saúde anunciou planos para o PubMed Central, um arquivo online similar de artigos acadêmicos das ciências biológicas.

Várias revistas eletrônicas – cobrindo assuntos tão diversos como crítica textual da Bíblia e cultura pós-moderna – também surgiram na área de ciências humanas. Mas as revistas de humanidades impressas provavelmente sobreviverão, em parte pela importância dos artigos narrativos ou discursivos (em oposição a relatórios de achados de pesquisa), que costumam ser consumidos no ritmo das horas de lazer, longe da tela do computador. E os que se dedicam à área de humanidades não dão importância às últimas movimentações acadêmicas da mesma maneira como o fazem os físicos ou os médicos. As reflexões de um ano atrás a respeito de Jane Austen ainda se mostram bem mais atraentes para pessoas da área de humanas do que pode ser para os cientistas um estudo sobre reações adversas a uma medicação que tenha sido publicado há um ano. Pelo menos até que outras inovações na exibição em tela tornem mais fácil a leitura num computador, os experimentos mais importantes provavelmente serão híbridos, nos quais a publicação digital funcione como complemento à versão impressa.

Não vai demorar muito, é o que parece provável, até que toda revista impressa tenha seu clone eletrônico. Na realidade, esses clones já existem, mesmo para muitas revistas que não os tenham criado explicitamente. Empreendimentos comerciais como o ProQuest, da

Bell & Howell, e o Northern Light oferecem versões eletrônicas de artigos individuais, extraídos de centenas de revistas acadêmicas – e com isso "desmembram" produtos que foram cuidadosamente reunidos pelos editores das revistas. Não há nenhuma edição eletrônica ostensiva do *Journal of Modern History*, mas você pode lê-la online por meio do ProQuest.

Tais mudanças, porém, não alteram o produto intelectual essencial oferecido pelas revistas. Pergunto: a mídia eletrônica permite-nos fazer algo diferente daquilo que as revistas fizeram ao longo do século passado?

Uma oportunidade óbvia é para o que eu chamaria de "suplemento digital", que nos permite aproveitar o baixo custo do armazenamento digital para disponibilizar materiais de interesse de públicos especializados, mas que não podem ser oferecidos impressos de uma maneira economicamente viável. A maior parte do trabalho acadêmico envolve a criação de algum tipo de "arquivo", embora geralmente permaneça guardado no arquivo individual do acadêmico ou em seu computador.

A mesa-redonda promovida, em março de 1999, pelo *Journal of American History* sobre a interpretação da Declaração de Independência em suas diversas traduções era um candidato natural a explorar as possibilidades do suplemento digital. Embora a revista impressa fosse capaz de dedicar um substancial número de páginas à mesa-redonda, não poderia incluir também as muitas versões da Declaração de Independência, traduzidas para diferentes línguas em diferentes épocas, que os autores haviam juntado no processo de escrita de seus artigos. Na World Wide Web (http://chnm.gm.edu/declaration), fomos capazes de incluir essa rica documentação. Quando possível, incluímos também retraduções de volta para o inglês, de modo que os leitores que não dominassem várias línguas pudessem ter uma noção de como alguns conceitos-chave e palavras haviam sido expressos nas traduções.

Dois outros aspectos desse projeto também o tornavam propício para a publicação online. Primeiramente, queríamos que fosse um esforço aberto e em evolução, e demos boas-vindas a contribuições de outras traduções, acompanhadas de comentários a respeito delas. Versões da Declaração de Independência em búlgaro, turco e estoniano parece que estão agora a caminho. Em segundo lugar, dado o caráter internacional do projeto, parecia particularmente apropriado usar a web, uma mídia que nos permitiu atrair um público leitor significativo fora dos Estados Unidos ao longo do ano passado.

Também obtivemos um resultado imprevisto – mas muito significativo: uma audiência mais ampla para uma revista que tradicionalmente tem alcançado apenas historiadores profissionais. Embora não profissionais consultem exemplares da revista em grandes bibliotecas públicas, parece, fortuitamente, que nosso formato de publicação aberta atraiu uma parcela maior de leitores não acadêmicos. Na verdade, todos os e-mails que recebi a respeito da edição vieram de não historiadores. Um professor de Inglês de ensino médio do Texas, por exemplo, escreveu para dizer que iria utilizar as traduções em um exercício na classe sobre a Declaração encarada como literatura.

Tais projetos facilmente definem a maneira como podemos fazer mais online – oferecer documentação mais farta, alcançar audiências maiores. Mas podemos fazer algo diferente? Essa é a distinção que a acadêmica Janet H. Murray propôs em seu livro *Hamlet on the Holodeck: The Future of Narrative in Cyberspace* [Hamlet no Holodeck: o futuro da narrativa no ciberespaço], entre os aspectos "aditivos" e "expressivos" da nova mídia. Ela faz a útil analogia com os primeiros filmes, que eram de início chamados de *photoplays* [algo como "peças de teatro em fotos"] e encarados como adições que combinavam fotografia e teatro. Só quando os cineastas aprenderam a usar técnicas como montagem, close-ups e zooms como parte da narrativa é que as *photoplays* deram lugar a formas novas e expressivas de cinema.

Qual seria o aspecto de uma produção acadêmica que fizesse um uso expressivo, não apenas aditivo, da nova mídia? Esta era a meta de um projeto mais ambicioso que empreendemos com a *American Quarterly* (http://chnm.gmu.edu/aq). Ao montarmos o projeto, quisemos incentivar experimentações na forma, embora mantendo a validação convencional e a revisão por pares que caracteriza uma publicação acadêmica. Mas logo percebemos que seria injusto pedir que as pessoas apresentassem ensaios de hipertexto especulativos. Se nós, como normalmente seria o caso, rejeitássemos vários deles, os autores praticamente não teriam outras revistas para as quais pudessem mandar seu trabalho. O meio-termo que encontramos era convidar pessoas a apresentarem suas propostas para artigos acadêmicos online. De 20 propostas, demos sinal verde para quatro.

Os autores assumiram diferentes abordagens para colocar artigos acadêmicos online. O ensaio de Thomas Thurston, "Hearsay of the Sun: Photography, Identity, and the Law of Evidence in Nineteenth-Century American Courts" [Boatos do sol: fotografia, identidade e a lei das provas nos tribunais americanos do século XIX], faz algo que, à primeira vista, parece simples e direto – mas que raramente, quando muito, consegue-se fazer em trabalhos acadêmicos impressos. Apresenta não apenas um argumento em defesa do estatuto legal da fotografia no século XIX, mas também praticamente todas as evidências que apoiam (ou mesmo que solapam) esse argumento. É possível ler Thurston e é possível *também* ler 42 decisões de corte, artigos e trechos de vários romances e tratados legais. É claro, havendo páginas suficientes (o que não é mero detalhe), isso poderia também ser feito em uma revista impressa.

Mas Thurston nos oferece algo mais: um sistema para linkar perfeitamente argumentos e evidências, digamos, uma nova tecnologia acadêmica. Ele faz isso aproveitando dois aspectos simples dos navegadores da web: a tag "âncora" [*anchor*], que torna possível mandar o leitor diretamente de uma referência até o parágrafo do qual ela se originou, e a "moldura" [*frame*], que permite a Thurston manter todas as peças (argumento, notas de rodapé, fontes, ilustrações) de seu artigo em uma única tela.

O artigo de James Castonguay, "The Spanish-American War in U.S. Media Culture" [A Guerra Hispano-Americana na cultura da mídia dos EUA], também nos oferece uma inovação acadêmica na maneira de conectar evidência e argumento. As "ilustrações" trazem filmes reais, em vez de apenas fotogramas de filmes.

Também para um acadêmico dedicado ao estudo de quadrinhos a web oferece a oportunidade de transcender os limites de uma publicação impressa. Em uma revista impressa, haveria um custo proibitivo em incluir as mais de 50 ilustrações em cores que acompanham o artigo de David Westbrook, "From Hogan's Alley to Coconino County" [De Hogan's Alley a Coconino County]. Além disso, Westbrook possibilita um tipo de interatividade simples que o material impresso dificilmente poderia replicar – estimula o leitor a interagir com a evidência e testar sua capacidade de ver o que um acadêmico experiente vê.

Para termos um bom exemplo, basta dar uma olhada na tira "Hogan's Alley", de Richard F. Outcault, de 20 de setembro de 1896, que mostra uma cena caótica com dezenas de pessoas e animais de estimação amontoados em uma rua secundária da cidade. A legenda de Westbrook, "O garoto como alguém antiautoritário", instiga você a examinar melhor a tira e a pensar por que lhe foi atribuído esse rótulo. Mas, quando você clica na legenda, um quadrado vermelho destaca a parte da tira que Westbrook acha mais reveladora – residentes da classe trabalhadora daquela ruela dando uma surra no funcionário da carrocinha, visto como um símbolo da autoridade pública. Um segundo nível da legenda leva você a uma análise mais detalhada das relações de classe nas tiras de Outcault.

Com esse grau de interatividade e hipertextualidade, Westbrook vai além de prover um corpo de evidência mais rico do que no material impresso, oferecendo um modo diferente de argumentação. Considerado de um ponto de vista linear, seu ensaio tem três seções, sobre "O negócio das tiras", "A cultura da praça do mercado nas primeiras tiras em quadrinhos" e "O público e o enquadramento das primeiras tiras em quadrinhos" ["The Business of the Strips", "The Culture of the Marketplace in the Early Comic Strip" e "Spectatorship and Framing in the Early Comic Strip"] – com um "apêndice" que apresenta todas as ilustrações utilizadas no ensaio. Conceitualmente, porém, Westbrook argumenta que está fazendo algo totalmente diverso. Cada uma das três seções, escreve ele, "aborda o assunto a partir de uma direção diferente e defende uma análise distinta". Mesmo assim, os três enfoques se combinam num único ensaio, "porque nenhum desses enfoques pode se sustentar sozinho", afirma. "Cada um depende de conceitos e observações construídos nos outros dois: para compor um argumento geral a respeito das maneiras como os quadrinhos lidam com conflitos culturais vitais."

No caso do artigo de Louise Krasniewicz e Michael Blitz, "Dreaming Arnold Schwarzenegger" [Sonhando com Arnold Schwarzenegger], as ofertas adicionais online acrescentam bem mais coisas. O ensaio propositalmente desafia uma descrição fácil. Ele é, em parte, uma exploração de nossa cultura das celebridades e do lugar icônico de Schwarzenegger nela, e, em parte, uma discussão do problema da representação, em sonhos e em hipertexto. Como os autores admitem a título de autorreflexão, em última instância "o assunto somos nós".

Essas metas disparatadas explicam por que o site inclui – entre outras coisas – descrições dos 154 sonhos que Krasniewicz e Blitz tiveram com Arnold; comentários breves a respeito de pelo menos 18 de seus filmes; ensaios detalhados sobre dois filmes; 15 capas de revista com Arnold; e dezenas de e-mails de 1995 trocados por Krasniewicz e Blitz com discussões sobre o amor, a vida e Arnold. Mas um arquivo tão exaustivo (e talvez extenuante) não exaure o site, que contém ainda dezenas de links a outros sites, do Laboratório de Neurofisiologia da Universidade Harvard ao site da Arnold Schwarzenegger Classic Body Building Competition, além de múltiplas modalidades de navegação.

Tudo isso parece um pouco caótico, mas, segundo Krasniewicz e Blitz, é exatamente esse o ponto. Eles contam que decidiram ceder à atração do hipertexto porque as formas acadêmicas convencionais (livro, artigo, trabalhos enviados a congressos) não parecem atender às necessidades de seu assunto e de sua análise. "Precisávamos de uma mídia, de um fórum", escrevem eles, "que nos permitisse incorporar não apenas mais componentes formais de pesquisa investigativa, mas também os tipos de descobertas e reflexões que tradicionalmente são relegadas às margens da pesquisa qualitativa". Descobriram no hipertexto "um mecanismo para conectar informações disparatadas da mesma maneira como o sonho opera". Pelo menos para Krasniewicz e Blitz, o hipertexto não é algo que meramente lhes permita fazer um trabalho melhor na representação da totalidade de seu trabalho sobre Schwarzenegger; ele é a *única* maneira de representá-lo.

Coletivamente, portanto, esses quatro ensaios destacam as vantagens potenciais das novas mídias para a apresentação de trabalhos acadêmicos. Mesmo assim, no final das contas, são mais bem-sucedidos como aditivos do que como um uso expressivo das novas mídias. Eles nos dão mais. Mas será que transformaram a natureza ou a qualidade da argumentação acadêmica? O ensaio de Castonguay, por exemplo, é rico em evidências multimídias, mas ainda apresenta o tipo de argumento acadêmico familiar aos leitores de revistas sobre cinema e estudos norte-americanos – uma argumentação sobre a maneira como raça, gênero e imperialismo foram inscritos nos filmes.

Não obstante, talvez em algum nível esse *mais* se torne *diferente*. Como Randy Bass aponta em um dos três comentários sobre o experimento que publicamos na versão impressa do *American Quarterly*, os artigos alteram o tradicional relacionamento acadêmico entre argumento e evidência, entre história e arquivo (particularmente no trabalho de Krasniewicz e Blitz, do qual se poderia dizer que o arquivo é o artigo). Para aqueles de nós que se dedicam a pensar sobre o futuro das publicações eletrônicas, o que talvez seja o aspecto mais importante em relação a esses ensaios é que eles nos instigam a pensar nos problemas intelectuais e práticos de produzir um trabalho acadêmico no ciberespaço.

A não ser que atentemos a esses problemas práticos, a "digestão" da nova tecnologia provavelmente vai causar considerável indigestão.

Uma das questões é a maneira como a condição ainda não assentada da tecnologia aumenta a carga de trabalho dos autores da web. Eles precisam, por exemplo, ser testadores de software, já que as páginas concebidas para Netscape em uma máquina Wintel terão aparência diferente ao serem vistas por meio do Internet Explorer ou num Macintosh. Não se espera, por exemplo, que os autores de versões impressas da *American Quarterly* conheçam detalhes sobre o seu software de editoração de páginas, ao passo que os autores de trabalhos eletrônicos precisam saber bem mais do que isso. Precisam ser também um pouco programadores e designers, possuir uma *expertise* técnica que raramente é aprendida em programas de doutorado em humanidades, além de ter bons critérios para criar um site atraente.

Esses problemas – técnicos, de produção, de design – não preocupam os autores de versões impressas para revistas acadêmicas, especialmente porque tais publicações operam segundo um conjunto convencional de padrões em termos de layout, tipografia e formato, que já eram bem estabelecidos mesmo por volta de 1899. No final, é a ausência de padrões definidos que torna o trabalho acadêmico em hipertexto ao mesmo tempo estimulante e problemático. Padrões são inerentemente conservadores; em parte, são eles que tornam os artigos acadêmicos convencionais tão... convencionais. Mas, embora os padrões possam ser enfadonhos, também tornam os artigos acadêmicos mais fáceis de ler, pelo menos para aqueles que dominam os "códigos". A maioria dos acadêmicos consegue rapidamente captar os pontos principais de um artigo acadêmico – é capaz de localizar rapidamente a tese nas primeiras páginas; as conclusões nas duas últimas páginas; e ter uma noção das fontes utilizadas com uma rápida olhada nas notas de rodapé.

Essas habilidades de leitura não têm muito valor nos ensaios de hipertexto que publicamos. Não só há dificuldades para encontrar rapidamente a tese, como também nem sempre é claro se existe de fato alguma tese. Onde está o início? E o final? As expectativas do leitor a respeito do investimento de tempo exigido para dominar um ensaio ficam totalmente transtornadas. Será que você precisa ter lido todos os 154 sonhos de Krasniewicz e Blitz ou ter visto todos os 64 trechos de filmes no ensaio de Castonguay para poder dizer que "leu" seus artigos? Com efeito, esses trabalhos sabotam o contrato social implícito que existe entre os leitores e aqueles que escrevem ensaios acadêmicos – um contrato social no qual o autor concorda em seguir as convenções de argumentação, organização e documentação e o leitor concorda em dedicar certo tempo para fazer uma leitura justa do artigo.

E isso sugere outra questão para as publicações eletrônicas. Nossos inovadores hipertextos têm sido substancialmente menos lidos (ou, no mínimo, menos visitados) do que os suplementos digitais mais convencionais que postamos sobre a Declaração de Independência. Será que é porque eles intimidam os leitores?

Desenvolver novos padrões e convenções – criar um novo contrato social acadêmico – não será fácil. Mas, se levarmos a sério a tarefa de tentar encontrar maneiras de fazer algo genuinamente expressivo com a nova mídia – criar um ambiente acadêmico que seria capaz de deixar J. Franklin Jameson inquieto –, então precisamos nos empenhar seriamente em desenvolver a próxima geração de escritores (e leitores) de hipertextos acadêmicos.

CAPÍTULO 7

A produção acadêmica de história deveria ser livre?[1]

Em 3 de fevereiro de 2005, o Instituto Nacional de Saúde [National Institutes of Health, NIH] expediu uma nova política a fim de "Aumentar o Acesso Público à [...] Pesquisa Subvencionada pelo NIH". Ela instou os pesquisadores bancados pelo NIH a disponibilizarem seus artigos de graça para publicações revisadas por pares a todos, por meio de um repositório central chamado PubMed Central, dentro do prazo de 12 meses após sua publicação em alguma revista. Embora a força original da iniciativa tenha se diluído em razão de lobbies do setor, a medida do NIH representa o reconhecimento, por parte do governo, do princípio de que a pesquisa, especialmente a bancada pelo governo, pertence ao público, e que este não deveria ter de pagar as taxas de assinatura proibitivamente altas cobradas por muitas revistas acadêmicas.[2]

A nova política afeta poucos historiadores, mas suas implicações deveriam nos fazer pensar seriamente. Afinal, a pesquisa histórica também se beneficia diretamente (embora com generosidade bem menor) das

---

[1] "*Free*" no original em inglês, que pode significar tanto "livre" quanto "gratuito". A polissemia se perde no português. Optamos por traduzir por "livre" por ser um termo mais abrangente. (N.T.)

[2] NATIONAL INSTITUTES OF HEALTH. Policy on Enhancing Public Access to Archived Publications Resulting from NIH-Funded Research. Feb. 3, 2005. Disponível em: http://grants.nih.gov/grants/guide/notice-files/NOT-OD-05–022.html. Para comentários detalhados, ver SPARC. *Open Access Newsletter*, v. 82, Feb. 2, 2005. Disponível em: http://www.earlham.edu/~peters/fos/newsletter/02–02–05.htm.

bolsas de órgãos federais como o Fundo Nacional para as Humanidades [National Endowment for the Humanities]; uma parte ainda maior de nós está nas folhas de pagamento das universidades estatais, cujo apoio à pesquisa nos permite escrever nossos livros e artigos. Se estendermos a noção de "financiamento público" às universidades particulares e fundações (que são, é claro, grandes beneficiárias dos códigos tributários federais), pode-se dizer que o apoio público é subjacente a quase toda atividade acadêmica de história.

Será que os frutos do trabalho acadêmico com subvenção pública não deveriam pertencer ao público? O público deveria ter acesso livre a ele? Essas questões representam um desafio particular para a American Historical Association (AHA), que desempenha papéis conflitantes como editora de trabalhos acadêmicos de história, como associação profissional para autores de trabalhos acadêmicos de história e como organização com uma obrigação ditada pelo Congresso de apoiar a disseminação do conhecimento histórico. A Divisão de Pesquisa da AHA está atualmente examinando a questão abrir o acesso à produção acadêmica sobre história – ou pelo menos aprimorá-lo.

Foi a internet, sem dúvida, que trouxe essas questões para o primeiro plano, por ampliar o acesso a algumas fontes históricas, e ao mesmo tempo restringir fortemente o acesso a outras. Para o estudante e o amador, a web parece ser uma biblioteca e um arquivo livre, mas, como muitos professores e acadêmicos sabem muito bem, essa biblioteca tem relativamente poucos trabalhos acadêmicos sérios – especialmente na área de humanidades. Se os planos de digitalização do Google forem bem-sucedidos, esse arquivo livre será drasticamente ampliado, mas a mais recente produção acadêmica de história ainda estará ausente dele. O aluno de ensino médio que estiver preparando um ensaio para o concurso do Dia Nacional da História ou o entusiasta por história que pesquise sobre Roma Antiga serão bloqueados nos portões erguidos por sites como Project Muse, History Cooperative, Blackwell, ProQuest e outras entidades comerciais ou não comerciais que são proprietárias ou controlam quase todos os trabalhos acadêmicos de história publicados em revistas. Historiadores profissionais costumam queixar-se de que seus alunos e vizinhos vivem catando "lixo" na internet, mas deixam de considerar que o que há de melhor na produção acadêmica online costuma estar disponível apenas aos que pagam assinaturas. E, embora seus alunos possam ter acesso a essa produção por meio das bibliotecas das universidades, esse acesso fica restrito ao seu tempo na escola, como se esse tempo estabelecesse os limites da necessidade do público de aprender a partir dos trabalhos acadêmicos da área de história.

Por ironia, depois que as publicações acadêmicas colocaram seus conteúdos online, na realidade está saindo mais caro manter os portais que bloqueiam nossos potenciais leitores do que custaria abrir essas obras ao mundo. Esse paradoxo (junto aos preços estratosféricos de muitas publicações científicas) incentivou o florescente movimento em prol do "acesso aberto" a obras acadêmicas, que levou à nova política do NIH. Nas palavras da Iniciativa de Budapeste pelo Acesso Aberto [Budapest Open Access Initiative], um dos documentos fundadores do movimento pelo acesso aberto:

> Uma velha tradição e uma nova tecnologia têm convergido para tornar possível um bem público sem precedentes. A velha tradição é a disposição de cientistas e acadêmicos de publicar os frutos de suas pesquisas em revistas acadêmicas sem pagamento, em nome da investigação e do conhecimento. A nova tecnologia é a internet. O bem público que eles tornam possível é a distribuição eletrônica para o mundo inteiro de literatura de revistas revisadas por pares e com acesso completamente livre e irrestrito a todos os cientistas, acadêmicos, professores, estudantes e outras mentes curiosas.[3]

Deveriam os historiadores acolher esse "bem público sem precedentes"? Deveriam se unir ao crescente número de cientistas e tornar sua produção acadêmica aberta e livre ao público? As vantagens do acesso aberto são bastante óbvias e têm sido bem resumidas por partidários-chave como Stevan Harnad, Peter Suber e John Willinsky.[4] Eles observam que

---

[3] Budapest Open Access Initiative (http://www.soros.org/openaccess).

[4] Ver, por exemplo, HARNAD, Stevan. Scholarly Skywriting and the Prepublication Continuum of Scientific Inquiry. *Psychological Science*, v. 1, 1990. Disponível em: http://www.ecs.soton.ac.uk/~harnad/Papers/Harnad/harnad90.skywriting.html; a *Open Access Newsletter*, da SPARC, de Suber e outros links em http://www.

as revistas se beneficiariam, porque sua pesquisa se tornaria, nas palavras de Suber, "mais visível, localizável, recuperável e útil". Mais importante ainda, os autores ganham maior visibilidade, um público maior e maior impacto. Um estudo sobre ciência da computação descobre que os artigos online são citados acima de quatro vezes mais que os artigos offline.[5] Dentro do History Cooperative, que oferece a edição eletrônica da *American Historical Review* (*AHR*), as revistas com acesso aberto, como a *History Teacher* e a *Law and History Review*, recebem mais tráfego do que publicações na mesma faixa que tenham acesso restrito. Se, como é sugerido por bastantes evidências, o acesso aberto aumenta a leitura, a reputação e o prestígio dos autores, as sociedades acadêmicas dedicadas a incrementar os interesses profissionais de seus membros precisam considerar de que modo podem viabilizar esse acesso maior.

No entanto, os beneficiários mais importantes do acesso aberto são os leitores e cidadãos não acadêmicos, que ganhariam entrada em um mundo que atualmente está vedado a eles. Willinsky descreve a falta de acesso público à produção acadêmica eletrônica como "uma clivagem digital adicional" que "afeta organizações de saúde na Indonésia, estudantes universitários no Quênia, [...] organizações de combate à pobreza em Vancouver [...] participantes de feiras de ciências em Wichita e professores de História do ensino médio em Charleston". "Ao mesmo tempo que um mundo de informação vasto e rico está a um clique ou dois da maioria das tomadas de telefone", escreve ele, "os pedágios estão crescendo em torno da pesquisa acadêmica".

Mas o que o acesso aberto significa para associações acadêmicas como a AHA? Essa é uma questão importante para todos os historiadores, já que as associações acadêmicas são editoras muito mais importantes de revistas acadêmicas na área de ciências humanas do que na de ciências. Enquanto duas companhias gigantes (Reed Elsevier e Springer) publicam 40 por cento das revistas de ciências, tecnologia e medicina (referidas

---

earlham.edu/~peters/fos/; e várias publicações de Willinsky coletadas em http://pkp.ubc.ca/publications/index.html.

[5] WILLINSKY, John. Copyright Contradictions in Scholarly Publishing. *First Monday*, v. 7, n. 11, Nov. 2002. Disponível em: https://firstmonday.org/ojs/index.php/fm/issue/view/151.

nos mundos das publicações e das bibliotecas pela sigla STM), é muito menor o número de revistas importantes de história que procedem de editoras comerciais.[6]

O acesso aberto à produção acadêmica encaixa-se perfeitamente nos princípios fundadores das sociedades acadêmicas. Afinal, o Congresso oficialmente reconheceu a AHA em 1889 "pela promoção dos estudos sobre história".[7] Assim, fazer com que o trabalho acadêmico sério encontrado em publicações como a *AHR* seja liberado a todo aluno de ensino médio e entusiasta por história atende às metas mais elevadas da associação. Mas a AHA é uma editora, assim como uma sociedade acadêmica, e, como tal, abrir mão da produção acadêmica encontrada na *AHR* ameaça as bases econômicas tanto da associação quanto da revista. Se a *AHR* for gratuita, então quem vai se incomodar em pagar? E se ninguém pagar as taxas de assinatura, então como ela poderá continuar publicando e como a AHA conseguirá pagar suas contas? Na realidade, na área de ciências, as sociedades acadêmicas têm encarado as solicitações para acesso aberto com maiores reservas do que as editoras comerciais. Por exemplo, o editor da *Chemical and Engineering News*, publicada pela American Chemical Society, denunciou o plano de acesso aberto da NIH como "ciência socializada".[8]

Ao contrário das primeiras impressões que desperta, a ameaça que o acesso aberto coloca à base de receita das sociedades acadêmicas (ou a

---

[6] POYNDER, Richard. No Gain Without Pain. *Information Today Online*, v. 21, n. 10, Nov. 2004. Disponível em: http://www.infotoday.com/it/nov04/poynder.shtml.

[7] http://www.historians.org/info/AHA_History/charter.htm.

[8] BAUM, Rudy. Socialized Science. *Chemical and Engineering News*, v. 82, n. 38, Sept. 20, 2004. Disponível em: http://pubs.acs.org/cen/editor/8238edit.html. Sobre a questão geral das associações acadêmicas, ver WILLINSKY, John. Scholarly Associations and the Economic Viability of Open Access Publishing. *Journal of Digital Information*, v. 4, n. 2, Apr. 9, 2003. Disponível em: http://jodi.ecs.soton.ac.uk/Articles/v04/i02/Willinsky/; PITMAN, Jim. A Strategy for Open Access to Society Publications. Jan. 28, 2004. Disponível em: http://stat-www.berkeley.edu/users/pitman/strategy.html; PROSSER, David C. Between a Rock and a Hard Place: The Big Squeeze for Small Publishers. *Learned Publishing*, v. 17, n. 1, 2004. Disponível em: http://eprints.rclis.org/archive/00000945/01/Big_Squeeze.htm.

outras editoras, aliás) tem pouco a ver com o cancelamento de assinantes individuais ou de seus membros. A maioria dos membros da AHA e de sociedades similares já tem acesso livre online às versões eletrônicas das revistas acadêmicas por meio de suas bibliotecas. No longo prazo, essa disponibilidade gratuita pode solapar a base financeira das sociedades acadêmicas e exigir uma revisão fundamental de sua economia, mas isso não tem relevância direta para as atuais propostas de acesso aberto. A questão são as próprias bibliotecas. Por que elas iriam pagar taxas de assinatura institucionais – que podem custar de três a 10 vezes o preço da assinatura individual – por revistas que estão disponíveis gratuitamente online?

Será que existe alguma maneira de conseguir a quadratura do círculo, de aumentar o acesso à produção acadêmica de revistas como a *AHR* sem que isso tire as sociedades patrocinadoras do negócio? Consumiu-se uma boa dose de energia no movimento pelo acesso aberto na tentativa de conceber maneiras de tornar isso possível. Nenhuma delas oferece uma solução perfeita que possa não só garantir o bem-estar financeiro das sociedades acadêmicas como também assegurar acesso totalmente livre e aberto à produção acadêmica. Mas vale a pena examiná-las como alternativas para fomentar a meta mais ampla de disseminar o trabalho acadêmico. A seguir, de modo bem resumido, apresentamos seis abordagens amplamente discutidas[9]:

Autoarquivamento: Os próprios acadêmicos podem tornar seu trabalho disponível gratuitamente por meio de seus sites pessoais, repositórios institucionais e arquivos disciplinares (como o PubMed Central nas ciências biológicas e o arXiv.org na física). A maioria das revistas insiste em deter o copyright dos artigos acadêmicos, e, com isso, os autores têm de pedir permissão para postar seu trabalho online (embora não para *preprints* de seu trabalho). No entanto, embora os autores nem sempre façam isso, muitas revistas, entre elas a *AHR*, dão essa permissão automaticamente. Mesmo a mastodôntica Reed Elsevier permite

---

[9] Para uma análise mais sistemática, ver WILLINSKY, John. The Nine Flavours of Open Access Scholarly Publishing. *Journal of Postgraduate Medicine*, v. 49, n. 3, 2003. Disponível em: http://www.jpgmonline.com/article.asp?issn=0022–3859;year=2003;volume=49;issue=3;spage=263;epage=267;aulast=Willinsky.

agora o autoarquivamento pelos autores que publicam em suas revistas. Um problema óbvio do autoarquivamento é que ele transfere o ônus do acesso aberto aos autores. Outro problema é que ele se apoia nas revistas tradicionais, que podem ter suas finanças afetadas por isso, para que realizem o importante trabalho da revisão por pares. Ainda assim, a AHA pode incentivar seus autores a autoarquivarem nos repositórios institucionais (ou arquivos *e-print*) que estão sendo montados em muitas bibliotecas de pesquisa, ou mesmo a criarem seu próprio arquivo de história. Até o momento, a evidência é que esses arquivos *e-print* há muito estabelecidos, como o arXiv.org, com mais de 200 mil artigos, não têm afetado a circulação das revistas envolvidas.[10]

Cobrar do autor: O autoarquivamento significa que a revista original em si continua bloqueada. De que maneira poderiam as revistas cobrir seus custos apesar de não contarem mais com a receita de assinaturas? Uma estratégia muito discutida é cobrar dos autores, e não dos leitores. A BioMed Central (BMC), administrada comercialmente, publica mais de 100 revistas sediadas na web nessas condições.[11] Alguns objetam que isso impõe um fardo injusto aos autores menos afluentes – ou que pelo menos não contem com apoio institucional ou de bolsas. Mas a BMC pode abrir mão das taxas caso a caso. Há outros que defendem um sistema diferenciado, no qual aqueles que pagassem uma taxa fixa teriam sua produção acadêmica disponível livremente – uma política recentemente adotada pela Springer (embora ela tenha estipulado o preço em pesados 3 mil dólares).[12] Será que um sistema assim daria certo nas ciências humanas, em que os acadêmicos em geral não têm bolsas de pesquisa que deem conta das taxas para publicação?

Acesso protelado: A nova política da NIH permite que os autores adiem o lançamento de seu trabalho na PubMed Central por até 12 meses, apesar de incentivar fortemente o lançamento antecipado. Mas

---

[10] SWAN, Alma. Self-archiving: It's an Author Thing. Trabalho apresentado no Workshop on Open Access Institutional Repositories, Universidade de Southampton, 25 jan. 2005. Apresentação de PowerPoint disponível em: www.eprints.org/jan2005/ppts/swan.ppt.

[11] Ver http://www.biomedcentral.com/.

[12] POYNDER. No Gain Without Pain.

esse atraso (que varia de dois a 24 meses, conforme as revistas) é oferecido como uma proteção às revistas na suposição de que as bibliotecas vão pagar pelo acesso imediato a importantes resultados de pesquisa. Na área de história, será que as bibliotecas não verão essa protelação do acesso como um desincentivo suficiente para cancelar assinaturas, especialmente considerando que nosso trabalho – diferentemente de grande parte do trabalho nas ciências – continua a ser lido e citado muito tempo após sua data de publicação original?

Acesso parcial: A política da NIH aplica-se apenas a trabalhos acadêmicos revisados por pares; não é todo o conteúdo das revistas – editoriais, cartas e resenhas, por exemplo – que está incluído. Aplicado a uma revista como a *AHR*, isso significaria apenas os próprios artigos e não as resenhas, que tomam mais da metade de uma edição típica. Se a *AHR* oferecesse acesso livre a seus artigos, mas não às resenhas, parece improvável que as bibliotecas cancelassem suas assinaturas. Obviamente, bloquear as resenhas significa menos leitores e menor influência, especialmente em comparação com as resenhas livremente disponíveis da H-Net, que agora têm links com o catálogo da Biblioteca do Congresso.

Revistas exclusivamente eletrônicas: Uma estratégia-chave para abrir o acesso a trabalhos acadêmicos é reduzir os custos de sua disseminação. Embora alguns dos primeiros entusiastas designassem publicações digitais como "sem custos", quase todo mundo agora reconhece que as revistas exclusivamente eletrônicas geram muitos dos mesmos custos administrativos e editoriais das revistas impressas. Mesmo assim, abrir mão do impresso representa realmente uma significativa economia de papel, impressão e postagem. E alguns, como John Willinsky, têm desenvolvido inovadores softwares de fonte aberta (disponíveis de graça) para automatizar a administração e a produção de revistas eletrônicas, e com isso reduzir custos. O grau de economia ainda permanece em discussão, mas um bom palpite é que fique por volta de um terço. No entanto, a diferença nos custos de implantação é maior ainda, já que as novas revistas não têm nenhuma receita inicial e precisam de fundos para conseguir se estabelecer. A *World History Connected*, uma revista de acesso aberto sobre ensino de história mundial, foi capaz de ser lançada muito mais rapidamente e com menor custo na web do que na versão impressa. A maioria das revistas de história com acesso totalmente livre são, na verdade, revistas exclusivamente eletrônicas. E embora tais revistas ainda tenham custos administrativos e editoriais, as universidades que as patrocinam costumam cobrir grande parte desses custos. Claro que muitos historiadores estremecem só de pensar em abrir mão da versão impressa, e sem dúvida a edição impressa pode, por exemplo, continuar com o modelo de acesso aberto protelado, mas minha sensação é de que seu número diminuiu significativamente à medida que várias pessoas começaram a dar fim às suas edições anteriores da *AHR*, já que sempre será possível obter os artigos por meio do JSTOR.

Cooperação com bibliotecas: Bibliotecas que enfrentam custos crescentes com publicações seriadas mostram-se favoráveis ao acesso aberto como uma maneira de reduzir esses custos asfixiantes. Também reclamam de que as publicações seriadas de preço elevado obrigam as universidades a assumirem um pacto de "recompra" de trabalhos acadêmicos pelos quais já pagaram na forma de salários. John Willinsky propõe que as sociedades acadêmicas criem operações cooperativas nas quais grandes bibliotecas de pesquisa garantiriam apoio de longo prazo a revistas de sociedades em troca de uma promessa de taxas de assinatura reduzidas e controladas (conseguidas talvez passando a publicar apenas a versão eletrônica). "Imagine", escreve ele, "que 400-500 bibliotecas de pesquisa ao redor do mundo [...] formassem uma aliança para apoiar programas de publicação de associações acadêmicas a uma taxa baseada, digamos, em 80 por cento do atual preço de assinatura pago por aquelas bibliotecas às associações. Em troca, as associações acadêmicas publicariam suas revistas em bases de acesso aberto. As principais bibliotecas de pesquisa conseguiriam economias imediatas e duradouras, enquanto milhares de outras instituições teriam acesso a essas revistas pela primeira vez." Willinsky admite que tal cooperação "não seria fácil de conseguir", mas que valeria a pena explorar essa opção.[13]

Essas propostas vão de incrementais a revolucionárias. Algumas delas (cooperativas de bibliotecas, por exemplo) iriam requerer que sociedades acadêmicas como a AHA alterassem radicalmente sua maneira de fazer negócios; outras propostas (como a de acesso parcial) teriam, a

---

[13] WILLINSKY. Scholarly Associations.

meu ver, pouco efeito na receita das associações. Independentemente da visão pessoal que se tenha em relação aos méritos do acesso aberto (e minha posição é obviamente favorável a um acesso muito mais livre), essas abordagens exigem um exame cuidadoso por parte dos historiadores – se não por outros motivos, porque as pressões externas (do governo, da maré crescente em favor do movimento de acesso aberto) provavelmente vão obrigar-nos cedo ou tarde a reavaliar nossas políticas. Mas a razão mais importante a ser considerada quanto à maneira de alcançar acesso aberto é que os benefícios de um acesso amplo e democrático à produção acadêmica – benefícios que estão ao nosso alcance em uma era digital – são grandes demais para que continuemos simplesmente fazendo as coisas como viemos fazendo.

CAPÍTULO 8

Coletar história online[1]

Com Daniel J. Cohen

O próprio nome – internet – destaca como essa avançada rede de computadores existe para transferir informação *entre* as pessoas e *para* todas elas. Age não só como a impressão, enviando documentos de um ponto A (historiadores) a um ponto B (público). Para utilizar plenamente essa via de mão dupla, devemos ir além de "textos" passivos como os de sites e de páginas da web e pensar também em processos ativos como as comunicações e a interação.

Não há dúvida de que os historiadores já aderiram em grande medida a essa atividade na internet. Quase todos nós usamos e-mail, e uma parcela cada vez maior utiliza mensagens de texto instantâneas e outras formas de comunicação online. Milhares de historiadores profissionais participam dos 150 grupos de discussão patrocinados pela H-Net.[2] Entusiastas e amadores estão envolvidos em dezenas de murais de discussão e fóruns patrocinados pelo History Channel e pelo Yahoo. Em contraste com o que ocorre com a mídia em papel, a internet parece ideal para esse tipo de intercâmbio vibrante, diário.

Há outra forma de interatividade na web que permanece menos desenvolvida, mas tem potencial para criar novas formas de história no futuro: é usar a internet para coletar documentos históricos, imagens e narrativas pessoais, muitos dos quais estariam perdidos se os historiadores

---

[1] A informação completa para os links numerados citados nas notas deste texto pode ser encontrada em http://chnm.gmu.edu/digitalhistory/links (acesso em 29 abr. 2010).

[2] MATRIX. H-Net: Humanities and Social Sciences Online, link 6.1.

não procurassem ativamente por eles. Para historiadores que trabalham tópicos referentes à era pós-Segunda Guerra Mundial, a web pode ser uma ferramenta valiosa e barata para alcançar indivíduos ao redor do globo que tenham lembranças a relatar ou materiais. Mais que isso, um segmento significativo do registro da vida moderna está em forma digital. Historiadores precisariam encontrar maneiras de capturar esses documentos, mensagens, imagens, áudio e vídeo, antes que sejam deletados, para que nossos descendentes possam compreender a maneira como estamos vivendo. Este capítulo explica passo a passo como usar a nova tecnologia da internet a serviço da velha prática de coletar e preservar o passado.

Por que coletar história online?

Pense por um momento na enxurrada de pensamentos e emoções despejada em milhares de blogs no dia 11 de setembro 2001, ou de últimas notícias em *home pages* da miríade de sites de jornais. Uma grande porcentagem desse conjunto inicial de fontes históricas, ao contrário dos registros em papel ou das versões impressas, provavelmente estará perdida em 10 anos. Os blogs desaparecem regularmente, porque seus proprietários perdem interesse ou transferem seu conteúdo a outros sistemas ou sites. Similarmente, ao contrário das páginas de suas edições físicas, os sites dos jornais mudam muito rapidamente (mudaram quase minuto a minuto em 11 de setembro) e não têm nenhuma fixidez real. Se a manchete "Dewey derrota Truman" tivesse sido estampada no Chicagotribune.com em vez de na edição impressa do *Chicago Daily Tribune*, os editores do jornal só precisariam apertar umas poucas teclas para apagar instantaneamente, e para sempre, o famoso erro.[3] Como descrevemos aqui, sentimos a obrigação de salvar o rico registro pessoal de blogs em nosso September 11 Digital Archive, para que futuros

---

[3] Em novembro de 1948, um dia após a vitória de Harry S. Truman na eleição presidencial dos Estados Unidos, o *Chicago Daily Tribune* colocou em sua primeira página uma manchete que anunciava justamente o contrário: "Dewey Derrota Truman". Ficou famosa a foto de Truman em evento público após sua vitória, mostrando com sorriso triunfal o erro da manchete. (N.T.)

historiadores pudessem compreender as visões de milhares de pessoas comuns do mundo inteiro. Por meio de uma ação ainda mais rápida, a Biblioteca do Congresso, o Internet Archive, a WebArchivist.org e o Pew Internet and American Life Project foram capazes de salvar milhares de retratos online da mídia sobre os eventos daquele dia. Se tivessem tomado a decisão de salvar aquelas páginas da web meses depois e não no prazo de poucas horas, muitas já teriam desaparecido no éter digital. Coletar história online pode não ser sempre tão urgente, mas esses exemplos mostram a necessidade crucial para historiadores de encontrar os meios mais eficazes de usar essa nova tecnologia para suplementar o registro histórico em papel, como fizemos no século XX com os gravadores de fita e câmeras de vídeo.

Figura 8.1: Uma importante peça de história digital, mas altamente efêmera: a *home page* do site do *The New York Times* às 16h43 do dia 11 de setembro de 2001. Despojada até ficar com o mais essencial, a fim de reduzir a sobrecarga que um crescimento exponencial de buscadores de notícia impôs ao seu servidor (note a fonte básica, em vez de gótica), e constantemente alterada ao longo do dia – sem rastro em papel dessas várias "edições" –, a página teria se perdido para sempre se a Biblioteca do Congresso e o Internet Archive não tivessem agido imediatamente para capturá-la.

Isso é particularmente verdadeiro porque é possível usar a internet para mais coisas além de simplesmente reunir a história que foi feita online, ou que "nasceu digital". A internet também nos permite alcançar públicos diversos e pedir que essas audiências nos enviem material histórico que tenha se originado offline, ou pelo menos fora da web. Elas podem carregar para nós suas fotos digitais ou escaneadas, suas gravações de áudio ou suas anotações de laboratório. As pessoas podem usar um teclado de computador ou um microfone e transmitir-nos suas lembranças de eventos e experiências passados, especialmente aqueles para os quais não haja registros ou que sejam escassos.

Infelizmente, usar a web para reunir materiais históricos é mais complicado do que usar a web como um sistema de distribuição de mão única. Pode envolver mais obstáculos técnicos do que um simples site de história; preocupações legais e éticas, como invasão de privacidade e propriedade dos materiais entregues como contribuição; e habilidades, como técnicas de marketing com as quais a maioria dos historiadores não têm familiaridade. Além disso, coletar conteúdo online gera preocupações quanto à qualidade do que é disponibilizado: afinal, tendo em conta o caráter incerto dos materiais digitais, como podemos ter certeza de que aquilo que conseguimos é autêntico, ou que as narrativas históricas que recebemos são realmente das pessoas que dizem que são? Como podemos ter certeza de que não se trata de um adolescente travesso que está posando de importante sujeito histórico? Além disso, alguns historiadores argumentam – e não sem razão – que coletar conteúdo online exclui aqueles sujeitos mais velhos, menos instruídos ou com menos recursos financeiros que podem não ter acesso à tecnologia necessária. Também expressam preocupações com a natureza dessas coleções, que seriam inevitavelmente superficiais, menos úteis para a pesquisa e mais difíceis de preservar.

Algumas dessas preocupações são relativamente fáceis de abordar. Na nossa experiência, por exemplo, adolescentes geralmente estão ocupados demais baixando música para pensar em pregar peças online em historiadores e arquivistas. Mas outras preocupações não são tão fáceis de dirimir. Coleções criadas na web por meio de contribuições de pessoas dispersas (às vezes anônimas) de fato assumem um caráter muito diferente daquele de arquivos tradicionais, para os quais os critérios de proveniência e de seleção assumem peso maior. Coleções online tendem a ser menos organizadas e mais idiossincráticas quanto aos conteúdos que cobrem.

Essas coleções também podem ser muito mais vastas, mais diversificadas e mais inclusivas que os arquivos tradicionais. Talvez o benefício mais profundo de coletar materiais online seja uma oportunidade sem paralelo de permitir que pontos de vista mais variados sejam incluídos no registro histórico, em grau maior do que foi possível até agora. A tecnologia de informação em rede pode permitir que pessoas comuns e grupos marginalizados tenham não só presença maior em um arquivo online, mas também um papel mais importante no diálogo da história.

Além disso, em contraste com a história oral tradicional, a coleta online é uma maneira bem mais econômica de chegar até sujeitos históricos. Por exemplo, pelo fato de os sujeitos escreverem as próprias narrativas, evitamos um dos custos mais intimidadores da história oral, a transcrição. Consequentemente, embora as entrevistas individuais ao vivo costumem ser recursos muito minuciosos e de valor inestimável, as iniciativas online de coletar histórias pessoais podem capturar um número bem maior dessas entrevistas a um custo mais baixo, ao mesmo tempo que permitem adquirir materiais digitais adicionais associados (como fotos) de maneira igualmente barata. É claro que mesmo que a coleta online venha a ser altamente bem-sucedida no futuro, coletar conteúdo online não significará o fim das maneiras tradicionais de coletar a história recente, inclusive aquilo que certamente permanecerá como padrão-ouro, a história oral. Como a historiadora oral Linda Shopes observa, métodos tecnológicos mais novos terão dificuldades em competir com muitos aspectos do ofício do praticante da história oral: "o cultivo de uma relação de confiança e [...] de narrativas longas, em profundidade, por meio de um contato intenso face a face; o uso de deixas paralinguísticas sutis como um auxílio para fazer a conversa seguir adiante; o talento em reagir a um comentário particular, prontamente, introduzindo uma pergunta imprevista, o levantamento que permite explorar o que há por trás das palavras do narrador".[4] Usar a

---

[4] SHOPES, Linda. The Internet and Collecting the History of the Present. Trabalho apresentado em "September 11 as History: Collecting Today for Tomorrow",

internet provavelmente vai suplementar ou complementar métodos mais antigos, mais demorados e mais caros como esse.

Figura 8.2: A seção Remembering Pearl Harbor, da *National Geographic*, tem um "Memory Book" que permite aos visitantes registrar relatos em primeira pessoa e outras recordações sobre a Segunda Guerra Mundial.

Apesar das armadilhas e incertezas a respeito da prática de reunir registros online, ela mostra grande dinamismo. Há pouco tempo, por exemplo, a Biblioteca Britânica, o Museu Victoria e Albert, o Museu de Londres e vários outros museus e arquivos britânicos juntaram recursos para exibir e colecionar a história da imigração ao Reino Unido em um projeto chamado Moving Here [Mudando-se para cá]. Até o momento,

---

Washington, D.C., 10 set. 2003. Para mais a respeito dessa relação e da maneira como surgem relatos históricos ricos durante a interação ao vivo de entrevistador e entrevistado, ver PORTELLI, Alessandro. *The Battle of Valle Giulia: Oral History and the Art of Dialogue*. Madison: University of Wisconsin Press, 1997; e FRISCH, Michael. *A Shared Authority: Essays on the Craft and Meaning of Oral and Public History*. Albany: State University of New York Press, 1991. Pode valer a pena também comparar (ou suplementar) os conselhos práticos deste capítulo com os conselhos offline de Donald A. Ritchie em *Doing Oral History* (Oxford: Oxford University Press, 2003), e Judith Moyer, em "Step-by-Step Guide to Oral History", link 6.3.

o projeto postou quase 500 histórias e artefatos – principalmente versões digitalizadas de registros de arquivo existentes, mas também material novo adquirido por meio do site – desde um vídeo que documenta a vida no Caribe a reflexões de imigrantes africanos recentes. O projeto online de dois anos da British Broadcasting Corporation para reunir histórias de veteranos e sobreviventes britânicos da Blitz de Londres na Segunda Guerra Mundial, intitulado WW2 People's War, foi mais bem-sucedido ainda, com mais de mil narrativas coletadas por meio do site da BBC em apenas oito meses, incluindo dezenas de relatos terríveis sobre o Dia D.[5]

Nos Estados Unidos, a Fundação de Parques Nacionais, o Serviço de Parques Nacionais e a Ford Motor Company estão usando a internet para coletar narrativas de vida em primeira pessoa, relativas à época da guerra, para o Rosie the Riveter/World War II Home Front National Historical Park, em planejamento, em Richmond, Califórnia. Até agora, mais de seis mil antigos trabalhadores no *front* doméstico contribuíram com suas histórias. O site Remembering Pearl Harbor, da *National Geographic*, recebeu mais de mil contribuições em seu "Memory Book". Mais de 500 pessoas registraram histórias pessoais e artefatos sobre o movimento dos direitos civis em um site copatrocinado pela AARP [Associação Americana de Pessoas Aposentadas], a Leadership Conference on Civil Rights e a Biblioteca do Congresso. A Fundação Alfred P. Sloan desempenha um papel pioneiro ao incentivar mais de duas dezenas de projetos de coleta online (incluindo o meu) sobre a história recente da ciência e da tecnologia, sob o argumento de que essa história cresce com rapidez maior do que nossa capacidade de reuni-la por meios mais convencionais. Embora ainda persista um ceticismo saudável na comunidade de história oral a respeito da utilidade e confiabilidade dessas narrativas coletadas online, vários novos projetos de importantes centros de história oral (como o da Universidade de Tecnologia do Texas) mostram que eles, também, percebem os benefícios da coleta online. Mesmo a Universidade Columbia – o lar do primeiro programa de história oral dos Estados Unidos – vem incentivando alunos a se

---

[5] Moving Here: Two Hundred Years of Migration to England, link 6.4a; BBC. WW2 People's War, link 6.4b.

juntarem para escrever a "história da Columbia", contribuindo com suas histórias online.[6]

Bons, e não tão bons, candidatos à coleta online

Nem todo tema se presta bem a um projeto de coleta online. Mesmo com o alcance global da internet e com o assunto mais interessante do mundo (sem dúvida, aquele que você, como historiador, estuda), você precisará se conectar a um corpo de contribuidores de porte considerável para que seu projeto seja bem-sucedido. Um site que procure narrativas pessoais do período dos Loucos Anos 1920 vai fracassar (levando em conta a idade média de uma pessoa que consiga se lembrar daquela era), assim como a maior parte dos projetos voltados para assuntos anteriores à Segunda Guerra Mundial. Um site sobre a história da perfuração de gelo na Groenlândia (copatrocinado pela Sociedade Americana de Meteorologia, a União Geofísica Americana e o Instituto Americano de Física) tentou resgatar memórias de cientistas que tivessem ido à Groenlândia estudar o ambiente por meio de tubos de amostras de gelo extraído de camadas com milênios de idade, mas acabou defrontado com uma difícil realidade: apesar da tremenda importância dos projetos de perfuração de gelo na Groenlândia para os atuais debates a respeito de questões climáticas cruciais como o aquecimento global, o número de climatólogos e geólogos que montaram e conduziram tais experimentos é relativamente pequeno. Simplesmente não há uma quantidade suficiente deles para preencher o site com uma discussão histórica muito ativa.[7] Menos óbvio que os problemas associados a um pequeno grupo de contribuidores potenciais é o dilema

---

[6] NATIONAL PARK FOUNDATION. Rosie the Riveter Stories. Ford Motor Company Sponsored Programs, link 6.5a; NATIONAL GEOGRAPHIC. Remembering Pearl Harbor, link 6.5b; Voices of Civil Rights, link 6.5c; ALFRED P. SLOAN FOUNDATION. History of Science and Technology, link 6.5d; C250 Perspectives: Write Columbia's History, link 6.5e; The Vietnam Project: The Oral History Project – How to Participate, link 6.5f.

[7] WEART, Spencer. Icedrilling: History of Greenland Ice Drilling. Discovery of Global Warming, link 6.6.

oposto: um tópico tão amplo que falhe em estimular qualquer grupo discernível. Por exemplo, um projeto voltado a coletar as experiências do "último ano do ensino médio" em geral tem muito menor probabilidade de atrair participantes do que um dirigido aos que se formaram em determinada escola.

Entre esses grupos de contribuidores esparsos demais e difusos demais há muitas comunidades grandes, porém mais bem definidas, que provavelmente vão responder bem a um projeto online que solicite, arquive e apresente suas histórias e imagens, áudios e vídeos relacionados. Um bom candidato para um site de coleta em geral é um que gire em torno de um tópico que já tenha uma comunidade online ativa, historicamente consciente. Por exemplo, a base de usuários fanáticos da Apple e de seus funcionários comprometidos deu origem a numerosos sites sobre a história do Macintosh, entre eles dois grandes esforços para registrar as lembranças em primeira mão daqueles que trabalharam na Apple no final da década de 1970 e na de 1980: o Apple Computer History Weblog, do Museu de História do Computador, e o site Folklore.org, do engenheiro de software da Apple Andy Hertzfeld. O site de David Kirsch sobre a história do veículo elétrico atrai uma comunidade relativamente pequena, mas muito envolvida, quase um culto, de entusiastas que participaram de experimentos com veículos de emissão zero muito antes das grandes fábricas automobilísticas. Pessoas dedicadas a tais hobbies estão habituadas a trocar informações úteis pela internet. Antes do esforço bem maior do September 11 Digital Archive, iniciamos nossos experimentos em coleta de dados online por meio de histórias similarmente focadas em ciência e tecnologia recente. Nosso projeto Echo: Exploring and Collecting History Online – Science, Technology, and Industry foi bancado, assim como o esforço sobre o 11 de setembro, pela Fundação Sloan, como parte de seu programa de incentivo ao uso da internet para colecionar história.[8]

---

[8] COMPUTER HISTORY MUSEUM. Apple Computer History Weblog, link 6.7a; HERTZFELD, Andy. Folklore.org: Macintosh Stories, link 6.7b; KIRSCH, David. Electronic Vehicle History Online Archive, link 6.7c; CHNM. Echo: Exploring and Collecting History Online – Science, Technology, and Industry, link 6.7d.

Os esforços de coleta online ligados a um evento do mundo real, a uma instituição ou a uma rede social têm boa chance de atrair e sustentar um envolvimento. Muitas escolas e associações de alunos universitários mantêm murais de discussão que relembram aqueles seus dias gloriosos. Sites florescentes relacionados com comunidades reais, como o dedicado a Brainerd, Kansas, ou ao centro comunitário Rowville-Lysterfield, na Austrália, criam espaços online onde pessoas locais constroem o próprio registro histórico, contribuindo com histórias familiares, reminiscências, folclore e artefatos pessoais, como fotos e documentos escaneados. Sites ligados a instalações de museus, como o poderoso site Atomic Memories, do Exploratorium de São Francisco, usam experiências partilhadas de visitantes para suas exposições físicas, a fim de estimular a narração de histórias e a reflexão histórica online. Comunidades virtuais estabelecidas de veteranos, como o World War II Living Memorial, da SeniorNet, e o Veteran's Forum, da History Channel, abrigam *threads* de discussão com milhares de lembranças e conversas históricas a respeito do passado, e permitem que veteranos se conectem com suas mais distantes e no entanto mais significativas experiências de vida e com seus relacionamentos sociais. Na realidade, talvez os sites hoje mais ativos de coleta de histórias online, como o World War II Living Memorial e o Veterans' Forum, existam primariamente para permitir uma conexão pessoal entre seus membros. Esses sites envolvem simultaneamente os participantes ao colocá-los em contato online com seus pares, ao mesmo tempo que os incentivam a relatar detalhes de suas vidas e dos tempos que viveram.[9]

Mesmo temas que não tenham correspondência com uma comunidade online já existente ou com uma associação offline têm ainda assim potencial para dar certo, mas só se forem muito bem projetados para se mostrarem atraentes a um corpo definido de contribuidores. Públicos claramente delimitados facilitam alcançar os potenciais contribuidores e

---

[9] ROE, Kevin. Brainerd, Kansas: Time, Place and Memory on the Prairie Plains, link 6.8a; Rowville Lysterfield History Project, link 6.8b; Exploratorium, Remembering Nagasaki: Atomic Memories, link 6.8c; SeniorNet, World War II Living Memorial, link 6.8d; "Veterans' Forums", History Channel, link 6.8e.

também que esses potenciais contribuidores se sintam confortáveis, sabendo que "pertencem" a esse site. Por exemplo, o Video Store Project, de Joshua Greenberg, oferecia espaço aos proprietários e funcionários de locadoras de vídeo – antes que a Blockbuster falisse ou comprasse a maior parte delas, na década de 1990 –, onde eles podiam discutir sua história. Tratava-se de um pessoal eclético, uma "comunidade inventada" – mais de 900 pessoas – que aproveitou a oportunidade de relembrar os primeiros anos da revolucionária tecnologia de VHS e Betamax, e de ler as recordações de outros. Por sua vez, essa coleção online ajudou Greenberg a aprimorar seu critério para escolher os melhores temas a destacar em sua tese sobre os usos sociais da tecnologia de vídeo, e ofereceu-lhe um repositório de fontes primárias que complementaram bem as fontes impressas.[10]

Figura 8.3: Para registrar os primeiros passos da história da Apple Computer contada por aqueles que dela participaram, Andy Hertzfeld, um dos engenheiros de software pioneiros da Apple, criou o site Folklore.org.

---

[10] GREENBERG, Joshua. Video Store Project, link 6.9. A tese resultante foi intitulada *From Betamax to Blockbuster: Medium and Message in the Video Consumption Junction* (Tese de Doutorado, Universidade Cornell, 2004).

Ferramentas para quem faz coleta online

Depois que você sentir confiança de que seu tema é um bom candidato a um esforço de coleta online, pode começar a explorar as tecnologias necessárias para fazer a coleta propriamente dita. Use o nível certo de tecnologia para o seu projeto. Nem todo mundo precisa de um sistema de arquivamento no mesmo nível que o da Biblioteca do Congresso ou com capacidade para armazenar milhões de arquivos digitais. Seja qual for o porte de seu projeto, não deixe de considerar as tecnologias existentes que possam tornar seu trabalho mais fácil. Muito da infraestrutura e do software exigidos para coletar conteúdo online já estão estabelecidos, e você deve aproveitar essas tecnologias sempre que possível, em vez de tentar reinventar a roda.

É crucial escolher um mecanismo de contribuição que seja confortável para o seu público. Por exemplo, se você está reunindo experiências de soldados jovens a respeito da Guerra do Iraque, pode usar as mensagens instantâneas como tecnologia de coleta. Em contraste, veteranos da Segunda Guerra Mundial podem preferir um meio mais "tradicional", como a correspondência por e-mail. O site Rosie the Riveter, da Fundação de Parques Nacionais, tem um formulário web para os contribuidores enviarem suas lembranças, mas também tem um link bem visível de e-mail para Rosietheriveter@nationalparks.org. E a BBC, que obriga que todas as contribuições à sua coleção WW2 People's War sejam feitas pela internet, juntou forças com mais de dois mil núcleos públicos de computação (como os centros comunitários e as bibliotecas), para ajudar veteranos a navegar pelo site e digitar suas contribuições.[11]

Similarmente, você precisa pensar sobre o que gostaria de coletar de seus contribuidores, e fazer o planejamento de acordo com isso. Se seu projeto é sobre a história da Chicago Mercantile Exchange, pode pensar em coletar mensagens de BlackBerry, uma forma de comunicação eletrônica muito popular entre operadores da Bolsa; um projeto sobre turismo pode funcionar melhor focando em fotos digitais. Além

---

[11] NATIONAL PARK FOUNDATION. Rosie the Riveter Stories; BBC; ASSOCIATE CENTRES. WW2 People's War, link 6.10.

disso, você pode querer mudar sua tecnologia de coleta à medida que o projeto ganha força (e contribuições), começando com a tecnologia mais simples discutida no início desta seção e passando depois para mecanismos mais complexos.

Provavelmente a tecnologia mais antiga, mas ainda muito útil para coletar depoimentos online, é o e-mail – que constitui a escolha de alguns dos projetos de coleta mais bem-sucedidos. Quase todo mundo com acesso à internet tem e-mail e se sente à vontade com ele. O Atomic Veterans History Project, de Keith Whittle, dedicado à comunidade de veteranos que participaram de testes nucleares durante a Guerra Fria, coletou e postou mais de 600 narrativas pessoais de veteranos, captadas exclusivamente por e-mail. Além disso, como Whittle descobriu, quem envia e-mail pode enviar anexos como fotos digitais, muitas das quais agora dão vida ao site junto às narrativas. O e-mail também permite interações mais extensas no tempo, além de acompanhamento e intercâmbios detalhados. Um projeto de coleta online pode ser iniciado com um design simples e estático na web que, como fez Whittle, utilize links de e-mail para incentivar e aceitar contribuições.[12]

Outra tecnologia de coleta que pode ser útil, intimamente associada ao e-mail, é o *mailing*, também conhecido como *listserv*. Se você trabalha em uma universidade ou outra instituição de grande porte, provavelmente tem acesso a software de *mailing*, que funciona essencialmente como um mecanismo de distribuição de e-mails e *newsletters*. Além de narrativas pessoais, documentos primários e peças para expor, a lista de discussão da Sixties-L, abrigada pela Universidade da Virginia, mantém uma coleta ativa contínua (e uma discussão acadêmica) sobre essa década de rupturas. Desde seu início, em 1997, foram feitas quase cinco mil postagens.[13]

Os mecanismos de coleta baseados na web não precisam ser muito mais complicados que o e-mail. A explosão dos diários online, ou blogs, deu a milhões de usuários da internet uma antevisão de como é não só ler e ver a web, mas também acrescentar os próprios pontos

---

[12] WHITTLE, Keith. Atomic Veterans History Project, link 6.11.

[13] Sixties Project. The Sixties-L Discussion List, link 6.12.

de vista à mídia. Sem nenhum conhecimento de HTML ou bancos de dados, historiadores podem usar um blog como um site dinâmico para coletar e apresentar o passado. Muitas das maneiras de manter um blog permitem que mais de uma pessoa poste ali, e com isso se cria espaço para que uma comunidade de participantes históricos inicie uma discussão sempre em expansão a respeito de quaisquer tópicos que sejam de seu interesse. Os blogs também permitem o intercâmbio de imagens, de outros arquivos digitais e, mais recentemente, de áudio, assim como de links para outros materiais online. Com um pouco de web design adicional, você pode integrar um blog a um site estático (ou simplesmente estabelecer um link até ele a partir de seu site principal e aceitar que designs contrastantes coexistam), para ter tanto um arquivo ou galeria de material histórico como uma maneira de possibilitar aos visitantes a postagem de material adicional à coleção. Os blogs costumam ter mecanismos de busca integrados, além da capacidade de exportar o que você coleta para outros lugares (como um servidor diferente ou a área de trabalho de seu computador pessoal).

Os contribuidores podem participar de diversas maneiras de um projeto de coleta baseado em blog. Podem enviar suas respostas a você por e-mail, para que você então possa postá-las no site. Alternativamente, você pode compartilhar os mecanismos de atualização de seu blog – o endereço de e-mail para postagens automáticas e a localização do formulário web que você utiliza para acrescentar entradas ao site – e fazer os outros postarem diretamente, embora isso impeça você de checar previamente as contribuições. Com maior segurança, a maioria dos sistemas de blogs também permite que você monte um blog multipessoal, no qual qualquer pessoa de um grupo definido consiga postar materiais no site por meio de contas individuais. Isso pode funcionar particularmente bem para um número reduzido de contribuidores que se conheçam – por exemplo, um grupo de colegas de profissão ou de amigos. Usando o recurso de upload de sistemas de blog, você pode também fazer os membros do grupo enviarem fotos para serem arquivadas no blog. Outros formatos de arquivo também estão disponíveis; recentemente o Google acrescentou a possibilidade de "subir" gravações de áudio a um site Blogger usando um telefone. A facilidade com que historiadores podem criar blogs e permitir que as pessoas acrescentem lembranças e artefatos faz deles uma atraente possibilidade para um site simples de coleta.

Uma desvantagem dos blogs, porém, é que eles incentivam os participantes a escreverem a partir de um "fluxo de consciência", e que são por natureza um pouco desorganizados. Softwares para discussões de *threads* ou para fóruns costumam funcionar melhor para criar áreas definidas de subtópicos, para que você não acabe com uma massa indiferenciada de contribuições indistintas. Essa tecnologia não é nova; milhões de pessoas têm postado nos veneráveis e ainda muito ativos grupos de discussão da Usenet, que são anteriores à web. Além de imporem um nível mais elevado de ordem nas contribuições, os pacotes de software para discussões, assim como os blogs multipessoais mais avançados, permitem que você mantenha maior controle dos contribuidores, pois pode fazer ajustes para exigir que os usuários entrem com login e forneçam informações para identificação (por exemplo, um endereço de e-mail e outras maneiras de chegar até eles). Há vários programas de fóruns e serviços de hospedagem que são fáceis de usar. (Assim como o software de blog, eles devem ser instalados em seu servidor por um especialista em web ou por alguém com conhecimento técnico de bancos de dados e linguagem de programação.)

A maneira mais poderosa e flexível de receber coletas é por meio de um site interativo que você mesmo tenha desenhado. A maior parte dos programas de blogs e fóruns rodam em bancos de dados nos bastidores, e você (ou seu programador) pode criar seu sistema de coleta exclusivo a partir do zero usando a mesma tecnologia. A grande vantagem dessa abordagem é que lhe permite criar formulários web customizados, nos quais os visitantes introduzirão informações e arquivos – como os que você encontra em sistemas de e-mail como o Yahoo Mail ou o Hotmail. Programas de blogs e fóruns normalmente têm uma caixa única para entradas de texto e um conjunto rígido de perguntas mais curtas a respeito das contribuições ou dos contribuidores, o que dificulta fazer a sujeitos históricos uma série de perguntas a respeito de suas experiências, ou de propor questões mais abertas ou evocativas, que são adequadas para trazer à tona nossas lembranças históricas. Por exemplo, em seu formulário web, o Moving Here (site sobre a imigração para o Reino Unido) pede aos contribuidores que introduzam a *faixa* de anos em que sua narrativa histórica ocorreu – aquela caixa para a data que você normalmente encontra em um blog seria inadequada para esse propósito.[14] Aplicações customizadas na web permitem igualmente maior flexibilidade para apresentar as contribuições, porque você pode ajustar continuamente a maneira como as entradas são extraídas do banco de dados e dispostas na tela, em vez de confiar nos templates existentes, providos pelo pacote de software.

Embora esses aspectos tornem atraentes esses sistemas de coleta do tipo "faça você mesmo", o melhor é você primeiramente explorar os programas mais simples, preexistentes, como blogs ou fóruns, para ver se algum deles atende às suas necessidades. Fazendo um pouco de autopropaganda, podemos sugerir que você também cheque nosso aplicativo gratuito para banco de dados, o Survey Building, do Center for History and New Media, que de maneira rápida e fácil constrói formulários para aquisição de arquivos, imagens e narrativas sobre história. Como o CHNM hospeda os dados, você não precisa ter um servidor próprio nem saber nada sobre programação.[15] Sistemas únicos podem funcionar bem, mas eles costumam exigir manutenção contínua, e se o programador original abandona o projeto, tais sistemas podem criar dificuldades para atualização ou para ajustes, caso ocorra algum problema. Se decidir fazer você mesmo, saiba que a curva de aprendizagem para bancos de dados e linguagem de programação web pode ser íngreme.

Novas formas de comunicação instantânea pela internet podem expandir ainda mais o conjunto de ferramentas para coletar história online. Milhões estão agora usando softwares de mensagens instantâneas, que permitem que você se comunique em tempo real com indivíduos ao redor do globo. Softwares populares, como o AOL Instant Messenger, o MSN Messenger, o Yahoo Messenger e o iChat, da Apple, permitem também transferir arquivos, de modo que os contribuidores podem não só coletar o passado em entrevistas de texto online, mas também enviar-lhe material digital relacionado enquanto conversam. Embora não tenham as inflexões tonais de um diálogo falado, essas

---

[14] "Tell Your Story", Moving Here: Two Hundred Years of Migration to England, link 6.15.

[15] Ver link 6.16.

conversas por texto têm a considerável vantagem de ser autodocumentáveis, diversamente das entrevistas de história oral, que requerem uma transcrição dispendiosa. Versões mais recentes desses programas permitem também conversas rudimentares (mas que estão melhorando rapidamente) por áudio e vídeo, o que abre a possibilidade de um futuro que é bem similar ao passado da história oral tradicional. Mas conexões de internet mais rápidas são uma exigência de ambos os lados da linha para esses aspectos multimídias avançados, o que restringe o âmbito dos potenciais contribuidores àqueles com conexões de alta velocidade. Novos serviços que aceitam gravações de voz por meio de uma linha telefônica padrão e convertem essas gravações para formato digital, que você pode receber por e-mail ou por meio de um site, oferecem outras possibilidades para coletas de áudio.[16]

Como atrair contribuidores para o seu site

A sua escolha de uma tecnologia de coleta adequada provavelmente tem menos importância para o sucesso geral de seu projeto do que o conteúdo e o design de seu site e que a eficácia em chegar aos potenciais contribuidores. São muitos os projetos de coleta que começaram com altas expectativas e terminaram com um número assustadoramente

---

[16] Várias companhias oferecem serviços baratos de correio de voz que permitem aos contribuidores entrar em contato com a instituição coletora via um número de telefone gratuito e registrar uma mensagem de acordo com os comandos que você definir. Esses serviços podem ser configurados de modo que as gravações sejam enviadas a você por e-mail como anexos digitais de áudio, completos, com data, hora e registro do número de entrada. A partir da sua caixa de entrada de e-mails, essas gravações podem ser facilmente arquivadas, disponibilizadas em seu site ou editadas para outros tipos de apresentação pública. UReach, OneBox, MaxEmail e muitas outras companhias de telecomunicações fornecem esses serviços por menos de 10 centavos de dólar por minuto. Também há florescentes tecnologias para realizar chamadas de voz via internet, entre elas os chamados serviços VoIP (Voice over Internet Protocol [Voz através do IP]) da maioria das grandes companhias de telecomunicações, assim como de *start-ups* como a Vosage e a Skype, e todas prometem a realização e a gravação de entrevistas de história a baixo custo, já que o som dessas chamadas já é digital e pode ser armazenado em seu disco rígido por meio de um software especial.

baixo de envios. Portanto, você deve gastar mais tempo pensando em como estimular a base de contribuidores que pretende alcançar do que em dominar cada mínimo detalhe da comunicação pela internet.

Uma estratégia para atrair contribuidores é oferecer informação ou materiais que tragam essas pessoas para o site. Na hora de escolher um conteúdo que funcione como um "ímã", o que importa, em última instância, não é tanto que ele seja exaustivo ou tenha uma apresentação refinada, mas que se diferencie na web. Uma pequena coleção de materiais estimulantes ou provocativos, muito bem anotados ou então explicados de maneira que desperte a curiosidade do público que você pretende alcançar, é bem mais eficaz do que uma coleção vasta, mas conceitualmente indefinida, de materiais ou que um conjunto de documentos facilmente obtidos em outros lugares da internet. Por exemplo, o site do Atomic Veterans provê sua comunidade com a informação que ela deseja (isto é, uma coleção atualizada de documentos sobre testes nucleares que tiveram seu sigilo removido), e apresenta isso de uma maneira que reflete a experiência dos veteranos (isto é, como documentos que dizem respeito a determinadas operações militares e equipes específicas). Em sites eficazes de coleta como esse, o conteúdo atraente é integrado de maneira coesa com as contribuições, levando a uma coleção histórica que é maior que a soma de suas partes. O administrador da Atomic Veterans, Keith Whittle, também reconheceu a importância de manter um site atual e dinâmico que continue a ser atraente aos visitantes e contribuidores. Como Whittle, você deve fazer um rodízio dos itens apresentados em sua *home page* ou destacar os acréscimos mais recentes à coleção.

Provavelmente o conteúdo mais atraente em um site de coleta são as outras contribuições. Isso leva, no entanto, a um grande paradoxo, e que deve ser familiar a qualquer um que já tenha dado aula: do mesmo modo como ninguém quer ser o primeiro a levantar a mão, ninguém quer ser o primeiro a contribuir com uma coleção da internet. Aqueles que poderiam contribuir com material histórico pessoal muitas vezes se sentem intimidados, e mesmo o contribuidor mais ansioso para participar acaba vitimado pela preocupação de que sua história ou sua imagem atraiam um escrutínio excessivo se ele for o único a figurar naquela página da web. Visitantes que tenham lembranças ou materiais de interesse histórico com os quais possam contribuir às vezes até visitam o site várias vezes, "espreitando", enquanto tentam superar essas preocupações, e muitos projetos de coleta online experimentam grandes picos de trânsito ao serem lançados, sem que isso represente um aumento correspondente nas contribuições que recebem. Daí o paradoxo: para poder construir uma coleção, você precisa primeiramente de uma coleção; com frequência, a única maneira de atrair contribuições é com outras contribuições. A segunda contribuição é sempre mais fácil de obter que a primeira, e a terceira, mais fácil ainda. Depois que você consegue coletar alguns itens, fica mais fácil coletar outros, e aos poucos vai se construindo uma espécie de embalo.

Mas como criar esse embalo? Você pode pedir a um projeto de coleta online relacionado com o seu, ou a um arquivo físico, permissão para reimprimir algumas de suas contribuições no seu site, até que seu projeto fique mais estabelecido. A coalizão de museus e arquivos por trás do Moving Here vasculhou suas ricas coleções físicas atrás de materiais adequados que pudessem servir como modelos de "contribuições", como as transcrições do Museu Judaico de entrevistas com imigrantes judeus para o East End, de Londres.[17] Se você não tem acesso a coleções existentes, tente encontrar amigos, familiares e colegas que sejam público-alvo do seu site para que eles "semeiem"[18] a coleção.

Mas, a não ser que você tenha contatos úteis como esses, provavelmente acabará entrando em contato com pessoas de uma nova comunidade – uma que você talvez não conheça –, e então terá de convencer esse grupo de possíveis contribuintes de que o seu projeto é merecedor do tempo deles. Isso exige marketing e publicidade. Historiadores geralmente não têm familiaridade com essas áreas, mas elas são especialmente importantes para projetos de coleta online. Projetos bem-sucedidos dedicam muitos recursos, quando não a maior parte deles, à divulgação. Os potenciais contribuidores precisam ficar sabendo do site, muitas vezes pela repetição e insistência, para que fiquem

---

[17] JEWISH MUSEUM. The Jewish Lads' Brigade. Moving Here: Two Hundred Years of Migration to England, link 6.18.

[18] "*Seed*" no original. "Semear" nesse sentido significa disseminar informações na internet, através do compartilhamento de arquivos ponto a ponto. Ver: https://bit.ly/3kCObQe. Acesso em: 2 maio 2022. (N.E.)

interessados em contribuir. Formular previamente um plano detalhado de divulgação vai ajudá-lo a confiar que pode realmente alcançar suas metas de coleta – afinal, se você não conseguir conceber uma maneira de chegar a possíveis contribuidores, o mais provável é que acabe se decepcionando – e que conseguirá dar logo o pontapé inicial ao seu esforço, assim que o site estiver concluído.

Provavelmente o primeiro passo será contatar potenciais contribuidores diretamente por e-mail, telefone ou carta. Quando Claude Shannon, pai da moderna teoria da informação e da matemática por trás de elementos-chave da internet como os modems, faleceu, em fevereiro de 2001, lançamos um modesto projeto para coletar reminiscências de seus colegas a seu respeito. Mandamos cerca de 300 e-mails apontando para nosso site, e com isso coletamos mais de 30 relatos detalhados sobre sua vida e seu legado, feitos por uma variedade de cientistas e tecnólogos, revelando novas informações a respeito do trabalho de Shannon nos Bell Labs e de seu enorme impacto em disciplinas vastas e remotas como ciência da computação, biologia computacional e genética. Fomos capazes também de coletar material histórico de pessoas que teria sido impossível contatar se não fosse a internet. Como nosso e-mail inicial foi sendo redirecionado a listas de e-mails e grupos de discussão online, acabou chegando a um grupo de cientistas que trabalhavam na Sibéria e que, como descobrimos, haviam sido profundamente influenciados pelo trabalho de Shannon a milhares de quilômetros de distância.[19]

O marketing indireto concentra-se em alcançar possíveis contribuidores por meio de suas redes sociais. Você deverá passar um tempo identificando e contatando as organizações e instituições mais relevantes para os seus assuntos históricos. A assistência que elas podem lhe dar vai de um simples link em uma *home page* a uma notícia especial na *newsletter* delas ou um post na sua lista de e-mails. Se o seu projeto de fato for de interesse para os membros delas, provavelmente vão ajudá-lo. Você deve também gastar algum tempo nas comunidades de seus contribuidores, no espaço virtual ou no mundo real. Torne-se membro de um fórum

---

[19] CHNM. Claude Shannon: The Man and His Impact. Echo: Exploring and Collecting History Online – Science, Technology, and Industry, link 6.19a. Para a menção à Sibéria, ver a contribuição datada de 5 de agosto de 2001, link 6.19b.

na web, de um grupo de notícias ou de um *mailing* relacionado ao seu tópico. Talvez ajude participar de uma reunião presencial, na qual você possa distribuir informações sobre seu projeto (junto a sua URL ou um número de telefone seu para contato). David Kirsch, diretor do Electric Vehicle History Online Archive, passou horas postando em murais de discussão online e muitos dias frequentando reuniões de clubes de veículos elétricos, até se tornar um membro acreditado da comunidade dos que têm o veículo elétrico como hobby, o que lhe permitiu obter seu primeiro conjunto de contribuições para o seu site.[20]

Embora um e-mail direto, personalizado, para um participante histórico ou um artigo na *newsletter* de uma comunidade sobre seu site possam ser mais eficazes para construir um grupo de contribuidores do que um vistoso anúncio numa revista científica, ou mesmo numa revista de banca ou jornal, você não deve ignorar o potencial de uma campanha de mídia ou de uma abordagem de marketing de massa. Se conseguir ligar seu projeto de algum modo a eventos presentes, um release para imprensa bem colocado pode atrair a atenção da mídia e aumentar as contribuições. Nós experimentamos algum sucesso nesse sentido com um site que lançamos com o Instituto Nacional de Saúde chamado A Thin Blue Line, onde promovemos a celebração do trigésimo aniversário da criação do teste de gravidez de farmácia, com o objetivo de coletar a história popular dessa tecnologia, que foi um marco na área de reprodução. O *Washington Post* e outros jornais publicaram notícias sobre esse site, pois ele se mostrara oportuno, e isso levou a um pico no trânsito do site e a um relativo impulso nas contribuições.[21]

Ao contar com material histórico de alta qualidade, um site voltado a coletar história do passado recente pode se tornar um centro confiável para informação na web e desencadear cobertura de mídia pelo simples fato de existir. Quando houve o apagão de agosto de 2003 no nordeste dos Estados Unidos, nosso colega James Sparrow recebeu imediatamente ligações da BBC, do *The New York Times*, do *Boston Globe*, da National Public Radio e de outros grandes veículos de mídia por ter criado o

---

[20] KIRSCH. Electric Vehicle History Online Archive.
[21] NATIONAL INSTITUTES OF HEALTH. A Thin Blue Line: The History of the Pregnancy Test Kit, link 6.21.

site definitivo sobre a história dos *blackouts* da cidade de Nova York de 1965 e 1977. Com documentos primários escaneados e clipes de áudio, além de centenas de histórias reunidas por meio da web, o site de Sparrow mostra como um projeto de internet, quando bem feito, pode ser bem-sucedido em coletar história depois que alcança o status de lugar a procurar para obter informações sobre um tema histórico particular. Após a cobertura da grande mídia, o site conseguiu captar mais de uma centena de novas narrativas pessoais para o seu arquivo.[22]

Incentivar contribuições e construir confiança

A maioria das pessoas procurará seu site interessada em ver as contribuições que há lá ou em contribuir com as próprias. Portanto, você deve facilitar ao máximo a contribuição para os visitantes e realçar o valor daquilo que já houver sido coletado. Também precisará fomentar a confiança em você, no seu site, e na missão que ele se propôs a cumprir. O design do seu site e as maneiras como você convence os possíveis contribuidores de que vale a pena guardar para o futuro os envios que eles fizerem são aspectos no mínimo tão importantes quanto a tecnologia. Anúncios iniciais carregados de imagens e animações em Flash podem ser muito atraentes, mas acima de tudo você deve fazer convites claros, do tipo "Contribua", "Conte sua história", "Leia as histórias dos outros" ou "Veja as imagens enviadas". Além dessas sinalizações, um design atraente, é claro, sem dúvida favorece a reputação de um site e aumenta sua probabilidade de atrair contribuições.

Quando os contribuidores encontram a página da web certa para enviar suas recordações ou fazer o upload de um arquivo digital, é importante que deparem com o mínimo possível de obstáculos. Mesmo que você ache que a tecnologia é autoexplicativa, procure oferecer o máximo de instruções claras, passo a passo, e se possível teste isso antes com potenciais contribuidores. Sites que exigem logins – nomes de usuários e senhas que você precisa introduzir antes de poder fazer sua contribuição – quase sempre recebem menos envios do que aqueles que

---

[22] SPARROW, James. Blackout History Project, link 6.22.

permitem acesso desobstruído a todos que chegam ao site. Esse fenômeno é parte de uma tensão maior existente entre uma prática arquivística saudável (que alguns diriam sensata) e o uso da web para coletar material e narrativas históricas: em outras palavras, quanto mais coisas você exige que os contribuidores revelem a respeito deles, menos provável é que contribuam. Bibliotecários e arquivistas adoram "metadados" – informações concretas sobre o processo de aquisição de um documento, tais como nome, endereço e outros dados para contato do contribuidor, além de detalhes exatos sobre a proveniência daquilo que está sendo doado. Infelizmente, a maioria dos usuários da web já está há anos recebendo spam e golpes online e enfrentando manuseio inadequado de informações privadas por instituições supostamente confiáveis (como os bancos), por isso mostra extrema cautela em fornecer dados pessoais.

Isso não quer dizer que você deva aceitar apenas contribuições anônimas. Em vez disso, recomendamos que torne obrigatório fornecer apenas o nome completo e o endereço de e-mail ou telefone do contribuidor – isto é, o mínimo de informação, mas suficiente para poder entrar em contato com o contribuidor mais tarde – e deixar como opcional fornecer outras informações (como endereço de correspondência). Além disso, você deve pedir essas informações pessoais *depois* que eles tiverem concluído a sua contribuição. Muitas pessoas dão essas informações de bom grado; outras não, mas você pode usar essas poucas informações obrigatórias mais tarde, para contatar um contribuidor e obter mais metadados para a sua coleção. Claro que isso inverte a ordem normal da aquisição de peças de arquivo – obter primeiramente o material, para depois saber a respeito do contribuidor –, mas antes de tudo aumenta suas chances reais de conseguir contribuições. Também pode valer a pena oferecer aos contribuidores a possibilidade de manter suas contribuições "privadas", isto é, salvas na sua coleção, mas indisponíveis durante um tempo ao público, ou permitir que seu nome e outras informações que os identifiquem sejam protegidos de qualquer exposição pública.

De modo similar, é útil também que um link em sua página de contribuição remeta a uma tranquilizadora declaração da sua política, detalhando como você vai usar a informação fornecida. Especifique em negrito que toda informação pessoal estará muito bem protegida e não será compartilhada sob qualquer pretexto sem o consentimento do contribuidor. Projetos de coleta online devem criar prontamente essas importantes páginas sobre a política adotada e tentar identificar todos os potenciais problemas legais e éticos. Ao aceitar doações de seus contribuidores, você assume responsabilidade pela informação que eles fornecem. Às vezes fica fácil demais encarar seus contribuidores simplesmente como temas de sua pesquisa, por isso é sempre bom lembrar que precisam ser tratados com o máximo respeito.

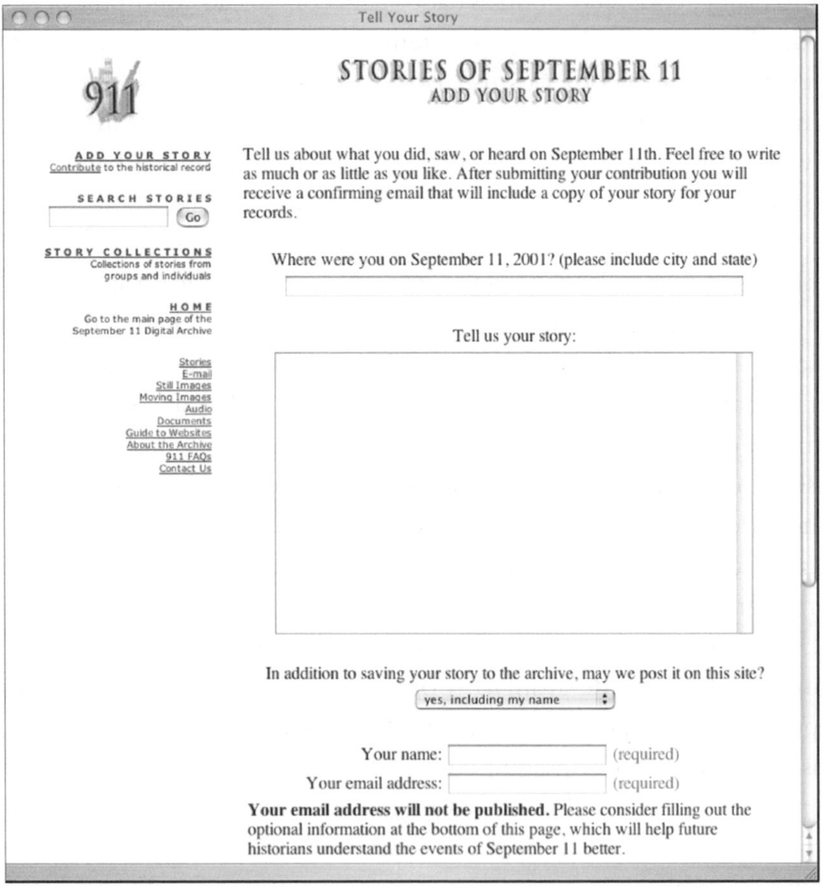

Figura 8.4: A página de envio de histórias para o September 11 Digital Archive, copatrocinado pelo Center for History and New Media e pelo American Social History Project, destaca alguns princípios dos formulários para coleta online, como a caixa grande no alto da página para a narrativa em primeira pessoa, as caixas secundárias menores para metadados (CEP, idade, gênero etc.), e a importância de gerar confiança, nesse caso destacando nosso uso restrito do e-mail do contribuidor.

Se você está associado a uma faculdade ou universidade, essas preocupações podem ser importantes também no aspecto jurídico. Em razão de controvérsias em torno de experimentos médicos e psicológicos, toda pesquisa que envolva "sujeitos humanos" passou a receber maior escrutínio dos conselhos [*institutional review boards*, IRBs], que supervisionam as pesquisas baseadas em universidades. Ainda há controvérsias a respeito de se a história oral – com a qual essa coleta online pode ser comparada – deve ser regulamentada ou não pelos IRBs. Nós concordamos com aqueles que acreditam que ela deva ficar à margem (já que é muito diferente do tipo de pesquisa ao qual as regulamentações federais são dirigidas), mas muitos IRBs discordam disso, e se esse for o caso da sua universidade, você terá de submeter seu projeto à apreciação deles para que seja aprovado. Nesse caso, provavelmente será útil você descrevê-lo como "história oral online". Descrever seu trabalho como um "levantamento" vai colocá-lo na categoria de pesquisa de ciência social, à qual não pertence e que o tornará alvo de escrutínio oficial detalhado. Quer você precise que seus planos sejam examinados oficialmente ou não, deve sempre se esforçar para seguir as orientações éticas fornecidas por organizações disciplinadoras, como a Oral History Association.[23]

Independentemente de sua filiação, uma página bem elaborada sobre as políticas adotadas vai ajudar a proteger você e seus contribuidores de ambiguidades. Os termos de atribuição e propriedade devem ser totalmente claros, e os participantes devem indicar que estão informados ao dar seu consentimento a um conjunto de termos para

---

[23] Alguns anos atrás, parecia que a história oral havia conseguido isenção das rigorosas regras dos IRBs. Ver CRAIG, Bruce. Oral History Excluded from IRB Review. *Perspectives*, Dec. 2003, link 6.23a; AMERICAN HISTORICAL ASSOCIATION. Questions Regarding the Policy Statement on Institutional Review Boards. Press Release, Nov. 10, 2003, link 6.23b; RITCHIE, Donald A.; SHOPES, Linda. Oral History Excluded from IRB Review. Oral History Association, link 6.23c. Desenvolvimentos mais recentes colocaram essa isenção em questão. Ver TOWNSEND, Robert B.; BELLI, Mériam. Oral History and IRBs: Caution Urged as Rule Interpretations Vary Widely. *Perspectives*, Dec. 2004, link 6.23d. Para linhas gerais sobre condução ética de entrevistas (online ou offline), ver ORAL HISTORY ASSOCIATION. *Oral History Evaluation Guidelines*. Pamphlet Number 3, Sept. 2000, link 6.23e; AMERICAN HISTORICAL ASSOCIATION. Statement on Standards of Professional Conduct. May 2003, link 6.23f.

cada envio, seja por meio de um clique ou de uma caixa de seleção. Esses formulários de consentimento não precisam ser muito detalhados ou especializados. Devem meramente declarar em linguagem simples quais são as regras para apresentação de contribuições, para onde a contribuição está indo, o que poderá ser feito com ela (por exemplo, ser transferida a outra instituição ou a outros pesquisadores) e se haverá qualquer outro contato adicional pela equipe do projeto após a entrega. Essa última parte de sua declaração sobre política é importante, porque algumas pessoas podem considerar eventuais solicitações adicionais como um spam indesejado. Apesar de ser orientado para companhias, o programa de vigilância online TRUSTe tem um guia útil para elaborar essas políticas, incluindo lidar com quebras de sigilo de informações pessoais e questões relacionadas.[24]

O site Moving Here, sobre imigração para o Reino Unido, é muito bem concebido para facilitar as contribuições e gerar confiança. Ele tem um formulário simples e bem projetado para o envio de histórias, com campos para o nome do contribuidor e seu endereço de e-mail e número de telefone. Uma nota clara a respeito da necessidade de contatar contribuidores e um tranquilizador link para a política de privacidade, que admiravelmente tem menos de 200 palavras, ficam adjacentes ao formulário, que é curto. As políticas de privacidade e proteção de dados são apresentadas sem uso de jargão jurídico e são abertas em uma janela pop-up quando requisitadas, de modo que o contribuidor não precisa sair da página em que está. As histórias do site Rosie the Riveter pedem apenas o endereço de e-mail para você seguir adiante, embora solicitem também, com delicadeza, outras informações, como o nome do contribuidor, número de telefone e endereço para correspondência. Infelizmente, o site afasta algumas pessoas ao obrigar que concordem com um longo texto, cheio de termos jurídicos, sobre "Termos de Contribuição e de Responsabilidade" antes de iniciar o

---

[24] Para bons exemplos de termos curtos e claros de contribuição e uso, ver a página de contribuições para o projeto Voice of Civil Rights, no link 6.24a, ou a página de políticas do projeto Echo, no link 6.24b; para mais orientações sobre a construção de uma página de políticas, ver TRUSTe MODEL PRIVACY DISCLOSURES. TRUSTe: Make Privacy Your Choice, link 6.24c.

processo de contribuição, se bem que isso não fez mudarem de ideia os milhares de contribuidores do Rosie the Riveter.[25]

Suspeitamos que essa aceitação se deva em parte à reputação das prestigiosas instituições que apoiam o Rosie the Riveter, cujos grandes logotipos são exibidos com destaque no site. Mesmo que seu site não seja patrocinado por uma grande indústria automobilística ou órgão do governo, ele vai gerar confiança nos contribuidores se você revelar detalhadamente quem você é e onde pode ser encontrado. Você deve destacar quaisquer filiações, porque elas criam a sensação de que o site está conectado ao mundo real e dão uma noção do encaminhamento que é dado às contribuições. Sem dúvida, pode ser positivo você fazer uma aliança com uma biblioteca local, uma sociedade de história ou um arquivo de universidade para patrocinar seu site e quem sabe até abrigar a coleção final (em forma digital ou impressa). Muitas pessoas ainda encaram a web como uma mídia efêmera; saber que as doações que fizerem têm um lar não virtual ajuda a superar a hesitação gerada por esse sentimento de impermanência. Parcerias com instituições de tijolo e argamassa ajudam a dar "peso" a um projeto online que de outro modo poderia parecer "impalpável".

Preocupações qualitativas

Depois que você convence os contribuidores a participarem de seu site, a questão é: o que você realmente quer deles, e como pode assegurar que o que oferecem é útil e autêntico? Historiadores orais, etnógrafos e sociólogos têm se dedicado a conceber "instrumentos" sensatos e eficazes (isto é, métodos controlados e rigorosos de coleta de informações).[26] Embora consultar essa literatura seja algo que valha

---

[25] Tell Your Story, link 6.25a; NATIONAL PARK FOUNDATION. Rosie the Riveter Stories – Your Contact Information. Ford Motor Company Sponsored Programs, link 6.25b; NATIONAL PARK FOUNDATION. Rosie the Riveter Stories – "Your Stories" Terms of Submission and Disclaimer. Ford Motor Company Sponsored Programs, link 6.25c.

[26] Ver TOURANGEAU, R.; RIPS, L. J.; RASINSKI, K. *The Psychology of Survey Response*. New York: Cambridge University Press, 2000, para uma visão geral do

a pena fazer, é bom ressaltar as limitações dos formulários web e de outros mecanismos de coleta como o e-mail, que desaconselham a estrita replicação desses padrões online. Por exemplo, o método comum de repetir uma questão importante várias vezes, usando a cada vez uma formulação diferente, apesar de seu intuito de garantir uma resposta precisa de quem responde, pode soar positiva, mas só abstratamente. Isso porque as dimensões e a resolução da maioria das telas de computador, que permitem apenas uma quantidade bastante limitada de texto e de espaço para resposta, exigem muita rolagem de tela (e geram frustração), à medida que o número de perguntas prolifera. Essas pesquisas históricas feitas pela internet – que partem do interesse em atrair um grande grupo de contribuidores – provavelmente não se equiparam às versões offline quanto à sua densidade e complexidade. E, de qualquer modo, cientistas sociais não iriam considerá-las como verdadeiras pesquisas no sentido de uma forma cientificamente válida de coletar informação.

Em seu formulário web, ou na interface do grupo de discussão ou na troca de e-mails, tenha a precaução de não pedir coisas demais. Como observa Don Dillman, sociólogo que tem estudado a eficácia das pesquisas pela web: "Os que projetam as pesquisas tentam obter detalhes demais daqueles que respondem. O resultado é que o levantamento acaba sendo abandonado, e isso é algo que a internet facilita". Tente pelo menos manter a primeira solicitação bem curta e o mais aberta possível – com certeza ela deve conter menos de 10 questões, e talvez o melhor é que não ultrapasse cinco. Temos visto que alguns dos projetos de coleta online mais eficazes envolvem não muito mais do que uma chamada do tipo "Compartilhe sua história" (sim, a maioria das pessoas é narcisista e gosta de falar basicamente de si mesma e de suas experiências). Nos relatos que resultam dessas perguntas abertas, você com frequência encontrará respostas a questões mais específicas, que teriam ficado bem mais embaixo em

---

assunto. Para mais sobre sondagens pela web a partir da perspectiva das ciências sociais, ver COUPER, M. P.; TRAUGOTT, M.; LAMIAS, M. Web Survey Design and Administration. *Public Opinion Quarterly*, v. 65, n. 2, p. 230-253, 2001, e COUPER, M. P. Web Surveys: A Review of Issues and Approaches. *Public Opinion Quarterly*, v. 64, n. 4, p. 464-494, 2000. Há uma bibliografia completa sobre projetos de sondagens do Laboratory for Automation Psychology and Decision Processing, do Human/Computer Interaction Laboratory, da Universidade de Maryland, link 6.26.

um formulário de pesquisa longo e desestimulante. Um dos esforços de coleta online relacionados ao 11 de setembro de 2001 (ver a seguir) perguntava simplesmente "Onde você estava?", e mesmo assim foi capaz de coletar um vasto arquivo de relatos pessoais muito ricos – que diziam não apenas onde, mas também quando, com quem e como seu grupo diversificado de contribuidores havia experimentado aquele dia. Historiadores novatos nessa elaboração de questionários tendem a ser específicos demais. Embora você possa achar que uma pesquisa detalhada vai trazer-lhe exatamente o que quer, ela pode na realidade ficar confusa para os visitantes, que não sabem tanto quanto você a respeito da abrangência do seu assunto. Além disso, fazer perguntas usando o tom autoral de um acadêmico ou de um livro afasta muitos potenciais contribuidores. Redija as perguntas em um estilo de texto o mais casual possível.[27]

Por fim, seja flexível. Lembre-se de que uma das vantagens da web é a facilidade de fazer revisões: você pode mudar a formulação e os formatos da coleção a qualquer momento, se as coisas não estiverem funcionando da maneira como imaginou. (Certifique-se de salvar versões prévias, de modo que os pesquisadores possam compreender os conjuntos anteriores de respostas.) Você deve também estar preparado para aceitar coisas que não pretendia coletar. Às vezes os contribuidores querem fornecer material que você não solicitou ou relatar histórias que parecem não ter relação com o seu foco. Incline-se a aceitar sempre essas doações. A generosidade do público talvez o surpreenda, e pode enriquecer seu projeto de maneiras que você não previa.

É claro que, junto à grande generosidade, você também pode deparar às vezes com travessuras indesejadas. Como pode ter certeza de que seus contribuidores são quem dizem ser? Como ter certeza de que as contribuições que fazem não são inventadas, ou tiradas de outras fontes? Mas, pela nossa experiência, essas preocupações com a falsificação de documentos e materiais históricos digitais tem se revelado na maioria das vezes um problema ilusório. Não estamos sozinhos

---

[27] Citação de DILLMAN, Don A. Internet Surveys: Back to the Future. *The Evaluation Exchange*, v. 10, n. 3, p. 6, 2004. Ver também DILLMAN, Don A. *Mail and Internet Surveys: The Tailored Design Method*. New York: Wiley, 2000, e artigos relacionados no link 6.27.

nessa avaliação. Sites de jornais, que dependem das informações que o visitante fornece ao se registrar para que possam ganhar dinheiro com a publicidade direcionada, descobriram (para surpresa deles) que eram relativamente poucas as pessoas que davam informações falsas, embora às vezes não haja verificações que detectem esse subterfúgio. Em um estudo, o *Philadelphia Inquirer* descobriu que apenas cerca de 10 ou 15 por cento de seus 300 mil usuários registrados haviam fornecido endereços de e-mail errados (e alguns deles em razão de erros involuntários ou dificuldades técnicas), mesmo levando em conta que o endereço de e-mail de uma pessoa é um dos bens mais bem guardados do mundo online, pela preocupação da grande maioria com o recebimento de spam. A taxa de falsificação de códigos postais e outras informações pessoais menos problemáticas é ainda mais baixa.[28]

No nosso entender, a missão sem fins lucrativos dos arquivos históricos online geralmente produz taxas ainda mais elevadas de honestidade. A maioria das pessoas que se dispõe a gastar um tempo para enviar algo ao seu projeto compartilha seus objetivos e seu interesse em criar um registro histórico preciso. Vigaristas e *hackers* têm coisas mais interessantes a fazer na internet do que corromper arquivos históricos. De qualquer modo, nossa melhor defesa contra a fraude são nossas habilidades históricas tradicionais. Historiadores sempre tiveram de avaliar a confiabilidade de suas fontes a partir de indícios internos e externos. Já houve muitas falsificações famosas em papel, e muitas das memórias escritas e das histórias orais tradicionais são cheias de exageros e distorções. No passado como no presente, historiadores precisam procurar evidências de consistência interna e compará-las com outras fontes. Seja qual for a mídia, a boa pesquisa é a base de um bom trabalho acadêmico.

No entanto, alguns métodos técnicos podem ajudar a checar as contribuições online. Todo computador conectado à web tem um endereço, o chamado Internet Protocol (IP). Um pequeno trecho de

---

[28] WEB Newspaper Registration Stirs Debate. CNN.com, June 14, 2004, link 6.28a. Projetos de coleta online que são focados em assuntos sensíveis obviamente podem encontrar maior resistência à revelação de informações pessoais precisas. Ver COOMBER, R. Using the Internet for Survey Research. *Sociological Research Online*, v. 2, n. 2, 1997, link 6.28b.

código de programação pode capturar esse endereço e vinculá-lo aos demais metadados associados à contribuição. Se você não acredita que uma contribuição tenha vindo de uma pessoa ou localização específica, uma busca pelo WHOIS, que traduz os números de um endereço IP em um formato parcialmente legível que costuma incluir o provedor de serviço de internet do contribuidor e sua área geral de cobertura, às vezes resulta em informação útil.[29] Algo que exige menos esforço investigativo é um simples contato posterior por e-mail ou telefone da pessoa para agradecer sua contribuição; e se o e-mail voltar ou o número de telefone for incorreto, você então deve ficar mais cético em relação ao envio. Acompanhar desse modo também oferece a oportunidade de perguntar aos contribuidores se eles têm qualquer outro documento ou lembrança e se conhecem outras pessoas que possam abastecer seu arquivo.

Uma maneira menos óbvia, mas talvez mais importante, de medir a "qualidade" de uma coleção histórica criada online fica mais aparente quando a coleção é avaliada como um todo, não só no nível das contribuições individuais. Como em qualquer coleção, seja online ou offline, uma minoria de contribuições de impacto acaba se destacando no mar de envios inexpressivos ou aparentemente irrelevantes. Historiadores que examinam um arquivo em papel caixa por caixa, tentando encontrar peças-chave de evidência para a sua pesquisa, conhecem bem esse princípio, e não deve surpreender que essas porcentagens desalentadoras nos acompanhem no reino digital. No entanto, como também sabemos, mesmo umas poucas opiniões bem escritas ou imagens de arquivo reveladoras podem formar a base de uma nova interpretação, ou ajudar a ancorar uma compreensão existente, mas parcial, de um determinado momento histórico. Ao mesmo tempo, o porte maior e a diversidade das coleções online oferecem mais oportunidades de procurar padrões

---

[29] O American Registry for Internet Numbers tem um serviço gratuito de localização de IP no link 6.29a. Domínios não pertencentes aos Estados Unidos (aqueles com códigos de país de duas letras no final) podem ser localizados por meio de Uwhois.com, link 6.29b. Domínios que terminem com .aero, .arpa, .biz, .com, .coop, .edu, .info, .int, .museum, .net e .org podem ser localizados por meio do órgão governamental para a web, o Internet Corporation for Assigned Names and Numbers (ICANN), link 6.29c. Vários serviços comerciais escaneiam endereços IP ao redor do mundo, por exemplo, o Network-tools.com, link 6.29d, e a Network Solutions, link 6.29e.

comuns. Por que certos tipos de histórias são recorrentes? O que isso lhe diz a respeito tanto da experiência popular quanto das maneiras como essa experiência acaba sendo transformada em memória?

Outro aspecto é que, pelo fato de a coleção digital oferecer mais opções para ser manipulada em comparação com uma coleção física, os historiadores podem examinar documentos eletrônicos de maneiras novas e reveladoras. Na web, a velocidade com que é possível fazer esse tipo de análise permite não só avaliações rápidas de coleções históricas, como também investigações mais substanciais. Por exemplo, quando o historiador Michael Kazin usou ferramentas de busca para escanear nosso September 11 Digital Archive e medir a frequência de palavras como "patriótico" e "liberdade", chegou a algumas conclusões importantes, mesmo que preliminares, sobre a reação dos Estados Unidos aos ataques terroristas. Kazin descobriu que menos norte-americanos do que poderíamos imaginar viram o 11 de setembro em termos de nacionalismo, radicalidade do Islã *versus* valores do Ocidente, ou qualquer outro referencial abstrato. Ao contrário, a maioria encarou os eventos em termos bem mais pessoais e locais: a perda de um amigo, o efeito sobre uma cidade ou comunidade, o impacto em sua família ou no seu emprego.[30] A qualidade principal de uma coleção digital talvez tenha mais a ver com a floresta do que com as árvores, por assim dizer.

Estudo de caso: 11 de setembro de 2001

Os exemplos de coleta online mais imediatos, bem-sucedidos e úteis que surgiram até o momento foram sem dúvida os relacionados aos ataques terroristas de 11 de setembro de 2001. A data foi um divisor de águas na curta história da coleta online, um momento a partir do qual essa prática se espalhou como reação espontânea a eventos históricos, não só entre historiadores amadores, mas também nas reações mais deliberadas de historiadores profissionais, museus, bibliotecas e sociedades de história. Participamos de um desses projetos, o September 11 Digital

---

[30] KAZIN, Michael. 12/12 e 9/11: Tales of Power and Tales of Experience in Contemporary History. *History News Network*, Sept. 11, 2003, link 6.30.

Archive, que teve como uma de suas ações monitorar centenas de outros sites que estavam aceitando contribuições na forma de histórias, reflexões, peças de arte e fotos. Sem dúvida, boa parte dessa atividade teve lugar em locais online já existentes, como os sites da grande mídia. Os portais web do *The New York Times* e da BBC, por exemplo, mostraram murais de mensagens extensos e muito ativos, registrando as reações aos eventos daquele dia e seus efeitos posteriores. Ao mesmo tempo, porém, apareceram muitos outros meios de comunicação para coletar esses sentimentos e perspectivas, em um vibrante exemplo daquilo que o Pew Internet and American Life Project chama de "jornalismo faça-você-mesmo".[31] A partir daquela clara convicção de que estavam ocorrendo eventos de forte impacto, acadêmicos, estudantes, arquivistas, empresas e membros do público em geral iniciaram projetos de coleta online em um esforço para registrar os terríveis eventos de 11 de setembro e seus desdobramentos.

Colecionadores amadores fundaram muitas das primeiras iniciativas bem-sucedidas de captar online a história do 11 de setembro. A Where wereyou.org conseguiu coletar mais de 2 mil relatos pessoais sobre o 11 de setembro no espaço de poucas semanas.[32] Trabalhando com rapidez e com admirável habilidade técnica e de design, os criadores do site desenvolveram um aplicativo baseado em banco de dados que permitia a pessoas do mundo inteiro contarem sua história sobre o 11 de setembro. Fato notável, o projeto todo não tinha patrocínio, e foi totalmente concebido e executado por três alunos de faculdade trabalhando em cidades diferentes em seu tempo livre. O Wherewereyou.org mostra como a internet pode empoderar historiadores amadores que querem coletar história.

Além desses muitos esforços amadores, vários esforços em larga escala de profissionais e instituições usaram a web para captar material e narrativas históricas. Em uma parceria com o Internet Archive, montada para coletar conteúdo da web durante os meses anteriores à eleição e

---

[31] PEW INTERNET AND AMERICAN LIFE PROJECT. One Year Later: September 11 and the Internet. Washington, D.C.: Pew Internet and American Life Project, 2002. Ver também WILLIAMS, Bruce A.; CARPINI, Michael X. Delli. Heeeeeeeeeeeere's Democracy!. *Chronicle of Higher Education*, Apr. 19, 2002, 14.

[32] COLLINS, Lane; HICKS, Geoffrey; PELKEY, Marie. Where Were You: September 11th, 2001, link 6.32.

nos desdobramentos da contestada disputa eleitoral presidencial de 2000, a Diretoria de Serviços Bibliotecários da Biblioteca do Congresso agiu imediatamente para captar conteúdo da web relacionado aos ataques. O seu September 11 Web Archive foi lançado oficialmente em 11 de outubro de 2001, embora os computadores do Internet Archive já tivessem começado a escanear a web poucas horas após os ataques de 11 de setembro. Esse esforço, liderado pela biblioteca e bancado por uma verba do Pew Charitable Trusts, assim como o projeto anterior em torno da eleição presidencial de 2000, buscavam "avaliar, selecionar, coletar, catalogar, prover acesso e preservar material digital para as futuras gerações de pesquisadores". Quando a coleta foi concluída, em 1º de dezembro de 2001, a biblioteca e o Internet Archive haviam coletado o conteúdo de cerca de 30 mil sites e 5 terabytes (5 mil gigabytes) de informações, que representavam uma captura sem precedentes da resposta em tempo real do mundo àqueles trágicos eventos.[33]

Um segundo grande esforço online para documentar tais eventos foi o nosso September 11 Digital Archive, um empreendimento conjunto do American Social History Project/Center for Media and Learning, no Centro de Pós-Graduação da Universidade da Cidade de Nova York, e do Center for History and New Media (CHNM).[34] O arquivo, subvencionado pela Fundação Sloan, dedicou-se a coletar, preservar e apresentar uma gama de fontes primárias, especialmente aqueles materiais nativos digitais que não estavam sendo coletados por outros projetos, como o September 11 Web Archive. Enquanto o Web Archive objetivava coletar páginas da web públicas, nosso esforço foi coletar – diretamente de seus proprietários – aqueles materiais digitais não disponíveis ao público da web: artefatos como e-mails, fotos digitais,

---

[33] Tanto o projeto September 11 como o da eleição de 2000 foram feitos sob os auspícios do esforço maior de preservação da web lançado pela biblioteca chamado MINERVA (Mapping the INternet Electronic Resources Virtual Archive). Ver link 6.33a. Sobre os projetos, ver LIBRARY OF CONGRESS. The September 11 Web Archive, link 6.33b; LIBRARY OF CONGRESS. Election 2002 Web Archive, link 6.33c. Para uma visão geral das estatísticas da coleção, ver LIBRARY OF CONGRESS. Welcome. The September 11 Web Archive, link 6.33d.

[34] CHNM; AMERICAN SOCIAL HISTORY PROJECT. The September Digital Archive, link 6.34.

documentos de processadores de texto e relatos pessoais. Também quisemos criar um local centralizado de depósito para aqueles muitos e mais frágeis esforços amadores já em andamento. Agora, três anos e alguns meses decorridos desde o início do projeto, o September 11 Web Archive coletou mais de 150 mil objetos digitais relacionados aos ataques terroristas, entre eles 35 mil relatos pessoais e 20 mil imagens digitais. Em setembro de 2003, a Biblioteca do Congresso concordou formalmente em garantir a preservação de longo prazo do Digital Archive.

Apesar de sua grande escala, o Digital Archive começou modestamente. Para poder colocar o site em funcionamento de maneira extremamente rápida, transferimos a infraestrutura básica de banco de dados e do código de programação de vários outros projetos de coleta anteriores sobre história da ciência e da tecnologia (nosso projeto Echo). A verba da Fundação Sloan chegou em 1º de janeiro de 2002, e lançamos o site em 11 de janeiro, com a capacidade inicial de coletar imagens digitais, e-mails e relatos. Com o tempo, acrescentamos outros elementos, conforme as necessidades, por exemplo, a possibilidade de fazer upload de outros arquivos digitais além das imagens e contribuições totalmente automatizadas de correio de voz. Para incrementar a área de contribuições, divulgamos o site primeiramente para amigos, familiares, colegas e para os alunos e equipes de nossos respectivos campi. No aniversário de seis meses do 11 de setembro, ou seja, em 11 de março de 2002, fizemos um lançamento público completo, com comunicados à imprensa e alguma cobertura da grande mídia.

Tendo as preocupações técnicas como pano de fundo, concentramo-nos fortemente em alcançar tanto o público mais amplo como as comunidades próximas aos locais das colisões, na Lower Manhattan e também em Arlington, Virginia, e em Shanksville, Pensilvânia. Nossos esforços de marketing deram frutos por vários meses, com o número de contribuições crescendo como uma bola de neve, e também porque conseguimos fazer parcerias com o Museu Nacional de História Americana, do Instituto Smithsonian, bem como com outros museus e sociedades de história. Considerando apenas uma seção do site, aquela que aceitava relatos pessoais, tínhamos 28 envios por volta do final de janeiro de 2002, 328 ao final de março, 693 em maio, 948 em julho e 1.624 em agosto de 2002. À medida que a atenção da mídia cresceu no período imediatamente anterior ao primeiro aniversário do 11 de setembro, com reportagens sobre o projeto na CNN, MSNBC, Associated Press e em centenas de jornais, nossos números aumentaram exponencialmente. Só no dia 11 de setembro de 2002 nós recebemos mais de 13 mil novos relatos pessoais, centenas deles de testemunhas diretas dos eventos.

Essa última menção levanta um segundo ponto, crucial: esses esforços e o crescimento do arquivo levaram a uma ampla resposta não só do país e do mundo, mas também de audiências particulares que estávamos especialmente empenhados em alcançar. Com certeza é mais fácil obter uma resposta do público em geral por meio de um site do que alcançar um pequeno grupo de contribuidores que você tenha definido como alvo. Mas vimos que, conforme o projeto crescia, o grande número de contribuições do público em geral facilitava muito reunir material daqueles que haviam estado diretamente envolvidos nos eventos de 11 de setembro. Em razão de nossa proeminência e das parcerias com grandes instituições, descobrimos que vários grupos-chave sabiam da nossa existência mesmo antes de estabelecermos contato com eles e que estavam interessados em contribuir com importante material histórico, ou, se não tivessem ouvido falar de nosso projeto, ficavam muito mais dispostos a colaborar depois de visitar nosso site. Havíamos conseguido uma espécie de "presença" e de "massa crítica", que proporcionou um número de contribuidores cada vez maior e algumas aquisições valiosas, como as comunicações eletrônicas em tempo real de um grupo de trabalhadores que evacuavam Lower Manhattan. Outros grupos, como o Here Is New York, que reuniu milhares de fotos impressionantes da cidade nos momentos posteriores ao 11 de setembro, pediram que servíssemos como repositório de suas coleções.[35]

A explosão de coletas online após o 11 de setembro foi parte de uma grande mudança na cultura da internet precipitada pelos ataques. Como mostrado pelo Pew Internet and American Life Project, após o 11 de setembro mais e mais pessoas recorreram à internet como "espaço público"; a internet virou um lugar para comunicar e comentar, não apenas para navegar atrás de notícias. Embora a maioria dos norte-americanos ainda se informasse pelos canais de mídia tradicionais, como jornais e televisão,

---

[35] HERE Is New York: A Democracy of Photographs, link 6.35.

e embora o uso geral da internet tivesse na realidade diminuído nos dias imediatamente posteriores aos ataques, um número sem precedentes de pessoas usou a internet para compartilhar seus sentimentos e suas opiniões a respeito das tragédias. Por exemplo, cerca de 20 milhões de norte-americanos usaram e-mail para retomar o contato com velhos amigos após o 11 de setembro. Mais pertinente ainda para a presente discussão, 13 por cento dos usuários de internet participaram de discussões online após os ataques. Essa interatividade representou um papel inteiramente novo para a internet como local de construção comunitária e de documentação espontânea. "Pela primeira vez", escreveu o editor de uma *newsletter*, "a nação e o mundo puderam falar consigo mesmos, fazendo o que os seres humanos fazem quando inocentes sofrem: chorar, informar e, o mais importante, contar a história juntos". Mais especificamente, as pessoas abordaram a internet como um lugar para debater a resposta do governo dos Estados Unidos ao terrorismo (46 por cento), para encontrar ou dar consolo (22 por cento) e para explorar maneiras de lidar localmente com os ataques e seus desdobramentos (19 por cento). Tal uso da internet só vai crescer nos próximos anos.[36]

Certamente nem todos os sites de coleta na web alcançarão a escala e os resultados desses projetos ligados ao 11 de setembro. Nem deveriam, pois nem todo projeto histórico tem um universo de possíveis contribuidores equivalente ao do September 11 Digital Archive. Mas, seja qual for o porte, o resultado de um projeto de coleta online bem-sucedido pode ser excepcional. A capacidade massiva da web significa que os historiadores podem ir além do nível de seletividade das coletas em papel e criar arquivos mais abrangentes, com múltiplos pontos de vista e múltiplos formatos (incluindo áudio e vídeo, além de texto). Dado o acesso aberto

---

[36] PEW INTERNET AND AMERICAN LIFE PROJECT. *The Commons of the Tragedy and How Americans Used the Internet After the Terror Attack*. Washington, D.C.: Pew Internet and American Life Project, 2001; citação de *The Commons of the Tragedy*. Ver também HARMON, Amy. The Toll: Real Solace in a Virtual World: Memorials Take Root on the Web. *The New York Times*, Sept. 11, 2002, G39. Para mais sobre o crescimento do uso da internet, especialmente como lugar para comunicação, expressão e diálogo, ver FALLOWS, Deborah. *The Internet and Daily Life*. Washington, D.C.: Pew Internet and American Life Project, 2004.

da web, parece adequado lançar a rede mais ampla possível (conforme o caso) em projetos como o September 11 Digital Archive, em vez de focar em figuras como líderes do governo, que quase certamente vão dominar a cobertura impressa. Esses arquivos, esperamos, compensarão em parte sua falta da mão de um curador por meio de seu tamanho, escopo e imediatismo. A natureza e extensão daquilo que você pode reunir, embora claramente diferente de um projeto tradicional de história oral ou de um esforço de museu, podem ser tão esclarecedoras e importantes quanto um recurso histórico futuro, e provavelmente vão crescer mais, à medida que uma crescente porcentagem de nossas comunicações e expressões passe a ocorrer na mídia digital.

Refletindo a respeito, parece que essas coleções online do futuro não serão diferentes da história pioneira de Heródoto, tendo potencial de promover uma visão do registro histórico inclusiva e de amplo espectro. Em suas viagens pelas regiões do Mediterrâneo, Heródoto registrou os sentimentos tanto de persas quanto de gregos, de pessoas comuns e de figuras destacadas, incluindo relatos divergentes e lendas, assim como fatos. Ele quis salvar todas essas histórias antes que fossem esquecidas, para que as cores do passado não se perdessem. E, como ele próprio contou ao seu público, estava também catalogando e recontando tudo aquilo porque no futuro as pessoas poderiam ter diferentes noções a respeito de quais fatos e personagens teriam sido relevantes: "Assim prosseguirei com minha história, falando igualmente das pequenas e das grandes cidades dos homens, pois muitas cidades outrora grandes agora são pequenas, e as grandes no meu tempo eram outrora pequenas. Sabendo, portanto, que a prosperidade humana jamais é estável, farei menção a igualmente".[37] O uso da internet para coletar história compartilha essa visão: é sem dúvida uma forma de história mais democrática do que a encontrada em arquivos físicos seletivos ou em narrativas históricas elegantemente suavizadas, e compartilha o tumulto, as contradições e a desorganização da democracia – assim como seu caráter inclusivo, sua miríade de pontos de vista e seu espírito popular vibrante.

---

[37] HERÓDOTO. *História*. Trad. Mário da Gama Kury. Brasília: Editora UnB, 1985. p. 20.

Pesquisar a história nas novas mídias

CAPÍTULO 9

Admirável mundo novo ou beco sem saída? A história norte-americana na World Wide Web

Com Michael O'Malley

Em agosto de 1995, a Netscape Communications Corporation fez sua oferta pública de ações a 28 dólares cada; naquele outono, por um breve período alcançou um pico de 174 dólares – cifra incrível para uma companhia que não gerava lucro real e cujo produto mais conhecido era essencialmente gratuito. Mesmo no final do ano, quando a ação se estabilizou por volta de 130 dólares, sua capitalização de mercado alcançou mais de 5 bilhões de dólares – maior do que o valor de mercado somado da New York Times Corporation e da United Airlines. A estratosférica elevação do preço da ação da Netscape refletiu a repentina descoberta, por parte dos investidores e do público em geral, da internet, a rede global de computadores conectados, que se intercomunicavam por meio de um conjunto comum de protocolos. Em novembro de 1969, o predecessor da Internet, a Arpanet (nome derivado de sua fundadora, a Arpa, Agência de Pesquisa de Projetos Avançados do Departamento de Defesa dos Estados Unidos), consistia de apenas dois computadores de comunicação especialmente projetados, localizados em Los Angeles e em Palo Alto, Califórnia. Seus primeiros usuários eram cientistas e pessoal técnico, particularmente aqueles com conexões com o Departamento de Defesa. Mas nas décadas de 1980 e 1990 a internet rapidamente se tornou uma mídia amplamente acessada, que passou a rivalizar com o telefone e os correios em importância.[1]

---

[1] *Washington Post*, Jan. 14, 1996, H1; *Fort Lauderdale Sun-Sentinel*, Dec. 8, 1995, D1. Sobre as origens da internet, ver HAFNER, Katie; LYON, Matthew. *Where*

Mais responsável pela corrida do ouro dos investidores atrás de ações da Netscape foi a ainda mais recente emergência da World Wide Web, cujas origens remontam aos esforços do final da década de 1980 de Tim Berners-Lee, cientista da computação do Laboratório Europeu de Física das Partículas, em Genebra, dedicado a encontrar uma maneira para os físicos compartilharem informações mais facilmente. A web, como costuma ser chamada, usa a rede global da internet, mas com um conjunto mais especializado de protocolos. Tais protocolos permitem que computadores conectados à web exibam imagens, som e vídeo; possibilitam que os usuários passem rapidamente de um site a outro; e que cada página da web tenha um único endereço (o chamado "Uniform Resource Locator" [Localizador Uniforme de Recursos], ou "URL"). O resultado transforma a web em um "hipertexto" global – um conjunto de documentos ou textos dinamicamente conectados.

Com o hipertexto (e a web), é como se você estivesse lendo um livro de história e, ao clicar numa nota de rodapé, pudesse na mesma hora ler o livro mencionado na nota. Se a internet é formada por todas as estradas do mundo global dos computadores, a World Wide Web é o que abrange suas estradas pavimentadas. Para "ler" os recursos na web, você precisa de um "navegador" web. Na realidade, o lançamento, em 1993, do Mosaic, um navegador gráfico fácil de usar, desenvolvido pelo National Center for Supercomputing Applications, da Universidade de Illinois, foi o primeiro a chamar a atenção do público para a web. Um ano mais tarde, seguindo o padrão de rápida comercialização que caracteriza o setor de computação (com o financiamento inicial sendo provido com maior frequência pelo Departamento de Defesa dos Estados Unidos), alguns dos designers do Mosaic criaram a Netscape Communications Corporation, cujo navegador, o Netscape Navigator, por volta do outono de 1995 parecia estar emergindo como o padrão de fato – tornando seus fundadores milionários da noite para o dia.

Havia outras indicações da webmania em 1995. Em junho de 1993, o mundo tinha apenas 130 sites; em junho de 1995, havia quase 23.500; em junho de 1996, mais de 200 mil novos sites haviam entrado

---

Wizards Stay Up Late: The Origins of the Internet. New York, 1996; e SALUS, Peter H. *Casting the Net: From Arpanet to Internet and Beyond...* Reading, Mass., 1995.

online. Em pouco tempo, uma série de entidades, desde corporações multinacionais a alunos de ensino médio, estavam postando suas *home pages*, que podem ser compreendidas como os sumários ou frontispícios que introduzem um conjunto de outras páginas da web. Em um destacado artigo de primeira página em novembro de 1995, o *The New York Times* (talvez preocupado com seu próprio eclipse) anunciou a chegada da Web como uma grande "força social, cultural e econômica", comparável à "mídia impressa e eletrônica que a haviam precedido".[2]

Nada conseguiu corresponder às expectativas geradas em torno da web. Apenas um ano mais tarde, até os investidores da Wall Street haviam perdido sua febre pela Web. Os preços das ações de algumas empresas de internet, que haviam disparado seis meses antes, caíram dramaticamente. Uma delas, a Excite, havia feito sua oferta pública de ações em abril de 1996 a 17 dólares a ação; em seu primeiro dia de negociação, foi a 21,25, e no final de outubro caiu para 7 dólares a ação.[3]

O ceticismo em relação à Web não se restringiu à Wall Street. Na mesma semana em que a Wall Street se mostrou francamente desestimulada com a Excite, a historiadora Gertrude Himmelfarb expôs o que chamou de uma discordância "neoludita". Ela se sentia, conforme escreveu no *Chronicle of Higher Education*, "incomodada com alguns aspectos do [...] novo impacto tecnológico na aprendizagem e na esfera acadêmica". "Assim como o pós-modernismo", queixava-se, "a internet não faz distinção entre o verdadeiro e o falso, o importante e o trivial, o duradouro e o efêmero". Os mecanismos de pesquisa na internet "VÃO apresentar uma tira em quadrinhos ou um slogan publicitário tão prontamente quanto uma citação da Bíblia ou de Shakespeare. Toda fonte que aparece na tela tem o mesmo peso e a mesma credibilidade que as demais; nenhuma autoridade é 'privilegiada' em relação a qualquer outra".[4]

---

[2] GRAY, Matthew. Web Growth Summary. Disponível em: http://www.mit.edu/people/mkgray/net/web-growth-summary.html; *The New York Times*, Nov. 20, 1995, 1.

[3] *The New York Times*, Oct. 28, 1996, D10.

[4] HIMMELFARB, Gertrude. A Neo-Luddite Reflects on the Internet. *Chronicle of Higher Education,* Nov. 1st, 1996, A56.

Críticos conservadores como Himmelfarb são, sob certos aspectos, o inverso dos maiores promotores; o que os primeiros temem os últimos exaltam. Esses "tecnoentusiastas" oferecem, observa o crítico literário Randy Bass, uma nova versão do "sublime tecnológico", na qual

> a conectividade mundial vai erradicar as fronteiras físicas e políticas; [...] a natureza niveladora da interação online, assim como a universalização do acesso à informação, vão fomentar a democratização; [...] a natureza descentralizada do hipertexto vai erodir ainda mais a existência de hierarquias limitantes; e [...] o poder de envolvimento e as capacidades de criar vínculos dos recursos multimídias vão revolucionar a aprendizagem e erradicar de vez a necessidade de professores e de escolas.

O romancista de hipertexto Michael Joyce faz uma declaração rapsódica a respeito "da novidade voraz da era eletrônica da web com [...] sua sucessão de admiráveis mundos novos gerados a 28 mil bauds [unidade de velocidade de transmissão de dados] e recriados à vontade". Tanto os ciberentusiastas, como Joyce, quanto os que compõem ciberelegias, como Himmelfarb, colocam-nos na aurora de uma nova era; a única questão é se ela é uma utopia ou uma distopia.[5]

Outros críticos argumentam que a web não assinala nenhuma ruptura. Eles subestimam a web como "um mero amontoado de links" ou algo que contém "principalmente lixo". Críticos mais ponderados situados na esquerda política, como Herbert I. Schiller, temem que a internet vá estimular e reforçar a "desigualdade da informação". Argumentam que equipamento inadequado ou os crescentes custos para acesso vão excluir os pobres. Schiller também adverte que a supervia expressa da informação pode acabar revelando-se "o último beco sem saída" se a "onda de comercialismo" e seus "guardiões corporativos"

---

[5] BASS, Randy. The Garden in the Machine: The Impact of American Studies on New Technologies. Disponível em: http://www.georgetown.edu/bassr/garden/html; JOYCE, Michael. The Lingering Errantness of Place (In Memory of Sherman Paul). Trabalho apresentado no Association of College and Research Libraries/Library and Information Technology Association Joint Presidents Program, na conferência anual da American Library Association, Chicago, 26 jun. 1995. Disponível em: http://iberia.vassar.edu/~mijoyce/lingering_errantness.html.

engolfarem as novas mídias e tecnologias, como fizeram com o rádio e a televisão.[6]

Esses ensaios fazem uma avaliação preliminar das possibilidades e limitações, das seduções e dos perigos, da World Wide Web, para aqueles que se dedicam a apresentar, ensinar e aprender a história norte--americana. Os autores têm dúvidas em relação às afirmações de que a web seja uma mudança totalmente nova. Mas também rejeitamos a visão dos céticos de que ela não oferece absolutamente nada; estamos impressionados – até perplexos – com o que já existe aí para os historiadores. Parece menos provável que a web esteja propondo um paradigma ou um modo de pensar radicalmente novo; de muitas maneiras, a web simplesmente nos dá acesso rápido a recursos já existentes. No entanto, a própria trivialidade da web acaba se revelando interessante; na web, o passado está profundamente entretecido com o presente, de maneiras que escapam à nossa percepção no arquivo ou na biblioteca convencionais. Além disso, o poder de acessar informações a grandes distâncias e com grande velocidade oferece a possibilidade de novas conexões – entre ideias díspares e entre o passado e o presente – que poderiam de outro modo passar despercebidas. Por fim, a web traz uma diferença crucial – permite que os usuários produzam as próprias versões da história e as coloquem em um contexto público, onde não há ninguém que regule o acesso nem organizações que atuem como sentinelas para policiar seu conteúdo ou sua metodologia. Esperamos tornar mais visíveis tanto as vantagens quanto as desvantagens dessa "democratização".

Esse passeio pela "história na web" tem de ser breve e altamente seletivo. Há cerca de 16 meses, quando criamos um "guia para iniciantes", ela parecia uma "cidade ambulante" por onde os usuários podiam vagar tranquilamente e encontrar todos os residentes e lojistas.[7] Hoje,

---

[6] SCHILLER, Herbert I. *Information Inequality: The Deepening Social Crisis in America*. New York, 1996. B6, 75.

[7] Entre os sites de história importantes não abordados aqui estão aqueles organizados em torno dos cursos de ensino. Por exemplo, ver o New Media Classroom (http://www.gmu.edu/chnm/nmc); e o American Studies Crossroads Project (http://www.georgetown.edu/crossroads/webcourses.html) (McMICHAEL, Andrew;

revisar a história na web é mais como escrever um guia da Nova York do século XX; será que existe alguém capaz de conhecer cada rua e viela? Quem não acabaria deixando de citar alguns dos maiores tesouros ou das vistas mais constrangedoras? Neste ensaio, apresentamos alguns sites exemplares e o nome de alguns bons guias, na expectativa de que os leitores se aventurem e façam a própria exploração.

Começamos com uma discussão sobre como procurar informação histórica na web. Depois, oferecemos nosso próprio mapeamento da web, organizado por tipos de site – arquivos e bibliotecas que foram disponibilizados online; "arquivos inventados" (sites dedicados a coletar e tornar disponíveis documentos que estão espalhados em diversos arquivos "reais") e apresentações narrativas de história organizadas por museus, empresas comerciais e amadores entusiastas.

O que há na web? Procurando o passado no ciberespaço

De que maneira encontramos o passado no "ciberespaço" – isto é, no "mundo virtual" onde os computadores se comunicam? Vamos começar com os vários "mecanismos de pesquisa" da web. Esses mecanismos de pesquisa usam "rastreadores da web" – os *crawlers*, programas de computador projetados para rastrear links da web. Eles passam de um link a outro, de uma página da web a outra, com uma tenacidade irracional, reportando na íntegra ou em parte todo texto que encontram. Do lado da "interface", os designers e programadores de páginas da web concebem maneiras simples para os usuários "pesquisarem" a informação arquivada. A inquirição do usuário desencadeia uma busca por todos os textos que o rastreador web encontra, e os resultados voltam ao usuário na forma enigmática de resultados. Nenhum dos mecanismos de pesquisa oferece algo que se pareça com a precisão, a hierarquia ou a contextualização que os historiadores se acostumaram a esperar dos catálogos de bibliotecas, sejam impressos, sejam online. A abertura da web significa que a tarefa de catalogar e buscar é consideravelmente

---

O'MALLEY, Michael; ROSENZWEIG, Roy. Historians and the Web: A Guide. *Perspectives*, v. 34, p. 11-15, Jan. 1996. Disponível em: http://www.gmu.edu/chnm/beginner.html).

mais complexa que a enfrentada pelos bibliotecários. Os mecanismos de pesquisa são a melhor ferramenta disponível, mas são incapazes de diferenciar uma página de outra ou de hierarquizar os resultados a não ser da forma mais bruta. Não sabem diferenciar uma posição política de esquerda de outra de direita, ou distinguir calouros de estudantes de pós-graduação, ou diferenciar um professor de um encanador. Mas, com um pouco de criatividade e persistência, o usuário pode usar esses mecanismos de pesquisa e descobrir um grande volume de informações, embora nem tudo corresponda ao que ele espera.[8]

Mecanismos de pesquisa oferecem duas abordagens principais – busca por assunto e por palavra-chave. O Yahoo! continua sendo o diretório por assunto mais abrangente. Se você acompanha o fluxograma partindo de "Artes e humanidades" e segue por "Humanidades", depois "História" e em seguida "História dos Estados Unidos", encontra 873 sites relacionados à história norte-americana, divididos em subtópicos, como "Século XVII", "Museus e memoriais" e "Bandeira norte-americana".[9]

Essa organização por tópicos carece de qualquer classificação qualitativa ou orientação a não ser por breves anotações ocasionais. Na página principal do Yahoo! sobre história dos Estados Unidos, o link para "Campanha para Verdade Radical na História", de Michael A. Hoffman II (site dedicado a fantasias racistas e antissemitas sobre o tráfico de escravos e o Holocausto), está a um item de distância apenas do National Women's History Project [Projeto Nacional de História das Mulheres]. A consulta "Grande Depressão" oferece a você um site sobre o Federal Theatre Project [Projeto de Teatro Federal], que consiste de um único artigo de um estudante, e também indica um site que apresenta a coleção

---

[8] Para uma avaliação dos méritos comparativos dos diferentes mecanismos de pesquisa (que classifica o Excite como o melhor "site de busca geral da web"), ver SINGH, Amarendra; LIDSKY, David. All-Out Search. *PC Magazine*, Dec. 3, 1996, p. 213 e seguintes. Para uma discussão dos princípios básicos dos mecanismos de pesquisa, ver STEINBERG, Steve G. Seek and Ye Shall Find (Maybe). *Wired*, v. 4, May 1996, p. 108 e seguintes.

[9] Ver http://www.yahoo.com/Arts/Humanities/History/U_S_History. Avaliar a web é como fazer comentários sobre um alvo móvel. Afirmações sobre números de sites eram verdadeiras no outono de 1996, quando escrevemos este artigo; os números específicos com certeza terão mudado quando você estiver lendo isto.

da Biblioteca do Congresso de 2.900 histórias de vida do Federal Writers' Project, da Works Progress Administration (WPA).[10] Ambos recebem igual destaque no Yahoo! Essa ausência de hierarquia entre a tradicionalmente prestigiosa e bem subvencionada Biblioteca do Congresso e o não financiado e não reconhecido estudante ou o lunático solitário é um dos aspectos mais empolgantes e inquietantes da web.

Figura 9.1: A página da web do Center for History and New Media, que os autores integram, traz uma seleção dos sites úteis a historiadores.

---

[10] HOFFMAN II, Michael A. The Campaign for Radical Truth in History. Disponível em: http://www.hoffman-info.com/; NATIONAL WOMEN'S HISTORY PROJECT. Disponível em: http://www.nwhp.org/; STANLEY, John. One-Third of a Nation: Overview of a Living Newspaper. Disponível em: http://mason.gmu.edu/~jstanle1/FTP/index.html; Life History Manuscripts from the Folklore Project, Works Progress Administration (WPA) Federal Writers Project, 1936-1940. Disponível em: http://rs6.loc.gov/wpaintro/wpahome.html. Em fevereiro de 1997, o link de John Stanley não estava mais ativo.

Já surgiram esforços para uma filtragem qualitativa. Alguns deles – particularmente os onipresentes prêmios às páginas consideradas "as 5% melhores da web" ou "o melhor entre os premiados da web" – precisam eles mesmos de algum filtro e avaliação qualitativa, já que fornecem poucos elementos para sabermos em que baseiam seus julgamentos. Um serviço de classificação, o Cyber Teddy's Top 500 Web Sites, inclui o History Channel e um site sobre linchamentos (African American Holocaust), mas omite vários sites de história convencionalmente importantes. O Cyber Teddy não explica sua identidade nem suas motivações. Sites organizados por grupos acadêmicos como o American Studies Crossroads Project e o nosso Center for History and New Media oferecem limitados comentários e orientações a respeito dos sites recomendados, mas nenhum deles conta com a grande equipe de uma companhia de mecanismos de pesquisa, que poderia desenvolver guias ou avaliações mais abrangentes. De fato, alguns entusiastas da web encaram avaliações e filtragens como contrárias às tendências democráticas e anárquicas da web. Não obstante, à medida que cresce entre os historiadores profissionais a familiaridade com a World Wide Web, provavelmente mais esforços para filtragem serão desenvolvidos, mas será preciso encontrar novas fontes de financiamento. Páginas comerciais que atribuem prêmios e também os mecanismos de pesquisa têm as próprias fontes de receita – a publicidade. O empenho em captar publicidade explica por que há atualmente vários mecanismos de pesquisa competindo entre si; cada um aspira a se tornar as Páginas Amarelas da Web, com a lucrativa publicidade que presumivelmente viria com esse status. O site do McKinley Magellan Directory, por exemplo, anuncia ter uma "criteriosa equipe editorial" que atribui avaliações e depois acrescenta ao catálogo as URLs dos sites classificados, mas nada diz sobre os critérios da equipe, o que ela leva em conta nas suas escolhas e por quê. O Magellan traz resenhas úteis e curtas, e avaliações de 400 sites de história; no entanto, seus 65 sites "quatro estrelas" em história incluem uma página dedicada ao musical *Miss Saigon*, mas não há menção aos sites muito mais relevantes da Biblioteca do Congresso e da Universidade da Virginia, discutidos a seguir.[11] As equipes de tais projetos de orientação

---

[11] http://www.webcom.com/teddy/topic.html; http://www.georgetown.edu/crossroads; http://www.gmu.edu/chnm; RON SAN JUAN. Welcome to the *Miss*

comercial têm pouco incentivo para avaliar sites aplicando algum rigor histórico, e portanto continuam sendo um instrumento pouco incisivo.

As buscas por palavra-chave são menos incisivas ainda, mas também são instrumentos mais poderosos, como algumas amostras de busca revelam. Alguns temas, eventos e pessoas aparecem com maior frequência que outros. Uma busca por Batalha de Gettysburg usando o mecanismo de pesquisa AltaVista fornece cerca de 600 resultados; uma busca pela Greve de Homestead gera apenas cerca de 60. Alguns personagens antielitistas vão bem na web. O AltaVista fornece cerca de 700 resultados sobre a radical Emma Goldman, mas apenas 64 para o conservador William Graham Sumner e 200 para o general da Guerra Civil George B. McClellan.[12]

Os mecanismos de pesquisa combinam uma impressionante abrangência com uma impressionante ineficácia. No AltaVista, a busca por Goldman vai levá-lo até o valioso e fidedigno site Emma Goldman Papers, mas ele consta como o 122º item, depois de você ter descartado uma postagem de um grupo de notícias sobre programação na linguagem C de computação (de uma pessoa que incluiu uma citação de Goldman em sua assinatura) e uma remissão à *home page* do filme *Sunset Park* (porque um dos atores fez o papel de Goldman em uma produção experimental de *Ragtime*). Você pode encontrar o site Emma Goldman Papers rapidamente se souber que é isso o que procura, mas um estudante ou uma pessoa interessada simplesmente em Goldman pode não saber que ele existe. Mesmo que você faça a busca por "Emma Goldman Papers", como uma frase combinada com "Berkeley" (onde o projeto está sediado), você obterá 55 hits. "Emma Goldman Papers Project" reduz isso a 18 e coloca o que você quer no alto da lista.[13]

Saigon Page. Disponível em: http://www.clark.net/pub/rsjdfg/; WELCOME to Magellan!. Disponível em: http://www.mckinley.com/.

[12] AltaVista Technology Inc. (http://www.altavista.com).

[13] http://sunsite.berkeley.edu/Goldman/. A empreitada de busca pode assumir um aspecto levemente assustador de "*big brother*"; uma busca por nossos próprios nomes traz referências ao nosso trabalho não só em resumos online, mas também em postagens há muito tempo esquecidas em um mural eletrônico de notícias (um *bulletin board*). Com efeito, todo enunciado casual na web é instantaneamente arquivado e indexado para a posteridade.

Esse ecletismo é característico. As 300 páginas que aparecem em uma busca no AltaVista por Eugene Debs incluem: um verbete da *Encyclopedia Americana*; vários catálogos de livros raros (com citações a livros escritos por Debs ou a respeito dele); programas de ensino do secundário e de faculdades; a *home page* de um colecionador de *buttons* políticos; um site sobre "Indianenses Notáveis"; um artigo do historiador Roger Fagge intitulado "Eugene V. Debs in West Virginia, 1913", dentro do West Virginia History; um guia detalhado do acervo de Debs na Universidade Estadual de Indiana; e uma solicitação de alguém procurando informações sobre a Escola Dominical Eugene Debs, que a avó dele frequentou.[14]

Esses resultados são imensamente valiosos e também incrivelmente limitados. Os leitores da web interessados na vida de Debs ficariam de posse de algumas narrativas básicas, assim como de dicas para recursos importantes. Não iriam ler a premiada biografia de Debs escrita por Nick Salvatore; na realidade, só descobririam sua existência se fizessem um exame muito detalhado. Mas os estudantes que gastassem 12 horas explorando a vida de Debs na web iriam aprender algo que não obteriam (ou não obteriam tão bem) com a leitura da excelente biografia de Salvatore – isto é, aprenderiam como Debs se encaixa na vida norte-americana contemporânea.[15]

A web oferece uma educação instantânea sobre os usos do passado no presente. Estudantes que explorassem Debs na web aprenderiam que vários grupos (incluindo alguns com projetos políticos e visões diferentes) reivindicam o seu legado – o Democratic Socialists of America, o neoconservador Social Democrats, USA; o Industrial Workers of the World; o Socialist Party USA; e o National Child Rights Alliance – e que eles oferecem narrativas diferentes a respeito da vida e do legado

---

[14] Grolier Online: The American Presidency. Disponível em: http://gepweb1.grolier.com/presidents/ea/side/debs.html; Hoosiers – Individuals with Significant Ties to Indiana. Disponível em: http://doc.state.in.us/LearningResources/persons; Eugene V. Debs in West Virginia, 1913. Disponível em: http://www.wvlc.wvnet.edu/history/journal_wvh/wvh52.html; Debs Collection. Disponível em: http://odin.indstate.edu/level1.dir/rare.html#Debs.

[15] O artigo da *Encyclopedia Americana*, baseada na internet, por exemplo, foi escrito há mais de 30 anos por Ray Ginger (que faleceu em 1975), embora o copyright seja informado como de 1996; ver Grolier Online (SALVATORE, Nick. *Eugene V. Debs: Citizen and Socialist*. Urbana, 1982).

de Debs. Também aprenderiam que Debs é importante para vários indivíduos, de Dominic Chan, que se declara "um ativista e perturbador da ordem na magnífica tradição de Eugene Debs, Mother Jones, Joe Hill e Martin Luther King", ou Bernie, que descreve a si mesmo como "um semiaposentado traficante de drogas", a Noam Chomsky, Ralph Nader e Cornel West. Para alguém interessado em como o passado é usado no presente, a web é um recurso único. Ela pode permitir trabalhos fascinantes que ilustrem para os estudantes que o passado não está morto e esquecido, mas sendo usado de maneira ativa e diversificada.

A busca por Andrew Carnegie, contemporâneo de Debs, também oferece lições a respeito dos usos do passado no presente. Os mais de 2 mil sites que uma busca abrangente por palavra-chave, feita pelo mecanismo de pesquisa HotBot, mostraria elencaria desde um site sobre copyright que daria apenas as datas de seu nascimento e morte até uma elaborada página de tributo, com clipes sonoros de Carnegie lendo trechos de seu ensaio *O evangelho da riqueza*. Essa página, parte de uma exposição online patrocinada pela Carnegie Library de Pittsburgh, mostra alguns dos pontos fortes da web. Ela traz fotos de fontes primárias, artigos de jornal, editoriais escritos por Carnegie e links para outras informações. Estudantes vão achar as fontes primárias muito úteis para avaliar a filosofia de Carnegie, mas o próprio site é invariavelmente hagiográfico e não remete o usuário a quaisquer sites que não se mostrem igualmente fascinados por Carnegie e seu legado. Os demais resultados tendem para o mesmo. Por exemplo, o HotBot oferece aos usuários uma conexão com o Carnegie Club, um clube de golfe que funciona no Skibo Castle, que foi a residência de Carnegie. O pessoal de Skibo, como seria de esperar, tem apenas boas coisas a dizer a respeito de Andrew Carnegie.[16]

A maioria dos sites é propriedade das muitas instituições que o dinheiro de Carnegie tornou possível – bibliotecas, a famosa sala de concertos Carnegie Hall, a Carnegie Corporation de Nova York, o

---

[16] CARNEGIE, Andrew. Disponível em: http://www.lib.utexas.edu/Libs/HRC/WATCH/; BRIDGING the Urban Landscape: Andrew Carnegie, a Tribute. Disponível em: http://www.clpgh.org/exhibit/carnegie.html; CARNEGIE Club: The Carnegie Story. Disponível em: http://www.expressmedia.co.uk/carnegie/story.htm.

Shadyside Bed and Breakfast. Eles igualmente não mordem a mão de quem lhes deu de comer. Em pelo menos uma dúzia de sites, indivíduos postaram um ou mais dos ensaios motivacionais de Carnegie sobre o sucesso, na maior parte dos casos em conexão com a ideologia do livre mercado. Os estudantes vão encontrar pouco equilíbrio, pouca profundidade histórica e pouco mais que alguns lugares-comuns laudatórios, e ficarão a par de que o dinheiro de Carnegie parece ter-lhe permitido controlar sua representação na história, pelo menos na web.

Tal reprodução simplória e pedante de meros clichês é exatamente o que alguns teóricos esperavam que a web pudesse evitar. No entanto, pelo menos até agora, a web – para o melhor *e* para o pior – parece interessante justamente pela maneira como reproduz em mídia digital aspectos cruciais do "mundo real". O que ela tem de *melhor* é o acesso fácil e a busca rápida que a mídia digital permite, ao destacar de modo instantâneo conexões entre passado e presente que os historiadores nem sempre desenvolvem plenamente em seu trabalho. De modo similar, quando bibliotecas e arquivos se apresentam online, esse mesmo aspecto de fácil acesso e velocidade pode destacar conexões intelectuais que estudantes e acadêmicos de outro modo poderiam perder.

Bibliotecas e arquivos online

Daqui a poucos anos, os corpos de conhecimento mais importantes para algumas áreas de estudo provavelmente estarão disponíveis online e em hipertexto por meio da World Wide Web. Mas, para historiadores e outros acadêmicos, que se preocupam profundamente com a informação gerada antes de, digamos, 1990, essa visão de uma rede totalizadora de conhecimento talvez nunca se materialize. As probabilidades de que o *Worcester City Directory* ou edições mensais do *Sound Currency* – fontes cruciais para a nossa pesquisa histórica – se tornem disponíveis online parecem remotas. Mesmo com os grandes avanços tecnológicos, os custos de digitalizar e armazenar eletronicamente os 110 milhões de itens da Biblioteca do Congresso são estratosféricos.[17]

---

[17] Para essa cifra de 110 milhões, consultar WEEKS, Linton. Brave New Library. *Washington Post Magazine*, May 26, 1991, p. 11 e seguintes.

No entanto, dezenas de milhares desses itens da biblioteca já estão online por meio do National Digital Library Program (NDLP), também conhecido como American Memory, iniciado em 1989 e que agora abriga 17 grandes coleções baseadas na web.[18] A profundidade, abrangência e diversidade dessas coleções online são muito superiores a qualquer coisa disponível para os historiadores americanos na web. As coleções do NDLP são formadas por múltiplas mídias (livros, manuscritos, filmes e gravações sonoras), mas especialmente fotografias; elas contêm cerca de 70 mil imagens em oito diferentes coleções, de daguerreótipos do século XIX a fotos em cores tiradas pela Farm Security Administration e pelo Office of War Information nas décadas de 1930 e 1940. Contêm ainda múltiplos enfoques – dissidentes estão bem representados nas coleções de panfletos dos movimentos sufragistas e afro-americanos, enquanto figuras ligadas ao *establishment*, como John D. Rockefeller, têm voz, literalmente, nas coleções de som do Nations Forum. Os Pais Fundadores fazem sua aparição em 174 cartazes do Congresso Continental e da Convenção de Filadélfia, enquanto centenas de norte-americanos não famosos narram suas trajetórias nas histórias de vida da WPA. A coleção de livros de anotações de Walt Whitman, organizada por Thomas Biggs Harned, oferece *insights* sobre o atualmente canônico escritor; a coleção American Variety Stage, que inclui 390 textos de peças em inglês e 80 em iídiche, abre uma janela para a cultura popular da nação.

Apesar desses tesouros, as 17 coleções representam uma minúscula fração do vasto acervo da Biblioteca do Congresso. Uma busca por Mother Jones, por exemplo, revela-nos apenas uma menção de passagem nas histórias de vida da WPA. Mas se você se dispõe a atrelar sua agenda de pesquisa às coleções disponíveis, estará em posição bem melhor. Estudantes – mesmo alunos de pós-graduação – poderiam escrever artigos de primeiro nível sobre temas como fotografia popular, conservação e *vaudeville* com base apenas nessas coleções.

---

[18] Para uma contextualização geral do National Digital Library Program (NDLP), ver ARMS, Caroline R. Historical Collections for the National Digital Library: Lessons and Challenges at the Library of Congress. *D-Lib Magazine*, Apr.-May 1996. Disponível em: http://lcweb2.loc.gov/ammem/dlib-2part.html.

Quando a Biblioteca do Congresso decide o que digitalizar, ela considera a utilidade do material para as escolas do país, sua singularidade e adequação aos formatos da internet (mapas, por exemplo, são muito mais difíceis de colocar online do que fotos). O status do copyright encabeça essa lista; documentos que ainda estejam com proteção de direitos têm um custo de publicação muito elevado. A cobertura do American Memory dos últimos 75 anos atém-se ou a documentos do governo (como as histórias de vida do WPA e as fotos da Farm Security Administration) ou a coleções privadas doadas à biblioteca com poucas restrições, como as fotos de Carl Van Vechten. No final, preocupações financeiras vão limitar mais severamente o que vai ser colocado online. Alcançar até mesmo a meta atual de 5 milhões de itens por volta do ano 2000 será algo imensamente dispendioso. Nessa era de privatização, o NDLP promete levantar 3 dólares em fundos privados para cada dólar de dinheiro federal. A Reuters America recentemente doou 1 milhão de dólares para a digitalização dos documentos de George Washington e Thomas Jefferson. Será que os financiadores privados estarão igualmente dispostos a digitalizar os arquivos de Emma Goldman como fizeram em relação aos de George Washington?[19]

Mesmo assim, as vantagens dessa biblioteca virtual são evidentes. Alunos de ensino médio na Flórida, universitários em Oklahoma e estudantes de pós-graduação em Buenos Aires têm agora acesso a uma incrível fonte de pesquisa. Sem dúvida, uma escola particular de ensino secundário em um bairro rico como Grosse Pointe, Michigan, tem uma probabilidade muito maior do que uma escola pública de ensino médio no sul de Chicago de contar com acesso à internet e computadores capazes de exibir páginas da web. Conexões à internet são também muito mais comuns na Europa Ocidental do que na África e na América Latina.

---

[19] "Periodic Report from the National Digital Library Program, the Library of Congress" (jun. 1996), 1. O esforço para que as coleções sejam digitalizadas da maneira menos onerosa possível levanta espinhosos problemas éticos e políticos. A Biblioteca do Congresso já sofreu críticas por terceirizar a digitalização a trabalhadores presidiários e núcleos de trabalho eletrônico em condições de semiescravidão nas Filipinas e na Jamaica. Ver GELBART, Marcia. Hill Library Turns Back on "Buy America". *Hill*, Sept. 11, 1996, p. 1.

Ainda assim, os custos para prover acesso adequado à internet e à web continuam caindo. Nos Estados Unidos, um computador de 1.200 dólares, uma linha de telefone e 20 dólares por mês de acesso à internet podem trazer a web para uma sala de aula do ensino médio. Precisamos estar vigilantes, senão a web vai ampliar ainda mais a desigualdade entre quem tem informação e quem não tem. Mas uma conexão à web custa menos que uma boa biblioteca e oferece muito mais que uma biblioteca ruim, o que é um fator importante em uma era na qual os fundos públicos declinam.

Outra vantagem da digitalização é a pesquisa em texto completo, que permite uma investigação abrangente das coleções online. Tomemos como exemplo o tema do Central Park, um assunto sobre o qual um de nós passou anos fazendo pesquisas na Biblioteca do Congresso. Em 23 segundos de busca nas coleções American Memory, da Biblioteca do Congresso, encontramos 253 referências, entre as quais algumas que nunca teríamos encontrado a não ser por puro acaso.[20]

A pesquisa em texto completo também propicia novos métodos de pesquisa sobre história intelectual e cultural. É assim que as vantagens "quantitativas" da web, de velocidade e acesso, podem ter um efeito "qualitativo" (ou intelectual) para a pesquisa e o ensino, ao permitirem que os acadêmicos e alunos façam novas conexões intelectuais entre o passado e o presente e entre corpos de material díspares. Suponha que você esteja interessado em saber como os norte-americanos na década de 1930 usavam os conceitos de classe, raça, etnia ou nacionalismo. A coleção de histórias de vida da WPA torna possível buscas com palavras como "classe", "nação", "norte-americano", "preto", "negro" e "italiano", e então você pode ler as entrevistas em que essas palavras aparecem e ver os contextos nos quais são usadas. Um dos autores pediu aos seus

---

[20] Os tempos de busca variam de acordo com a hora do dia. Além disso, é preciso às vezes enfrentar falhas da tecnologia; na segunda vez em que tentamos esta busca, recebemos a mensagem "Esta coleção está temporariamente indisponível. Por favor, tente mais tarde". As referências ao Central Park contêm algumas fotos excelentes do parque, apesar de obscuras, e três entrevistas de histórias de vida da WPA que falam do parque como um espaço para encontros sexuais – um tema difícil de pesquisar em outras fontes.

alunos que escolhessem um assunto, introduzissem-no na página de busca de histórias de vida e vissem quão diferentemente as pessoas tratavam esse assunto na década de 1930. Esse exercício simples expôs os alunos a alguns dos problemas mais familiares dos historiadores – que as pessoas no passado usavam categorias temáticas diferentes, ou que as coisas que têm muita importância para nós ou que nos parecem de senso comum aparecem de modo muito diferente no passado. Um aluno encontrou 14 documentos com as palavras "posto de gasolina" e produziu um artigo no qual concluía que, ao contrário dos postos de gasolina atuais, um posto de abastecimento de cidade pequena na década de 1930 funcionava como uma combinação de câmara municipal e clube social para homens pobres.

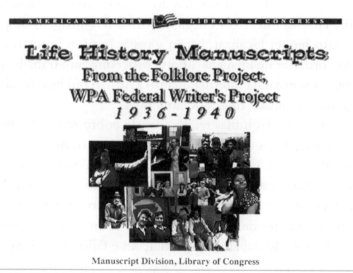

Figura 9.2: Por meio do projeto American Memory, da Biblioteca do Congresso, os usuários podem fazer buscas nas 2.900 histórias de vida da Works Progress Administration (WPA) por qualquer palavra ou assunto.

Com poucas exceções, a qualidade de apresentação dos materiais do American Memory é muito boa. O projeto tentou representar fielmente os documentos originais, às vezes à custa de sua legibilidade.[21] A

---

[21] A seguir, umas poucas linhas conforme aparecem em uma das histórias de vida da WPA: "{Começa texto apagado} para {Termina texto apagado} {Começa texto

qualidade visual de algumas fotografias (por exemplo, as 25 mil fotos da Detroit Publishing Company) é desalentadora, mas as fotos da Guerra Civil e os daguerreótipos estão com resolução muito mais alta, e em todos os casos o visitante vê primeiramente uma miniatura da foto, com a opção de esperar uns instantes (menos de um minuto para baixar em um modem 28.8, o mais rápido usado hoje comumente nos computadores domésticos) para ter uma visão mais detalhada. Parte da seção American Variety Stage, do American Memory, inexplicavelmente chega ao usuário em uma forma extremamente estranha. Por exemplo, os usuários interessados em textos de peças de teatro em língua inglesa talvez sejam atraídos por títulos como *A Mail, a Mick, and a Ford*, mas, assim como as outras peças de teatro e a maioria dos itens da coleção Houdini, essa "comédia farsesca" de 1914 chega na forma de "imagens de página". Esse formato requer localizar, baixar e pagar por um programa à parte chamado "browser de imagens". É um procedimento trabalhoso e que viola tanto as normas da internet quanto a missão pública da biblioteca, restringindo a utilidade desses documentos.

A velocidade das linhas telefônicas de cobre se mostra uma barreira mais séria para as coleções de filmes do American Memory. Com um modem de 28.8, você terá de esperar de 35 a 50 minutos para ver um clipe de 60 segundos do trem funerário do presidente William McKinley chegando a Canton, Ohio. Mesmo com uma conexão mais rápida, você pode ter de esperar de cinco a 15 minutos até que o trem chegue à sua área de trabalho. As limitações e falhas tecnológicas ainda

---

inserido}{Começa manuscrito} para {Termina manuscrito} {Termina texto inserido} voltar {Começa texto apagado} mas {Termina texto apagado} {Começa texto inserido} {Começa manuscrito} e {Termina manuscrito} {Termina texto inserido} Eu continuaria tentando. Seria como ocorre na vida. {Começa texto apagado} você {Termina texto apagado} {Começa texto inserido} você {Termina texto inserido} quer viver mas você vai morrer... {Começa texto apagado} [?][?] [?][?] {Termina texto apagado} {Começa texto apagado} [?][?][?] {Termina texto apagado}". A alternativa a tentar ler isso é baixar uma imagem do documento original. Isso leva alguns minutos, mas a leitura fica mais fácil. É uma bênção ter as duas opções disponíveis. A baixa qualidade das imagens deve-se às transferências automatizadas digitais feitas há mais tempo a partir de filmes, e que se presume que seria muito caro refazer.

atrapalham o usuário, mas no todo o American Memory tem oferecido um conjunto de recursos inigualável e inovador para incorporar o passado ao presente.[22]

Embora o NDLP seja o gorila de 400 quilos dos projetos de biblioteca digital, ele não está sozinho. O projeto Making of America (MOA), atualmente centralizado na Universidade Cornell e na Universidade de Michigan e subvencionado pela Fundação Mellon, dedica-se a colocar online materiais sobre a história dos Estados Unidos, especialmente revistas e livros publicados na segunda metade do século XIX. Até o momento, oferece apenas três (*Harper's New Monthly Magazine*, 1889-1896; *Manufacturer & Builder*, 1869-1894; e *Scientific American*, 1846-1850), mas representantes do projeto prometem disponibilizar online até 1,5 milhão de páginas em um tempo relativamente curto. Infelizmente, o usuário tem acesso a essas revistas apenas como fotos das páginas, o que as torna lentas para baixar com um modem e impede a busca por palavras – uma vantagem-chave da maior parte dos textos online.[23]

Muitas outras bibliotecas e arquivos estão ocupados escaneando documentos e livros para apresentação online. Por exemplo, o Gilder Lehrman Institute of American History disponibilizou 46 narrativas de escravos. A Universidade Wake Forest postou sua Confederate Broadside Poetry Collection, que abriga mais de 250 poemas escritos por simpatizantes dos sulistas e confederados durante a Guerra Civil. Com apoio da Ameritech, a Biblioteca do Congresso está oferecendo subvenções a bibliotecas, arquivos e museus para que possam criar

---

[22] Em um único dia de busca remota na National Digital Library, tivemos provavelmente uma dezena de problemas técnicos diferentes – falhas ao tentar usar "RealAudio" do Nations Forum ou recebimento de mensagens indecifráveis como "Erro temporário de abertura de arquivo. Exibição falhou" ou "A pesquisa falhou". Mas os usuários regulares da Biblioteca do Congresso conhecem bem outros tipos de problemas técnicos (por exemplo, cartões onde está marcado "não está na prateleira", sendo que o livro está lá), e a web, afinal de contas, oferece uma biblioteca que nunca fecha e onde os livros nunca estão emprestados a um parlamentar.

[23] Making of America Project (http://library.cit.cornell.edu/MOA/moa-mission.html).

material digital que complemente e aprimore as coleções do American Memory da biblioteca.[24]

Criar arquivos online

A web oferece não só versões digitais de arquivos existentes, como também arquivos inteiramente novos concebidos especificamente para a web. Ocupando um lugar entre a narrativa pessoal e um arquivo, um "arquivo inventado" desse tipo pode colocar seu assunto em evidência de maneiras intrigantes. Muitos historiadores têm visitado o pioneiro site Anti-Imperialism in the United States, 1898-1935, mantido por Jim Zwick.[25] Em 1994, enquanto era estudante de doutorado na Universidade de Syracuse, Zwick começou a colocar o material de sua tese e suas fontes primárias na internet; a coleção desde então cresceu e tem agora centenas de documentos, a maior parte fontes primárias. O site Valley of the Shadow, da Universidade da Virginia, igualmente impressionante, mas bem mais ambicioso, permite aos usuários explorar duas comunidades de ambos os lados da linha Mason-Dixon durante a Guerra Civil – embora, até agora, apenas material de 1857-1861 tenha sido colocado na web.[26] O projeto, dirigido por Edward Ayers e baseado em uma ideia sua para um livro, coleta documentos pertencentes a duas cidades, Chambersburg, Pensilvânia, e Staunton, Virginia, e permite que os usuários comparem as duas cidades sob todos os aspectos. Traz conteúdo acessível por buscas para quatro jornais, dados do Censo, registros dos exércitos da União e dos Confederados, diários pessoais e documentos variados, entre eles mapas e fotos. À exceção da Biblioteca do Congresso, nenhum site individual oferece uma coleção mais eclética e completa de material online.

---

[24] Gilder Lehrman Institute of American History (http://vi.uh.edu/pages/mintz/GILDER.HTM); Confederate Broadside Poetry Collection (http://www.wfu.edu/Library/rarebook/broads.htm); Library of Congress-Ameritech NDLP Competition (http://lcweb2.loc.gov/ammem/award/index.html).

[25] Anti-Imperialism in the United States, 1898-1935 (http://web.syt.edu:80/~fjzwick/ail98–35.html).

[26] Valley of the Shadow: Two Communities in the American Civil War (http://ckerton.village.virginia.edu/vshadow2/).

O Valley of the Shadow talvez possa ser mais bem compreendido como um ambicioso novo livro de história social sobre a Guerra Civil, com todas as suas fontes primárias disponíveis online. Ele permite que os estudantes construam as próprias narrativas sobre a vida em ambas as cidades, nos anos que antecederam a guerra, mas parece incentivar narrativas que sigam a estrutura do livro planejado por Ayers. Mais que outros sites, ele parece claramente projetado para ensinar dentro de uma estrutura específica, em vez de servir como referência geral.

Os dados do Censo permitem aos usuários realizar buscas por um nome específico, uma ocupação, gênero ou nível de riqueza no condado de Franklin, Pensilvânia, e no condado de Augusta, Virginia. Uma busca pelo sobrenome "Stevens" no condado de Franklin retornou quatro entradas; uma busca pela ocupação "costureira" revelou 111 nomes, incluindo o de dois homens. Em uma excepcional introdução a métodos de história social, os estudantes podem investigar categorias gerais nos condados de Franklin ou Augusta, ou rastrear indivíduos ao longo dos anos anteriores à guerra ou durante seu curso – incluindo os que prestaram serviços ao exército e quaisquer menções a eles ou suas famílias nos jornais locais.

No resumo do projeto, os jornais são descritos como a "essência" do arquivo, e você pode fazer buscas extensivas neles. Se você fizer a busca por uma palavra em um jornal particular, primeiramente será levado até um resumo dos artigos relevantes; depois terá a opção de baixar uma imagem de uma página do jornal, que tem o aspecto de uma página de microfilme. Os passos para chegar até essa página podem parecer um pouco intrincados, mas a riqueza das fontes disponíveis – o texto integral de quatro jornais – mais do que compensa isso. A equipe do projeto, reconhecendo esse lado complicado das buscas e os longos tempos de download, começou a transcrever centenas desses artigos. Eles agora podem ser acessados por meio de temas familiares (por exemplo, Afro-Americanos, Igrejas/Atividades Religiosas e Exército/Notícias sobre a Guerra). Clicando em "Mulheres" na seção sobre os jornais do condado de Augusta, Virginia, aparece uma série de resumos, cada um deles com link para o texto integral do artigo. Um recurso da página estimula comparações; os estudantes podem rolar a tela até embaixo na "página de mulheres" de Augusta e ir diretamente até artigos sobre mulheres no condado de Franklin.

Estudantes podem procurar outros assuntos. A partir do sumário, clicando em "Eleição de Lincoln", aparece uma página com o detalhamento da votação e um resumo político. Ela contém links para as reações nos jornais locais e nacionais e para a maneira como Abraham Lincoln foi tratado antes e durante a eleição. Ao clicar em "Relações de Raça", surgem links para artigos sobre relações raciais em ambas as regiões.

A página de introdução permite que os usuários leiam uma "primeira apreciação" da equipe do projeto sobre a história, para ajudar a orientar os estudantes sobre as melhores maneiras de consultar o arquivo e incentivá-los a "construir as próprias narrativas, trazendo ideias que tenham nos escapado". Os estudantes *podem* usar os dados para conceber novas narrativas a respeito de indivíduos ou instituições na região. O que parece mais difícil é contribuir com "metanarrativas" alternativas a respeito da guerra e de suas causas e significado. O site aparenta ser mais aberto do que é de fato – na realidade, tende a incentivar os usuários a seguir a estrutura narrativa e os pressupostos estabelecidos pela metodologia comparativa. Uma estrutura mais flexível poderia encorajar outras formas de comparação – entre elite e não elite, entre político e social, entre os diversos interesses políticos ou posições de raça ou gênero. Embora ofereça links úteis a sites relacionados nos quais é possível explorar outros recursos, o Valley of the Shadow é menos um arquivo por assunto superficialmente neutro, como a coleção Conservation, da Biblioteca do Congresso, e mais um conjunto de dados organizado em torno de uma tese e metodologia histórica específica. Mas esse esquema organizacional tem a poderosa vantagem de apresentar, como num bom livro, uma situação dramática e uma estrutura fácil de compreender, incorporados à história de duas comunidades às voltas com a guerra.

A clareza e o drama do enredo tornam Valley of the Shadow particularmente útil na sala de aula. O site oferece excelentes exemplos de como os professores o têm usado em seus cursos. É talvez o site de história mais sofisticado da web, embora padeça de uma interface deselegante e às vezes confusa. Por exemplo, a primeira página oferece aos usuários três categorias que são de certo modo enigmáticas: "A crise iminente", "As comunidades" e "Fontes". Devemos observar, porém, que o Valley of the Shadow está agora passando por uma reformulação de seu design, a fim de melhorar sua velocidade, acessibilidade e aparência. Como ocorre com outros sites (e não em um livro ou artigo), um aspecto excitante do Valley of the Shadow é que se trata de uma obra em progresso, mais que de um produto final e fixo. O Valley of the Shadow talvez acabe sendo acessível em CD-ROM comercial, e então terá um link para o banco de dados na web e reduzirá os tempos de download. E uma exploração rápida desse site deverá então ajudar a responder aos críticos que alegam que a web não pode ser usada para um ensino sério da história. Na realidade, sites como o Valley of the Shadow e o American Memory demonstram que, no momento presente, os usos mais poderosos da web para historiadores profissionais estão no ensino do passado, mais do que na sua pesquisa.

Apresentação do passado online: museus, sites comerciais e histórias pessoais

Projetos como o NDLP e o Valley of the Shadow usam a web como um recurso – um lugar para ir e encontrar informações específicas. Será que existem maneiras como a web pode melhorar os métodos bem estabelecidos de transformar fatos históricos em narrativas, como são os livros, filmes e exposições de museus? No ano passado, surgiram alguns experimentos promissores.

O site da Museum Computer Network mostra as possibilidades interativas de um museu online. O visitante se registra antes de entrar no site, e então a aparência do site sofre uma adaptação (leve) com base na idade e no histórico do visitante. Ele oferece alguns recursos interessantes, como a possibilidade de enviar mensagens a outros visitantes (se bem que as tentativas que fizemos para isso falharam), de participar da resolução em grupo de um quebra-cabeças online, de contatar membros da equipe e oferecer um *feedback*, de propor doações de artefatos ao museu e até de mandar um cartão-postal de design personalizado.

O conteúdo histórico do site da Computer Museum Network não está à altura de seu elaborado design profissional. As exposições históricas são organizadas a partir de uma linha do tempo sobre computação que cobre de 1945 a 1979 e se concentra de maneira estreita nas especificidades da computação e na história tradicional da tecnologia (uma cronologia dos pioneirismos). Desenvolvimentos importantes são ignorados: 1945 e 1946 falam do desenvolvimento do ENIAC (Electronic Numerical Integrator and Computer, o primeiro computador eletrônico operante de uso geral), sem nenhum comentário sobre seu contexto mais amplo, e ignora-se a publicação do artigo de Vannevar Bush, "As We May Think", na *Atlantic Monthly*, que definiu as premissas básicas do hipertexto em torno das quais a própria web se organiza.[27]

Outra limitação é que os designers do site decidiram mantê-lo autocontido. Ele nunca oferece a você a oportunidade de explorar recursos relacionados na web, presumivelmente uma de suas grandes vantagens como mídia globalmente conectada. O visitante não tem como saber que a Universidade da Pensilvânia oferece uma grande exposição online sobre o desenvolvimento do ENIAC e que o Instituto Smithsonian postou online uma longa entrevista com J. Presper Eckert, seu codesenvolvedor. Esse esforço de erguer um muro em volta do site significa, pelo menos no que se refere a informação e compreensão histórica, que a Computer Museum Network oferece pouco mais do que um bom artigo ilustrado de enciclopédia. No geral, parece que há dois impulsos – sejam eles conscientes ou inconscientes – em guerra na web. Alguns consideram que um site é uma mera peça de uma rede de informação mais ampla, sobre a qual os criadores do site não têm controle; no outro extremo, alguns sites são simplesmente links para outros sites. A outra estratégia – particularmente forte para algumas instituições e para operações comerciais – é mais proprietária e tenta capturar a atenção do navegador web para o seu site particular.[28]

A maior virtude da Computer Museum Network, e da maioria das exposições online, é simplesmente o acesso remoto; o museu virtual apresenta objetos e imagens (embora, com frequência, em formatos menos do que plenamente satisfatórios) para pessoas que não têm como

---

[27] BUSH, Vannevar. As We May Think. *Atlantic Monthly*, v. 76, July 1945. Disponível em: http://www.ausbcomp.com/~bbott/wik/vbush.htm. Computer Museum Network (http://www.tcm.org/).

[28] Sobre o Electronic Numerical Integrator and Computer (ENIAC) e J. Presper Eckert, ver Birth of the Information Age (http://homepage.seas.upenn.edu/~museum/); e Presper Eckert Interview (http://www.si.edu/resource/tours/comphist/ckert.htm).

visitá-lo de fato. Por exemplo, se você perdeu a ótima exposição sobre a Escola Ashcan[29] montada pelo Museu Nacional de Arte Americana, do Smithsonian, em uma de suas paradas pelo país, poderá ver uma alternativa online muito bem projetada. É melhor ver as pinturas ao vivo, mas no site elas vêm com material histórico do catálogo – e é um museu que nunca fecha. O Museu da Cidade de Nova York, "um museu para um novo século", colocou algumas exposições online, entre elas uma excelente exposição sobre a gráfica Currier and Ives, com amostras de impressões e textos explicativos. Na Costa Oeste, a exposição online do Museu da Cidade de São Francisco sobre o terremoto de 1906 apresenta dezenas de histórias orais junto a recortes de jornal e aos relatórios oficiais de agências de auxílio e de utilidade pública – um recurso excepcional. Portanto, exposições online podem se tornar hipertextos que permitam aos visitantes explorar temas de seu interesse com maior profundidade – uma qualidade apreciada por curadores, que estão sempre sendo aconselhados pelos designers a limitar a quantidade de texto que colocam nas paredes.[30]

Aspectos da tecnologia web sugerem que o "museu virtual" pode acabar fazendo certas coisas melhor do que seus correspondentes reais. As possibilidades de interatividade são exploradas preliminarmente pelo Museu do Computador (você pode conversar com visitantes de Tóquio, assim como com membros da sua própria família). Outra possibilidade é recriar experiências ou mesmo sites que não existam mais. No site dedicado à Grande Kiva de Chetro Ketl (um santuário subterrâneo construído pelos anasazis de Chaco[31] por volta de 1000 d.C.), desenvolvido por John Kanter, aluno de Antropologia do campus de Santa

---

[29] Movimento artístico realista que se desenvolveu nos Estados Unidos na virada do século XIX para o XX. (N.E.)

[30] Metropolitan Lives: The Ashcan Artists and Their New York (http://www.nmaa.si.edu/metlives/ashcan.html); Museum of the City of New York (http://www.netresource.com/mcny/home.html); Museum of the City of San Francisco (http://www.sfmuseum.org/). O útil guia para a web "Subway system" [Sistema de metrô] do Museu de Paleontologia da Universidade da Califórnia lista mais de 80 museus de história e 40 bibliotecas com sites e exposições online (Art, History, Culture, and Science Museums, http://www.ucmp.berkeley.edu/subway/art.html).

[31] Sítio arqueológico situado no Novo México, nos Estados Unidos. (N.E.)

Barbara da Universidade da Califórnia, os usuários com um navegador devidamente configurado podem fazer um tour de "realidade virtual" pela kiva, descendo por uma escada até a câmara enfumaçada.[32] Ao visualizarem uma reprodução em 360 graus do interior da kiva, podem fazer um zoom em objetos particulares enquanto ouvem gravações de músicas dos indígenas das planícies. Um texto de acompanhamento explica o que os visitantes estão vendo. Embora não seja dirigido especificamente a historiadores, esse site sugere os extraordinários caminhos em que o potencial de multimídia da web pode ser usado para recriar espaços históricos perdidos.

Um estudante de pós-graduação fez sozinho (mas cheio de energia) o site sobre a kiva, sem contar com nenhuma subvenção. Embora não seja nem filme, nem exposição, nem texto estático, o site combina elementos dos três. Será que projetos sem fins lucrativos como esse – fruto da dedicação de indivíduos ou de museus e sociedades históricas apoiados pelo governo e por fundações – conseguem competir com os de corporações privadas?

Para examinar essa questão e descobrir se a web pode melhorar as formas existentes de história popular – filmes, livros e revistas –, dirigimos nosso navegador web para o HistoryNet, que se anuncia como "o site mais extensivo e rico em conteúdo dedicado à história na internet".[33] O núcleo do site são materiais do seu proprietário, o "History Group of Cowles Enthusiast Media", que publica 12 revistas sobre história, de *Aviation History* a *Civil War Times Illustrated* e a *Wild West*. Como seria de esperar por suas origens e base de recursos, o site enfatiza assuntos de interesse de aficionados por história. Em uma semana típica de novembro de 1996, as histórias destacadas na primeira página do site eram sobre os generais confederados J. E. B. Stuart e John Hunt Morgan, a última viagem do Capitão Kidd e a blitz de bombardeios sobre Londres. Os entusiastas que visitam esse site provavelmente vão encontrar as suas preferências confirmadas, mais do que desafiadas ou ampliadas. O útil mecanismo de pesquisa do site gera 20 referências ao general George

---

[32] Chetro Ketl Great Kiva 3-D Model Home Page (http://www.sscf.ucsb.edu/anth/projects/great.kiva/index.html).

[33] HistoryNet (http://www.TheHistoryNet.com).

McClellan, mas nenhuma a Eugene Debs ou Marcus Garvey. Não há nada de empolgante ou surpreendente na apresentação de narrativas históricas do HistoryNet. As histórias, extraídas diretamente de páginas das revistas da Cowles, aparecem nele com uma única ilustração, o que constitui uma opção menos atraente do que folhear as próprias revistas.

Outras partes do site, no entanto – uma seção diária de perguntas e respostas e um útil "guia de exposições e eventos" –, fazem um uso maior das possibilidades interativas da web. O mais interessante são os cinco fóruns online. Eles não são muito ativos (menos de 200 respostas foram introduzidas nas primeiras seis semanas de existência do site), mas os editores começaram com questões bem pensadas, como "O que determinou seu interesse excepcional pela Guerra Civil?". As perguntas provocaram algumas respostas reveladoras, que interessariam ao historiador profissional que quisesse saber mais a respeito dos aficionados por história ou, melhor ainda, que desejasse se envolver em discussões com eles. Não obstante, como ocorre em muitos sites comerciais, o HistoryNet é um pouco autocontido. Os artigos não levam você a materiais relacionados situados em outro local da web; mesmo o guia de exposições e eventos não leva você às páginas mantidas pelos organizadores dessas mostras.[34]

Não fica claro qual é a base financeira do HistoryNet; talvez a Cowles tenha planos de incluir anúncios ou de manter o site como um anúncio útil de suas próprias revistas e dos produtos de sua loja online, que vende de tudo, de livros a caixas para charutos Old Western Train. Uma tentativa mais direta de usar a web de história para captar dólares de anúncios está à espera na Discovery Channel Online. Esse site, que custou 10 milhões de dólares em sua criação e manutenção inicial, organiza seu cardápio em seis categorias. A história lidera esse grupo, e poucos dias atrás os usuários podiam encontrar histórias sobre as mulheres piratas Anne Bonny e Mary Read e as suas curtas carreiras com Calico Jack Rackham; Charles Lindbergh; e transmissões de futebol. A história sobre as mulheres piratas traz, entre outras coisas, biografias curtas das principais personagens e barras laterais que discutem se os corsários eram

---

[34] Há uma página de links para "History On-Line", mas se trata de uma lista de certo modo limitada e eclética de sites de história, e não de um guia abrangente.

também piratas ou não, e sobre o "código do pirata". Embora careça de citações históricas, o site remete os usuários a livros relevantes. A seção sobre Lindbergh descreve sua fama e seu eclipse no final da década de 1930, quando ele pareceu demonstrar simpatia pró-germânica. Escrito por H. J. Fortunato, um "escritor e consultor de negócios", a história é ricamente ilustrada e marcada por opiniões pessoais, um saboroso "petisco" histórico, mais do que um trabalho sério.[35]

Algumas histórias do Discovery Channel, por outro lado, contêm pequenas joias de informação útil e interessante, obviamente influenciadas pela historiografia recente. Uma postagem anterior sobre "cristãos impetuosos", por exemplo, apresenta a história familiar da confrontação da religiosidade norte-americana com a modernidade de maneiras vívidas e informativas. Junta o padre Charles Coughlin, Anthony Comstock, Carry Nation e o padre Divine – teologicamente suspeito, para dizer o mínimo –, mas a concepção organizacional, temperada por áudio e por imagens de impacto, proporciona uma navegação divertida e útil. Outra história, esta sobre a Dust Bowl,[36] conduz os usuários, hora a hora, por uma tempestade de poeira no Kansas em 1935. Com uma ilustração rica e inteligente, inclui 15 histórias orais sobre as tempestades de poeira e seus desdobramentos. Os usuários podem clicar e ouvir Thelma Warner relembrando como a poeira "parecia atravessar as paredes" ou ouvir Harley "Doc" Holladay contando uma piada sobre fazendeiros no inferno. Essas páginas oferecem fontes primárias inéditas, estruturadas com competência e primor profissional.

---

[35] Discovery Channel (http:/discovery.com); CHANDRASEKARAN, Rajiv. A Top-Dollar Web Service Awaits Rerun. *Washington Post Business*, Nov. 4, 1996, 19. A história de Anne Bonny e Mary Read foi escrita por Shay McNeal, escritora e editora independente de história, com seu próprio site web sobre a América colonial, Wild Women and Salty Dogs (http://www.discovery.com/doc/1012/world/history/2pirates/2pirates.html). McNeal and Poullin Historical Publishing (http://www.colonialhist.inter.net/Welcome.html); FORTUNATO, H. J. From Here to Obscurity. Disponível em: http://discovery.com/doc/1012/world/obscurity/obscurity042296/obscurity.html.

[36] Região no sul dos Estados Unidos que sofreu secas severas e tempestades de poeira nos anos 1930. Ver, por exemplo: https://www.history.com/topics/great-depression/dust-bowl. (N.E.)

Sites como esse reforçam as críticas de que mídias corporativas bem financiadas poderão dominar a web. Um dos autores deste ensaio criou a própria página da web, vinculada ao currículo de um curso, a respeito da Dust Bowl, sem financiamento, com pouca assistência e sem design profissional ou prática em computação. Uma comparação entre os dois sites revela quão desigual é a situação para os historiadores acadêmicos e os aficionados independentes. Nosso site tem poucas imagens, dois clipes de áudio apenas, ambos de Woody Guthrie, uma breve introdução e algumas poucas incursões por outras fontes primárias. A reportagem do Discovery Channel sobre a Dust Bowl, escrita por Lori Ann Wark, faz um excelente trabalho em apresentar a interpretação predominante das causas da Dust Bowl, de maneira simples, animada por histórias orais e fotos. Inclui referências bibliográficas a obras-padrão e links a outros sites relacionados. Assim como o site como um todo, reflete o impacto da historiografia recente no assunto e na maneira de tratá-lo. A combinação de uma boa história e de um bom valor de produção é pouco usual; a maior parte dos sites comerciais tem apenas esse último aspecto. Será que essa reportagem sobre a Dust Bowl é melhor que um livro ou um programa de TV? Sim e não – tem menos substância que um livro típico, mas, por meio de histórias orais, transmite melhor certo sabor das pessoas e de sua cultura. Menos tendente ao entretenimento passivo do que a TV, o site oferece acesso 24 horas por dia, e os estudantes que dominam bem o computador podem facilmente pegar citações do material que ele oferece e incorporá-las a seus trabalhos e a outras formas de apresentação.[37]

Será que sites como esse, com forte financiamento e design profissional, vão empurrar a história politicamente controversa e independente para fora da web? É algo a ser visto – o Discovery Channel ainda precisa recuperar seu investimento. Na primeira metade de 1996, o site do Discovery gerou apenas 573 mil dólares de receita de publicidade. Mas sites como esse e o HistoryNet empregam imensos recursos e ameaçam ofuscar os sites amadores e educacionais elaborados com muita dedicação

---

[37] WARK, Lori Ann. The Day of the Black Blizzard. Disponível em: http://www.discovery.com/DCO/doc/1012/world/history/dustbowl/dustbowlopener.html; History 409: The Dust Bowl (http://chnm.gmu.edu/hist409/dust.html).

e quase sempre por trabalho voluntário. Ironicamente, a Cowles, como a campeã dos aficionados por história na web, poderia acabar esvaziando a voz do amador genuíno. O perigo é aquele mencionado por Herbert Schiller – isto é, que à medida que a web siga pela muito desgastada estrada do rádio e da TV aberta e a cabo, na qual grandes conglomerados do "infoentretenimento" venham a dominar o setor, a "escolha" fique restrita à competição entre dois ou três "produtos" muito similares. Nessa visão estreita da web, você terá história no Discovery Channel, no History Channel ou no HistoryNet, e só.[38]

O potencial das versões comerciais do passado de excluírem os esforços sem fins lucrativos e amadores na web não decorrem, como no caso da TV, de uma "largura de banda" limitada (apenas certo número de canais) ou porque seja muito caro possuir uma estação de televisão. Pelo menos no futuro previsível, todo mundo será capaz de montar uma página pessoal na web. Mas à medida que a web se torna mais dominada pela espetaculosidade da multimídia, historiadores amadores e profissionais vão achar cada vez mais difícil competir com os empreendimentos comerciais. Afinal, onde poderão conseguir dinheiro para pagar a permissão de uso de uma melodia da era do swing ou de um programa de rádio da década de 1930 em um site sobre a cultura do New Deal? Quem vai bancar as competências de design e de programação para produzir páginas vistosas com recursos interativos? As *home pages* feitas por esforço próprio não vão desaparecer, mas podem definhar diante da concorrência de sites desenvolvidos e criados profissionalmente. Como os cineastas documentaristas nesta era de grandes produções de Hollywood, terão dificuldades em ser notados e em manter uma atenção sustentada do público.

Os custos inicias para montar páginas da web sofisticadas podem se tornar proibitivos. A maioria das universidades oferece agora, a professores e alunos, acesso a equipamento de nível técnico próximo ao de primeira linha, o que permite produzir sites inovadores como o Chetro Ketl Great Kiva. Mas ninguém garante que esse apoio continuará. Assim como os cineastas independentes carecem hoje do melhor equipamento

---

[38] Para o termo "*infotainment*" [infoentretenimento], ver BARBER, Benjamin R. *Jihad vs. McWorld*. New York, 1995. History Channel (http://www.historychannel.com).

para efeitos especiais, os produtores de páginas da web independentes podem ficar sem acesso aos melhores computadores, ao melhor software, aos melhores programadores ou às conexões mais rápidas.

No momento, porém, a web está povoada por centenas de sites de produção doméstica. Muitos deles exploram temas que tradicionalmente atraem amadores e aficionados de história – a Guerra Civil, a história militar, o Velho Oeste e itens colecionáveis. Pode-se ter uma ideia da escala desses esforços amadores na American Civil War Homepage, um esforço voluntário também, com links para quase 300 sites relacionados à Guerra Civil (dos quais 41 são para os interessados em reconstituições) – muitos deles criados por entusiastas não pagos. Larry Stevens, funcionário de uma companhia telefônica de Newark, Ohio, mantém 10 sites sobre a Guerra Civil, a maior parte sobre Ohio na Guerra Civil. Os sites combinam os dois hobbies de Larry, história e computadores, e, como ele explica, "decidi criar um nicho na rede antes que os grandes caras como a Ohio Historical Society, a Universidade Estadual de Ohio etc. entrassem no jogo".[39]

Há também muitas páginas sobre história nas quais historiadores amadores tratam de assuntos tão diversos como o pioneiro cartunista e animador Winsor McCay, o fotógrafo de paisagens William Henry Jackson, a história e o futuro do dinheiro, e o mágico Harry Houdini.[40] Nesses casos, as pessoas pegam materiais reunidos por meio de suas paixões pessoais e os colocam à disposição de um público muito mais amplo. Às

---

[39] American Civil War Homepage (http://funnelweb.utcc.utk.edu/~hoemann/cwarhp.html); e-mail de Larry Stevens para Roy Rosenzweig, 6 nov. 1996. Outra grande categoria de sites de história na web é aquela que inclui sites criados por empresas de web design e provedores de serviços de internet para fazer propaganda de seus serviços. Ver, por exemplo, o site North Georgia History, criado pela Golden Ink Web Design Services, e o Negro Leagues Baseball On-Line Archives, que foi projetado e mantido pela MoxieWeb, uma empresa de web design e que hospeda sites (http://www.ngeorgia.com/history/; http://www.infi.net/~moxie/nlb/nlb.html).

[40] Winsor McCay Page! (http://pandorasbox.com/littlenemo.html); Time Exposure: The On-Line Bibliography of Web-based Information About William Henry Jackson (http://www.fit.edu/InfoTechSys/resources/cogsei/white.html); Money – Past, Present, & Future (http://www.ex.ac.uk~RDavis/arian/money.html); Houdini! (http://www.uelectric.com/houdini/contents.htm).

vezes tais sites padecem de alguns percalços, como links desatualizados, já que entusiastas não pagos podem carecer de recursos para fazer uma manutenção ativa de seus sites, que acabam criando "teias de aranha".[41]

Figura 9.3: O site de Scott Hopkins – com sua impactante estética sobre os campos de concentração de nipo-americanos em Poston, Arizona – explora a intersecção entre passado e presente a partir de um ponto de vista leigo, combinando narrativa pessoal, entrevistas orais e reinterpretação gráfica de artefatos históricos.

Sites que começam com um propósito podem ganhar vida mais longa. John Yu, atualmente funcionário da Microsoft, começou seu site sobre confinamento de nipo-americanos a partir de uma aula de história na faculdade, no Instituto de Tecnologia de Massachusetts [Massachusetts Institute of Technology, MIT], mas agora o site cresceu

---

[41] Na tradução para o português, "teia de aranha" perde o sabor do original, em que a língua inglesa permite o jogo de palavras entre "*cobweb*" (teia de aranha) e "*web*" (a "teia" ou "rede" da World Wide Web). (N.T.)

e abriga documentos primários, fotos e uma cronologia clara. O site de Yu é menos informativo que a maior parte das fontes secundárias sobre tais campos de concentração, mas se diferencia de seus primos impressos pelo uso dos recursos de hipertexto da web. Você pode clicar na maioria dos nomes e termos-chave de seus documentos e acessar um glossário ou um verbete biográfico. Mais importante (e diferentemente do que fazem outros sites), ele se abre literalmente para uma rede de outros recursos sobre o confinamento e sobre nipo-americanos em geral. Assim, os visitantes do site Japanese American Internment, de Yu, podem rapidamente ser levados a vários outros sites, como o Unofficial Nikkei Home Page, criado por um professor de Estudos Sociais do ensino médio no estado de Washington; uma exposição online sobre o confinamento de nipo-americanos do Vale de Santa Clara organizada por Erin Kamura e pelo Japanese-American Resource Center de San Jose, Califórnia; um site sobre o campo de concentração de Manzanar, criado por dois alunos do ensino médio da Califórnia; ou a exposição online da Universidade do Arizona, *War Relocation Authority Camps in Arizona, 1942-1946*. Se você tiver sorte, poderá chegar até o "site de arte digital" de Scott Hopkins, que traz uma impressionante apresentação que liga os campos de Poston, Arizona, ao jogo de tabuleiro Go. Hopkins usa fotografias dos campos na década de 1940 e fotos atuais desses locais, que ele transformou lindamente em postais de fotos coloridas, para refletir sobre o relacionamento entre o passado e o presente.[42] Como restou pouco dos muitos campos de concentração originais, essas recriações virtuais podem ser os locais históricos mais importantes ligados a essa experiência de confinamento.

---

[42] E-mail de John Yu para Roy Rosenzweig, 25 out. 1996; Japanese American Interment (http://www.geocities.com/Athens/8420/main.html); *Home page* não oficial da Nikkei (http://www.kent.wednet.edu/KSD/SJ/Nikkei/Nikkei_ homePage.html); Japanese Internment, Santa Clara Valley: On-Line Exhibit (http:// scuish.scu.edu/SCU/Programs/Diversity/exhibit1.html); Manzanar Project, de Mark Leck e Doug Lockert (www.mvhs.srvusd..k12.ca.us/~mleck/man/); *War Relocation Authority Camps in Arizona, 1942-1946* (http://dizzy.library.arizona. edu/images/jpamer/wrainintro.html); Poston, Arizona, 1942-1996 (http:// www.u.arizona.edu/~scooter/home/post/post.html).

O site de Hopkins transforma a intersecção de interesse pessoal e história profissional em algo dinâmico e intrigante. Ele nos mostra de que modo o diálogo a respeito dos significados do passado se desenvolve entre profissionais, entusiastas, artistas, educadores, políticos, produzindo hobbies casuais e interesses obsessivos, abrangendo de comunidades até salas de aula de universidades. Mais importante, isso chega a nós em um formato que destaca os múltiplos sentidos do passado e as múltiplas fontes de informação, para podermos compreendê-lo melhor. A web demonstra claramente que o sentido emerge do diálogo e que a cultura não tem um centro estável; em vez disso, avança por múltiplos "nós". Também sugere a força da história na vida norte-americana. Argumentos de que os norte-americanos são um "povo a-histórico" ou que permite que a sua história definhe acabam sendo derrubados diante da gama de material histórico que a web contém. Como a sociedade norte-americana, a web transita entre histórias comerciais ágeis e leves e narrativas acadêmicas responsáveis e densas, entre discursos inflamados irresponsáveis e críticas bem ponderadas. O porte e a força bruta da web – a capacidade de ligar rapidamente sites criados em lugares muito diferentes e por pessoas muito diferentes, de acessar material distante de sua casa ou escritório, de procurar palavras específicas em contextos não familiares – tudo isso faz dela uma ferramenta extraordinária para estabelecer novas *conexões*, sejam elas entre o passado e o presente ou entre diferentes conceitos e corpos de conhecimento.

A própria abertura da web carrega consigo a ameaça de que os empreendimentos comerciais venham a dominar e expulsar os entusiastas, os excêntricos e os acadêmicos. Em dezembro de 1996, a extraordinariamente poderosa Microsoft Corporation anunciou uma reformulação que faria sua Microsoft Network "ficar parecida com a televisão e dar a sensação de ser como uma".[43] Apesar de sermos avessos a subestimar o poder dos conglomerados globais do infoentretenimento, que passaram a controlar outras mídias (como a TV a cabo) que antes eram vistas como canais para a democratização da vida cultural, não achamos que o futuro esteja predeterminado. Como as

---

[43] *The New York Times*, Dec. 10, 1996, D4.

redes de televisão, os sites comerciais usam o deslumbramento visual para manter sua atenção e limitar a "navegação" pelas demais opções. Mas, diferentemente da televisão, a web permite que floresçam pontos de vista alternativos ou contrários, e incentiva os usuários a compor as próprias narrativas do passado. Historiadores acadêmicos, como outros cidadãos, devem insistir em ter um papel nesse novo "espaço público", devem exigir que permaneça aberto e acessível a todos, e devem resistir à tendência da televisão de amenizar o conteúdo político, deslocando-o para o centro. As universidades, com seus espaços subsidiados para alunos, professores e funcionários, continuam sendo uma das melhores fontes para experimentação, para apresentar pontos de vista alternativos e conteúdo sério. A web pode não ser o admirável mundo novo ou o inferno pós-moderno, mas é uma arena com a qual todo mundo preocupado com os usos do passado no presente deveria estar envolvido.

CAPÍTULO 10

Magos, burocratas, guerreiros e hackers: escrever a história da internet

Dê uma olhada nos livros didáticos convencionais sobre os Estados Unidos no período pós-Segunda Guerra Mundial. Você pode procurar à vontade no índice e não achará referências à internet ou à sua predecessora, a Arpanet; mesmo menções a "computadores" são escassas e esparsas. A lacuna dificilmente pode ser considerada uma falha apenas desses autores; afinal, antes de 1988, o *The New York Times* citou a internet apenas uma vez – em uma breve menção secundária. Ainda assim, podemos apostar que os livros didáticos do próximo século vão dedicar considerável atenção à internet e às grandes mudanças na tecnologia da informação e das comunicações que emergiram com tanta força nos últimos anos.[1] A maioria dos historiadores se sentirá obrigada a considerar o surgimento da internet como um aspecto central da vida cotidiana.

---

[1] Chequei o índice dos sete livros a seguir em busca de referências a "Arpa", "Arpanet", "computador", "IBM" ou "internet", e só achei referências a computadores (mas não à internet) no volume de Schaller. Os livros são: CHAFE, William H. *The Unfinished Journey: America Since World War II*. New York, 1995; GRAHAM JR., Otis L. *A Limited Bounty: The United States Since World War II*. New York, 1996; MOSS, George Donelson. *Moving On: The American People Since 1945*. Englewood Cliffs, 1994; SIEGEL, Frederick F. *Troubled Journey: From Pearl Harbor to Ronald Reagan*. New York, 1984; SIRACUSA, Joseph. *The Changing of America: 1945 to the Present*. Arlington Heights, Ill., 1986; SCHALLER, Michael; SCHARFF, Virginia, SCHULZINGER, Robert. *Present Tense: The United States Since 1945*. Boston, 1992; ZINN, Howard. *Postwar America: 1945-1971*. Indianapolis, 1973. Para uma cobertura anterior a 1988, ver BURNHAM, David. Reagan Seeks Drive to Raise Productivity of U.S. Agencies. *The New York Times*, Feb. 20, 1985. A18. A internet recebeu real atenção pela primeira vez na grande mídia em novembro

De que maneira essa história será escrita? Quatro trabalhos recentes oferecem algumas dicas ao abordarem a história da internet a partir de pontos de vista diferentes (biográfico, burocrático, ideológico e social) e partindo de fontes diferentes sobre a "criação" da internet – desde engenheiros inventivos e burocratas comprometidos do governo ao contexto social mais amplo da Guerra Fria ou da década de 1960. Embora a internet possa ser anunciada como um desenvolvimento inteiramente original, seus historiadores têm geralmente seguido alguns caminhos já bem trilhados pela história da tecnologia. Essas abordagens convencionais costumam ser esclarecedoras, mas a história completa só será contada quando chegarmos a uma história que combine estudos biográficos e institucionais com uma história social e cultural plenamente contextualizada. O surgimento da net precisa ser enraizado na década de 1960 – tanto no "mundo fechado" da Guerra Fria como no mundo aberto e descentralizado do movimento antiguerra e da contracultura. Entender essa origem dual permite-nos compreender melhor as atuais controvérsias a respeito da internet, se será "aberta" ou "fechada" – se a net vai fomentar o diálogo democrático ou a hierarquia centralizada, a comunidade ou o capitalismo, ou alguma mistura de ambos.

Abordagens "contextualistas" dominam há bastante tempo os estudos sobre história da tecnologia, mas as narrativas focadas em "grandes homens" da ciência e da tecnologia continuam populares e extraem seu poder das suposições amplamente disseminadas de que as novas ideias emergem da genialidade de certos homens, bem como do apelo narrativo das biografias.[2] O próprio título da obra de história popular

---

de 1988, quando o "vírus" de Robert Morris provocou sua derrubada temporária (MARKOFF, John. Author of Computer "Virus" Is Son of N.S.A. Expert on Data Security. *The New York Times*, Nov. 5, 1988. A1). Para uma crítica perspicaz da linguagem utópica que com frequência circunda as discussões sobre a internet, ver AGRE, Phil Philip E. Yesterday's Tomorrow. 1998. Disponível em: http://dlis.gseis.ucla.edu/people/pagre/tls.html (uma versão um pouco diferente foi publicada também no *Times Literary Supplement*, July 3, 1998).

[2] Para revisões da historiografia, ver, por exemplo, STAUDENMAIER, John M. *Technology's Storytellers: Reweaving the Human Fabric*. Cambridge, Mass., 1985, que argumenta que pelo menos metade dos artigos das duas primeiras décadas de

de Katie Hafner e Matthew Lyon, bem escrita e extensivamente pesquisada, *Where Wizards Stay Up Late: The Origins of the Internet* [Onde os magos ficam acordados até tarde: as origens da internet], encaixa o livro nitidamente nessa abordagem do grande homem. E é isso também que faz a sobrecapa, ao prometer "a fascinante história de um grupo de jovens magos da computação [...] que [...] inventaram o mais importante meio de comunicação desde o telefone".[3]

Hafner e Lyon começam sua narrativa das "origens" com a Bolt Beranek & Newman (BBN), a empresa de consultoria em computação que obteve o contrato inicial da Agência de Projetos de Pesquisa Avançada [Advanced Research Projects Agency, Arpa] para o que ficou conhecido como Arpanet. (Fundada em 1957 no pânico pós-Sputnik em relação à competência soviética em tecnologia, a Arpa, uma unidade do Departamento de Defesa, apoiava pesquisa e desenvolvimento em tecnologia, particularmente em sistemas orientados para as forças armadas, como os de defesa contra mísseis.) O prólogo do livro descreve uma reunião dos projetistas da Arpanet na BBN em 1994. Essa escolha narrativa e a centralidade da BBN no livro inteiro devem muito ao fato de o estudo ter se originado em uma sugestão da BBN, que abriu seus arquivos a Hafner e Lyon e até ajudou a bancar o projeto.[4]

Ao iniciarem sua história com a contratante, Hafner e Lyon explicam a fonte do contrato com outra história. Segundo contam os autores, Bob Taylor, o chefe do escritório da Arpa que lidava com a pesquisa sobre computação (conhecido como Escritório de Técnicas de Processamento

---

publicação de *Technology and Culture* assumem uma abordagem "contextual", e CUTCLIFFE, Stephen H.; POST, Robert C. (ed.). *In Context: History and the History of Technology: Essays in Honor of Melvin Kranzberg*. Bethlehem, Pa., 1989. Para uma perspicaz visão geral da produção na área de história da computação, ver MAHONEY, Michael S. The History of Computing in the History of Technology. *Annals of the History of Computing*, v. 10, n. 2, p. 113-125, 1988.

[3] HAFNER, Katie; LYON, Matthew. *Where Wizards Stay Up Late: The Origins of the Internet*. New York, 1996.

[4] A BBN não exerceu, porém, nenhum controle sobre o livro. Usei a abreviatura Arpa ao longo deste ensaio, mas, na realidade, ela mais tarde se tornou a Agência de Projetos de Pesquisa Avançada de Defesa [Defense Advanced Research Projects Agency, Darpa], apesar de voltar a se chamar Arpa em 1993. Um foco inicial central da Arpa foi a exploração espacial, mas esse trabalho foi logo relegado à NASA.

de Informação), precisava resolver um "incômodo" problema no inverno de 1966. A sala ao lado do escritório de Taylor abrigava três terminais de computador, cada um conectado a um *mainframe* que operava em local diferente, custeado pela Arpa. Como os diferentes terminais envolviam sistemas computacionais, linguagens de programação e sistemas operacionais diferentes, exigiam também procedimentos de login e comandos diferentes. "Ficou óbvio", relembrou mais tarde Taylor, "que precisávamos encontrar uma maneira de conectar todas essas diferentes máquinas" e, portanto, compartilhar equipamento de computação extremamente caro. "Grande ideia", seu chefe respondeu. "Você acabou de ganhar um milhão de dólares a mais em seu orçamento. Vá em frente."[5]

Depois que Taylor conseguiu financiamento para o seu projeto, recorreu a um "jovem cientista da computação, tímido, de pensamento profundo [...] chamado Larry Roberts", que era "abençoado com uma energia incrível" e "tinha a reputação de ser uma espécie de gênio", para "supervisionar o projeto e a construção da rede". Em 1967, Wes Clark, da Universidade de Washington, em uma reunião em Ann Arbor, apresentou a ideia crucial de fazer a rede funcionar inserindo uma sub-rede de computadores menores entre os *hosts* e as linhas da rede – o que mais tarde passou a ser chamado de Interface Message Processors [Processadores de mensagens de interface], ou IMPs. Quando iam de táxi para o aeroporto, Clark disse a Roberts que apenas Frank Heart conseguiria construir uma rede desse tipo a um custo razoável. Heart também é um mago: "intensamente leal" e "acolhedor", ele tem "energia prodigiosa" e a capacidade de "garantir que as tarefas que assume realmente sejam realizadas". E, com a ajuda dele, a BBN, a companhia de consultoria de Cambridge onde ele trabalhava, pegou o contrato de um milhão de dólares e construiu a Arpanet. (Quando a BBN ganhou o contrato para a Inter*face* Message Processors, o senador Edward Kennedy enviou-lhes um famoso telegrama de congratulações pelo "ecumenismo" do trabalho que planejavam realizar do "Inter*faith*[6] Message Processor."[7])

---

[5] HAFNER; LYON. *Where Wizards Stay Up Late*, p. 12-13, 42.

[6] *Face* e *faith* ("face" e "fé") são palavras de sonoridade muito similar em inglês. (N.T.)

[7] HAFNER; LYON. *Where Wizards Stay Up Late*, p. 44, 25, 74, 92, 102; SALUS, Peter H. *Casting the Net: From Arpanet to Internet and Beyond...* Reading, Mass., 1995. p. 34.

Mas, por que começar com Taylor e a BBN? Muitas narrativas populares do surgimento da internet começam antes disso e com uma história que é mais assentada em um contexto histórico particular. Uma muito divulgada "Breve história da internet", do escritor de ficção científica Bruce Sterling, começa com: "Há uns 30 anos, a RAND Corporation, principal *think tank* da Guerra Fria na América, deparou com um estranho problema estratégico. De que maneira as autoridades dos Estados Unidos poderiam se comunicar efetivamente após uma guerra nuclear?". A solução, como Sterling explica, surgiu em 1964 da Rand Corporation, e em particular do engenheiro Paul Baran, que imaginou uma rede sem autoridade central, que "seria projetada desde o início para transcender a própria falta desconfiabilidade".[8] Diversamente do que ocorre numa rede centralizada, na qual a destruição do ponto central de comutação derruba a estrutura inteira, Baran teorizou que numa rede distribuída seria possível suportar múltiplos ataques e continuar operando por meio de canais alternativos. O que foi crucial para a rede distribuída de Baran foi sua segunda inovação, que empregava tecnologia digital para fragmentar as mensagens em partes separadas, que poderiam ser enviadas individualmente e depois remontadas no ponto final – um aspecto que confere maior confiabilidade ao sistema e torna mais eficaz o uso de linhas de comunicação do que a tecnologia de telefonia de comutação de circuitos. (Os circuitos de telefone montam uma linha dedicada entre duas pessoas, por meio da qual elas enviam um fluxo contínuo de palavras; se os participantes ficam em silêncio por um minuto, continuam a usar o circuito. As "redes de comutação de pacotes" são muito mais eficientes, porque os dados são fragmentados em porções menores, que podem transitar por múltiplos caminhos e também partilham as mesmas linhas com outros fragmentos de dados.) O físico britânico Donald Davies, que mais tarde desenvolveu algumas

---

[8] STERLING, Bruce. A Brief History of the Internet. *The Magazine of Fantasy and Science Fiction*, Feb. 1993, mas encontrado online em http://www.forthnet.gr/forthnet/isoc/short.history.of.internet. Esse relato é também apresentado convencionalmente (embora às vezes de forma confusa) nos muitos manuais técnicos sobre a internet. Ver, por exemplo, *The Internet Unleashed, 1996*. Indianapolis, 1995. p. 10, que inicia sua história sobre a net com o título: "From the Cold War: A Hot Network" [A partir da Guerra Fria: uma rede quente].

ideias semelhantes sobre a construção de redes, deu aos "blocos de mensagens" de Baran o nome de "pacotes" – um termo que hoje está estabelecido e incorporado à noção de "redes de comutação de pacotes" – a tecnologia essencial da internet.[9]

Começar com Baran e não com Taylor coloca a internet nas sombras da Guerra Fria e não na ideia luminosa de um engenheiro inteligente, e enfatiza a questão de sobreviver à guerra nuclear (ou de aceitar travá-la) em vez do compartilhamento de recursos computacionais. O trabalho de Baran, como ele revelou mais tarde a um entrevistador, "foi realizado em reação à situação mais perigosa que já existiu". Assim como fez Herman Kahn, seu contemporâneo na Rand (e que foi o modelo para o Dr. Fantástico na sátira cinematográfica à Guerra Fria lançada no mesmo ano do relatório de Baran), Baran pensou no impensável – ou seja, como seguir adiante depois de um apocalipse nuclear. "Se a guerra não significa de uma maneira muito clara, preto no branco, o fim da Terra", escreveu Baran, "então conclui-se que deveríamos fazer coisas que tornassem o tom cinza o mais claro possível: [...] fazer todas aquelas coisas que permitissem aos sobreviventes do holocausto sacudir suas cinzas e reconstruir a economia o mais rapidamente possível".[10]

Hafner e Lyon não ignoram Baran, mas subestimam sua importância a partir da decisão deles de tirar a ênfase das origens militares da net, embora deixem claro que as ideias de Baran foram cruciais para o desenvolvimento da Arpanet. Eles dão créditos a Baran por ter contribuído com alguns dos "blocos" e "pedras" da internet, mas não por ter sido seu "arquiteto". O próprio Roberts posteriormente colocou Baran mais no centro das coisas, declarando, sobre a leitura dos relatórios de Baran que fez em 1967: "de repente aprendi como rotear pacotes. Então conversamos com Paul e usamos todos os seus conceitos e montamos a

---

[9] Sobre o trabalho de Davies, ver CAMPBELL-KELLY, Martin. Data Communications at the National Physical Laboratory (1965-1975). *Annals of the History of Computing*, v. 9, p. 221-247, 1988.

[10] HAFNER; LYON. *Where Wizards Stay Up Late*, p. 56. Sobre Rand e Herman Kahn, ver KAPLAN, Fred. *The Wizards of Armageddon*. New York, 1983. p. 220-231.

proposta [da Arpanet]".[11] Mas a questão para Hafner e Lyon diz respeito às intenções, não aos créditos; a Arpanet, insistem eles, "incorporava as mais pacíficas intenções de ligar computadores em laboratórios científicos por todo o país, de modo que os pesquisadores pudessem compartilhar recursos de computador [...] a Arpanet e sua progênie, a internet, nada tinham a ver com apoiar ou sobreviver à guerra – nunca tiveram".[12]

Começando com o esforço de Taylor de conectar computadores díspares, Hafner e Lyon tecem um relato vívido das origens da internet. Mas seu foco biográfico menospreza as raízes técnicas e intelectuais (assim como as militares) do experimento da Arpanet: a influência, por exemplo, de trabalhos voltados ao compartilhamento de tempo entre computadores (máquinas projetadas para poderem ser usadas ao mesmo tempo por várias usuários), dos projetos em pequena escala de redes computacionais e da visão mais ampla de dar às pessoas acesso ao conhecimento do mundo – uma herança que vem desde a *Encyclopédie*, de Diderot, e vai até o "cérebro mundial", de H. G. Wells, e o "memex", de Vannevar Bush, e as "bibliotecas do futuro", de J. C. R. Licklider.[13] Ao tirar ênfase dos contextos sociais e políticos nos quais a net foi construída, Hafner e Lyon contam uma história que agradaria à maioria dos engenheiros – uma história de intrépidos jovens motivados pela curiosidade técnica e bem pouco afetados por correntes ideológicas mais amplas ou mesmo por motivos mais restritos de progresso pessoal ou enriquecimento financeiro.

A partir de seu interesse por engenheiros e pela BBN, Hafner e Lyon dedicam a maior parte de seu livro a uma narrativa acelerada do

---

[11] Citado em NORBERG, Arthur L.; O'NEILL, Judy (com contribuições de Kerry J. Freedman). *Transforming Computer Technology: Information Processing for the Pentagon, 1962-1986*. Baltimore, 1996. p. 166. Segundo Taylor, ele de início não conhecia o trabalho de Baran, mas Janet Abbate destaca que "as ideias de Baran rapidamente entraram no discurso e na prática de redes" e que Baran "havia discutido suas ideias com vários especialistas em computação e comunicações e seu relatório foi amplamente lido por outras pessoas" (ABBATE, Janet. *From Arpanet to Internet: A History of Arpa-Sponsored Computer Networks, 1966-1988*. Tese de Doutorado – Universidade da Pensilvânia, 1994, p. 27).

[12] HAFNER; LYON. *Where Wizards Stay Up Late*, p. 79-80.

[13] Martin Campbell-Kelly e William Aspray oferecem uma versão dessa análise, muito boa, mas breve, em *Computer: A History of the Information Machine* (New York, 1996, p. 283-294).

design e da construção do sistema. Eles são excelentes ao explicarem questões técnicas para um público não técnico. Mas sua cobertura dos eventos sai dos trilhos depois que descrevem a primeira demonstração pública da Arpanet, na Conferência Internacional sobre Comunicação em Computadores, realizada em Washington, em outubro de 1972. Embora esse evento tenha estabelecido a viabilidade da transferência de pacotes, o sucesso era até então limitado. Ninguém tinha realmente imaginado para que fins a rede poderia ser útil; até o outono de 1971, o trânsito em rede mal chegava a 2 por cento do que ela potencialmente era capaz de administrar; era, como Hafner e Lyon muito bem definem, "igual a um sistema de rodovias sem automóveis".[14]

O modelo biográfico, do grande homem, exigiu muito do talento literário de Hafner e Lyon, em parte também porque a internet carece de uma figura fundadora central – um Thomas Edison ou um Samuel F. B. Morse. Ela é mais o resultado de equipes de burocratas do que de indivíduos inspirados. A burocracia, no entanto, raramente contribui para tornar uma leitura interessante. Uma história de burocratas, apresentada com grande meticulosidade e maestria, embora com pouca empolgação, é a do livro *Transforming Computer Technology: Information Processing for the Pentagon, 1962-1986* [Transformando a tecnologia da computação: processamento de Informações para o Pentágono, 1962-1986], de Arthur L. Norberg e Judy E. O'Neill. Assim como o financiamento explica parcialmente o foco de Hafner e Lyon na BBN, o financiamento explica também o foco organizacional de Norberg e O'Neill. O livro se originou de um contrato do Departamento de Defesa para estudar o Escritório de Técnicas de Processamento da Informação [Information Processing Techniques Office, IPTO], e sua ideia original foi uma contribuição do último diretor do órgão.[15] Esse apoio deu origem a um importante conjunto de 45 entrevistas, extensivamente usadas no livro e também em várias outras obras sobre o desenvolvimento da computação, entre elas o livro de Hafner e Lyon.

---

[14] HAFNER; LYON. *Where Wizards Stay Up Late*, p. 176.
[15] NORBERG; O'NEILL. *Transforming Computer Technology*, p. vii. Em 1986, o IPTO foi reestruturado e se tornou o Information Science and Technology Office.

Norberg e O'Neill levam em conta não apenas a Arpanet, mas também todo o financiamento fornecido pela Arpa entre 1962 e 1986 à computação, abrangendo compartilhamento de tempo, gráficos e inteligência artificial, assim como redes de comunicação. Embora o livro deles seja acadêmico no tom e na sua extensiva pesquisa e documentação, eles defendem seus personagens tanto quanto Hafner e Lyon defendem os deles. Ao longo do livro, os autores exaltam o IPTO por suas "conquistas", "contribuições", "realizações" e "sucessos". O livro também tem seus heróis – os burocratas que fizeram tudo acontecer. Os autores dedicam um dos seis capítulos do livro a descrever e elogiar o IPTO por sua "estrutura de administração enxuta". As "realizações técnicas" do órgão, escrevem eles, "foram moldadas tanto pela gestão do IPTO como pelas intenções dos pesquisadores".[16]

Ao darem destaque à Arpa, Norberg e O'Neill enfatizam o que Hafner e Lyon às vezes obscurecem – a íntima conexão que todo o financiamento à computação fornecido pela Arpa mantinha com as preocupações militares. No título de seu capítulo final, "Serving the Department of Defense and Nation" [Servir o Departamento de Defesa e Nação], eles celebram esse vínculo, em vez de minimizá-lo. Assinalam, por exemplo, que a Arpa montou o IPTO em 1962 exclusivamente em resposta à pressão da administração Kennedy para uma melhoria dos sistemas de comando e controle das forças armadas.[17] A crença disseminada era de que os computadores tornariam possível "controlar volumes maiores de informação e apresentá-la de maneiras mais eficazes para auxiliar na tomada de decisões". Enquanto Hafner e Lyon descrevem o primeiro diretor do IPTO, J. C. R. Licklider, como um defensor da pesquisa de base, ele é citado por Norberg e O'Neill comentando com outro oficial militar que a Arpa deveria financiar apenas pesquisas que oferecessem "uma boa perspectiva de resolver problemas que são do interesse do Departamento de Defesa".[18] Esse

---

[16] NORBERG; O'NEILL. *Transforming Computer Technology*, p. 6, 14, 25, 66.

[17] Na realidade, o escritório de início chamava-se Command and Control Division.

[18] NORBERG; O'NEILL. *Transforming Computer Technology*, p. 12, 29. Além disso, há aqui o difícil problema de distinguir retórica de realidade. Abbate sustenta que "o repúdio da pesquisa básica por parte da agência era mais retórica que real" e

tipo de afirmação não seria nenhuma surpresa vindo de um homem que foi trabalhar no Pentágono no mesmo mês em que os Estados Unidos e a União Soviética estavam à beira de uma guerra nuclear em razão da crise dos mísseis de Cuba.

Norberg e O'Neill também fazem um retrato mais completo e complexo dos vínculos da internet com as preocupações militares. Eles concordam com Hafner e Lyon que o fato de Taylor "ter percebido a necessidade de compartilhar recursos" desencadeou sua decisão inicial de buscar financiamento para a Arpanet. Mas eles também mostram que os experimentos com redes de comunicação partiram da preocupação fundamental do IPTO em usar computadores para melhorar o comando e o controle militar. Norberg e O'Neill argumentam, além disso, que as origens militares da Arpanet é que propiciaram seu sucesso. Se, por um lado, "faltavam incentivos para as redes de comunicação na comunidade [de computação]", eles "existiam de fato no DoD [Department of Defense], onde havia uma necessidade de reduzir o alto custo do desenvolvimento de software, melhorar as comunicações entre as unidades militares e ao mesmo tempo aumentar o uso de computadores, [e] acelerar o desenvolvimento de sistemas de comando e controle".[19]

Seja como for, colocar o foco no momento "originário" particular em que Taylor foi buscar o financiamento inicial é subestimar as múltiplas origens da internet. Por volta de 1972, a Arpa havia demonstrado ser viável transferir pacotes, mas tinha criado uma rede de comunicações limitada e pouco utilizada, que também operava em um clima político que havia mudado. A partir do final da década de 1960, pressões da Casa Branca e do Congresso obrigaram a Arpa a vincular seu funcionamento muito mais intimamente às necessidades

---

que, embora "as tecnologias resultantes muitas vezes se tornassem parte do sistema de comando e controle militar, as razões de defesa podem ter surgido apenas mais tarde" (*From Arpanet to Internet*, p. 77).

[19] NORBERG; O'NEILL. *Transforming Computer Technology*, p. 163, 193. Eles também remontam o experimento de construção de redes ao desejo de Licklider de fomentar a noção de "comunidade" entre os pesquisadores bancados pela Arpa (p. 154). Esse ponto recebe ênfase particular em O'NEILL, Judy. The Role of ARPA in the Development of the Arpanet, 1961-1972. *Annals in the History of Computing*, v. 17, p. 76-81, 1995.

militares.[20] Reagindo a essas obrigações, a Arpa procurou orientar o que havia aprendido sobre a transmissão de pacotes diretamente a aplicações militares, em particular por meio de redes de transmissão de pacotes por rádio e satélite. Quando surgiram redes de comunicação adicionais, assim como as primeiras redes de comunicação comerciais, Bob Kahn, engenheiro que se transferira da BBN para a Arpa em 1972, percebeu, junto a outros, que estava sendo replicado agora o mesmo problema que havia incomodado Taylor lá atrás, em 1966: ou seja, de que modo é possível interconectar redes incompatíveis – e não mais apenas computadores? (O interessante é que Kahn tinha uma ligação direta com uma das origens alternativas principais da internet, já que foram os trabalhos sobre guerra termonuclear de seu primo Herman Kahn que criaram o contexto de Guerra Fria para o trabalho de Baran sobre transferência de pacotes.)[21]

Foi a partir desse dilema criado pelas preocupações militares de "interligar redes" que surgiu não só o conceito como também o nome da internet. Kahn lançou o Internetting Project [Projeto de Interligação de Redes], para possibilitar que "um computador de uma rede de satélite e um computador de uma rede de rádio e um computador na Arpanet possam se comunicar uniformemente sem saber o que está acontecendo nas etapas intermediárias".[22] Em colaboração com Vinton Cerf, Kahn desenvolveu, em 1974, um novo protocolo mais independente de transferência de pacotes – chamado inicialmente de Transmission Control Protocol [Protocolo de Controle de Transmissão], ou TCP, e mais tarde de TCP/IP, em que IP significa "Internet

---

[20] Em 1969, por exemplo, o Congresso aprovou uma emenda – a Emenda Mansfield – à lei de reautorização militar que dispunha que "nenhum dos fundos autorizados a serem captados por esta lei podem ser usados para realizar projeto de pesquisa ou estudo a não ser que tal projeto ou estudo tenha relação direta ou visível com uma função ou com operações militares específicas" (NORBERG; O'NEILL. *Transforming Computer Technology*, p. 36).

[21] Para o relacionamento de Robert Kahn com Herman, ver "An Interview with Robert E. Kahn", conduzida por Judy O'Neill (24 abr. 1990, Reston, Virginia, Charles Babbage Institute, Center for the History of Information Processing, Universidade de Minnesota, Minneapolis).

[22] HAFNER; LYON. *Where Wizards Stay Up Late*, p. 223.

Protocol" [Protocolo de Internet] – que se tornaria uma espécie de língua franca para essa nova internet. Esse protocolo é usado até hoje. Não foram só o financiamento militar e a necessidade que criaram esse padrão, mas ele também ganhou um impulso crucial ao ser adotado, em 1980, pelo Departamento de Defesa em suas operações. Igualmente importante (e surpreendente, considerando o contexto) foi a liberação pública do TCP/IP pelo Departamento de Defesa – de fato, foi esse órgão normalmente fechado e sigiloso o responsável por incentivar um padrão de comunicação notavelmente aberto (e portanto livre).[23]

Mas o triunfo final do TCP/IP teve a ver também com política e comércio internacional – como fica claro na informativa tese de Janet Abbate. Companhias europeias de telecomunicações, de controle público, pressionaram pela adoção de um padrão alternativo (x.25), que seria mais compatível com suas operações. Uma arma-chave norte-americana nessa "guerra de protocolos" foi o apoio do Departamento de Defesa, que nasceu pelo menos em parte do fato de aqueles padrões terem sido explicitamente projetados para as forças armadas. Como resultado, os incentivadores do TCP/IP foram capazes, como observa Peter Salus, em *Casting the Net*, de convencer "as patentes militares de que os protocolos da Arpanet eram confiáveis, disponíveis e poderiam sobreviver".[24] A vitória do TCP/IP não está desconectada das razões pelas quais os Estados Unidos ainda dominam a internet.

Norberg e O'Neill oferecem um exaustivo estudo institucional, mas mencionam apenas de passagem o contexto político e econômico mais amplo. Eles reconhecem que as "circunstâncias políticas no mundo nas últimas três décadas levaram o Departamento de Defesa a exigir novos desenvolvimentos em computação que ajudassem a aumentar a sofisticação e a velocidade de novos sistemas militares", mas acrescentam que "não vamos discutir isso neste estudo".[25] Essa falta de contexto contribui também para sua visão amplamente acrítica da missão militar da Arpa. Apesar das repetidas referências aos "benefícios" e usos

---

[23] HAFNER; LYON. *Where Wizards Stay Up Late*, p. 251, 258.

[24] SALUS. *Casting the Net*, p. 126.

[25] NORBERG; O'NEILL. *Transforming Computer Technology*, p. 20.

militares da tecnologia computacional bancada pela Arpa, Norberg e O'Neill nunca comentam o uso efetivo dos computadores nos campos de batalha da Guerra do Vietnã, travada justamente durante o auge do financiamento de projetos computacionais pela Arpa.

Embora o livro de Paul Edwards *The Closed World: Computers and the Politics of Discourse in Cold War America* [O mundo fechado: computadores e a política do discurso na América da Guerra Fria] não tenha foco específico na internet, ele ainda assim compartilha muitos temas e fontes com os livros de Norberg e O'Neill, e de Hafner e Lyon. Apesar disso, não deixa de ser seu oposto polar: enquanto Norberg e O'Neill, assim como Hafner e Lyon, abstêm-se do contexto, Edwards coloca sua história bem encaixada na narrativa da Guerra Fria e dá ênfase ao mundo do lado de fora do laboratório; enquanto Norberg e O'Neill celebram (e Hafner e Lyon negam) o casamento entre defesa e computadores, Edwards pinta um retrato austero de sua união; ao passo que Norberg/O'Neill e Hafner/Lyon narram histórias institucionais ou biográficas diretas (e fáceis de acompanhar), Edwards, como aluno de Donna Haraway e egresso do programa de História da Consciência em Santa Cruz, busca apoio na grande literatura teórica sobre estudos culturais e contribui com ela, estruturando seu relato (às vezes confuso) mais como uma "colagem do que como uma narrativa linear". Edwards se afasta com maior nitidez de outras obras ao abandonar o tropo do "progresso", que com frequência marca a escrita sobre história da tecnologia.[26]

---

[26] EDWARDS, Paul N. *The Closed World: Computers and the Politics of Discourse in Cold War America*. Cambridge, Mass., 1996. p. xv. John Staudenmaier ressalta a importância para historiadores da tecnologia de uma "narrativa mestra" que ofereça uma "leitura liberal da evolução tecnológica ocidental como inevitável e autônoma". Observa também uma divisão geracional, na qual acadêmicos mais jovens têm "defendido uma interpretação das dimensões às vezes tecnicamente irracionais da tomada de decisão tecnológica como sendo motivada política ou culturalmente, e da noção de progresso em particular como ferramenta conceitual que ajuda as elites técnicas a dominarem seus inferiores". Embora o trabalho de Edwards seja mais influenciado por Foucault e pelos estudos culturais do que pela história da tecnologia, seu livro claramente filia-se àqueles que enfatizam o

A riqueza e a complexidade do relato às vezes brilhante de Edwards tornam difícil resumi-lo em poucas palavras.[27] Edwards argumenta que o computador digital é ao mesmo tempo causa e efeito do que chama de "discurso de mundo fechado" da Guerra Fria, que ele define como "a linguagem, as tecnologias e as práticas que juntas dão sustentação às visões de um poder global centralmente controlado e automatizado no cerne da política de Guerra Fria norte-americana". "Os computadores", escreve ele, "criaram a possibilidade tecnológica da Guerra Fria e moldaram sua atmosfera política." E, por sua vez, "a Guerra Fria moldou a tecnologia dos computadores". A política da Guerra Fria "integrou-se às máquinas", inclusive em seu "projeto técnico", e as "máquinas ajudaram a tornar possível a sua política". Desse modo, Edwards vai além dos historiadores que argumentam que a tecnologia é "socialmente construída" e que põem foco na maneira como diferentes grupos sociais moldaram o desenvolvimento da tecnologia. Ele, ao contrário, enfatiza o que chama de *"construção tecnológica de mundos sociais"*. Os computadores, nessa análise muito influenciada pela obra de Michel Foucault, tornam-se eles mesmos uma fonte de poder e conhecimento – ou, nas palavras de Edwards, "uma tecnologia infraestrutural crucial – um dispositivo foucaultiano crucial – para o discurso de mundo fechado da Guerra Fria".[28]

"lado sombrio" da tecnologia (STAUDENMAIER, John. Recent Trends in the History of Technology. *American Historical Review*, v. 95, June 1990, p. 725). Para um ensaio que incentiva os historiadores de tecnologia a descentrarem o progresso ou abandonarem-no "como eixo conceitual para pesquisas", ver SCRANTON, Philip. Determinism and Indeterminacy in the History of Technology. *In*: SMITH, Merritt Roe; MARX, Leo (ed.). *Does Technology Drive History? The Dilemma of Technological Determinism*. Cambridge, Mass., 1994. p. 148.

[27] Uma porção considerável do livro de Edwards lida com desenvolvimentos em inteligência artificial e com o que ele chama de "discurso ciborgue", que não abordei aqui.

[28] EDWARDS. *The Closed World*, p. ix, 7, 34, 41. Sobre a abordagem socioconstrutivista, ver, por exemplo, BIJKER, Wiebe E. *Of Bicycles, Bakelites, and Bulbs: Toward a Theory of Sociotechnical Change*. Cambridge, Mass., 1995. Para uma crítica contundente, ver WINNER, Langdon. Upon Opening the Black Box and Finding It Empty: Social Constructivism and the Philosophy of Technology. *Science, Technology and Human Values*, v. 18, p. 362-378, Summer 1993. Abbate descreve

Que a Guerra Fria, ou mesmo o discurso da Guerra Fria, foi um incentivo ao desenvolvimento de computadores digitais é algo relativamente fácil de demonstrar.[29] Em 1950, por exemplo, o governo federal – especialmente seus órgãos militares – forneceram de 75 a 80 por cento das verbas para desenvolvimento dos computadores. Mesmo quando as companhias comerciais começaram a bancar sua própria pesquisa e desenvolvimento, fizeram isso sabendo que contavam com um mercado garantido nas forças armadas. Esse massivo apoio do governo permitiu que a pesquisa norte-americana de computadores destruísse a concorrência estrangeira (em particular, a britânica); a hegemonia estadunidense nos mercados da computação – rotineiramente atribuída aos livres-mercados norte-americanos – apoia-se em uma base sólida de financiamentos militares subsidiados pelo governo. "A informatização da sociedade", como bem observa o escritor Frank Rose, "tem sido essencialmente um efeito colateral da informatização da guerra."[30]

Tais fatos são relativamente bem conhecidos (embora às vezes ignorados por ideólogos que retratam o setor de computação como um exemplo do *laissez-faire*), mas Edwards quer aprofundar o argumento sobre a importância do envolvimento das forças militares no desenvolvimento do computador. Ele rejeita a ideia de que "o apoio militar à pesquisa sobre computadores foi [...] benigno ou desinteressado" – uma visão que ele atribui a historiadores que interpretam "de maneira superficial as posturas públicas de órgãos de financiamento e os relatórios

---

o construcionismo social e a teoria de sistemas como influências-chave em seu trabalho (*From Arpanet to Internet*, p. 7).

[29] Para uma discussão geral da centralidade do financiamento militar para a ciência e a tecnologia norte-americanas pós-guerra, ver LESLIE, Stuart W. *The Cold War and American Science: The Military-Industrial-Academic Complex at MIT and Stanford*. New York, 1993. Ver também obras como MENDELSOHN, Everett; SMITH, Merritt Roe; WEINGART, Peter (ed.). *Science, Technology, and the Military*. Dordrecht, The Netherlands, 1988; NOBLE, David. *Forces of Production: A Social History of Automation*. New York, 1984; SMITH, Merritt Roe (ed.). *Military Enterprise and Technological Change: Perspectives on the American Experience*. Cambridge, Mass., 1985; MARKUSEN, Ann et al. *The Rise of the Gunbelt: The Military Remapping of Industrial America*. New York, 1991, e a edição da revista *Osiris*, v. 7, 1992, em "Science after '40", editado por Arnold Thackray.

[30] Citado em EDWARDS. *The Closed World*, p. 65.

de líderes de projetos". (Ele poderia estar ser referindo explicitamente aos livros de Hafner e Lyon e de Norberg e O'Neill, mas o trabalho desses autores apareceu depois ou ao mesmo tempo que o livro dele.)[31] Em vez disso, argumenta Edwards, "objetivos militares práticos guiaram o desenvolvimento tecnológico por determinados canais, aceleraram sua velocidade e ajudaram a moldar a estrutura do emergente setor de computação". Ele sustenta, por exemplo, que a passagem da computação analógica para a digital não foi o resultado de uma superioridade tecnológica inata desta última, mas da melhor correspondência e do apoio da abordagem digital a uma visão de centralização do comando e do controle própria do discurso de mundo fechado.[32] Infelizmente, Edwards nunca deixa claro exatamente de que maneira a computação poderia ter um aspecto diferente hoje sem o financiamento fornecido pela Defesa sob a sombra da Guerra Fria. Teríamos computadores analógicos sobre nossas mesas – ou nenhum computador?

De fato, Edwards está mais interessado em mostrar que a tecnologia de computação ajudou a criar e desenvolver o discurso do comando e do controle centralizados do que em explorar como essa visão na realidade moldou o design da computação. Os computadores, escreve ele, "ajudaram a criar e sustentar esse discurso", ao permitirem "a construção prática de sistemas militares de controle central em tempo real em escala gigantesca" e facilitarem "a compreensão metafórica da política mundial como uma espécie de sistema sujeito à gestão tecnológica".[33]

Muito disso soa, e é, bastante abstrato, mas Edwards tempera as incessantes abstrações do livro com uma série de ricos estudos de caso

---

[31] EDWARDS. *The Closed World*, p. 44. No entanto, ele havia de fato lido o relatório não publicado de 1992 que era a base do livro de Norberg e O'Neill.

[32] Para outro relato que questiona de forma convincente a inevitabilidade ou "obviedade" do triunfo da computação digital sobre a analógica, ver OWENS, Larry. Where are We Going, Phil Morse? Changing Agendas and the Rhetoric of Obviousness in the Transformation of Computing at MIT, 1939–1957. *IEEE Annals of the History of Computing*, v. 18, n. 4, p. 34-41, 1996. Owens oferece várias razões não técnicas para o triunfo da computação digital, entre elas "as preocupações da Guerra Fria a respeito de agitações, incertezas e imprevisibilidades [que] alimentaram uma ênfase compensatória na gestão e no controle" (p. 38).

[33] EDWARDS. *The Closed World*, p. 7.

e de narrações de episódios. Ficamos sabendo, por exemplo, da Operação Igloo White, da Força Aérea dos Estados Unidos. Comandada a partir do Centro de Vigilância da Infiltração na Tailândia (o maior edifício do Sudeste Asiático) e com um custo anual de cerca de 1 bilhão de dólares entre 1967 e 1972, a Igloo White buscou monitorar toda a atividade pela trilha Ho Chi Minh, no sul do Laos, como os ruídos de caminhões, a temperatura corporal e o cheiro de urina humana. Quando os sensores camuflados ("em forma de galhos, plantas da selva e excrementos de animais") captavam sinais, estes apareciam magicamente nas telas dos terminais como "uma 'minhoca' branca sobreposta a um mapa em grade". Então os computadores projetavam os movimentos da "minhoca" e transmitiam suas coordenadas por rádio a jatos F-4 Phantom, cujos computadores então os guiavam até o quadrado exato na grade do mapa; eram os computadores na Tailândia que controlavam o lançamento das bombas. "O piloto", observa Edwards, "não fazia nada além de ficar sentado assistindo à selva invisível embaixo dele explodindo de repente em chamas". Era a perfeita fantasia do mundo fechado do comando e do controle computadorizados e centralizados. Nas adequadas palavras de um técnico: "Havíamos conectado a trilha Ho Chi Minh como se fosse uma máquina de *pinball*, e a ligávamos toda noite". Mas as *pinballs* eram mais espertas que os jogadores. Os vietcongues burlavam os sensores com gravações de ruídos de caminhão e com sacos de urina, que provocavam os devidos ataques aéreos massivos, mas em corredores de selva vazios. Esses ataques aéreos eram então anunciados como sucessos quantitativos (e quantificáveis). Um relatório do Senado de 1971 concluiu que os "abates de caminhões alegados pela Força Aérea [na Igloo White] no último ano excedem enormemente o número de caminhões que a Embaixada acreditava estarem espalhados por todo o norte do Vietnã do Norte". Mesmo que aquelas alegações exageradas tivessem fundamento, elas só poderiam ter sido registradas como sucessos em um mundo maluco, no qual se gastavam 100 mil dólares para destruir caminhões e suprimentos que valiam apenas alguns poucos milhares.[34]

---

[34] EDWARDS. *The Closed World*, p. 3-4.

A Igloo White, como Edwards mostra, é típica das operações militares computadorizadas da Guerra Fria. Ele dedica um capítulo ao sistema computadorizado de defesa aérea Semi-Automatic Ground Environment (SAGE), que custou bilhões de dólares e era obsoleto na época em que se tornou plenamente operacional, em 1961. Mas no irracional mundo fechado da Guerra Fria, o SAGE realmente "funcionou", como Edwards argumenta. Cientistas da computação dedicaram-se à sua pesquisa; a IBM Corporation construiu seu domínio do setor de computação com a ajuda do grande contrato do SAGE. E, no nível ideológico, o SAGE funcionou "criando uma impressão de defesa ativa que aliviou um pouco a sensação de desamparo trazida pelo medo de um confronto nuclear" e fomentando o mito do controle centralizado e da defesa total.

Embora Edwards tenha pouco a dizer diretamente a respeito da Arpanet, é difícil ler o livro dele e depois compartilhar a visão de Hafner e Lyon, ou de Norberg e O'Neill, sobre a conexão entre os militares e a ascensão da internet como tendo sido acidental ou benigna. Uma das diferenças mais acentuadas entre o relato de Edwards e os outros é a descrição de J. C. R. Licklider, que por duas vezes foi diretor do IPTO e cujo famoso artigo de 1960 sobre a "simbiose homem-máquina" ajudou a deslocar a informática da computação para a comunicação. Tanto para Hafner e Lyon como para Norberg e O'Neill, Licklider é quase uma figura sagrada. "Todo mundo adorava Licklider", escrevem Hafner e Lyon. "Seu temperamento inquieto, versátil, deu origem, ao longo dos anos, a um eclético culto de admiradores." Sua "visão de mundo", escrevem eles, "estava articulada" em torno da ideia de que "o progresso tecnológico iria salvar a humanidade".[35]

Nesses outros relatos, particularmente no de Hafner e Lyon, a preocupação de Licklider com a interação "homem-máquina" parece ser em grande medida um problema intelectual. Mas Edwards sustenta que a preocupação de Licklider partiu diretamente de seu trabalho durante a Segunda Guerra Mundial no Laboratório de Psicoacústica de Harvard, que tinha por objetivo reduzir o "ruído" nos sistemas de comunicação nos campos de batalha. Essas preocupações militares

---

[35] HAFNER; LYON. *Where Wizards Stay Up Late*, p. 29, 34. Eles dedicaram o livro à memória de Licklider.

continuaram a moldar o trabalho de Licklider após a guerra. Em seu artigo de 1960, por exemplo, ele explica o problema do processamento em lote (em oposição à computação interativa em tempo real), quando escreve: "Imagine tentar [...] conduzir uma batalha com a ajuda de um computador que demorasse esse tempo todo para processar". Edwards, portanto, retrata Licklider como fortemente apegado às metas militares, descrevendo-o como "profundamente desejoso de contribuir com novas tecnologias militares a partir de suas áreas de *expertise*". Escrevendo em 1978, Licklider expressava alguma frustração com o fato de os computadores do Sistema Mundial de Comando e Controle Militares não estarem ainda "interconectados por uma rede eletrônica" e estarem usando um sistema operacional projetado para "processamento por lotes". Sustentava que "o comando e o controle militares e as comunicações militares são aplicações prioritárias de redes" e observava que "tanto a computação quanto a rede interativa tinham suas origens no sistema SAGE".[36] Mas, independentemente das visões do próprio Licklider, o Departamento de Defesa jamais teria destinado fundos a projetos como o da Arpanet se não acreditasse que em última instância atenderiam a objetivos militares específicos e às metas mais amplas da Guerra Fria.

Portanto fica claro que os sistemas de computação foram inventados para a Guerra Fria, que forneceu a justificativa para massivos gastos do governo, investidos em direções tecnológicas particulares. Mas esses mesmos sistemas computacionais, por sua vez, ajudaram a sustentar o discurso da Guerra Fria; eles deram apoio à fantasia de um mundo fechado, sujeito a controle tecnológico. Mesmo antes da Arpanet, o projeto SAGE desenvolveu a primeira rede real de computação, porque "a massiva integração de um sistema de controle de defesa centralizado, continental" exigiu "comunicação de longa distância por linhas telefônicas".[37]

---

[36] LICKLIDER, J. C. R. Man-Computer Symbiosis. *IRE Transactions on Human Factors in Electronics*, v. HFE-1, Mar. 1960, p. 5; EDWARDS. *The Closed World*, p. 272; LICKLIDER, J. C. R.; VEZZA, Albert. Applications of Information Networks. *Proceedings of the IEEE*, v. 66, Nov. 1978, p. 1335. Licklider posteriormente revelou a um entrevistador que tinha "esse sentimento positivo em relação aos militares. Não se tratava apenas de eles financiarem nosso esforço, mas eles realmente precisavam daquilo e eram gente boa" (EDWARDS. *The Closed World*, p. 267).

[37] EDWARDS. *The Closed World*, p. 101.

Se a internet, como as redes de comunicação e a computação em geral, foi um "efeito colateral da informatização da guerra", será que ela também não apoiou essa visão de mundo militarizada e fechada? Sob certo aspecto, a noção de uma rede de computadores interligados – especialmente uma que fosse capaz de sobreviver a um ataque nuclear – incentivou a fantasia de comando e controle centralizados que Edwards vê como crucial para o discurso de um mundo fechado. Além disso, pelo menos nas mãos do Departamento de Defesa, a Arpanet era de modo bem literal um "mundo fechado", ao qual apenas um seleto número de sites bancados pela Arpa tinha acesso. Mas, sob outro aspecto, a rede distribuída de Baran – talvez justamente por ser uma resposta a um cenário de guerra *pós*-nuclear – pode também ter fomentado uma visão altamente descentralizada do mundo. Norberg e O'Neill reportam, por exemplo, que autoridades do Departamento de Defesa de início viram a nova rede com suspeitas, porque poderia "tornar mais fácil para os subordinados enviar mensagens sem a aprovação de oficiais comandantes, possivelmente contornando a cadeia de comando militar".[38]

E na década de 1960 havia razões de sobra para se preocupar com a subversão da cadeia de comando e do pensamento militar, em geral – um fato que a análise de mundo fechado de Edwards parece ignorar.[39] Ele oferece uma análise muitas vezes aguda, por exemplo, de alguns dos filmes-chave da era da Guerra Fria. Mas não dá peso suficiente à maneira como alguns filmes, como *Dr. Fantástico* (1964), ao mesmo tempo que popularizaram o discurso de mundo fechado, também o solaparam, ao mostrar a ideia de controlar o mundo nuclear como uma fantasia absurda. Alguns destacados cientistas também passaram a ter

---

[38] NORBERG; O'NEILL. *Transforming Computer Technology*, p. 270.

[39] Embora Edwards dê pouca atenção contradiscursos, ele não deixa de notar a "sobrevivência" no momento atual de "vestígios" de um "discurso de um mundo verde", que ele localiza em "religiões animistas, bruxaria feminista, certos partidos políticos verdes e o movimento da ecologia profunda", mas diz que eles "estão posicionados nas margens mais distantes da política, da sociedade e da cultura". Ele argumenta (e é um argumento que eu tenho dificuldade para acompanhar) que "a única possibilidade para uma genuína autodeterminação é que o sujeito assuma a posição de sujeito político do ciborgue" (EDWARDS. *The Closed World*, p. 350).

dúvidas. Em dezembro de 1968, 50 importantes membros do corpo docente do MIT – o centro dos mais importantes desenvolvimentos em computação, assim como o maior fornecedor acadêmico do país de produtos e serviços para a Defesa – fizeram circular uma declaração que dizia: "O mau uso de conhecimento científico e técnico representa uma grande ameaça à existência da humanidade. Por meio de suas ações no Vietnã, nosso governo abalou nossa confiança em sua capacidade de tomar decisões sábias e humanas". Essa declaração levou diretamente à criação, no início do ano seguinte, da Union of Concerned Scientists; o grupo lançou um desafio particular ao saber convencional a respeito de armas nucleares e fomentou o debate sobre o financiamento das forças armadas à pesquisa acadêmica.[40] Finalmente alguns cientistas começavam a questionar as visões de mundo fechado, e o próprio trabalho de Edwards, indiretamente, emerge dessa tradição crítica.[41]

Aqueles que criaram a Arpanet dificilmente não teriam ficado a par desses protestos. Apenas seis meses antes da primeira conexão bem-sucedida da rede, em outubro de 1969, entre a UCLA e o Instituto de Pesquisa de Stanford [Stanford Research Institute, SRI], grandes protestos de estudantes puseram foco no SRI, pedindo o fim de toda a pesquisa sigilosa sobre guerra química e contrainsurgência. Em 18 de abril de 1969, 8 mil estudantes e professores de Stanford deram um voto de apoio aos manifestantes por "ajudarem a chamar a atenção do

---

[40] Declaração reproduzida em UNION OF CONCERNED SCIENTISTS. *1993 Annual Report*. Cambridge, Mass., 1994, na parte interna da capa. Ver também o folheto "The Beginnings", da Union of Concerned Scientists (Cambridge, Mass., [s.d.]) e LESLIE. *The Cold War and American* Science, p. 233-241.

[41] Na esteira de manifestações contra a pesquisa militar no Instituto de Pesquisa de Stanford, um grupo de estudantes de pós-graduação, com apoio do corpo docente, organizou um curso sobre pesquisa patrocinada em Stanford, que buscava entender "como uma geração em estreita interação com o Departamento de Defesa tem afetado Stanford como instituição acadêmica" (citado em LESLIE. *The Cold War and American* Science, p. 248). O grupo publicou dois volumes sobre pesquisa do Departamento de Defesa em Stanford. Em termos mais gerais (e de um ponto de vista crítico), Brooke Hindle argumenta que visões do "lado sombrio" da ciência e da tecnologia emergiram dos protestos radicais da década de 1960 (HINDLE, Brooke. Historians of Technology and the Context of History. *In*: CUTCLIFFE; POST (ed.). *In Context*, p. 235-240).

campus para a natureza das pesquisas conduzidas na universidade e no SRI".[42] Protestos antiguerra por todo o país colocaram seguidas vezes como alvo a pesquisa fechada ou sigilosa.

Além daqueles que atacavam frontalmente a visão de mundo fechado do *establishment* da Defesa, havia aqueles que assumiam uma abordagem menos direta, mas ainda assim subversiva. O dinheiro da Arpa apoiava os *"hackers"* do laboratório de inteligência artificial do MIT, mas algumas das suas metas – o compartilhamento livre de informação, por exemplo – provocaram confrontos diretos. Richard Stallman, programador de sistemas do laboratório, levou adiante uma guerrilha contra o uso de senhas no sistema. A ausência de segurança incentivada por Stallman e outros gerou nervosismo no Departamento de Defesa, que ameaçou tirar o computador da Arpanet, já que qualquer um podia entrar no laboratório e se conectar ao resto da rede.[43]

Uma questão ainda mais importante a respeito da conexão entre o discurso de mundo fechado e a internet é como a nova rede global operava na prática. Edwards mostra que os sistemas militares como o Igloo White e o SAGE não funcionavam como planejado. Como a Arpanet e a internet efetivamente funcionavam? Precisamos acrescentar às histórias biográficas, burocráticas e ideológicas da internet uma história social e cultural.

O livro de Michael e Ronda Hauben *Netizens: On the History and Impact of Usenet and the Internet* [Internautas: sobre a história e o impacto da Usenet e da Internet] oferece uma narrativa histórica da internet bem diferente – que insiste em que a verdadeira história não é a dos "magos" que construíram a internet, mas dos internautas, que perceberam para o que ela se destinava "de fato" e que a popularizaram. No relato populista dos autores, os usuários comuns, compreendendo que ela constituía uma mídia maravilhosa para uma comunicação democrática e interativa, criaram a alma da nova rede a partir do zero. E embora o livro seja às vezes repetitivo e mal escrito, oferece uma

---

[42] LESLIE. *The Cold War and American* Science, p. 245.

[43] LEVY, Steven. *Hackers: Heroes of the Computer Revolution*, 1984. Reimpr.: New York: Delta, 1994. p. 416-418.

perspectiva interpretativa que deveria ser central para qualquer futura história da net.[44]

Os Hauben veem as origens fundamentais da internet na Usenet, a rede computacional internacional de grupos de discussão, que mais recentemente foi ofuscada pela World Wide Web, mas que ainda tem presença substancial na internet – mais de 30 mil diferentes grupos de discussão que cobrem de tudo, desde visitas de extraterrestres (alt.alien.research) a zoroastrismo (alt.religion.zoroastrianism). Em 1979, dois estudantes de pós-graduação da Universidade Duke, Tom Truscott e Jim Ellis, trabalhando com outros estudantes de escolas vizinhas, desenvolveram alguns programas simples, por meio dos quais computadores usando o popular sistema operacional Unix podiam chamar uns aos outros e trocar arquivos. Com efeito, o sistema tornou possível uma *newsletter* online que seria atualizada continuamente. Aqueles que tinham acesso a qualquer um dos computadores conectados podia ler as postagens de notícias e acrescentar seus comentários, sabendo que seriam rapidamente lidos por todos os demais; o mesmo programa permitia enviar e-mails entre os computadores Unix conectados por modems telefônicos.

Esses estudantes tinham consciência de que estavam oferecendo uma alternativa de rede à Arpanet, que então era limitada, por razões de custo e segurança, aos sites bancados pelo Departamento de Defesa.[45] Vários meses depois, eles descreveram a Usenet como um recurso que tentava "dar a cada sistema Unix a oportunidade de se juntar e se beneficiar de uma rede de computadores (ou seja, uma Arpanet dos pobres)". Outro desses estudantes de pós-graduação, Stephen Daniel, relembrou posteriormente que eles tinham "pouca noção do que realmente estava acontecendo na Arpanet, mas sabíamos que estávamos excluídos dela".[46] A insurgente rede de computadores dos estudantes cresceu a uma velocidade surpreendente: dos três sites iniciais, passou

---

[44] David Hudson oferece uma perspectiva similar "de baixo para cima" sobre a história da net em *Rewired* (p. 13-35).

[45] CAMPBELL-KELLY; ASPRAY. *Computer*, p. 293.

[46] HAUBEN, Michael; HAUBEN, Ronda. *Netizens: On the History and Impact of Usenet and the Internet*. Los Alamitos, Calif., 1997. p. 41.

para 150 dois anos mais tarde, e em seguida saltou para 5 mil, em 1987. Em 1988, a Usenet conectava 11 mil sites, e os participantes postavam cerca de 1.800 diferentes artigos por dia. A Usenet cresceu junto com a desenfreada popularidade do Unix, que se tornou o sistema operacional padrão da década de 1980. Um avanço crucial veio em 1981, depois que a Usenet ganhou uma tênue conexão de uma só via da Arpanet (conectando computadores diferentes no campus de Berkeley da Universidade da Califórnia). Quando o aluno de pós-graduação Mark Horton criou essa passagem, ele atravessou o que alguns participantes insatisfeitos da Usenet descreveram como a "cortina de ferro" ao redor da Arpanet.[47] Outras barreiras caíram dois anos mais tarde, quando o Departamento de Defesa segmentou suas comunicações militares, transferindo-as para a MILNET, o que o deixou menos apreensivo em relação ao que transitasse pela Arpanet.

O desenfreado crescimento da Usenet como um fórum de conversação e comunicação foi igualado pela descoberta anterior do e-mail como o uso mais popular da Arpanet. Em 1972, o engenheiro da BBN Ray Tomlinson, trabalhando por conta própria, desenvolveu um programa para enviar mensagens de correio pela Arpanet. No ano seguinte, três quartos do tráfego da rede eram dedicados ao e-mail. Quase da noite para o dia, a rodovia deserta encontrou seus automóveis; até hoje, o e-mail continua a ser o uso mais popular da internet.[48] Assim como ocorreu com a Usenet, o e-mail veio de "baixo para cima", de usuários de computador que queriam se comunicar com outros usuários, e não de diretivas da Arpa vindas de cima. E, assim como com a Usenet, a sua tecnologia havia surgido de alguém que "hackeava" por ali, e não de alguém encarregado de algum plano oficial.

---

[47] HAUBEN; HAUBEN. *Netizens*, p. 172; CAMPBELL-KELLY; ASPRAY. *Computer*, p. 221. O Unix foi desenvolvido inicialmente nos Bell Labs, da AT&T, no final da década de 1960. Embora o sistema fosse um desenvolvimento comercial, a AT&T estava impedida por uma declaração de consentimento de 1956 de obter lucros de fontes que não fossem o negócio de telefonia. Como resultado, tornaram o Unix amplamente disponível a baixo preço, e por volta da década de 1970 ele se tornou um padrão de amplo uso, particularmente na computação acadêmica, em que uma licença para universidades custava apenas 150 dólares.

[48] HAFNER; LYON. *Where Wizards Stay Up Late*, p. 187-218.

Boa parte do livro dos Hauben é dedicada a uma espécie de celebração hiperbólica da Usenet e de outras redes de computadores como um "fórum de debate não censurado" e democrático, que seria o "sucessor de outras produções impressas do povo, como os cartazes da época da Revolução Americana e os *penny presses* [jornais de um centavo] na Inglaterra". Argumentam que a internet criou um novo tipo de cidadãos, os internautas, definidos pelos como "pessoas que decidiram devotar tempo e esforços para tornar a net, essa nova parte do mundo, um lugar melhor" – "uma comunidade e um recurso regenerativos e vibrantes".[49] Os Hauben veem a natureza democrática da rede crescendo a partir de suas raízes populares, das pessoas que criaram a Usenet.

Além de enfatizarem esse momento posterior da criação da internet e de localizarem sua paternidade na pessoa de alguns alunos de pós-graduação da Universidade Duke, os Hauben também conferem um toque mais democrático e comunitário à história dos primórdios da Arpanet. Em particular, enfatizam um momento no desenvolvimento da Arpanet que outros descreveram, mas não necessariamente com o mesmo tom populista. Ele aconteceu no início de 1969, quando a BBN reuniu um Grupo de Trabalho sobre Redes para conceber os protocolos para a nova rede. Steve Crocker, um jovem aluno barbudo de pós-graduação da UCLA, concordou em redigir algumas anotações para assessorar as reuniões. Crocker estruturou suas notas de maneira a enfatizar que "qualquer um poderia dizer o que quisesse e que nada era oficial". Ele rotulou essas notas de "Solicitação de comentários", e essa série de RFCs ("Requests for Comments", que eram distribuídas em seguida por meio da mídia da rede) tornou-se a maneira como os padrões da internet evoluíram até o dia de hoje.[50]

Como seria de esperar, os Hauben exaltam a filosofia por trás das RFCs como uma "abertura sem precedentes", que fomentou a "maravilhosa e democrática" realização da net e sua "cultura cooperativa".

---

[49] HAUBEN; HAUBEN. *Netizens*, p. 48-49, x. A segunda citação é de um prefácio assinado separadamente por Michael Hauben. Os outros capítulos parecem ter sido escritos individualmente por Ronda e Michael (que são mãe e filho), e os capítulos de Michael tendem a assumir um tom mais agressivamente populista.

[50] HAUBEN; HAUBEN. *Netizens*, p. 102-105.

Eles também nos lembram que a decisão de criar padrões técnicos dessa maneira colaborativa ocorreu em um momento específico no tempo – a década de 1960. "O ambiente aberto necessário para desenvolver novas tecnologias", escrevem eles, "é consistente com o clamor por mais democracia que os estudantes e outras pessoas levantaram pelo mundo todo na década de 1960". Não surpreende, portanto, que aqueles que construíram a Arpanet estivessem bem cientes desse contexto. Escrevendo em 1987 sobre "As origens das RFCs", Crocker relembra que "a implantação da Arpanet foi iniciada no verão de 1968 – lembram-se do Vietnã, dos hippies etc.?".[51] Ao situarem o surgimento da internet na década de 1960, a da contracultura e do movimento antiguerra, Crocker e os Hauben sugerem uma moldura contextual alternativa àquela enfatizada por Edwards, que coloca a ascensão da computação digital (e implicitamente da internet) exclusivamente dentro dos anos 1960 do *establishment*, marcado pela Guerra do Vietnã e pela Guerra Fria.

Ambos os contextos são importantes, é claro, e sugerem de que maneira poderíamos revisar a análise de Edwards, para ver a internet como moldada tanto pelo discurso de "mundo fechado" da Guerra Fria quanto pelo discurso de "mundo aberto" do movimento antiguerra e da contracultura. Tal análise também incorporaria a divertida e reveladora história que Steve Levy conta em seu *Hackers: Heroes of the Computer Revolution* [Hackers: heróis da revolução computacional]. Levy identifica nos *hackers* das décadas de 1960 e 1970 (que ele define como "aqueles programadores e designers de computador que encaram a computação como a coisa mais importante do mundo") os defensores de uma "filosofia de compartilhamento, de abertura, de descentralização e de colocar as mãos nas máquinas a qualquer custo – para melhorar as máquinas e melhorar o mundo". Embora essa "ética *hacker*" não

---

[51] CROCKER, Stephen D. The Origins of RFCs. *In*: REYNOLDS, J.; POSTAL, J. *RFC 1000: The Request for Comments Reference Guide, August 1987*. Disponível em: http://info.internet.isi.edu:80/in-notes/rfc1000.txt; HAUBEN; HAUBEN. *Netizens*, p. 103, 106-107. A discussão mais detalhada sobre as RFCs pode ser encontrada na história mais tecnicamente orientada de Salus: *Casting the Net*. Muitas das RFCs podem ser vistas online nas páginas mantidas pelo Instituto de Ciências da Informação da Universidade do Sul da Califórnia: http://www.isi.edu/rfc-editor.org/rfc.html.

fosse simplesmente o lado tecnológico da contracultura e do movimento antiguerra, ela bebia em algumas das mesmas fontes. "Por toda a Bay Area", escreve Levy a respeito do início da década de 1970, "os engenheiros e programadores que adoravam computadores e haviam se politizado durante o movimento antiguerra estavam pensando em combinar as duas atividades." Em 1972, por exemplo, Bob Albrecht lançou um tabloide chamado *People's Computer Company* (inspirado na banda de Janis Joplin, Big Brother and the Holding Company), que proclamava, na primeira página de seu primeiro número: "Os computadores são usados principalmente contra as pessoas e não a favor delas. Usados para controlar pessoas em vez de LIBERTÁ-LAS. É hora de mudar isso – Precisamos de uma [...] Companhia de Computadores do Povo". Entre os que frequentavam os círculos sociais ligados ao jornal estava Ted Nelson, autor do manifesto da contracultura da computação, bancado por ele: o *Computer Lib*.[52]

O projeto Community Memory, da Berkeley, também fundiu os impulsos do radicalismo da década de 1960 com a ética *hacker* ao montar um computador *mainframe* de tempo compartilhado no segundo andar de uma loja de discos, disponibilizando-o gratuitamente para uso público, em uma espécie de versão eletrônica conjugada de biblioteca pública, café, parque urbano, fliperama e agência de correios. O Community Memory representou, como diz Levy, o esforço de levar "a Ética *Hacker* às ruas" e permitir que as pessoas usassem tecnologia de computador "como uma guerra de guerrilhas do povo *contra* as burocracias". Não por acaso, alguns dos aspectos do Community Memory – a descentralização e o compartilhamento livre de informação – soam como a internet. E Levy argumenta que a Arpanet "foi muito influenciada pela Ética *Hacker*, no sentido de que entre seus valores estava a crença de que os sistemas deveriam ser descentralizados, que se deveria incentivar a exploração e propor o livre fluxo da informação".[53]

---

[52] LEVY. *Hackers*, p. 7, 168, 172. Sobre Nelson, ver WOLF, Gary. The Curse of Xanadu. *Wired*, v. 3, June 1995, p. 137 e seguintes.

[53] LEVY. *Hackers*, p. 272, 156, 143. Em uma deliciosa ironia que deve ter ficado evidente para as pessoas ligadas à Community Memory, o computador utilizado era um XDS-940, mas ele era conhecido também por suas iniciais originais, familiares

Entre os fundadores do Community Memory estava Lee Felsenstein, de pais esquerdistas (filho de um organizador distrital do Partido Comunista da Filadélfia), que trabalhara como técnico de som do Free Speech Movement e passara os anos 1960 transitando entre as existências aparentemente contraditórias de engenheiro e ativista político. Ele representou os dois grupos-chave que Martin Campbell-Kelly e William Aspray identificam como a vanguarda da revolução dos computadores pessoais do início da década de 1970 – de um lado, entusiastas de computador egressos do mundo dos aficionados por rádio e eletrônica e que adoravam a ideia de construir o próprio equipamento, e, de outro, liberacionistas do computador que emergiram da nova esquerda e da contracultura e amavam a ideia de levar os computadores para o povo. Na década de 1970, Felsenstein tornou-se o moderador do famoso Homebrew Computer Club, onde entusiastas da computação e liberacionistas se reuniram para criar os primeiros PCs. (Foi quando o próprio Felsenstein marcou um golaço ao projetar o computador pessoal Osborne, reinvestindo o dinheiro que ganhou com ele na Community Memory.) Na realidade, ativistas e *hackers* da contracultura como Felsenstein tentaram virar aquele mundo fechado de cabeça para baixo e transformar o computador pessoal e as redes comunitárias em "dispositivos" (para usar o termo de Edwards) para um discurso de liberdade, descentralização, democracia e liberação.[54]

Alguns dos desenvolvimentos do computador no final da década de 1960 e da década de 1970, embora tenham sido moldados menos diretamente pela política radical ou pela contracultura, ainda trazem a marca do período. Ken Thompson e Dennis M. Ritchie, os barbudos e cabeludos programadores dos Bell Labs que, em 1969, desenvolveram o Unix, sistema operacional por trás da Usenet, descreveram mais

---

aos ativistas da década de 1960 – SDS [alusão à Students for a Democratic Society, uma das principais organizações estudantis ligadas à chamada nova esquerda (N.E.)]. (A mudança refletia a aquisição da Scientific Data Systems pela Xerox Corporation.) O nome do grupo online Community Memory Discussion List on the History of Cyberspace deriva do projeto Berkeley. Ver http://memex.org/community-memory.html.

[54] LEVY. *Hackers*, p. 157-168, 181-187, 196-197, 205-206, 214-217, 237-242, 272-277.

tarde a si mesmos como procurando "um sistema em torno do qual fosse possível formar uma confraria". Como Campbell-Kelly e Aspray assinalam: "O Unix estava bem posicionado para tirar vantagem de uma mudança de humor no uso do computador no início da década de 1970, causada por uma crescente exasperação com os grandes computadores *mainframe* centralizados".[55] As manifestações de protesto de estudantes na década de 1960 mostravam estudantes com cartões perfurados que alimentavam esse tipo de computador dependurados em volta do pescoço com o slogan "Não dobre, curve, mutile ou perfure"; mas a hostilidade com os grandes computadores *mainframe* e com o processamento em lotes centralizado estendia-se além dos estudantes radicais, englobando cientistas da computação e usuários de computador, que cada vez mais preferiam computadores menores, descentralizados, muitos deles rodando o Unix.[56] Não é coincidência, portanto, que os sistemas operacionais estilo Unix, não dependentes de hardware proprietário ou de padrões de software, tenham se tornado conhecidos entre os cientistas da computação como "sistemas abertos".

Mesmo assim, seria um erro colar a história dos computadores e da internet à história dos anos 1960 radicais, como os Hauben fazem às vezes. Quando o MIT entrou em "greve", em 4 de março de 1969, a maior parte dos estudantes e dos professores passou o dia, como de hábito, em seus laboratórios e salas de aula.[57] Além disso, muitos radicais queriam destruir a tecnologia em vez de liberá-la. Em 1962, a declaração de Port Huron[58] havia celebrado liricamente o potencial da ciência de "transformar construtivamente as condições de vida em todos os Estados Unidos e no mundo", mas, em 1964, Mario Savio, filho de um maquinista, havia falado eloquentemente da necessidade de "colocar nossos corpos sobre as engrenagens e sobre as rodas" para deter

---

[55] CAMPBELL-KELLY; ASPRAY. *Computer*, p. 220-221.

[56] Sobre as origens da frase, ver "Free Speech Movement: Do Not Fold, Bend, Mutilate or Spindle", declaração anônima proveniente da *FSM Newsletter*, reproduzida pelo site Sixties Project. (http://lists.village.virginia.edu/sixties/HTML_docs/Resources/Primary/Manifestos/FSM_fold_bend.html).

[57] LESLIE. *The Cold War and American* Science, p. 233-234.

[58] Manifesto produzido pelo movimento Students for a Democratic Society. (N.E.)

"a máquina". E, por volta do final da década de 1960, muitos adeptos da contracultura partiram para criar comunidades rurais.[59] Defender a ideia do impacto do radicalismo da década de 1960 no surgimento das redes de comunicação requer uma história social e política mais precisa. Precisamos saber mais sobre os estudantes de pós-graduação que elaboraram as primeiras "Solicitações de Comentários". Alguns deles podiam ter deixado crescer a barba, mas a maioria também se dispunha a aceitar subvenções do Departamento de Defesa, que suas contrapartes mais radicais teriam recusado. Uma visão de história social mais ampla como essa provavelmente também nos ajudaria a ver que a internet e a Usenet tiveram origem em uma "comunidade", mas também em um tipo de comunidade bem específico – jovens estudantes de pós-graduação e professores dedicados à ciência da computação e áreas relacionadas. Quando esses jovens engenheiros e cientistas transformaram a Arpanet em um sistema de correio, mais do que em uma mídia para compartilhar recursos de computador, e formularam a Usenet, estavam participando de uma "missão comunitária" – mas o componente mais importante dessa comunidade era o conhecimento técnico, mais do que uma política e cultura ao estilo dos anos 1960.

Sem dúvida, havia sinais da década de 1960 nas primeiras redes: transações com drogas e mensagens antiguerra, por exemplo, transitavam pela Arpanet.[60] Mas a maior parte do tráfego inicial era a respeito de questões técnicas; o primeiro dos grupos de discussão por e-mail

---

[59] A declaração de Port Huron está disponível online em: http://lists.village.virginia.edu/sixties/HTML_docs/Resources/Primary/Manifestos/SDS_Port_Huron.html. (A afirmação mais notável, a partir de um ponto de vista subsequente, é sua acolhida calorosa da energia nuclear.) Para a famosa declaração de Savio, ver RORABAUGH, W. J. *Berkeley at War: The 1960s*. New York, 1989. p. 31. A corrente alternativa neoludita no pensamento da nova esquerda e da contracultura continua poderosa ainda hoje. Ver, por exemplo, SALE, Kirkpatrick. *Rebels Against the Future: The Luddites and Their War on the Industrial Revolution: Lessons for the Computer Age*. Reading, Mass., 1995.

[60] Severo Ornstein, um dos principais engenheiros da BBN, ostentara uma vez um *button* antiguerra em uma reunião sobre a Arpanet com oficiais do Pentágono (HAFNER; LYON. *Where Wizards Stay Up Late*, p. 113). Ornstein seguiu adiante e se tornou presidente da Computer Professionals for Social Responsibility. Ver ORNSTEIN, Severo M. Computers in Battle: A Human Overview. *In*: BELLIN,

(MsgGroup), lançado em junho de 1975, era sobre o próprio e-mail – os participantes discutiam acaloradamente a respeito de temas fascinantes como o formato mais adequado para os cabeçalhos de e-mail. O primeiro convite para participar da Usenet prometia discussões sobre "consertar *bugs*, relatórios de problemas e pedidos gerais de ajuda".[61]

Posteriormente, já em 1982, a maioria dos grupos de discussão na Arpanet e na Usenet ainda tinha foco em questões técnicas. A maior parte do discurso de outros grupos era sobre as preferências de lazer de jovens engenheiros e cientistas da computação – ficção científica, futebol, rádios amadoras, automóveis, xadrez e *bridge*.[62] Apenas uns poucos grupos tratavam de assuntos mais amplos ligados à política, como a produção de energia alternativa. Embora os Hauben romantizem os primeiros dias da Usenet e da Arpanet como um solo fértil para uma ampla comunidade democrática, tratava-se mais da criação de uma forma de comunidade bem específica. O MsgGroup, segundo explicou um pós-graduando da Carnegie Mellon em 1977, "é o mais próximo que temos de um fórum comunitário nacional sobre ciência da computação". E, para estudantes de Ciência da Computação que estavam em escolas desprovidas do privilégio de contar com conexão à Arpanet, a Usenet foi, como um deles explicou, "nossa maneira de nos juntarmos à comunidade da ciência da computação e de fazer uma tentativa deliberada de estendê-la a outros membros não privilegiados da comunidade".[63]

De fato, o rápido crescimento da ciência da computação como disciplina acadêmica nas décadas de 1960 e 1970 ocorreu paralelamente

---

David; CHAPMAN, Gary (ed.). *Computers in Battle: Will They Work?*. Boston, 1987. p. 1-43.

[61] HAUBEN; HAUBEN. *Netizens*, p. 40.

[62] Essas obras dedicam surpreendentemente pouca atenção à análise do papel óbvio dos conceitos e das práticas marcados por gênero em um processo no qual as figuras-chave eram quase todas homens. Edwards de fato oferece uma análise interessante da linguagem marcada por gênero das ciências e abordagens *hard* e *soft* ("duras" e "macias") (EDWARDS. *The Closed World*, p. 167-173). Ver também seu ensaio "The Army and the Microworld: Computers and the Militarized Politics of Gender" (*Signs*, v. 16, n. 1, p. 102-127, 1990).

[63] HAFNER; LYON. *Where Wizards Stay Up Late*, p. 210; HAUBEN; HAUBEN. *Netizens*, p. 41. Ver também CAMPBELL-KELLY; ASPRAY. *Computer*, p. 292.

e incentivou o rápido crescimento da net. Em 1962, as universidades Purdue e Stanford montaram os dois primeiros departamentos de Ciência da Computação do país; por volta de 1979, havia cerca de 120. O fato de apenas 15 dessas universidades terem conexões com a Arpanet fomentou a sensação de exclusão, que levou Truscott e Ellis e outros estudantes graduados a criarem a Usenet. Em 1974, a Fundação Nacional de Ciência propôs a criação de uma rede para acadêmicos da Ciência da Computação que iria "oferecer comunicação avançada, colaboração e compartilhamento de recursos entre pesquisadores separados ou isolados geograficamente".[64] No início da década de 1980, essa rede surgiu como CSNET, e em meados da década de 1980 conectava quase todos os departamentos de Ciência da Computação das universidades norte-americanas. A CSNET tinha conexões com a Arpanet e se tornou uma das diversas redes (como a BITNET) que seriam mais tarde combinadas na internet.

Embora essa busca por uma comunidade profissional (e masculina) não tivesse a ousadia política do radicalismo da década de 1960, ela se nutriu do que restara do *ethos* dos anos 1960, que ainda estava bem vivo nas universidades nos anos 1970. Até mesmo algo com aspecto tão autoevidente como o e-mail foi impulsionado pelos ventos da mudança que sopravam da década de 1960. Como Ian Hardy aponta em seu estudo sobre o surgimento do e-mail, o desdém dessa mídia "pela falsa formalidade, o seu descrédito em relação à hierarquia tradicional, sua avidez quanto ao tempo, velocidade e, certamente, sua irônica justaposição de impessoalidade e franqueza emocional" representaram "uma nova cultura de interação" que talvez não tivesse sido tão prontamente possível sem aquilo que Kenneth Cmiel chama de "informalização" da cultura, trazida pela década de 1960.[65] Em geral, portanto, muitas das qualidades de

---

[64] HAFNER; LYON. *Where Wizards Stay Up Late*, p. 240. Sobre a NSF e a internet, ver ROESSNER, David *et al*. The Role of NSF's Support of Engineering in Enabling Technological Innovation. Relatório Final do Primeiro Ano, janeiro de 1997, preparado para a Fundação Nacional de Ciência. Disponível em: http://www.sri.com/policy/stp/techin/.

[65] HARDY, Ian. *The Evolution of Arpanet Email*. Tese sênior não publicada – Universidade da Califórnia, Berkeley, 1996. Disponível em: http://www.ifla.org/documents/

"abertura" da internet podem ser vistas como enraizadas, pelo menos em parte, em impulsos que surgiram na década de 1960 – o processo aberto de criar padrões por meio das RFCs partiu de desafios à hierarquia e de compromissos com a sinceridade; o surgimento do e-mail e dos grupos de discussão foi influenciado pela intensa busca por formar uma comunidade e por conferir crescente informalidade à comunicação (tanto em hábitos de fala como na criação de órgãos de imprensa alternativa); o interesse por redes descentralizadas ganhou apoio por causa da falta de confiança nas grandes estruturas centralizadas, entre elas a computação centralizada de processamento por lotes, e o desejo de compartilhar livremente informação; e o surgimento de redes alternativas como a Usenet foi apoiado por um esforço de romper com os modos de exclusão. Ironicamente, embora o Departamento de Defesa tivesse em mente metas bem diferentes – e com frequência tentasse implementá-las, por exemplo, ao restringir o acesso à Arpanet ou aos seus possíveis usos –, sua disposição de adotar os padrões técnicos abertos incorporados ao TCP/IP inadvertidamente levou à criação de um sistema notavelmente aberto.

O aparente fracasso do discurso da Guerra Fria em policiar seus próprios limites sugere que aquilo que vemos como a hostilidade dos "anos 1960" em relação ao conformismo e à hierarquia tinha fontes muito mais amplas e profundas do que apenas a contracultura, como Thomas Frank demonstra em seu recente livro sobre negócios e contracultura, *The Conquest of Cool* [A vitória dos descolados]. "O significado dos 'anos 1960'", escreve ele, "não pode ser avaliado separadamente do entusiasmo dos norte-americanos comuns, suburbanos, pela revolução cultural."[66] Portanto, um retrato mais amplo da década de 1960 incluiria estudantes de pós-graduação de Ciência da Computação rejeitando sistemas de computação proprietários, hierarquicamente organizados, de processamento por lotes rodando em *mainframes* IBM, junto com hippies cabeludos fumando um baseado em Woodstock. Ou talvez o

---

internet/hari1.txt. Sobre a "informalização" da sociedade norte-americana na década de 1960, ver CMIEL, Kenneth. The Politics of Civility. *In*: FARBER, David (ed.). *The Sixties: From Memory to History*. Chapel Hill, N.C., 1994. p. 263-290.

[66] FRANK, Thomas. *The Conquest of Cool: Business Culture, Counterculture, and the Rise of Hip Consumerism*. Chicago, 1997. p. 13.

mundo fechado dos militares e o mundo aberto dos hippies não fossem tão separados como às vezes pensamos – no coração do complexo militar-industrial podemos encontrar o *beatnik* Maynard G. Krebs com um diploma de Matemática.[67]

De maneiras diferentes, tanto Levy quanto os Hauben nos ajudam a ver que o desafio mais profundo a essa visão "aberta" da internet, enraizada (em parte, pelo menos) na década de 1960, partiu não do que ela herdou do Departamento de Defesa, e sim de um sistema fechado alternativo – o capitalismo corporativo. Em 1975, depois que o primeiro computador pessoal, o Altair, apareceu na capa da *Popular Electronics*, dois jovens, trabalhando a partir das especificações do computador, escreveram um programa na linguagem BASIC para a nova máquina. Mas, mesmo antes que o MITS, o fabricante do Altair, lançasse oficialmente o programa, cópias piratas circularam rapidamente entre os aficionados da computação imbuídos da ética *hacker*, segundo a qual "a informação quer ser livre".[68] Um dos jovens, cujo nome era Bill Gates (o outro era Paul Allen), escreveu indignado uma "Carta aberta aos amadores", argumentando que pessoas que concebiam softwares deviam ser pagas. A carta de Gates anunciava um novo mundo no qual, segundo Levy escreve, "o dinheiro era o meio pelo qual o poder do computador começava a se espalhar".[69] A informação não podia continuar livre, já que havia pessoas pagando altas somas em dinheiro por ela.

Para a net, a transição de pública ou aberta para privada e proprietária começou mais ou menos na mesma época, e ela também rapidamente se viu às voltas com questões de "propriedade". Em 1972,

---

[67] Para uma discussão detalhada dos vínculos entre a cultura de drogas e a indústria de computação contemporânea, ver RUSHKOFF, Douglas. *Cyberia: Life in the Trenches of Hyperspace*. San Francisco, 1994. Segundo Rushkoff, os programadores regularmente faziam circular listas de quais companhias eram "complacentes" com usuários de drogas e não faziam testes de detecção de drogas (p. 30).

[68] Essa frase, muito repetida, foi usada pela primeira vez (impressa) por Stewart Brand, em *The Media Lab: Inventing the Future at M.I.T.* (New York, 1987, p. 202). De uso menos difundido é seu corolário de que "a informação também quer ser cara" – "livre" porque "se tornou muito barata para distribuir, copiar e recombinar" e "cara" porque "pode ser incomensuravelmente valiosa para quem a recebe".

[69] LEVY. *Hackers*, p. 229, 268.

a Arpa anunciou que queria vender a rede, mas as principais corporações de telecomunicações (incluindo a AT&T) mostraram pouco interesse. Outros, no entanto, mais intimamente associados ao desenvolvimento das novas redes, viram que poderiam ganhar dinheiro. A BBN, por exemplo, criou a própria subsidiária Telenet para oferecer serviços comerciais e trouxe ninguém menos que o diretor da Arpa, Larry Roberts, para presidir o novo negócio. Rapidamente instalou-se uma discussão a respeito de se a BBN teria de compartilhar seu "código-fonte" dos Interface Message Processors com seus concorrentes emergentes. Nesse caso, a força do governo obrigou a BBN a disponibilizar abertamente o código, mas isso anunciou uma nova era na qual as corporações iriam ganhar imensas somas a partir de software de computação inicialmente desenvolvido à custa do governo.[70]

A Telenet e alguns concorrentes tiraram proveito direto das tecnologias abertas desenvolvidas pela Arpanet. Mas algumas empresas comerciais adotaram uma estratégia oposta. Grandes empresas de computação, como a IBM e a Digital Equipment, desenvolveram redes proprietárias – SNA e DECNET, por exemplo – com o objetivo de manter os clientes amarrados ao seu próprio hardware e software.[71] Mas, por ironia, o acolhimento por parte do Departamento de Defesa dos "padrões abertos" da internet condenou esses esforços ao fracasso. Esse fracasso, no entanto, não impediu a net de passar de um bem público subsidiado a uma arena para a obtenção de lucros. Na década de 1980, a Fundação Nacional de Ciência, que havia tirado o controle da internet da Arpa, decidiu privatizá-la. Populistas como os Hauben têm lamentado

---

[70] A entrada da BBN no setor de redes comerciais foi estimulada pela concorrência com três de seus engenheiros, que haviam criado a Packet Communications Incorporated (e levaram o código-fonte da IMP). Algumas companhias, como a Tymshare, que estavam no negócio do compartilhamento de tempo, tornaram-se fornecedoras de redes; grandes companhias de comunicações, como a Western Union e a MCI, também passaram a oferecer e-mail (HAFNER; LYON. *Where Wizards Stay Up Late*, p. 232-234; CAMPBELL-KELLY; ASPRAY. *Computer*, p. 295).

[71] A IBM cobrava até 300 mil dólares para processadores estabelecerem links com seus *mainframes* usando sua Arquitetura de Redes de Sistemas [Systems Network Architecture, SNA] proprietária. Na década de 1990, roteadores usando TCP/IP, que custavam uma fração desse preço, tomaram o lugar dos SNA.

a transformação do controle e da propriedade públicos em privados, embora a mudança tenha despertado um protesto surpreendentemente pequeno. Na década de 1980, quando a maioria das formas de bens e serviços de propriedade pública – de escolas públicas a habitação pública e parques públicos – estavam em declínio e houve a ascensão de uma ideologia de privatização e desregulamentação, parecia de bom senso converter esse bem público em propriedade privada.

Além disso, na década de 1980 (e especialmente na de 1990), muitas das pessoas que haviam exaltado a liberdade e a abertura das redes e dos computadores pessoais haviam também sofrido uma transformação, que as deixou mais inclinadas a aceitar essa privatização. A afeição de muitos internautas pela liberdade de expressão e pela liberdade em relação ao controle passou a acolher um amor pelo livre mercado. O tom liberador de muitos dos primeiros entusiastas dos computadores e das redes transformou-se em tom libertário. O "tecnolibertarianismo" passou a ser uma das ideologias centrais da internet. Muitos liberacionistas da computação das décadas de 1960 e 1970 agora viam-se alinhados a profetas conservadores do livre mercado como George Gilder e Alvin Toffler.[72] Isso talvez seja menos contraditório do que parece à primeira vista. Como Mark Lilla tem argumentado, "a revolução cultural e a revolução de Reagan tiveram lugar dentro de uma única geração e demonstraram ser eventos complementares, e não contraditórios". Os norte-americanos, escreve ele, "não veem contradição em manter empregos de dia no mercado global sem restrições – o sonho dos partidários de Reagan, e o pesadelo da esquerda – e passar os fins de semana imersos em um universo cultural moldado pelos anos 1960".[73] Nesse sentido, a internet da década de 1990 talvez seja a síntese perfeita da revolução cultural anti-hierárquica da década de 1960 e da revolução política antiestatizante da década de 1980.

---

[72] Sobre tecnolibertarianismo, ver, por exemplo, BORSOOK, Paulina. Cyberselfish. *Mother Jones*, July-Aug. 1996, p. 56. Disponível em: http://www.motherjones. com/mother_jones/JA96/borsook.html; HUDSON. *Rewired*, p. 173-259.

[73] LILLA, Mark. A Tale of Two Reactions. *New York Review of Books*, v. 45, May 14, 1998, p. 7.

Mesmo assim, essa síntese preserva as próprias tensões e contradições internas.

Enquanto os defensores do livre mercado celebram hoje a internet como o lar do "capitalismo do povo", ela também parece seguir pela via do oligopólio. Três companhias – o conglomerado recentemente estabelecido MCI WorldCom, a Sprint e a Cable & Wireless – provavelmente controlam três quartos da espinha dorsal da internet.[74] Companhias de mecanismos de pesquisa, vistas como os portais da internet, estão ativamente se devorando ou sendo adquiridas por conglomerados de mídia maiores. A Microsoft Corporation, de Bill Gates, tem uma boa chance de controlar não só todos os computadores pessoais por meio dos quais as pessoas acessam a internet, mas também os navegadores nos quais elas leem as páginas da World Wide Web. E a Intel Corporation está posicionada para ser a fabricante preferida dos chips, que são o coração desses computadores.

No entanto, a estrada em direção à monopolização e ao controle centralizado não está preordenada. As atuais ações antitruste contra a Microsoft e a Intel – ou, de modo menos plausível, o renascimento de sentimentos populares antimonopólio – podem alterar a paisagem

---

[74] Sobre a WorldCom, ver WEBER, Thomas E.; QUICK, Rebecca. Would WorldCom-MCI Deal Turn the Net into a Toll-road?. *San Diego Union-Tribune*, Oct. 7, 1997, p. 11 (publicado originalmente no *Wall Street Journal*); RAFTER, Michelle V. WorldCom Bids For N. 1 Status. *Internet World*, Oct. 6, 1997, e GRADY, Barbara. Opposition Mounts to WorldCom-MCI Merger. *Internet World*, Mar. 23, 1998. Disponível em: http://www.iw.com/print/current/index.html. Uma grande subsidiária da WorldCom e maior provedora mundial de serviços de internet é a UUNET, fundada em 1987 pelo grupo de usuários acadêmicos Usenix para vender acesso à Usenet; posteriormente tornou-se uma corporação com fins lucrativos e foi comprada pela WorldCom, em 1996. Sobre a criação da UUNET, ver SALUS. *Casting the Net*, p. 177-178. O contra-argumento à monopolização da espinha dorsal da internet é a rápida construção de novos cabos de fibra óptica por parte de companhias como a Qwest. Em resposta às pressões regulatórias europeias e norte-americanas, a MCI vendeu sua espinha dorsal da internet à companhia britânica Cable & Wireless. Mas alguns provedores de serviços de internet ainda acreditam que a MCI WorldCom vai "exercer poder demais" (HESSELDAHL, Arik. *Internet World*, June 15, 1998). Sobre estimativas quanto ao controle da espinha dorsal da internet, ver TOP Internet Backbone Companies. *Business Week*, July 20, 1998. Disponível em: www.businessweek.com/1998/29/b3587/123.htm.

corporativa. No plano geral, as tendências, tanto para sistemas abertos quanto para fechados, que têm moldado a internet desde suas origens continuam conosco hoje. Na World Wide Web, podemos encontrar páginas da web de todas as grandes corporações, mas pessoas comuns também postam suas páginas com o mesmo entusiasmo no estilo "faça você mesmo" dos membros do Homebrew Computer Club. (Uma impressionante proporção de 46 por cento dos usuários da web criaram suas páginas, de acordo com levantamento recente.[75]) A maioria dos servidores de internet roda com Unix ou Windows NT, mas um número surpreendente (de 3 a 5 milhões de pessoas no total) usa um sistema operacional de distribuição livre chamado Linux, que incorpora componentes cruciais desenvolvidos pela Fundação Software Livre [Free Software Foundation], comandada por Richard Stallman, o *hacker* do MIT que violou a segurança da Arpa. E o mais popular software de servidor web (Apache) e a linguagem de programação mais amplamente usada para sites web (Perl) são também "freeware". (O programador finlandês Linus Torvalds criou o Linux principalmente para obter acesso à Usenet, onde descrevia seu progresso em desenvolver o software e procurava auxílio de outros programadores.[76]) Comércio e publicidade infiltraram-se por todos os cantos da internet, mas milhões de pessoas usam a internet para debater ideias ou para propósitos amorosos nos grupos de discussão Usenet, nas salas de bate-papo da America Online e em *mailings*. O e-mail continua sendo a aplicação mais popular na internet. O grau em que uma internet populista e democrática sobrevive

---

[75] Ver GRAPHIC, VISUALIZATION, AND USABILITY CENTER OF GEORGIA TECH. 8th WWW User Survey (Dec. 1997), reportado em http://www.gvu.gatech.edu/user_surveys/survey-1997-10/#highsum.

[76] Sobre o Linux, ver MOODY, Glyn. The Greatest OS That (N)ever Was. *Wired*, v. 5, n. 8, Aug. 1997, p. 122 e seguintes, e http://www.li.org/. Sobre a Fundação Software Livre e Stallman, ver suas páginas da web em http://www.gnu.org/fsf/fsf.html e STALLMAN, Richard. Why Software Should Not Have Owners. Disponível em: http://www.gnu.org/philosophy/why-free.html. LEONARD, Andrew. Apache's Free-Software Warriors!. *Salon*, Nov. 20, 1997. Disponível em: http://archive.salon.com/21st/feature/1997/11/cov_20feature.html. As postagens de Torvald na Usenet estão arquivadas em http://x5.dejanews.com/profile.xp?author=torvalds@cs.helsinki.fi%20 (Linus%20Torvalds).

e floresce depende da existência de contextos sociais e políticos mais amplos. Um *revival* da democracia de base em outras arenas da vida norte-americana (ou internacional) – como ocorreu na década de 1960 – vai reforçar a democracia de base na internet (e não por acaso vai fazer uso dessa mídia para levar adiante suas causas).

O futuro continua indefinido. Mas fica claro que qualquer história da internet terá de situar seu enredo dentro de seus múltiplos contextos sociais, políticos e culturais. Isso é particularmente verdadeiro ao se levar em conta que a internet (em parte por suas origens na linguagem comum de dígitos binários e de TCP/IP) parece emergir como uma "metamídia" que combina aspectos do telefone, do correio, do cinema, do televisor, do jornal, do shopping center, da esquina da rua e de muito mais coisas.[77] Um desenvolvimento profundo e complexo como esse não poderá estar divorciado das visões idiossincráticas e pessoais de alguns cientistas e burocratas, cujo suor e dedicação colocaram o projeto em pé e o fizeram andar, nem da história social da área da ciência da computação, dos envolvidos na Guerra Fria que forneceram massivo financiamento governamental aos computadores, das redes como ferramentas para lutar na guerra nuclear e na convencional, e dos radicalismos da contracultura, que buscaram redirecionar a tecnologia para uma visão da sociedade mais descentralizada e não hierárquica.

---

[77] AGRE, Phil. The Internet and Public Discourse. *First Monday*, v. 3, Mar. 2, 1998. Disponível em: www.first-monday.dk/issues/issue3_3/agre/index.html.

CAPÍTULO 11

A estrada para Xanadu: caminhos públicos e privados para a web de história

Em 24 de agosto de 1965, Theodor Nelson apresentou um trabalho à conferência nacional da Association for Computing Machinery no qual usou a palavra "hipertexto" para se referir a um "corpo de material escrito ou pictórico interconectado de maneira tão complexa que não poderia ser apresentado ou representado de maneira adequada em papel". Nelson, que começara a refletir sobre esse tipo associativo de pensamento e de relações quando era estudante de pós-graduação na Universidade Harvard, em 1960, encarava o "hipertexto" como parte integral de uma biblioteca e um sistema de publicação imaginários e globalmente interconectados, que iria "crescer indefinidamente, abrangendo aos poucos uma porção cada vez maior do conhecimento escrito do mundo" e "conter todo aspecto que um romancista ou um professor desatento poderiam querer, armazenar tudo o que ele quisesse, da maneira complicada como quisesse que fosse armazenado, e administrar notas e manuscritos das formas mais sutis e complexas como ele quisesse vê-las administradas".[1]

---

[1] NELSON, T. H. A File Structure for the Complex, the Changing, and the Indeterminate. *Proceedings of the 20th ACM National Conference*, 1965, p. 84-100. As ideias de Nelson sobre hipertexto sofreram forte influência das ideias de Vannevar Bush em "As We May Think" (1945); para uma cópia impressa do artigo e discussões sobre sua influência, ver NYCE, James M.; KAHN, Paul (ed.). *From Memex to Hypertext: Vannevar Bush and the Mind's Machine*. Boston, 1991. Antes ainda, em 1938, H. G. Wells falava da criação de uma "Enciclopédia Mundial" que conteria uma verdadeira "memória planetária para toda a humanidade": citado

Dois anos mais tarde, quando trabalhava na editora Harcourt Brace, Nelson – inveterado cunhador de termos, cuja própria página da web lista 16 palavras ou expressões que ele alega ter introduzido no uso geral – começou a descrever sua biblioteca global como "Xanadu". "Há 40 anos", escreveu Nelson recentemente, o "projeto Xanadu vem mantendo como seu propósito construir um sistema literário eletrônico de profundo alcance para uso do mundo inteiro e um sistema geral de gestão de dados de organização diferenciada."[2]

Essa visão grandiosa de Nelson de uma biblioteca e um sistema de publicação universais chegou também a receber a sua cota de escárnio. Em 1995, o colunista da revista *Wired* Gary Wolf dedicou 20 mil palavras para detalhar o que chamou de "A Maldição de Xanadu". "O projeto Xanadu de Nelson", escreveu ele, "pretendia ser a biblioteca universal e democrática do hipertexto. Em vez disso, castigou Nelson e seu intrépido grupo de fiéis adeptos ao se tornar o projeto de *vaporware*[3] de maior duração na história da computação – uma saga de 30 anos... [Uma] impressionante tragédia épica [e] um real sintoma de loucura." Nelson respondeu irritado ao comentário de Wolf, mas também deu alguns indícios de que ele próprio encara Xanadu como um sonho impossível. Ele resgatou o termo "Xanadu" do lar imaginário de Kublai Khan no poema inconcluso de mesmo nome escrito por Samuel Taylor

---

em LESK, Michael. How Much Information Is There in the World?. 1997. Artigo não publicado. Disponível em: http://www.lesk.com/mlesk/ksg97/ksg.html. (A não ser quando indicado de outra forma, as referências à web neste artigo foram novamente checadas online em 5 de maio de 2001.)

[2] NELSON, Theodor Holm. Xanalogical Structure, Needed Now More than Ever: Parallel Documents, Deep Links to Content, Deep Versioning, and Deep Re-Use. *ACM Computing Surveys*, v. 31, Dec. 1999. Disponível em: http://www.cs.brown.edu/memex/ACM_ HypertextTestbed/papers/60.html; ver também NELSON, Ted. Who I Am: *Designer, Generalist, Contrarian* Theodor Holm Nelson, 1937-. Disponível em: http://www.sfc.keio.ac.jp/~ted/TN/WhoIAm.html; e NELSON, Theodor Holm. Opening Hypertext: A Memoir. *In*: TUMAN, Myron C. (ed.). *Literacy Online: The Promise (and Peril) of Reading and Writing with Computers*. Pittsburgh, 1992. p. 43-57.

[3] No jargão da informática, *"vaporware"* é um programa de computador que é anunciado, mas ainda não foi lançado, e que às vezes nem sequer chega a ser concluído ou disponibilizado ao mercado. (N.T.)

Coleridge; Orson Welles (um dos heróis de Nelson) usou a mesma palavra para a extravagante e inconclusa mansão do Cidadão Kane.[4]

E, no entanto, apenas cinco anos após o obituário de Wolf para Xanadu, o sonho de uma biblioteca universal de hipertexto lembra menos as imagens narcóticas de Samuel Taylor Coleridge ou as fantasias de Ted Nelson e se aproxima da descrição de um setor de muitos bilhões de dólares chamado World Wide Web.[5] Até aqueles de nós cuja vocação profissional exige pensar com sobriedade a respeito do passado distante têm agora de considerar se um desenvolvimento contemporâneo como esse vai reformular nossas maneiras de pesquisar, ensinar e escrever a história. Será que os historiadores profissionais podem ter expectativas de um futuro no qual um clique de mouse lhes dê acesso a todas as evidências documentais do passado? O quanto já nos aproximamos de alcançar esse sonho?

Não muito, por enquanto. Nem mesmo o artigo de Nelson de 1965 sobre o hipertexto – um escrito muito relevante para quem quer que se interesse pela web, que tem no hipertexto seu protocolo mais básico – está disponível online. E qualquer leitor desse ensaio poderia apresentar longas listas de fontes históricas cruciais que até o momento estão apenas em bibliotecas e arquivos físicos. Mesmo assim, um número impressionante de fontes primárias e secundárias importantes para historiadores norte-americanos tem aparecido de repente online, em menos de uma década de história da World Wide Web. De fato, é tão rápido o crescimento da "web de história" – como chamamos esse mundo virtual dentro de outro mundo virtual –, que não há como resumi-lo em um único ensaio. Em vez disso, concentro-me aqui em algumas das *tendências gerais* no crescimento da web de história ao longo dos últimos cinco anos, especialmente sua emergência como um rico

---

[4] WOLF, Gary. The Curse of Xanadu. *Wired*, v. 3, June 1995. Disponível em: http://www.wirednews.com/wired/archive/3.06/xanadu_pr.html; NELSON, Theodor Holm. Errors in "The Curse of Xanadu", by Gary Wolf. *In*: PAM, Andrew. Xanadu Australia. Disponível em: http://www.xanadu.com.au/ararat.

[5] Para uma história do desenvolvimento da internet, ver NAUGHTON, John. *A Brief History of the Future: From Radio Days to Internet Years in a Lifetime*. Woodstock, 2000. p. 229-263.

arquivo online de fontes primárias e secundárias, uma Xanadu, nas palavras de Nelson. Que fontes estão agora online? Qual o âmbito e a qualidade desse arquivo virtual? Mais importante ainda, *quem* foi que colocou tudo isso lá e *quem* é que pode usar?

Fazer tais perguntas nos leva inevitavelmente a especular sobre o passado, o presente e o futuro de uma das qualidades mais exaltadas da internet – seu caráter aberto e *público*. Conforme a web de história tem crescido, ela também tem ficado mais complexa. Muitos de seus recursos mais importantes estão agora "escondidos" da visão em bancos de dados não prontamente acessíveis por mecanismos de pesquisa da web como o Google e o AltaVista.[6] Além disso, embora muitos dos criadores e proprietários de conteúdo da web ainda venham do que poderíamos chamar em termos amplos de setor público – sejam entusiastas do povo, projetos baseados em universidades e bancados por bolsas, ou órgãos do governo como a Biblioteca do Congresso –, as corporações privadas (conglomerados gigantes da informação que vendem seus produtos a bibliotecas, ou corporações de entretenimento tentando transformar a web em uma mídia sustentada por publicidade e *start-ups* da internet com uma variedade de planos de negócios) estão passando a controlar alguns dos patrimônios mais valiosos da web de história. Um controle privado como esse levanta questões sobre que tipo de história veremos nas telas de nossos computadores e quem será capaz de vê-lo. Se a estrada que temos à frente levar a Xanadu.com e não a Xanadu.edu, qual será o aspecto do futuro do passado?

Uma, duas, muitas webs de história: superficial e profunda, pública e privada

A "rapidez da mudança" é um novo clichê da tecnologia. "O ritmo de adoção da internet", observa um relatório do Departamento de Comércio dos Estados Unidos, "eclipsa todas as demais tecnologias

---

[6] Para informação detalhada sobre mecanismos de pesquisa da web, ver material em Search Engine Watch (http://www.searchenginewatch.com/). O Search Engine Watch e outros comentaristas atualmente consideram o Google a melhor ferramenta geral de busca da web.

que a precederam. O rádio já existia há 38 anos quando 50 milhões de pessoas passaram a ficar sintonizadas; a TV levou 13 anos para alcançar essa marca [...]. A internet, depois que foi aberta ao público em geral, cruzou essa linha em quatro anos." Apenas nos últimos cinco anos, a porcentagem da população online dos Estados Unidos mais que triplicou, de 14 para 44 por cento. O Web Characterization Project, da OCLC (Online Computer Library Center, Inc.), reportou 7,1 milhões de sites em outubro de 2000, um aumento de 50% em relação ao total do ano anterior e um aumento de quase cinco vezes a contar apenas desde 1997. Ao longo do tempo, a web praticamente substituiu as outras mídias – especialmente os CD-ROMs – na apresentação de conteúdo digital. Os mecanismos de pesquisa convencionais como o Google atualmente indexam mais de 1,3 bilhão de páginas da web. Peter Lyman e Hal R. Varian estimam que em 2000 a World Wide Web era composta por cerca de 21 terabytes (um terabyte equivale a 1.000 gigabytes) de páginas estáticas de HTML (*hypertext markup language* [linguagem de marcação de hipertexto]), e crescia a uma taxa de 100 por cento ao ano. Mas cada vez mais as "páginas" da web passam a existir apenas como resultado de buscas especializadas em bancos de dados, e esses bancos de dados baseados na web não aparecem nas buscas padrão. A BrightPlanet Corporation, cujo software LexiBot indexa alguns dos bancos de dados que aparecem nas buscas e não são prontamente acessíveis pelos mecanismos de pesquisa convencionais, afirma que essa web "invisível" ou "deep web" (a web "profunda", em contraste com a web "superficial" encontrada pelos mecanismos de pesquisa) contém perto de 550 bilhões de páginas individuais.[7]

---

[7] U.S. DEPARTMENT OF COMMERCE. *The Emerging Digital Economy*. Washington, 1998, citado em SEGALLER, Stephen. *Nerds 2.01: A Brief History of the Internet*. New York, 1998, p. 14. SIZING Up the Web. *The New York Times*, Dec. 11, 2000. C4. Todos os artigos do *The New York Times* citados aqui estão disponíveis online (em geral por uma taxa de 2,50 dólares por artigo) em "The *New York Times* on the Web" (http://www.nytimes.com) e (por uma taxa de assinatura para bibliotecas) por meio da LexisNexis Academic Universe (http://web.lexis-nexis.com/universe); quando um número de página é citado, o artigo foi consultado primeiramente na versão impressa do *Times*; quando a citação é de uma URL (*uniform resource locator*) específica, o artigo está disponível online

E quanto a web de história mudou? Nenhuma máquina do tempo pode nos levar de volta à web de 1995 ou 1996 e efetuar buscas comparativas com o que temos hoje. Uma medida imperfeita vem das buscas que meu colega Michael O'Malley e eu fizemos no outono de 1996, quando escrevíamos um artigo sobre a web de história. Ao fazermos as mesmas pesquisas no mesmo mecanismo de busca (AltaVista), o resultado foi que havia 10 vezes mais resultados hoje do que há quatro anos – ou seja, ultrapassando enormemente o ritmo geral de crescimento da web e mesmo a "lei de Moore", que prevê que o poder de computação vai dobrar a cada 18 meses. Em 1996, tínhamos 64 resultados sobre William Graham Sumner, 300 sobre Eugene Debs e 700 sobre Emma Goldman; em novembro de 2000, os números comparáveis eram 716, 2.971 e 8.805.[8]

A qualidade desses resultados também melhorou. Há quatro anos, quem procurasse por Debs na web poderia encontrar apenas algumas informações biográficas básicas a respeito do líder socialista, mas as visões mais interessantes eram sobre como Debs se encaixava na vida norte-americana contemporânea – de que maneira grupos diferentes (dos Democratic Socialists of America à National Child Rights Alliance)

---

gratuitamente. OFFICE OF RESEARCH. OCLC (Online Computer Library Center, Inc.). Web Statistics. *In*: Web Characterization Project (http://wcp.oclc.org/). Google (http://www.google.com). LYMAN, Peter; VARIAN, Hal R. How Much Information?. *Journal of Electronic Publishing*, v. 6, Dec. 2000. Disponível em: http://www.press.umich.edu/jep/06-02/lyman.html. BRIGHTPLANET. The Deep Web: Surfacing Hidden Value (BrightPlanet.com); Complete Planet (http://www.completeplanet.com/Tutorials/DeepWeb/index.asp); GUERNSEY, Lisa. Mining the "Deep Web" with Specialized Drills. *The New York Times*, Jan. 25, 2001.

[8] O Internet Archive (http://www.archive.org) pretende "preservar permanentemente um registro de materiais públicos" na internet. No presente momento, porém, o uso de seu arquivo requer habilidades de programação, e não recebi uma resposta à solicitação de usar o arquivo, que enviei em outubro de 2000. Para uma discussão sobre a necessidade de arquivar a web (e uma queixa a respeito da falta de respostas por parte do Internet Archive), ver WIGGINS, Richard. The Unnoticed Presidential Transition: Whither Whitehouse.gov?. *First Monday*, v. 6, Jan. 8, 2001. Disponível em: http://www.firstmonday.org/issues/issue6_1/Wiggins/index.html. ROSENZWEIG, Roy; O'MALLEY, Michael. Admirável mundo novo ou beco sem saída? A história norte-americana na World Wide Web (neste volume).

e indivíduos (de ativistas locais a Ralph Nader) faziam uso do passado de Debs na América do início do século XX. Agora, porém, a web contém não só tratamentos biográficos e históricos atualizados, como também uma galeria de imagens, números estado por estado sobre os votos que Debs obteve para presidente, guias para coleções de arquivos e um substancial corpo de fontes primárias – pelo menos uma dúzia de diferentes discursos ou artigos de Debs e outra meia dúzia de relatos contemporâneos a respeito dele.

No entanto, essas buscas elementares pela web não mostram a totalidade da web de história, pois geralmente não medem a deep web. Para historiadores, o mais notável desses bancos de dados são as mais de 90 coleções reunidas no American Memory, o recurso online compilado pelo National Digital Library Program (NDLP), da Biblioteca do Congresso. Quatro anos atrás, o American Memory tinha alguns tesouros de arquivo impressionantes, mas agora a coleção cresceu pelo menos cinco vezes e abriga mais de 5 milhões de itens – das 1.305 partituras de música afro-americana aos 2.100 cartões de beisebol antigos. Os visitantes podem examinar 117 mil fotos do FSA/OWI (Farm Security Administration/Office of War Information), 422 dos primeiros filmes e gravações sonoras das Edison Companies e 176 mil páginas da correspondência de George Washington, livros de cartas e outros documentos. Em breve, a equipe da biblioteca vai colocar online mais 30 coleções, entre elas recursos ansiosamente aguardados, como as milhares de narrativas de ex-escravos do Federal Writers' Project.[9]

Embora quatro ou cinco anos atrás os materiais na web sobre história fossem mais úteis para o ensino, a profundidade de coleções como

---

[9] Ver "Collections Currently in Progress", em LIBRARY OF CONGRESS. American Memory: Historical Collections for the National Digital Library (http://memory.loc.gov/ammem/amfuture.html). Ver, num enfoque mais geral, COMMITTEE ON AN INFORMATION TECHNOLOGY STRATEGY FOR THE LIBRARY OF CONGRESS et al. LC21. Disponível em: https://nap.nationalacademies.org/catalog/9940/lc21-a-digital-strategy-for-the-library-of-congress. Em dezembro de 2000, o NDLP tinha 5.772.967 itens online, mas alguns materiais do American Memory estão disponíveis como resultado do Ameritech Program, e outros como resultado de acordos de cooperação com outras instituições (e-mails do NDLP Reference Team para Roy Rosenzweig, 15 fev. 2001).

as do American Memory significa que os historiadores podem agora fazer uma pesquisa acadêmica séria nas coleções online. Com mais de 200 mil fotografias hoje disponíveis no American Memory, qualquer um que estude a história da fotografia norte-americana precisa fazer uma visita ao NDLP. Além disso, o formato digital permite modos de pesquisa que também são possíveis em outras mídias, mas muito mais difíceis. Vamos pegar, por exemplo, a velha, mas ainda muito debatida, questão das atitudes religiosas de George Washington. Usando a versão online dos documentos de Washington, o historiador Peter R. Henriques mostrou não só que Washington jamais se referiu a "Jesus" ou a "Cristo" em sua correspondência pessoal, como também que suas referências à morte eram invariavelmente "melancólicas e pessimistas", sem qualquer evidência de "imagens cristãs de juízo final, de redenção por meio do sacrifício de Cristo e de vida eterna para os fiéis".[10]

Os pensamentos sombrios de Washington a respeito da morte estão arquivados na deep web de bancos de dados, como a vasta coleção do American Memory, e não são acessíveis aos mecanismos de pesquisa convencionais que varrem a superfície da web; no entanto, os pensamentos de Henriques sobre Washington (publicados de forma impressa na *Virginia Magazine of History and Biography*, mas online pelo ProQuest Direct, da Bell & Howell, e pelo World History Full TEXT, da EBSCO), residem em um vasto terreno que nem mesmo o BrightPlanet consegue medir plenamente – o que vamos chamar de web privada. Trata-se do crescente número de recursos online disponíveis apenas a clientes que pagam. Os dados da OCLC indicam que o crescimento da web pública está desacelerando, ao mesmo tempo que sites web privados, restritos, passaram de 12 para 20 por cento do total da web.[11] Enquanto as webs superficial e profunda, que juntas vamos chamar de web pública, contêm um número enorme de documentos

---

[10] HENRIQUES, Peter R. The Final Struggle between George Washington and the Grim King: Washington's Attitude toward Death and an Afterlife. *Virginia Magazine of History and Biography*, v. 107, Winter 1999, p. 75, 95-96. Henriques discutiu sua metodologia com Rosenzweig em 6 de novembro de 2000.

[11] OCLC. Web Statistics; HIRTLE, Peter B. Free and Fee: Future Information Discovery and Access. *D-Lib Magazine*, v. 7, Jan. 2001. Disponível em: http://www.dlib.org/dlib/january01/01editorial.htm.

primários, a web privada tem uma abundância de fontes secundárias que são cruciais para o trabalho histórico.

Por exemplo, a maioria dos historiadores conhece o JSTOR (Journal Storage: The Scholarly Journal Archive), que reúne, em seu banco de dados de 5 milhões de páginas de 117 revistas acadêmicas, o texto integral de 15 diferentes revistas de história, a maior parte delas disponíveis desde sua criação até 1995. Muitas das revistas que não tratam de história, por exemplo, as revistas de sociologia, economia e ciência política da primeira parte do século XX, constituem fontes primárias de grande interesse para historiadores norte-americanos. Uma busca no JSTOR por Eugene Debs nas revistas de história fornece 81 artigos, mas, expandindo a busca para outras revistas, obtemos outros 61 artigos, entre eles importantes fontes contemporâneas, como "The Influence of Karl Marx on Contemporary Socialism", de John Spargo, na *American Journal of Sociology* de 1910. As capacidades de busca por palavra do JSTOR também viabilizam uma espécie de história intelectual que não pode ser localizada tão facilmente em fontes impressas. Digamos que você queira rastrear as mudanças na reputação de Charles Beard na profissão histórica; os 191 artigos no JSTOR que mencionam Beard são um valioso ponto de partida. Historiadores da linguagem já estão fazendo a festa com esses bancos de dados gigantescos. O bibliotecário e lexicógrafo Fred Shapiro, por exemplo, descobriu usos de expressões como "duplo padrão" (1912), "nativo americano" (para designar os indígenas norte-americanos, 1931), e "energia solar" (1914) que são anteriores em décadas a citações no *Oxford English Dictionary*.[12]

---

[12] GUTHRIE, Kevin M. Revitalizing Older Published Literature: Preliminary Lessons from the Use of JSTOR. Trabalho apresentado na conferência "Economics and Usage of Digital Library Collections", Ann Arbor, 23-24 mar. 2000. Disponível em: http://www.jstor.org/about/preliminarylessons.html. Ver também EDITOR'S Interview: Developing a Digital Preservation Strategy for JSTOR, an interview with Kevin Guthrie. *RLG DigiNews*, v. 4, n. 4, 2000.Disponível em: http://www.rlg.org/preserv/diginews/deginews4-4.html# feature1. SPARGO, John. The Influence of Karl Marx on Contemporary Socialism. *American Journal of Sociology*, v. 16, p. 21-40, July 1910. As descobertas de Fred Shapiro são discutidas em BRONNER, Ethan. You Can Look It Up, Hopefully. *The New York Times*, Jan. 10, 1999. Disponível em: http://www.nytimes.com/library/review/011099language-database-review.html.

O JSTOR não disponibiliza a produção acadêmica dos últimos cinco ou seis anos, mas bancos de dados online do Project Muse, da Johns Hopkins University Press, e o History Cooperative cada vez mais oferecem tais textos. Embora o History Cooperative, o JSTOR e o Muse deem acesso apenas aos seus assinantes, emergiram sob auspícios não lucrativos. Mas um número cada vez maior de coleções online importantes de dados históricos está nas mãos de vendedores comerciais como a Bell & Howell e a Thomson Corporation, que têm grandes arquivos de publicações acadêmicas e de fontes primárias, e a Corbis, com seu inigualável arquivo de imagens históricas. Esses são exemplos da web de história privada – um domínio crescente sob controle corporativo e com acesso exclusivo para clientes pagantes.[13]

Todos são historiadores web: a história online do homem comum

Apesar da crescente importância da web de história privada, a maior energia a respeito da década passada tem estado de fato na web pública – pública no sentido tanto de seu acesso aberto como de seu controle por indivíduos, organizações sem fins lucrativos ou órgãos do governo. De fato, um impressionante movimento popular tem alimentado o seu enorme crescimento. Nos últimos cinco anos, historiadores acadêmicos, professores de história e aficionados por história criaram milhares de sites de história. Ninguém conseguiu fazer uma contagem definitiva desses sites, embora o diretório do Yahoo! sobre história dos Estados Unidos inclua mais de 4.500 sites – um aumento de cinco vezes desde 1996. O meu próprio Center for History and New Media mantém bancos de dados acessíveis de sites de história "sérios" e indexou mais de 2.100 deles.[14] Embora talvez um terço dos sites história tenha endereços .com (o que significa um domínio "comercial", ao contrário de .edu, .org ou

---

[13] QUINT, Barbara. Gale Group's InfoTrac OneFile Creates Web-Based Periodical Collection for Libraries. *Information Today, NewsBreaks*, Oct. 16, 2000. Disponível em: http://www.infotoday.com/newsbreaks/breaks.htm.

[14] Ver http://dir.yahoo.com/Arts/Humanities/History/; "Search Websites" em Center for History and New Media (http://chnm.gmu.edu/chnm/websites.taf).

.gov), a maior parte deles na realidade foi montada por indivíduos que usaram espaço livre (mesmo que ornado por banners e anúncios pop-up), oferecido por companhias como a AOL (America OnLine), Geocities (parte da Yahoo!), CompuServe (subsidiária da AOL), Lycos ou Prodigy. Em um grau surpreendente, portanto, os sites de história vêm tanto de acadêmicos quanto de amadores que postaram material histórico online basicamente como um ato de amor – o sentido original de amador.

De forma pouco surpreendente, os entusiastas da Guerra Civil trouxeram para a apresentação da história online um pouco da mesma paixão que demonstram regularmente nas suas reconstituições do conflito. "Em certos dias", observa a *Choice*, revista de bibliotecas acadêmicas, "parece que a internet consiste em partes iguais de *Jornada nas estrelas*, relatórios sobre cotações da Bolsa, pornografia leve – e sites da Guerra Civil." E os historiadores William G. Thomas e Alice E. Carter recentemente encheram um livro de 200 páginas com um levantamento sobre a Guerra Civil na web, "um guia para os melhores sites". Embora muitos desses sites venham de grandes instituições, como a Biblioteca do Congresso, o Serviço de Parques Nacionais e o Virginia Center for Digital History (com o qual Thomas e Carter têm se associado), centenas de amadores apaixonados e dedicados criaram notáveis sites sem qualquer apoio externo, financeiro ou institucional. Thomas R. Fasulo, entomologista, reuniu, por exemplo, um imenso arquivo sobre a Batalha de Olustee (a maior batalha da Guerra Civil na Flórida) – mais de 40 relatórios oficiais, 50 reminiscências em primeira pessoa em cartas, e mais artigos e livros e uma detalhada cobertura de todas as unidades que participaram da batalha. Um entusiasta das reconstituições, Scott McKay, desenvolveu um site também de grande porte sobre o Décimo Regimento de Infantaria do Texas, com muitas escalas de serviço, listas de baixas, registros de ordenanças, relatórios de batalha, reminiscências e relatos pessoais.[15] Sem dúvida, vários entusiastas

---

[15] *Choice* citada em THOMAS, William G.; CARTER, Alice E. *The Civil War on the Web: A Guide to the Very Best Sites*. Wilmington, 2000. p. xiii; LIBRARY OF CONGRESS. American Memory (http://memory.loc.gov/); NATIONAL PARK SERVICE. Links to the Past (http://www.cr.nps.gov); Virginia Center for Digital History (http://www.vcdh.virginia.edu/); FASULO, Thomas R. Battle of

da Guerra Civil como Fasulo e McKay já haviam florescido bem antes da emergência da web, mas a internet tornou suas paixões visíveis e acessíveis a um público muito maior.

Genealogistas também encontraram na web uma arena acolhedora para se envolverem em sua paixão pelo passado. A Biblioteca Digital USGenWeb mobilizou centenas de voluntários locais para criarem transcrições online de registros do Censo, certidões de casamento, testamentos e outros documentos públicos. A Family History Library, da Igreja de Jesus Cristo dos Santos dos Últimos Dias (a Igreja Mórmon), abriu seus imensos bancos de dados genealógicos, entre os quais o arquivo Recursos Ancestrais e de Pedigree (um banco de dados de árvores genealógicas entregue à Family History Library) e o Índice Genealógico Internacional (um índice de registros por nome coletado por membros da igreja) – 660 milhões de nomes no total –, fruto de mais de um século de trabalho genealógico mórmon.[16]

Historiadores da família têm visitado sites como esses em número espantoso; o site da Igreja Mórmon atrai 129 mil visitantes por dia, o que dá uma taxa anual de cerca de 50 milhões. Recursos online têm atraído dezenas de milhares de norte-americanos para a prática já popularizada de rastrear as raízes familiares – a forma mais comum de pesquisa histórica nos Estados Unidos. Significativamente, o maior impacto da internet pode residir em conectar pessoas na busca comum de suas raízes, permitindo-lhes compartilhar informações sobre ancestrais comuns ou ajudar outros genealogistas a investigarem uma pista local. Só os mórmons patrocinam 137 mil listas colaborativas de e-mail para facilitar os intercâmbios de pesquisas. Embora a web tenha servido em grande medida como uma mídia de publicação e arquivamento para entusiastas da Guerra Civil já comprometidos, ela trouxe novos participantes para a genealogia ao tornar prontamente disponíveis as fontes

---

Olustee. Disponível em: http://extlab1.entnem.ufl.edu/olustee/; McKAY, Scott. Official Historic Website of the 10th Texas Infantry (http://members.aol.com/SMckay1234/).

[16] FACTS and Statistics. *In*: CHURCH OF JESUS CHRIST OF LATTER-DAY SAINTS. Family Search. Disponível em: http://www.familysearch.com/Eng/Home/News/frameser_news.asp?PAGE=home_facts.asp.

para a história familiar. Autores de edições impressas estão de olho na popularidade da pesquisa genealógica baseada na web; pelo menos uma dúzia de guias publicados – entre eles o *Genealogy Online for Dummies* [Genealogia online para leigos] – oferecem orientações aos entusiastas.[17]

A amplitude desse esforço popular fica clara quando examinamos quem foi que postou uma seleção aleatória de documentos históricos online. Peguei da prateleira a antologia de Diane Ravitch *The American Reader: Words that Moved a Nation* [O compêndio americano: Palavras que moveram uma nação] e encontrei online 15 dos 20 documentos (muitos deles fora do *mainstream*) em seu capítulo "The Progressive Age". Os professores constituem o maior grupo de pessoas que tornaram esses documentos disponíveis publicamente – um professor de Comunicação da Universidade do Arkansas postou "Solitude of Self", de Elizabeth Cady Stanton, um professor de faculdade comunitária em Ohio proveu a Declaração de Princípios do Movimento de Niagara, um professor de ensino médio de Hartsdale, Nova York, digitalizou o "Higher Education for Women", de M. Carey Thomas.[18] Mas muitos outros tinham pouca ou nenhuma conexão acadêmica. Um ativista negro incluiu o ensaio "Talented Tenth", de W. E. B. Du Bois, em seu site (Mr. Kenyada's Neighborhood), por acreditar que a visão de Du Bois "de nossa capacidade potencial de resolver problemas internamente" fornece a base para um novo "ativismo baseado na comunidade". Um gerente de compras

---

[17] CHURCH OF JESUS CHRIST OF LATTER-DAY SAINTS. Family Search. HELM, April Leigh; HELM, Matthew L. *Genealogy Online for Dummies*. New York, 1999.

[18] RAVITCH, Diane (ed.). *The American Reader: Words That Moved a Nation*. New York, 1990; STANTON, Elizabeth Cady. The Solitude of Self. *American Public Address, 1644-1935*. University of Arkansas Supplement to Communication 4353, Bernadette Mink. Disponível em: http://comp.uark.edu/~brmink/stanton.html; NIAGARA Movement Declaration of Principles, 1905. *In*: MARTIN, Thomas. American History Class Enhancement Pages. Disponível em: http://www.sinclair.edu/classenhancements/his101e-tm/civilrt1.htm; THOMAS, M. Carey. Higher Education for Women. *In*: POJER, Susan M. Mrs. Pojer's History Classes' Home Page. Disponível em: http://zuska.simplenet.com/USProjects/DBQs2000/APUSH-DBQ-40.htm. Os dois últimos sites foram acessados em outubro de 2000, mas não estavam mais disponíveis em maio de 2001. No primeiro caso, o material foi transferido para um servidor WebCT fechado.

alemão colocou "The Preacher and the Slave", de Joe Hill, em seu site History in Song, que preservam músicas de um curso de estudos norte-americanos que fez na Universidade Johannes Gutenberg há 25 anos. O Conselho Geral do Discipulado da Igreja Metodista Unida publica "Lift Every Voice and Sing", de James Weldon Johnson e J. Rosamond Johnson, com a sugestão de que as congregações "cantem esse hino em adoração em um domingo de fevereiro [de 2000], e celebrem seu centésimo aniversário". O site do poeta amador Kevin Taylor traz o poema pró-sufrágio "Evolution", de Alice Duer Miller, porque "sua mensagem é tão importante e clara hoje como foi sempre" e porque Miller "é autora também de *The White Cliffs* – um de meus livros favoritos". A web adota a visão de Carl Becker de que "todo homem é um historiador" e leva-a um passo adiante – todo mundo se tornou um arquivista ou um editor de documentos históricos.[19]

Muitos desses esforços populares são bem modestos, com sites de design precário que oferecem um ou dois documentos favoritos com pouco contexto histórico. Mas outros cresceram até virarem grandes arquivos. No início de 1995, o estudante de pós-graduação Jim Zwick começou a postar na web alguns documentos sobre anti-imperialismo, o tema de sua tese na Universidade de Syracuse. Como a maioria dos historiadores, Zwick havia reunido o próprio arquivo pessoal; ele percebeu, porém, que os materiais reunidos para a sua pesquisa acadêmica podiam ser disponibilizados ao público por meio da World Wide Web. Cinco anos atrás, Zwick foi um dos pioneiros da história na web; agora seus esforços se expandiram bem além do anti-imperialismo para abranger tópicos como cartuns políticos e feiras e exposições mundiais

---

[19] DU BOIS, W. E. Burghart. *The Talented Tenth*. *In*: KENYADA, Richard. Mr. Kenyada's Neighborhood (http://www.kenyada.com/talented.htm). HILL, Joe. The Preacher and the Slave. *In*: HELFERT, Manfred J. History in Song (http://www.fortunecity.com/tin-pan/parton/2/pie.html). McINTYRE, Dean B. "Lift Every Voice" – 100 Years Old. *In*: UNITED METHODIST CHURCH. General Board of Discipleship (http://www.gbod.org/worship/default.asp?act=reader&item_id=1786). MILLER, Alice Duer. Evolution. *In*: TAYLOR, Kevin. poet ch'i (http://www.geocities.com/Paris/Bistro/8066/index2.htm). BECKER, Carl. Everyman His Own Historian. *American Historical Review*, v. 37, p. 221-236, Jan. 1932.

e milhares de documentos históricos digitalizados pessoalmente por ele. O volume de material e o número de usuários haviam mais que quintuplicado. Embora o site de Zwick (agora chamado Boondocks-Net.com) continue sendo uma operação de uma só pessoa, sua escala crescente o obrigou a aceitar publicidade e a vender livros, a fim de sustentar os custos crescentes de hospedagem do site e de software. Zwick abriu um caminho que muitos futuros alunos de pós-graduação podem seguir (e acho que deveriam). Por que não pegar a parte menos visível e mais privada do trabalho acadêmico – reunir um corpo de documentos primários – e torná-la pública?[20]

O maior esforço popular de história na web relacionado a acadêmicos é sem dúvida o H-Net: Humanities & Social Sciences OnLine. Bem conhecido pelos historiadores pelas mais de 100 listas de discussão especializadas que patrocina, o H-Net tem também grande presença na web, inclusive com arquivos acessíveis das discussões feitas nas listas. O H-Net não se envolveu muito em postar documentos históricos, mas seus arquivos são agora eles próprios uma fonte primária importante sobre o pensamento de historiadores profissionais, assim como uma fonte de referência eclética para livros importantes e ferramentas de ensino. Mas seu impacto mais profundo tem sido nos modos de comunicação acadêmica; como suas listas abrangem 60 mil assinantes em 90 países, ele se tornou uma via essencial para historiadores que querem se informar a respeito de conferências, bolsas, empregos e recursos de ensino. Em certa medida, ele também acelerou o ritmo do discurso acadêmico. Em 1998, por exemplo, os assinantes do H-Amstdy, uma parte do H-Net, debateram extensamente o discurso proferido por Janice Radway ao assumir a presidência da American Studies Association, antes que ele fosse publicado na *American Quarterly*. Centenas de editores voluntários de listas mantêm a H-Net em andamento, embora a energia do diretor-executivo

---

[20] BoondocksNet.com (http://www.BoondocksNet.com); e-mails de Jim Zwick para Rosenzweig, 1º e 27 nov. 2000. Alguns acadêmicos vão enfrentar restrições de copyright e de arquivamento para colocar seus materiais de pesquisa online, mas uma porcentagem surpreendentemente grande de materiais que os historiadores usam – livros, revistas e jornais anteriores a 1923 e documentos do governo, por exemplo – são de domínio público.

Mark Kornbluh, que tem sido muito bem-sucedido em obter subvenções do governo e apoio de universidades, também tenha sido fundamental para sua manutenção e crescimento. Como resultado, o H-Net continua sendo um recurso acadêmico gratuito que é aberto também a participantes interessados de fora da academia.[21]

A maior força da web popular de história – sua diversidade e seus vínculos com não profissionais – às vezes se revela sua maior fragilidade. Apesar de historiadores com treinamento acadêmico como Zwick e os da comunidade H-Net terem se juntado a esse esforço de baixo para cima, sua qualidade geral, amadora e eclética, obviamente coloca problemas para aqueles comprometidos com padrões profissionais. William Thomas, por exemplo, avalia a história da Guerra Civil na web como "anêmica", mas também como "saudável". São poucos os sites, observa ele, que "apresentam novas ideias sobre a história do período"; a maior parte ignora a tendência acadêmica em direção à história social e coloca foco incansavelmente em generais e batalhas. Pior ainda, "muitos sites difundem velhos preconceitos, antigas teorias e argumentos há muito refutados a respeito da Guerra Civil", especialmente a visão de que a motivação da guerra foram as tarifas, mais do que a escravidão. Um dos sites argumenta: "as condições nas fábricas do norte eram tão ruins ou piores que as da maioria dos escravos" e rejeita como "simplista" a ideia de que "a Guerra Civil foi travada em razão da escravidão".[22]

Mesmo sites amadores que se concentram em apresentar fontes primárias em vez de interpretações históricas nem sempre seguem padrões profissionais. Aficionados pelas reconstituições que redigitalizam relatórios de batalha ou gerentes de compras que postam as canções de Joe Hill geralmente não se preocupam em fazer uma revisão ou em editar o texto. E os não profissionais tampouco se preocupam muito com edições definitivas, preparação para publicação ou uma contextualização

---

[21] WHAT Is H-Net?. H-Net: Humanities & Social Sciences OnLine, MATRIX: The Center for Humane Arts, Letters, and Social Sciences OnLine, Michigan State University. Disponível em: http://www2.h-net.msu.edu/about/.

[22] THOMAS; CARTER. *Civil War on the Web*, p. xvi-xix; GOLDEN INK. About North Georgia http://ngeorgia.com, citado em THOMAS; CARTER. *Civil War on the Web*, p. xix.

cuidadosa. Existem pelo menos 16 diferentes versões online do bem conhecido discurso "Solitude of Self", de Elizabeth Cady Stanton; eles mostram datas conflitantes sobre quando ela proferiu o discurso e mencionam diferentes públicos para os quais ela o apresentou. A distribuição do texto em parágrafos e a pontuação variam muito, e alguns excluem trechos ou até alteram a fala sem indicar a intervenção. Apenas uma das versões coloca um link para a Biblioteca do Congresso, que tem um fac-símile online de uma versão impressa em panfleto do discurso.[23]

Alguns documentos encontrados na web não são na realidade documentos "reais". Pelo menos três páginas da web prometem a "voz" de Eugene Debs, mas a gravação na verdade é de Len Spencer, que gravou um dos discursos de Debs por volta de 1905.[24] Mais de duas dúzias de sites diferentes oferecem versões do que alegam ser o "Discurso de Willie Lynch de 1712", no qual um dono de escravos britânico das ilhas do Caribe supostamente aconselha donos de escravos da Virginia a controlarem seus escravos por meio de uma estratégia de dividir para governar. Às vezes os sites acrescentam uma introdução que alegam ter sido escrita por Frederick Douglass; outros descrevem falsamente que o sobrenome Lynch originou a palavra "linchamento".

---

[23] STANTON, Elizabeth Cady. *Solitude of Self: Address Delivered by Mrs. Stanton before the Committee of the Judiciary of the United States Congress, Monday, January 18, 1892.* Washington, 1915. *In*: RARE AND SPECIAL COLLECTIONS DIVISION; LIBRARY OF CONGRESS. *Votes for Women: Selections from the National American Woman Suffrage Association Collection, 1848.1921.* Disponível em: http://lcweb2.loc.gov/ammem/naw/nawshom.html.

[24] VOICE OF AMERICA. *The Century in Sound: An American's Perspective.* Disponível em: http://www.voa.gov/century/century.html; SOCIALIST Eugene V. Debs Speaks During the Presidential Campaign of 1904. *In*: IBIS COMMUNICATIONS, Inc. *Eyewitness: History through the Eyes of Those Who Lived It.* Disponível em: http://www.eyewitnesstohistory.com/vodebs.htm; EUGENE V. Debs. *In*: BAILEY, David; HALSTED, David; MICHIGAN STATE UNIVERSITY. *Pluralism and Unity.* Disponível em: http://www.expo98.msu.edu/sounds/debs.html. A voz está corretamente identificada como de um ator no Departamento de História, Universidade do Estado de Nova York em Albany, U.S. Labor and Industrial History World Wide Web Audio Archive (http://www.albany.edu/history/LaborAudio/). Para uma discussão sobre a proveniência do discurso de Debs, ver ROSENZWEIG, Roy; BRIER, Stephen. *Who Built America? From the Centennial Celebration of 1876 to the Great War of 1914.* New York, 1993. p. 352. CD-ROM.

Apesar de os sites garantirem repetidamente a "autenticidade" do discurso, a crítica interna prontamente trai suas origens no século XX. A linguagem incorpora sintaxe moderna, e o conteúdo é focado em divisões próprias dos nossos dias, como cor da pele, idade e gênero, em lugar de divisões étnicas e nacionais que eram muito mais importantes no início do século XVIII.[25]

Sem dúvida, uma busca cuidadosa na web também revela evidências das origens dúbias do discurso de Lynch. Mesmo assim, aqueles sites que oferecem uma interpretação precipitada e rasa do discurso são em número bem maior que as fontes da web que o questionam. Quem fizer uma simples busca por "Willie Lynch" na web terá 10 vezes mais probabilidade de encontrar evidências de suposta "autenticidade" do discurso do que informações que lancem dúvidas a seu respeito. Mas a web é única na maneira como oferece entrada no mundo da informação e da desinformação, no qual a maioria das pessoas opera, e permite constatar a importância e a disseminação de lendas urbanas como a do discurso de Willie Lynch, que são até transmitidas oralmente em eventos como a Marcha de um Milhão de Homens de 1995[26] ou os protestos na posse do presidente Bush, em 2001. A própria web não pode ser culpada por desinformar ou deturpar; o discurso de Lynch, na realidade, já aparecia impresso em 1970. A web aumenta nosso acesso a documentos e a informações, tanto espúrios quanto autênticos. Tanto para o melhor quanto para o pior, o arquivo virtual da web distingue-se

---

[25] Ver, por exemplo, "The Willie Lynch Speech of 1712", em *Shepp's Place*, Will Shepperson (http://www.eden.rutgers.edu/~wshepp3/lynch.html); e LYNCH, Willie. How to Control the Black Man for at least 300 Years, em KohlBlackTimes. com (http://www.kohlblacktimes.com/willie.htm). O melhor comentário online sobre o discurso de Lynch é de Anne Cleëster Taylor, em "The Slave Consultant's Narrative: The Life of an Urban Myth?", em *African Missouri*, Anne Cleëster Taylor (http://www.umsl.edu/~libweb/blackstudies/narrate.htm). Ver também ADAMS, Mike. In Search of Willie Lynch. *Baltimore Sun*, Feb. 22, 1998, 1 (disponível online em LexisNexis Academic Universe). Obviamente, muitos documentos reais levantam questões similares àquelas do discurso de Lynch.

[26] Manifestação liderada por homens afro-americanos em Washington, D.C., em 16 de outubro de 1995, para promover a unidade afro-americana e os valores familiares. Ver: https://bit.ly/3OUhgEp. Acesso em: 3 maio 2022. (N.E.)

das tradicionais bibliotecas e arquivos por sua inclusão indiscriminada do melhor – e do pior – daquilo que se conhece e que foi dito.[27]

Apesar da abundante desinformação que há online, a internet é – de modo um pouco paradoxal – uma excelente fonte para pesquisa factual básica, especialmente quando usada por aqueles que têm o cuidado de aferir a qualidade da fonte. Minha própria versão da história de Willie Lynch vem inteiramente de pesquisa de fontes online. Embora eu tenha uma substancial biblioteca de referência em casa, faço agora a maior parte da minha "apuração de fatos" históricos na web. Consigo encontrar em fontes online grafias corretas e datas e números de mortos em batalha e resultados de eleições corretos, de uma maneira mais rápida e precisa do que na maioria das obras de referência padrão. A ressalva-chave, obviamente, é ser "cuidadoso para aferir a qualidade da fonte", mas a maioria dos historiadores profissionais – e provavelmente também os estudantes de história mais adiantados ou os leitores mais sofisticados em geral – possuem essa habilidade.

Aprofundar a web de história pública: universidades, fundações e o governo

Embora o maior número de sites com documentos e conteúdo históricos seja oriundo desse esforço eclético e popular, o maior *volume* de documentação histórica encontra-se dentro da deep web de bancos de dados online e da web privada, de material aberto apenas àqueles que pagam. Esses dois esforços compartilham similaridades básicas – a escala massiva e o uso de bancos de dados para organizar os materiais. Mas somente os clientes que pagam podem visitar a web privada.

Surpreendentemente, têm aparecido enormes quantidades de material histórico gratuito online nos últimos cinco anos, e muito mais vai aparecer na próxima década. Esses sites têm se beneficiado primariamente de financiamentos do governo ou de fundações, ou, em muitos casos, de ambos. O projeto mais importante, a National Digital Library, da

---

[27] Para uma discussão sobre o caráter inclusivo das bibliotecas virtuais, ver O'DONNELL, James J. *Avatars of the Word: From Papyrus to Cyberspace*. Cambridge, Mass., 1998. p. 29-43.

Biblioteca do Congresso, já gastou 60 milhões para colocar mais de 5 milhões de itens históricos online entre 1995 e 2000 – com três quartos da subvenção provenientes de doações privadas. A Ameritech, antiga companhia telefônica Bell para o Meio-Oeste (agora de propriedade da SBC Communications), trabalhou com a Biblioteca do Congresso para prover 2 milhões de dólares a mais de 20 projetos de digitalização em bibliotecas por todo o país.[28] O pesado financiamento corporativo naturalmente faz surgir o espectro do enviesamento pró-negócios nas coisas que são digitalizadas. A Fundação AT&T, por exemplo, tem apoiado a digitalização dos Papéis da Família Alexander Graham Bell. A Fundação Reuters America provavelmente estava mais inclinada a apoiar a digitalização dos documentos de George Washington do que os registros da National Child Labor Committee. Não obstante, a Ameritech, por exemplo, tem financiado os esforços da Sociedade Histórica de Chicago de trazer sua coleção da Revolta de Haymarket para a web.

O Fundo Nacional para as Humanidades [National Endowment for the Humanities, NEH] também apoiou vários projetos importantes, com favorecimento particular àqueles com uma missão educacional e foco em determinados temas. O bem conhecido projeto Valley of the Shadow, da Universidade da Virginia, reúne um impressionante arquivo de documentos sobre dois condados vizinhos (o condado de Augusta, Virginia, e o condado de Franklin, Pensilvânia) situados em lados opostos durante o período da Guerra Civil. O site já era, por volta de 1996, um destino importante na web, mas sua coleção de cartas, diários, jornais, Censos e fotografias multiplicou-se 10 vezes apenas nos últimos quatro anos. O Valley of the Shadow é notável não só por sua profundidade e sofisticação, mas também porque não tem uma contrapartida física. Edward L. Ayers, William G. Thomas e seus colaboradores criaram literalmente um arquivo que não existia previamente, indo à caça e

---

[28] MAYFIELD, Kendra. Library of Congress Goes Digital. *Wired News*, Jan. 19, 2001. Disponível em: http://www.wired.com/news/print/0,1294,41166,00.html. Para a lista de patrocinadores, ver "A Unique Public-Private Partnership Supporting the National Digital Library", no American Memory, da Biblioteca do Congresso (http://memory.loc.gov/ammem/sponsors.html). Ver "Library of Congress/Ameritech National Digital Library Competition", também no American Memory (http://memory.loc.gov/ammem/award/index.html).

digitalizando documentos encontrados tanto em repositórios públicos como em mãos de particulares.[29]

A New Deal Network (NDN), outro projeto bancado pela NEH, também criou um arquivo similar, novo, virtual, com mais de 20 mil fotos, cartuns políticos e textos (discursos, cartas e outros documentos) coletados de múltiplas fontes. Patrocinado pelo Instituto Franklin e Eleanor Roosevelt e dirigido por Tom Thurston, a New Deal Network não tem a abrangência do Valley of the Shadow, mas oferece materiais notáveis para quem se dedica a ensinar o período das décadas de 1930 e 1940. O History Matters: The U.S. Survey Course on the Web, produto do meu próprio Center for History and New Media e do American Social History Project, e bancado pela NEH e pela Fundação Kellogg, digitalizou centenas de documentos históricos em primeira pessoa e contextualizou-os, para uso em aulas no ensino médio e em faculdades.[30]

Em contraste com os "arquivos inventados" representados pelo Valley, pela NDN e pelo History Matters, o Documenting the American South abre um arquivo já existente – as inigualáveis coleções sulistas da Universidade da Carolina do Norte em Chapel Hill – para estudantes e acadêmicos remotos. Bancado por várias subvenções (da NEH, da Ameritech e do Institute of Museum and Library Services), o Documenting the American South organiza milhares de documentos (em grande parte textos) em torno de temas específicos como "Literatura Sulina", "Narrativas em Primeira Pessoa", "Narrativas de Escravos",

---

[29] Para uma perspicaz discussão sobre o Valley of the Shadow (http://jefferson.village.virginia.edu/vshadow/), ver KORNBLITH, Gary J. Venturing into the Civil War, Virtually: A Review. *Journal of American History*, v. 88, p. 145-151, June 2001. Disponível em: http://www.historycooperative.org/journals/jah/88.1/kornblith.html.

[30] FRANKLIN AND ELEANOR ROOSEVELT INSTITUTE; INSTITUTE FOR LEARNING TECHNOLOGIES. New Deal Network (http://newdeal.feri.org/); CENTER FOR HISTORY AND NEW MEDIA; AMERICAN SOCIAL HISTORY PROJECT. History Matters: The U.S. Survey Course on the Web (http://historymatters.gmu.edu). O History Matters também traz listas comentadas sobre sites de história, atividades online, exercícios interativos sobre o ofício de historiador, e fóruns de ensino com destacados acadêmicos e professores.

"O Front Doméstico Sulista, 1861-1865" e "A Igreja na Comunidade Negra do Sul".[31]

A Fundação Nacional de Ciência [National Science Foundation, NSF], com orçamento 30 vezes maior que o da NEH, tem emergido como um importante financiador de "bibliotecas digitais" em razão de seu interesse por questões de computação, mais do que pela qualidade do conteúdo que se oferece. Sejam quais forem seus motivos, a NSF tem financiado alguns projetos de enorme interesse para historiadores. A National Gallery of the Spoken Word (NGSW), da Universidade Estadual de Michigan, está desenvolvendo técnicas para rastrear automaticamente grandes volumes de material falado, incluindo, por exemplo, milhares de horas de transmissões de noticiários noturnos pela TV. Historiadores podem não se interessar pela ciência da computação subjacente, mas se a NGSW tiver sucesso em criar um "banco de dados que permita inteiramente a busca de registros de voz históricos que cubram o século XX", farão uso extensivo dele em seu ensino e pesquisa.[32]

Enquanto o financiamento oferecido pela NEH tem apoiado principalmente a criação de projetos digitais para uso em sala de aula, e a NSF se concentra na intersecção de computação e questões de humanidades, a Fundação Mellon tem colocado foco em assuntos relacionados a bibliotecas, especialmente a preservação e o armazenamento. Ela vem oferecendo subvenções substanciais às bibliotecas das Universidades Cornell e de Michigan para preservar e tornar disponível uma importante biblioteca de materiais impressos publicados entre 1850 e 1877 sob a rubrica de Making of America (MoA). Só a parte da coleção da Universidade de Michigan vai em breve abranger mais de 9.600 monografias, 50 mil artigos em revistas e 3 milhões

---

[31] UNIVERSITY OF NORTH CAROLINA LIBRARIES. Documenting the American South (http://docsouth.unc.edu/aboutdas.html).

[32] Special Projects Program in the Information and Intelligent Systems Division of the Directorate for Computer and Information Science Engineering, National Science Foundation. Digital Libraries Initiative (http://www.dli2.nsf.gov/). Outras entidades, como a NEH, participaram da iniciativa, mas a maior parte do dinheiro veio da NSF (KORNBLUTH, Mark Lawrence et al. National Gallery of the Spoken Word. Disponível em: http://www.ngsw.org/).

de páginas – uma porção significativa dos impressos da biblioteca referentes àqueles anos.[33]

Assim como os acadêmicos que usam o NDLP, aqueles que usam o MOA podem encontrar informações que previamente estavam em tese disponíveis, mas não necessariamente na prática. Steven M. Gelber, que pesquisava as origens dos hobbies, nota que encontrou "um tesouro de dados em questão de dois, três dias" que teriam exigido meses para serem localizados por meio de uma pesquisa tradicional. Ele define o MOA como "a coisa mais estimulante que tenho visto em pesquisa desde que descobri as máquinas Xerox, em 1967, e compreendi que não precisava mais fazer anotações". Isso "é o que eu supunha que seria o futuro das bibliotecas, mas, para ser bem honesto, nunca achei que viveria para ver uma parcela tão grande do passado colocado online de maneira tão acessível".[34]

Apesar do imenso valor do MOA e de projetos similares, é bom ter algumas precauções. Alguns objetam que tais esforços são uma forma de atear fogo à aldeia para salvá-la, já que os livros, em sua maior parte, serão em última instância descartados – tanto pela exigência de serem desmontados para permitir o escaneamento como pelo valor do espaço para armazenamento. O romancista Nicholson Baker, por exemplo, tem criticado fortemente os primeiros projetos de microfilmagem de jornais que levaram à similar destruição das cópias em papel dos jornais. Como resultado dos esforços de microfilmagem da Biblioteca do Congresso, por exemplo, bibliotecas de todo o país jogaram fora suas cópias originais acreditando que havia agora uma versão microfilmada padrão e abrangente dos jornais que poderia ser reproduzida, solicitada e consultada. Mas Baker argumenta que as anomalias e lacunas (exemplares ou páginas faltantes etc.) na coleção da Biblioteca do Congresso tornaram-se agora lacunas permanentes em alguns registros de jornais

---

[33] E-mail de Wendy Lougee para Rosenzweig, 3 nov. 2000; Maria Bonn, diretora de projeto para o MOA, forneceu informações úteis sobre o projeto em conversa telefônica com Rosenzweig, 9 nov. 2000.

[34] Steven Gelber citado em ROSS-FLANIGAN, Nancy. The Making of America. *Michigan Today*, Spring 1998. Disponível em: http://www.umich.edu/~newsinfo/MT/98/Spr98/mt15s98.html.

em razão da subsequente destruição do que estava guardado em outras bibliotecas.[35] Baker e outros citam também o valor da marginália e de outras marcações feitas nos jornais em papel, que se perdem com o desaparecimento das cópias impressas, e também as dificuldades de reproduzir integralmente em forma digital imagens como as das gravuras do século XIX. Bibliotecários, em contraposição, argumentam que livros e jornais impressos em papel ácido estavam se desmanchando e que a microfilmagem e a digitalização oferecem a única alternativa prática e a única maneira de fornecer "o maior conteúdo possível para o maior número de pessoas a um custo compatível". Embora alguns acadêmicos lamentem a perda da evidência histórica tangível na transição do papel para a imagem digital (assim como lamentam o desaparecimento do catálogo por fichas), muitos outros se beneficiarão de sua capacidade muito maior de oferecer pronto acesso a volumes na coleção do MOA, grande parte dos quais não estão em bibliotecas universitárias convencionais, e mais ainda o fato de permitirem buscas no texto por palavra, em vez de apenas por título.[36]

---

[35] "A triagem cuidadosa do material reformatado é um elemento necessário de um programa geral de gestão de coleções nas principais bibliotecas de pesquisa da nação" (UNIVERSITY OF MICHIGAN DIGITAL LIBRARY PRODUCTION SERVICE. Principles and Considerations for University of Michigan Library Subject Specialists. Feb. 2000. Disponível em: http://www.umdl.umich.edu/policies/digitpolicyfinal.html). BAKER, Nicholson. Deadline: The Author's Desperate Bid to Save America's Past. *New Yorker*, p. 42-61, July 24, 2000. Ver também BAKER, Nicholson. *Double Fold: Libraries and the Assault on Paper*. New York, 2001.

[36] ASSOCIATION OF RESEARCH LIBRARIES. Talking Points in Response to Nicholson Baker's Article in the 24 July *New Yorker*. Disponível em: http://www.arl.org/scomm/baker.html. Ver também QUINT, Barbara. Don't Burn Books! Burn Librarians!! A Review of Nicholson Baker's *Double Fold: Libraries and the Assault on Paper*. Searcher, v. 9, n. 6, June 2001. Disponível em: http://www.infotoday.com/searcher/jun01/voice.htm. Agradecimentos a Josh Brown, por sua ajuda nessa questão. Buscas por palavra só são possíveis quando o texto é convertido em códigos que o computador entenda como letras e palavras. O termo "digitalização" pode referir-se de maneira dúbia tanto a escanear uma imagem de uma página de texto como a converter essas imagens de letras em códigos que o computador possa entender como letras. É relativamente fácil escanear milhares de páginas de texto como imagens; é bem mais trabalhoso tornar esse material legível por máquina. Isso requer ou redigitação ou então um sistema de reconhecimento

Na realidade, a incrível facilidade para usar essas obras recém-digitalizadas pode de fato colocar um problema para o futuro trabalho histórico. A coleção do MOA é alimentada em grande parte por livros da armazenagem remota em Michigan que raramente foram emprestados em mais de 30 anos. No entanto, esses mesmos livros "obscuros" estão agora sendo procurados mais de 500 mil vezes por mês. Será que a digitalização vai criar um novo cânone de pesquisa histórica no qual os historiadores recorram muito mais regularmente às obras que podem ser encontradas e buscadas com facilidade online em vez de procurar em repositórios mais remotos? Anos atrás, o *The New York Times* publicava um anúncio com a chamada "Se não está no índice do *The New York Times*, talvez nem tenha acontecido". Será que chegaremos a um futuro no qual, se não estiver na web, talvez não tenha acontecido?

À parte essas preocupações, esses esforços populares, governamentais e de iniciativas sem fins lucrativos começaram a produzir, como observa Gelber, "aquilo sobre o que as pessoas têm falado há cerca de 10 anos – uma biblioteca eletrônica genuína, ou pelo menos um arquivo eletrônico". Os historiadores passarão anos examinando essas fontes digitais e não vão exaurir logo as potencialidades. Embora os Pais Fundadores possam estar mais bem cobertos nesses recursos do que militantes trabalhistas ou feministas, a web de fato oferece agora material que se estende pela ampla gama de temas que interessam aos historiadores contemporâneos. A condição sempre precária da esfera pública nos Estados Unidos de hoje coloca um perigo crucial para a contínua expansão desse fervilhante arquivo livre. Por exemplo, o orçamento da NEH, o financiador mais importante de obras de humanidades, declinou (em termos reais) em cerca de dois terços nos últimos 20 anos.[37] E nos anos mais recentes precisou lutar para sobreviver.

óptico de caracteres [*optical character recognition*, OCR]. O MOA usa um sistema automatizado de OCR, que dá resultados muito bons, embora não perfeitos.

[37] Gelber citado em ROSS-FLANIGAN. Making of America. ASSOCIATION OF RESEARCH LIBRARIES. Summary of Fiscal Year 1999 Appropriation Request for the National Endowment for the Humanities. Association of Research Libraries. Disponível em: http://www.arl.org/info/letters/FY1999.html; KATZ, Stanley N. Rethinking the Humanities Endowment. *Chronicle of Higher Education*, Jan. 5, 2001, B5-10. Todos os artigos da *Chronicle* citados aqui estão disponíveis

A NEH talvez enfrente agora outras ameaças com um presidente e um Congresso republicanos, que tradicionalmente não têm sido simpáticos ao setor público.

Apesar do grande sucesso do American Memory, que recebe 18 milhões de acessos por mês e trouxe fontes primárias para as salas de aula do ensino primário ao secundário de todo o país, a Biblioteca do Congresso parece estar se afastando de seu foco em colocar suas coleções de história online. Um relatório do Conselho Nacional de Pesquisa no verão de 2000 criticou a biblioteca pelo fato de, na realidade, prestar atenção demais a fontes históricas e não suficiente atenção a materiais criados recentemente e "nascidos digitais", como sites e revistas e livros eletrônicos. James O'Donnell, vice-reitor para Sistemas e Computação na Universidade da Pensilvânia e que presidiu a comissão autora do relatório, contou ao *The New York Times*: "Digitalizar seu material analógico é menos urgente. Se você não faz isso este ano, ele ainda estará disponível daqui a cinco anos, e permitiria que você o fizesse então. A informação digital que você vem perdendo provavelmente está perdida para sempre".[38] Se a Biblioteca do Congresso virar as costas aos massivos esforços de digitalização dos últimos cinco anos, o American Memory pode passar a ser uma memória esquecida do final do século XX.

Além disso, a maior parte do financiamento pelo governo ou por fundações tem sido significativamente reforçada por apoio de universidades (outro aspecto do setor público em risco) e pelos substanciais investimentos feitos na forma de trabalho por pioneiros digitais. Será que a universidade e o apoio de voluntários continuarão disponíveis à medida que a criação de arquivos online se torne rotina? Em outras palavras, será que temos uma base estável para o financiamento

---

online para assinantes em http://chronicle.com/weekly/sitesearch.htm; quando um número de página for citado, o artigo foi consultado primeiramente em sua versão impressa da *Chronicle*.

[38] COMMITTEE ON AN INFORMATION TECHNOLOGY STRATEGY FOR THE LIBRARY OF CONGRESS *et al. LC21*. Disponível em: https://nap.nationalacademies.org/catalog/9940/lc21-a-digital-strategy-for-the-library-of-congress; James O'Donnell citado em HAFNER, Katie. Saving the Nation's Digital Legacy. *The New York Times*, July 27, 2000, G1. Ver também MAYFIELD. Library of Congress Goes Digital.

continuado dos esforços do setor público para criar um arquivo histórico público e gratuito?

A contínua erosão do "domínio público" é mais uma ameaça à web pública. Materiais protegidos por copyright antes entravam nesse reino intangível de uso irrestrito após um período de 28 anos, renovável uma vez, ou por um máximo de 56 anos. Em 1976, a lei do copyright encolheu o domínio público ao estender a maioria dos copyrights existentes a 75 anos. Com isso, os únicos corpos de material referente aos anos posteriores a 1923 (ano a partir do qual o copyright cobre a maioria das obras) são documentos do governo, como as histórias de vida do WPA (Works Progress Administration) ou as fotos do FSA. A Lei Sonny Bono de extensão do prazo do copyright, de 1998, estendeu os direitos por mais 20 anos (em parte por causa do agressivo lobby da Disney Corporation, cujo Mickey Mouse estava escorregando para o domínio público). Isso significa que a linha do copyright permanecerá congelada em 1923 até 2018. Portanto, aqueles que surfam na web podem facilmente ler o livro de F. Scott Fitzgerald *Contos da era do Jazz* (1922), mas não podem ler *O grande Gatsby* (1925), que só estará disponível online em 2020. A extensão do copyright em 1998 desferiu o maior golpe na criação de um arquivo histórico gratuito e público; no entanto, os historiadores mal estiveram presentes à mesa quando essa lei foi aprovada, sendo empurrados para fora pelos ternos caríssimos dos grandes conglomerados de mídia. As restrições de copyright são uma das razões da persistência de formatos já em decadência como o CD-ROM. Os dois CD-ROMs de história dos Estados Unidos nos quais trabalhei contêm material protegido por copyright, para o qual conseguimos comprar a permissão de uso em CD-ROM, mas não para a web.[39]

---

[39] FONDA, Daren. Copyright's Crusader. *Boston Globe Magazine*, Aug. 29, 1999, citado em KARJALA, Dennis S. *Opposing Copyright Extension*. Disponível em: http://www.public.asu.edu/~dkarjala/commentary/Fonda8-29-99.html. Ver, por exemplo, *NCC Washington Update*, Mar. 27, 1998. Disponível em: http://www2.h-net.msu.edu/~ncc/ncc98/ncc9811mar27.html. ROSENZWEIG, Roy; BRIER, Stephen. *Who Built America? From the Centennial of 1876 to the Great War of 1914*. CD-ROM; ROSENZWEIG, Roy et al. *Who Built America? From the Great War of 1914 to the Dawn of the Atomic Age in 1946*. New York, 2000. CD-ROM.

Vendendo o passado online: conglomerados de informação e *start-ups* de internet na web de história privada

Para os historiadores, a proteção do copyright não apenas impôs uma linha vermelha à maior parte da história do século XX, mas também deixou fora da web pública a maior parte da literatura secundária. No entanto, como o problema envolve direitos e dinheiro, a solução possível envolve similarmente direitos e dinheiro: as companhias que provêm conteúdo digital protegido por copyright cobram por ele, e então repassam parte da receita que obtêm aos detentores dos direitos. Isso posto, os modelos particulares para venda de conteúdo digital variam amplamente, à medida que as corporações envolvidas no emergente "negócio da informação" se esforçam para montar o modelo de negócios mais lucrativo.

A abordagem mais comum envolve assinaturas de alto preço para conteúdo digital, baseadas em bibliotecas. As assinaturas individuais de bibliotecas, que permitem que elas distribuam os materiais a todos os seus clientes, geralmente custam milhares de dólares. A Virtual Library of Virginia (VIVA), que compra bancos de dados eletrônicos para as 39 bibliotecas públicas de faculdades e universidades do estado (um arranjo consorciado que é cada vez mais comum nesse setor), atualmente gasta mais de 4 milhões de dólares por ano com assinaturas eletrônicas, e as bibliotecas individuais no consórcio gastam milhares, se não milhões, mais.[40] Assinaturas anuais a bancos de dados de publicações como o ProQuest Direct e a Expanded Academic ASAP (EAA) geralmente custam cerca de 30 mil a 50 mil dólares para faculdades e universidades.

Outros vendedores cobram o conteúdo digital item por item – "por peça" – em vez de cobrarem a assinatura. A Northern Light, que modestamente aspira (nas palavras de seu executivo-chefe) "indexar e classificar todo o conhecimento humano em um padrão consistente e unificado para torná-lo disponível ao mundo inteiro em uma busca integrada única", oferece mais de 700 publicações com texto integral

---

[40] Kathy Perry, diretora do VIVA, forneceu informações a Rosenzweig em várias conversas durante dezembro de 2000 e janeiro de 2001.

(entre elas várias revistas de história), no formato artigo por artigo. Você pode, por exemplo, obter na *Progressive* o artigo de Howard Zinn "Eugene V. Debs and the Idea of Socialism", que por 2,95 dólares é transferido instantaneamente ao seu navegador web. A Contentville, que tem mais o aspecto de uma revista (foi fundada por Steven Brill, que ganhou seus milhões com publicações como a *American Lawyer*), oferece uma seleção menor de artigos por preços similares, além de documentos de fonte primária, como discursos e documentos legais. Destacados especialistas da academia, como Sean Wilentz e Karal Ann Marling, recomendam os melhores livros em American Politics Since 1787 e Popular Culture, e os editores que contribuem compartilham seus websites favoritos.[41]

A grande biblioteca de imagens controlada pela Corbis, a companhia de propriedade de Bill Gates, fundador da Microsoft, oferece o mais vasto banco de dados histórico no esquema de pagamento "por peça". A Corbis absorveu muitas das maiores coleções de imagens do mundo, entre elas o Bettmann Archive e a empresa francesa de fotos Sygma, e tem acordos de licenciamento com fotógrafos e repositórios importantes ao redor do globo (da National Gallery, em Londres, ao Museu Estatal Hermitage, em São Petersburgo). Também representa outro exemplo da tendência de concentração massiva no ambiente digital. Cada vez mais, as imagens do mundo estão ficando sob o controle de apenas duas empresas gigantes sediadas em Seattle – a Corbis e a Getty Images, esta de propriedade do herdeiro do petróleo Mark Getty. Ambas têm a aspiração de se tornar, como diz o anúncio da Corbis, "sua única fonte para uma série de imagens diversas" – ou "O lugar das imagens online", como reza seu slogan comercial. Mais de 2 milhões dos 65 milhões de imagens da Corbis estão digitalizados e disponíveis por um mecanismo de pesquisa rápido. Qualquer um que tenha feito pesquisa de fotos para um livro ou artigo vai apreciar poder ficar sentado em casa pesquisando essa incrível coleção – 17 fotos excelentes de Eugene Debs, por exemplo. Você pode olhar sem pagar, mas o uso das imagens (com o brasão "corbis.com" na versão online e

---

[41] Contentville (http://www.contentville.com/).

protegidas por marcas d'água digitais) tem uma etiqueta de preço que aumenta conforme você passa de uma imagem digital transferida à sua página da web pessoal (3 dólares) a uma impressão em papel *glossy* para você colocar na parede (que começa em 16,95 dólares) ou uma imagem que você queira publicar em livro (em geral, 100 dólares ou mais).[42]

Os preços da Corbis são em muitos casos os de imagens protegidas por copyright, mas outros de seus preços são fruto da propriedade que a companhia detém de uma imagem amplamente publicada na época pré-copyright e que está disponível de graça, se você conseguir uma cópia em uma fonte menos ávida de pagamentos, como a Biblioteca do Congresso, por exemplo. Você pode pagar 3 dólares para a Corbis por uma imagem digital da foto de Walker Evans do "Interior de uma Cabana na Época da Depressão" ou baixar de graça uma versão de melhor qualidade dessa mesma imagem no American Memory. O American Memory também provê uma identificação mais completa e uma contextualização da foto, já que suas metas são educacionais e acadêmicas, mais que apenas pecuniárias. Similarmente, você pode comprar da Contentville o discurso de Eugene Debs de 1918 em Canton, Ohio, que ajudou a colocá-lo na prisão por incitação à rebelião, e pagar 1,95 dólar, ou obtê-la de graça em pelo menos quatro sites diferentes.

Custos à parte, esses bancos de dados online já estão revolucionando a maneira como historiadores fazem sua pesquisa. Mais familiares aos historiadores são os imensos bancos de dados bibliográficos como o America: History and Life e o Arts and Humanities Citation Index. Nos velhos tempos (isto é, há cinco ou seis anos), os historiadores organizavam bibliografias fazendo buscas em volumes encadernados anualmente. Agora o mais comum é fazerem essas buscas rapidamente online, da maneira como acharem melhor. Os historiadores, depois de reunirem uma bibliografia, costumavam procurar artigos e copiá-los.

---

[42] A Corbis e a Getty "têm engolido agências menores ao redor do mundo" (BLACK, Gordon. Corbis Courts Online Consumers. *Seattle Times*, Nov. 16, 1999, D6). Ver também HEIM, Kristi. Digital Image is Everything as Gates, Getty Vie for Control of 'Net Art. *Denver Post*, Mar. 5, 2000, I-03 (ambos disponíveis online por meio da LexisNexis Academic Universe). CORBIS CORPORATION. Corbis: The Place for Pictures Online. Disponível em: http://www.corbis.com.

Mas agora podem encontrar online o texto integral de uma seleção surpreendentemente ampla de obras.

As principais fontes online para o texto integral de revistas – o ProQuest Direct, da Bell & Howell, a Expanded Academic ASAP (EAA), da Thomson Corporation, e a EBSCO – oferecem milhares de revistas, entre elas dezenas de importantes revistas sobre história, em geral de 1989 até o presente.[43] Apesar de certas lacunas, como as referentes à maioria das publicações de sociedades históricas estaduais, esses bancos de dados contêm uma grande porcentagem da literatura de revistas da década de 1990 que os historiadores às vezes precisam consultar. Dois recursos sem fins lucrativos, mas ainda fechados – o Project Muse e o History Cooperative –, preenchem lacunas importantes em relação ao que o ProQuest e o EAA oferecem. Para fontes ainda mais antigas, o JSTOR (também disponível apenas por meio de pesadas tarifas de aquisição pelas bibliotecas, bem como por uma taxa anual de manutenção) oferece cobertura abrangente, se bem que para um conjunto menor de revistas.

Por ora, as monografias de história não são encontradas tão prontamente no ciberespaço quanto as revistas. Mas talvez não demore. A Questia Media, Inc., bancada por 130 milhões de dólares em capital de risco, criou uma biblioteca online de artes liberais com 50 mil livros acadêmicos, e eles têm a expectativa de chegar a 250 mil volumes por volta de 2003 – o que eles chamam de "o maior projeto de digitalização do mundo". Com uma abordagem diferente daquela do ProQuest e do EAA, a Questia pretende vender assinaturas por 19,95 dólares mensais a estudantes "pressionados pelo fator tempo", que eles acreditam (desafiando um ceticismo razoável) que vão se dispor a pagar por acesso a materiais que os ajudem a produzir seus artigos mais rapidamente. Pelo menos nas aulas de História, o investimento pode não ter o retorno esperado: embora a Questia tenha mais de 9 mil títulos de história, nenhuma das 10 monografias que historiadores dos Estados Unidos,

---

[43] O acervo de textos integrais de história na EBSCO não parece ser tão profundo quanto os do ProQuest e da EAA. Por exemplo, a EBSCO não oferece periódicos consagrados como *Journal of Women's History*, *Journal of Negro History* e *Journal of Southern History*, que estão na EAA.

num levantamento da *Journal of American History*, listaram como as "mais admiradas" pode ser encontrada nas prateleiras dessa biblioteca online. Seus concorrentes, a NetLibrary (com mais de 100 milhões de dólares de capital de risco e 25 mil livros já online) e a Ebrary.com, têm outros modelos de negócios. A NetLibrary vende cópias de livros de bibliotecas eletrônicas que só podem ser acessadas por uma pessoa por vez; se alguém "retirou" o livro, então ninguém mais pode "retirá-lo". Ela oferece seus 25 mil livros em diferentes agrupamentos, que vão dos 618 títulos da "coleção de escolas de administração", a um preço médio de 40 dólares por volume, aos 126 volumes de "Países, Culturas e Povos do Mundo" e aos 214 volumes de "Cliffs Notes"[44] (as obras literárias integrais geralmente estão disponíveis de graça, já que a coleção da NetLibrary tem 4 mil livros de domínio público). A Ebrary, ao contrário, permite que os usuários pesquisem livros sem cobrar, mas requer um pagamento pela impressão ou cópia de um trecho do livro.[45]

Nem todos os serviços pagos oferecem conteúdo protegido por copyright. Alguns oferecem conteúdo de domínio público, mas cobram

---

[44] *Cliffs notes* são pequenos textos que dão aos estudantes uma visão dos pontos essenciais de uma obra. (N.T.)

[45] Sobre iniciativas voltadas ao livro eletrônico, ver BLUMENSTYK, Goldie. Digital-Library Company Plans to Charge Students a Monthly Fee for Access. *Chronicle of Higher Education*, Nov. 14, 2000; ALBANESE, Andrew R. E-Book Gold Rush: Welcome to the Electronic Backlist. *Lingua Franca*, v. 10, Sept. 2000. Disponível em: http://www.linguafranca.com/print/0009/inside-ebook.html; DARWIN, Jennifer. Storybook Beginning: Questia-Founder Follows Novel Script to Launch Online College Library. *Houston Business Journal*, Apr. 7, 2000. Disponível em: http://www.bizjournals.com/houston/stories/2000/04/10/story2.html; GUERNSEY, Lisa. The Library as the Latest Web Venture. *The New York Times*, June 15, 2000; LC21, box 1.3; FOWLER, Tom. $90 Million in Funding for Questia. *Houston Chronicle*, Aug. 24, 2000, business p. 1 (disponível online em LexisNexis Academic Universe); e MAYFIELD, Kendra. The Quest for E-Knowledge. *Wired News*, Feb. 5, 2001. Disponível em: http://www.wired.com/news/print/0,1294,41543,00.html. Sobre pesquisa, ver THELEN, David. The Practice of American History. *Journal of American History*, v. 81, Dec. 1994, p. 953. A história não está particularmente bem representada na coleção da NetLibrary até o momento. Alguns outros vendedores de "e-books" concentram-se em áreas particulares, por exemplo, tecnologia da informação (ITKnowledge) e marketing e finanças (Books24x7).

por ele, em um esforço para recuperar seus custos de digitalização. Um dos pioneiros disso tem sido o HarpWeek, um projeto pessoal de John Adler, homem de negócios aposentado interessado pela história norte-americana do século XIX. Embora a maior parte dos projetos de digitalização se apoie na busca por "palavra-chave" do texto integral, Adler empregou dezenas de indexadores que leem cada palavra do *Harper's Weekly* e examinam cada ilustração e cartum, a fim de criar um índice humano de todas as edições da revista de 1857 a 1912. Essa indexação trabalhosa significa, por exemplo, que o HarpWeek oferece uma busca por imagem melhor do que muitas das outras fontes online, já que o poder bruto da busca por palavra-chave traz recompensas maiores em textos históricos do que em imagens. Adler criou um recurso de pesquisa extraordinário para historiadores do século XIX, apesar de caro — os primeiros 20 anos, agora disponíveis, são vendidos por perto de 35 mil dólares.[46]

Podemos dar uma olhada nos contornos gerais de um projeto ainda mais notável — o texto integral do *The New York Times* para os anos 1851 a 1923. A Universal Library, da Universidade Carnegie Mellon (com aspirações similares às do projeto Xanadu, de Nelson, e apoio da Seagate Technology), está escaneando toda a era de domínio público do *Times*, que pretende tornar disponível de graça para leitura online. Ao mesmo tempo, está usando reconhecimento óptico de caracteres para transformar o *Times* em um texto que permita buscas, embora a qualidade do resultado ainda seja um pouco incerta no momento. A Universal Library planeja oferecer gratuitamente exibições das imagens das páginas, mas cobrar por acesso ao texto que permite buscas — talvez 40 dólares por uma assinatura vitalícia. Por ora, a visão é mais estimulante do que a implementação — ainda não se consegue fazer buscas, e o microfilme escaneado oferecido para 1860-1866 contém algumas páginas ilegíveis.[47]

---

[46] Ver "Purchase Information", em HarpWeek (http://www.harpweek.com/4About HarpWeek/HowToPurchase/HowToPurchase.htm). A HarpWeek pode também começar a cobrar taxas anuais de manutenção em 2002.

[47] E-mails de Robert Thibadeau para Rosenzweig, 1-2 nov. 2000; The Historical New York Times Project (http://nyt.ulib.org/). Para páginas ilegíveis, ver, por exemplo, 6 de agosto de 1860 e 6 de agosto de 1863.

O plano de cobrar assinaturas dessa "Universal Library" baseada em uma universidade sugere um tipo de site de história que se posiciona de modo desconfortável entre as categorias "público" e "privado" que viemos usando. Assim como o JSTOR e o Project Muse – ambos empreendimentos sem fins lucrativos que receberam substancial apoio da Fundação Mellon –, ele é "público", mais do que privado, em sua propriedade, seu controle e em se abster de lucro. No entanto, ele é (ou será) "privado" em conceder acesso pleno apenas àqueles que pagam. Apesar do financiamento da fundação com a qual eles contam, grupos como o JSTOR e o Project Muse argumentam – de maneira bastante razoável – que precisam de receita para sustentar sua operação, para acrescentar novos artigos de revistas e para manter o serviço. Portanto, cobram assinaturas de valor substancial das bibliotecas. Infelizmente, quando operações sem fins lucrativos entram na web privada, elas não só restringem o acesso, mas também passam a ter custos substanciais; o JSTOR e o Project Muse gastam uma parte considerável de sua receita não para criar ou postar conteúdo, mas para anunciar seus serviços e impedir a entrada de usuários não autorizados. Michael Jensen, que ajudou a desenvolver o Muse, estima que "mais da metade dos custos do projeto de revistas online é destinado a sistemas para *evitar acesso* a seus artigos".[48]

Além disso, mesmo quando a publicação, preservação ou distribuição é repassada a uma operação sem fins lucrativos como o JSTOR ou o Project Muse, autores e revistas acadêmicas ainda assim estão passando o controle sobre a apresentação e o acesso a outra entidade. A History Cooperative – uma parceria entre a University of Illinois Press, a National Academies Press, a Organization of American Historians e a American Historical Association – é pioneira na ideia alternativa de uma "cooperativa", na qual acadêmicos e organizações acadêmicas poderão preservar uma voz nessas questões.[49] Historiadores dessas associações

---

[48] ENSEN, Michael. Mission Possible: Giving It Away While Making It Pay. Trabalho apresentado na reunião anual da Association of American University Presses, Austin, Tex., 22 June 1999. Disponível em: http://www.nap.edu/staff/mjensen/aaup99.html (ênfase em originais).

[49] Sobre a History Cooperative, ver GROSSBERG, Michael. Devising an Online Future for Journals of History. *Chronicle of Higher Education*, Apr. 21, 2000. *William*

profissionais e suas revistas acharam que esse arranjo lhes permitiria, por exemplo, tornar suas revistas eletrônicas o mais amplamente disponíveis possível. Daí que, embora as revistas eletrônicas *Journal of American History* e *American Historical Review* só sejam disponíveis a assinantes, não há uma cobrança adicional para indivíduos ou bibliotecas pelo acesso. Ter voz em uma cooperativa também facilita experimentar com uma das questões-chave enfrentadas por acadêmicos – será que os ambientes digitais nos permitem apresentar nossa produção acadêmica de maneiras novas – e melhores?[50] Em última instância, a medida do sucesso de sociedades acadêmicas e sem fins lucrativos é de que maneira elas melhoram a produção acadêmica e a sociedade, e não quanta receita conseguem gerar.

Alguns argumentam que, tendo em conta essas metas sociais e acadêmicas mais amplas, os acadêmicos deveriam se direcionar a um acesso total e gratuito aos frutos da produção acadêmica, que, afinal, é basicamente e em primeiro lugar de financiamento público. Em 1991, Paul H. Ginsparg, físico do Laboratório Nacional de Los Alamos, criou os arquivos arXiv.org e *e-Print*, que se tornaram um repositório aberto de mais de 150 mil *preprints* (artigos de pesquisa ainda não revisados por pares) sobre física, matemática e áreas relacionadas. Os arquivos *e-print* de psicologia, linguística, neurociência e ciência da computação oferecem similarmente *preprints* eletrônicos com acesso gratuito. A Open Archives Initiative defende expandir essas iniciativas de modo que se tornem "interoperáveis" (permitindo, por exemplo, uma fácil busca pelos múltiplos arquivos); que incluam trabalhos revisados por pares; e, em última instância, que formem a base de um "modelo

---

and *Mary Quarterly*, *Western Historical Quarterly*, *History Teacher* e *Law and History Review* em breve vão se juntar à *Journal of American History* e à *American Historical Review* na History Cooperative. (Abrindo o jogo: eu fui um dos membros da comissão da *Journal of American History* que desenvolveu o projeto da cooperativa.)

[50] Para um experimento em publicação hipertextual, ver os artigos em ROSENZWEIG, Roy (ed.). Hypertext Scholarship in American Studies. Disponível em: http://chnm.gmu.edu/aq; e ROSENZWEIG, Roy (ed.). Forum on Hypertext Scholarship: *AQ* as Web-Zine: Responses to *AQ*'s Experimental Online Issue. *American Quarterly*, v. 51, p. 237-282, June 1999 (disponível online para assinantes do Project Muse, http://muse.jhu.edu/).

transformado de comunicação acadêmica". O cientista da computação Stevan Harnad, um dos mais enfáticos promotores de tais sistemas abertos, vislumbra um futuro no qual "toda a literatura revisada por pares estará disponível a todo pesquisador em toda parte, a qualquer hora, de graça e para sempre".[51] Até o momento, são os cientistas que têm predominado nesse tipo de experimento com arquivo acadêmico aberto. A questão que permanece é se são facilmente transferíveis para as humanidades, que carecem dessa mesma tradição de *preprint* e nas quais a rapidez de publicação é muito menos importante. Além disso, os preços extraordinariamente elevados das revistas de ciência publicadas comercialmente têm dado impulso adicional a esses esforços. Ninguém está preocupado em acabar com os negócios das editoras comerciais. Mas os perdedores com o fim das revistas acadêmicas de história serão as editoras universitárias e as sociedades acadêmicas.

Para que associações acadêmicas como a Organization of American Historians sobrevivam em um mundo em que toda informação acadêmica é gratuita, terão de adotar modelos de receita alternativos para sustentar sua operação. Uma abordagem promissora para resolver a contradição entre acesso público gratuito e receita continuada para apoiar a edição e publicação da produção acadêmica tem sido a iniciativa pioneira do projeto Open Book, da National Academies Press (NAP), levado adiante por Michael Jensen, uma figura-chave também do Project Muse e do History Cooperative. A NAP, braço editorial da Academia Nacional de Ciências, tem colocado de graça toda a sua linha

---

[51] arXiv Monthly Submission Rate Statistics. arXiv.org e-Print archive. Disponível em: http://arXiv.org/cgi-bin/show_monthly_submissions; HARNAD, Stevan. The Future of Scholarly Skywriting. *In*: SCAMMELL, A. (ed.). *i in the Sky: Visions of the Information Future*. Aslib, nov. 1999. Disponível em: http://www.cogsci.soton.ac.uk/~harnad/Papers/Harnad/harnad99.aslib.html. Ver também KIERNAN, Vincent. "Open Archives" Project Promises Alternative to Costly Journals. *Chronicle of Higher Education*, Dec. 3, 1999; SOMPEL, Herbert Van de; LAGOZE, Carl. The Santa Fe Convention of the Open Archives Initiative. *D-Lib Magazine*, v. 6, Feb. 2000. Disponível em: http://www.dlib.org/dlib/february00/vandesompel-oai/02vandesompel-oai.html; HARNAD, Steven. Free at Last: The Future of Peer-Reviewed Journals. *D-Lib Magazine*, v. 5, Dec. 1999. Disponível em: http://www.dlib.org/dlib/december99/12harnad.html.

de publicações mais recentes e a maior parte do seu catálogo online, em formato de imagem de página. Por ironia, o fato de disponibilizar esse material acabou aumentando as vendas da NAP, pois agora as pessoas encomendam livros que examinaram online, e dos quais querem um exemplar físico. Além disso, o próprio livro – indexado por mecanismos de pesquisa da web – torna-se sua melhor publicidade. Jensen, portanto, argumenta que "é preciso pensar primeiramente em navegação livre, fácil acesso e numa publicação amigável à pesquisa, e em segundo lugar em vendas", pois é algo que está "muito mais de acordo com o papel de uma editora não comercial" e com sua missão de proporcionar "o maior bem possível à sociedade dentro das limitações de nosso dinheiro."[52]

Quem é o dono do passado online?
Acesso e controle na web de história privada

Esses grandes projetos, públicos ou privados, certamente vão transformar a pesquisa histórica e em última instância também a escrita. Aqueles que se doutoraram antes de 1990 provavelmente passarão o resto de suas carreiras divertindo alunos de pós-graduação ao contar histórias sobre como "no meu tempo, passávamos horas girando leitores de microfilmes à procura de artigos de jornal relevantes". Diante do valioso presente que a digitalização comercial oferece à profissão da história, parece um pouco deselegante fazer pouco dessa oferta.

Deselegante, mas com certeza necessário. Depois que diminuir nosso entusiasmo com as riquezas digitais em nossas telas ou com os novos modos de pesquisa que estão sendo abertos para nós, precisamos pensar sobre seus custos. Sem dúvida, na maioria dos modelos que estão surgindo, são as bibliotecas, mais que os pesquisadores individuais, que estão pagando a conta. Mesmo assim, esse dinheiro não está aparecendo magicamente; ele drena outras partes dos orçamentos das bibliotecas. Uma parte do orçamento que vem sendo esvaziada é a que se destina à compra de livros reais, não virtuais e particularmente acadêmicos, para a biblioteca. Sem dúvida, os principais vilões na atual crise de publicações

---

[52] ENSEN. Mission Possible.

acadêmicas são os vendedores comerciais que cobram preços gananciosos por revistas de ciência, tecnologia e medicina. Bibliotecas que pagam 16.344 dólares anualmente para assinar a revista *Brain Research*, da Reed Elsevier, não podem mais bancar tantas monografias de história como antes, um fato que tanto os acadêmicos quanto as editoras universitárias estão sendo obrigados a enfrentar, infelizmente. Mas os recursos eletrônicos também espremem os orçamentos das bibliotecas – eles consomem agora 10% dos seus orçamentos para materiais, em comparação com apenas 25% destinado a monografias.[53]

As tarifas digitais pagas pelas bibliotecas também costumam ir para as mãos das editoras e especialmente dos agregadores comerciais, em lugar de ir para os autores. Escritores *freelancers* têm processado jornais e revistas por incluírem seu trabalho sem autorização (ou compensação) em bancos de dados comercializados pela LexisNexis (Reed Elsevier) e pela Bell & Howell. E editoras de livros têm sido lentas para decidir que porcentagem das receitas de e-books vão compartilhar com os autores.[54]

Além disso, o surgimento desses bancos de dados fechados coloca um problema particular para acadêmicos independentes não filiados a instituições acadêmicas. Se por acaso eles morarem perto de uma grande biblioteca pública, poderão muitas vezes acessar os bancos de dados dentro das instalações dessa biblioteca. Mas não terão a facilidade disponível à maioria dos historiadores sediados em universidades de usar esses recursos

---

[53] KIRKPATRICK, David D. Librarians Unite against Cost of Journals. *The New York Times*, Dec. 25, 2000, C5. Dados sobre orçamentos de bibliotecas fornecidos por Mary Case, da Association of Research Libraries, e publicados em *ARL Statistics, 1998-99* (Washington, 2000); *ARL Supplementary Statistics, 1998-99* (Washington, 2000). Sobre a crise nas publicações acadêmicas, ver, por exemplo, THATCHER, Sanford G. Thinking Systematically about the Crisis in Scholarly Communication, e outros trabalhos apresentados na conferência "The Specialized Scholarly Monograph in Crisis; or, How Can I Get Tenure If You Won't Publish My Book?", Washington, 11-12 set. 1997. Disponível em: http://www.arl.org/scomm/epub/papers/; e ROSENZWEIG, Roy. How Can I Get Tenure If You Won't Publish My Book?. *Organization of American Historians Newsletter*, v. 29, Nov. 1997, p. 5.

[54] STERN, Christopher. Freelancers Get Day in Court. *Washington Post*, Nov. 7, 2000, E3. KIRKPATRICK, David D. Publisher Set to Split E-Book Revenue. *The New York Times*, Nov. 7, 2000, C2.

a partir de casa.[55] O mesmo problema é enfrentado por aqueles que são filiados a instituições menores, que não podem bancar as elevadas taxas de assinatura. Alguns acadêmicos, no entanto, têm agora melhor acesso a recursos; em Virginia, as assinaturas da VIVA para todo o estado dão aos historiadores das *community colleges*[56] e de faculdades tradicionalmente negras, menos subsidiadas, acesso aos mesmos recursos eletrônicos que os professores da bem subvencionada Universidade da Virginia. Não obstante, há sinais de uma clivagem digital na academia espreitando não apenas entre as instituições, mas também no interior delas. Por exemplo, estudantes e professores de Direito geralmente têm acesso ao banco de dados completo da LexisNexis (com consideráveis recursos para historiadores), que normalmente é fechado a outras partes da universidade. Claro que acadêmicos filiados a instituições mais afluentes (e a certas partes das instituições) sempre tiveram vantagens sobre seus colegas, e que acadêmicos independentes sempre enfrentaram barreiras para acesso.

Uma perspectiva mais preocupante está relacionada à emergente estrutura econômica do setor de informação. Anteriormente, o setor de publicações era um negócio relativamente descentralizado e em pequena escala, com muitas editoras diferentes, grandes e pequenas. Mas os provedores de informação online, como muitos outros negócios da "nova economia", beneficiam-se de uma poderosa combinação de economias de escala e "efeitos de rede". No negócio da informação, os custos fixos (por exemplo, para desenvolvimento de software) são os custos mais importantes; depois de cobertos, não sai muito mais caro vender para 3 mil bibliotecas do que para 30. E os "efeitos de rede" – o fato de os benefícios de usar um sistema aumentarem à medida que mais pessoas

---

[55] A National Coalition of Independent Scholars (NCIS) foi bem-sucedida em seu lobby junto à Modern Language Association para que aprovasse duas resoluções sobre acesso para acadêmicos independentes, em sua reunião anual de dezembro de 2000, em Washington, D.C. Ver DELACY, Margaret. A History of NCIS. Disponível em: http://www.ncis.org/history.htm; e NCIS. Modern Language Association Overwhelmingly Passes Resolutions Concerning Access to Resources by Independent Scholars. Disponível em: http://www.ncis.org/ncisnews.htm#MLA%20.

[56] Instituição de ensino superior nos Estados Unidos, sem correspondente no Brasil. De modo geral, elas oferecem cursos profissionalizantes com dois anos de duração, e seu diploma não equivale a um diploma universitário. (N.E.)

passam a usá-lo, já que, entre outras coisas, elas já estarão familiarizadas com sua interface – significam que os maiores atores tenderão a ficar ainda maiores. Enquanto a economia baseada em fábricas favorecia os oligopólios, a economia da informação tem maior probabilidade de resultar em monopólios.[57]

Não surpreende, portanto, que a venda online de dados eletrônicos já esteja concentrada em um número muito pequeno de mãos. Quatro corporações gigantes – Reed Elsevier, EBSCO, Bell & Howell e Thomson – são especialmente proeminentes no fornecimento de conteúdo eletrônico a bibliotecas. A Reed Elsevier, que tem foco particularmente em revistas científicas, é menos importante para historiadores (apesar de vender a LexisNexis, um serviço de dados online vital para quem escreve sobre o passado recente). A EBSCO, de controle privado, que ganha 1,4 bilhão em vendas anuais, oferece cerca de 60 bancos de dados de referência proprietários e versões integrais de mais de 2 mil publicações. A Bell & Howell é uma corporação da faixa do bilhão de dólares, que adquiriu a UMI (antiga University Microfilms International), em 1985, e a Chadwyck-Healey (uma importante provedora de publicações de referência e de pesquisa sobre humanidades e ciências sociais), em 1999. Seus bancos de dados contêm mais de 20 mil títulos de periódicos, 7 mil títulos de jornais, 1,5 milhão de teses, 390 mil livros esgotados, 550 coleções de pesquisa e mais de 15 milhões de resumos proprietários. Esses recursos constituem um arquivo com mais de 5,5 bilhões de páginas de informações – todos sendo convertidos para a forma digital (embora não necessariamente como textos buscáveis) sob a Digital Vault Initiative, que a companhia diz que criará "o maior acervo de arquivos digitais de obras impressas do mundo". ("O maior do mundo" é uma declaração frequente no ciberespaço.) Com o tempo, a Bell & Howell vai oferecer online as edições completas de pelo menos 50 periódicos, como o *The New York*

---

[57] Sobre efeitos de redes e economias de escala, ver AGRE, Philip E. The Market Logic of Information. Trabalho apresentado em *Interface*, 5, set. 2000; SHAPIRO, Carl; VARIAN, Hal. *Information Rules: A Strategic Guide to the Network Economy*. Boston, 1998; e AGRE, Philip E. Notes and Recommendations. *Red Rock Eater Digest*, Mar. 3, 1998. Disponível em: http://commons.somewhere.com/rre/1998/notes.and.recommendation2.html.

Times, a *Time* e o *Wall Street Journal*. (De maneira surpreendente, considerando a escala do esforço envolvido, a Bell & Howell pretende criar a própria edição que permite a busca de textos do *The New York Times*, e sua versão vai se estender até o presente, em vez de parar em 1923.)[58] A era do microfilme em pesquisa, que a UMI, da Bell & Howell, lançou em 1938, logo chegará ao fim.

A canadense Thomson Corporation, rival da Bell & Howell e maior que ela, apresenta-se como uma "companhia global de informações e soluções eletrônicas", e tem perto de 6 bilhões de dólares de receita anual. O Gale Group, da Thomson, vende a bibliotecas o texto integral de milhares de publicações (entre as quais revistas de história), sob a marca InfoTrac, que inclui a EAA. Também detém extensivas obras de referência, como as que os historiadores regularmente usam (por exemplo, as publicadas pela Macmillan Reference USA e pela Charles Scribner's Sons). Mais recentemente, agrupou vários de seus produtos, assim como alguns licenciados de outros vendedores, naquilo que chama de seu History Resource Center, anunciado como "a mais abrangente coleção de informações históricas já reunida em uma só fonte". Projetada basicamente para alunos de graduação e para ser comprada por bibliotecas de faculdades ou universidades, inclui documentos primários (de um arquivo acumulado pela Primary Source Media, outra subsidiária da Thomson), artigos de enciclopédia, texto integral de periódicos e revistas, mapas, fotos e ilustrações, resumos gerais, uma linha do tempo, uma bibliografia e links para coleções especiais online. Esses recursos

---

[58] STATE Has Eight Firms on Forbes' List of Biggest 500 Private. *Associated Press State & Local Wire*, Nov. 16, 2000 (disponível em LexisNexis Academic Universe); EBSCO Publishing Corporate Quick Facts. EBSCO Publishing Homepage. Disponível em: http://www.epnet.com/bground2.html. A UMI está considerando planos de transformar as imagens de páginas em texto que permite buscas, um projeto potencialmente massivo (HANE, Paula J. UMI Announces Digital Vault Initiative. *Information Today, NewsBreaks*, July 13, 1998. Disponível em: http://www.infotoday.com/newsbreaks/nb0713-3.htm. Para um relato que afirma que os fac-símiles digitais serão fornecidos, ver: *TIMES* Pages to Be Available on Internet. *The New York Times*, Jan. 13, 2001. Disponível em: http://www.nytimes.com/2001/01/13/technology/13BELL.htm. Ouvi relatos de que as páginas serão convertidas em forma que permite buscas por meio de uma combinação de OCR e redigitação de manchetes e primeiros parágrafos.

não saem barato. Os preços variam consideravelmente em função de arranjos particulares, mas uma licença anual para dois usuários simultâneos pode chegar a perto de 12 mil dólares.

A Bell & Howell e a Thomson estão envolvidas em uma densa rede de conexões com outros empreendimentos online. A Thomson, por exemplo, tem a maior parte das ações da WebCT.com, que oferece software amplamente usado para colocar cursos online, mas se anuncia mais geralmente como *e-learning hub* [núcleo de aprendizagem eletrônica]. A WebCT criou comunidades online separadas por disciplina específica, com fóruns e outros recursos, entre eles um de história. Parte da razão do "investimento estratégico" da Thomson destina-se, presumivelmente, a incentivar a venda de material dos cursos customizados pela Thomson a estudantes de cursos administrados pela WebCT. A Bell & Howell também está de olho no lucrativo mercado de livros didáticos (o chamado *courseware* [software para cursos]) e recentemente lançou o XanEdu, que reembala os materiais vendidos a bibliotecas de faculdades sob o selo ProQuest para vendê-los a estudantes, como pacotes de cursos eletrônicos e como uma "*e-library* [biblioteca eletrônica] para alunos de faculdade, com conteúdo dirigido e buscas pré-selecionadas, orientadas por curso". Isso é oferecido por meio de uma assinatura que custa 49,90 dólares ao ano, e para diversas áreas, entre elas a de história. Para o programa de primeiro e segundo graus e para mercados de bibliotecas públicas, a Bell & Howell faz uma reembalagem adicional desses mesmos recursos por meio da BigChalk.com.[59] Portanto, a Bell & Howell e a Thomson almejam dominar não só a publicação de obras de referência para bibliotecas de universidade, mas também a publicação de livros didáticos e sobre educação em todos os níveis. No novo ambiente eletrônico, essas iniciativas, antes separadas, potencialmente se fundem em "portais de informação" ou naquilo que a XanEdu chama de "o principal destino para a aprendizagem". Como Ted Nelson, de quem devem ter tomado emprestado seu novo nome corporativo, o pessoal da Bell & Howell sonha alto, prometendo que a XanEdu será uma "utopia para a mente".

---

[59] BigChalk: The Education Network (http://www.bigchalk.com).

A publicidade oferece outra via para um passado dominado por empresas. Alguns acreditam que a web vai emergir futuramente como o principal local para anunciar, substituindo a televisão e as revistas de papel brilhante. Nesse cenário, informação "gratuita" seria oferecida nos mesmos moldes como a televisão oferece entretenimento "gratuito". Empreendedores e grandes corporações têm lançado dezenas de sites voltados a faturar dinheiro provendo informação e serviços sobre história ou educação por meio de publicidade ou marketing. Alguns, como o HistoryChannel.com ou o Discovery.com, são desdobramentos de operações impressas ou de TV a cabo já existentes. Por exemplo, o HistoryNet.com (anunciado como "onde a história vive na web") é o companheiro online de 14 revistas populares sobre história (principalmente história militar), como a *Civil War Times*, a *Wild West* e a *Aviation History*. Além dos artigos antigos das revistas, oferece um jogo diário de perguntas e respostas, chamado "This Day in History" [Este dia na história], além de recomendações de sites (limitadas em sua abrangência), fóruns online (não muito ativos no outono de 2000) e listas de eventos e exposições relacionados com história – tudo isso acompanhado por vistosos banners de publicidade.

Há ainda outros sites relacionados a história geridos por *start-ups* criadas especialmente para a web. O About.com (antigo Mining Company), por exemplo, criou para si o apelido de "Internet Humana" e oferece "guias" humanos para mais de 700 assuntos diferentes, entre os quais "História das Mulheres", "História do Século XX" e 10 assuntos históricos adicionais. Os guias, que geralmente são graduados em História, costumam oferecer links com breves comentários sobre material baseado na web, ensaios curtos escritos por eles mesmos (frequentemente em conexão com assuntos atuais) e fóruns online. Os fóruns – a maioria deles não muito ativos – têm um recurso de ajuda a trabalhos escolares, no qual os estudantes colocam suas dúvidas. (A julgar pelas respostas, duvido que alguém tire boas notas.)

Muitas outras *start-ups* da web têm partilhado o interesse da About.com em fazer incursões no "mercado" da educação – uma área em expansão que abrange professores e alunos em múltiplos níveis. Durante a febre das ações em empreendimentos da internet que tomou a maior parte de 1999 e o início de 2000, as ponto-com de educação brotavam da noite para o dia como sonhos de IPOs (*initial public offerings* [ofertas públicas iniciais de ações]), e havia milhões dançando na cabeça de empreendedores e capitalistas investidores. Casos típicos foram a eCollege, uma companhia de educação a distância que levantou 55 milhões de dólares em uma IPO, em dezembro de 1999, e a Lightspan, uma provedora de "software educacional baseado nos currículos oficiais e produtos de internet", que incluía, segundo prometia, planos de lições e documentos primários em história e em outras áreas.[60] A Lightspan tornou-se pública a 11,62 dólares por ação em meados de fevereiro de 2000, e menos de um mês depois o preço das suas ações mais do que dobrou.

Até agora a realidade dos sites patrocinados de história e educação não correspondeu às deslumbrantes promessas, tanto de lucros imensos como de conteúdo enriquecedor. Em termos gerais, os sites sem fins lucrativos oferecem conteúdo consideravelmente melhor. Por exemplo, os 774 artigos de história popular disponíveis na HistoryNet.com ficam muito aquém dos milhares de artigos acadêmicos oferecidos no JSTOR. Os materiais mais ricos no About.com são aqueles que vêm de sites como American Memory e New Deal Network, apresentados com a moldura de banners de publicidade do About.com. O H-Net e o History Matters oferecem fóruns de discussão consideravelmente mais ativos que os do The HistoryNet ou do About.com. A lista de melhores sites de história fornecida pelo History Channel contém o site do Décimo-Oitavo Regimento de Infantaria da Louisiana, mas não faz menção ao Valley of the Shadow ou à coleção de fotos da Guerra Civil da Biblioteca do Congresso – presumivelmente porque é preciso assinar um acordo de parceria com o History Channel e postar seu banner de publicidade para conseguir fazer parte da lista. É recomendável encarar com ceticismo as alegações do The HistoryNet de ser "o maior site de

---

[60] Sobre o *boom* da internet, ver VARIAN, Hal R. Economic Scene. *The New York Times*, Feb. 6, 2001, C2. Lightspan.com (http://www.lightspan.com/). Em janeiro de 2001, a maioria dos links para materiais em história diziam: "Estamos atualmente juntando os melhores links educacionais para este tópico. Logo você terá acesso a sites selecionados por especialistas, artigos de enciclopédias, atividades de aprendizagem, planos de aulas e mais".

história da internet e o de conteúdo mais rico", ou as do About.com, quando alardeia que "nossos guias conhecem seus assuntos tão bem quanto qualquer outra pessoa".[61]

Os preços das ações têm sido ainda mais superestimados do que essas alegações sobre seus conteúdos, como ficou brutalmente revelado na primavera de 2000 pelo estouro da bolha da Nasdaq (National Association of Securities Dealers Automated Quotations [Associação Nacional de Corretores de Títulos de Cotações Automáticas]). A About.com perdeu quase três quartos do seu valor entre março e abril de 2000; as ações do eCollege caíram 85%, e a Lightspan despencou para apenas pouco mais de um dólar a ação. "Há muito mais companhias no espaço da aprendizagem eletrônica do que o setor de educação precisa", reconheceu o executivo-chefe do eCollege, Oakleigh Thorne. Companhias que tinham fontes reais de receita em lugar de fontes virtuais também começaram a questionar se de fato havia um pote de ouro no final do arco-íris da internet. Em novembro de 2000, o Discovery Communications, de controle privado, abandonou planos de desdobrar sua unidade da web e também dispensou a maioria de seus funcionários na web – demitindo 40 por cento do corpo regular de funcionários e dispensando 150 trabalhadores terceirizados. "Não conseguimos alcançar a lucratividade prevista a curto prazo na internet como um negócio independente", explicou a presidente da companhia, Michela English. Parte do problema foi que nenhum desses sites jamais havia sido lucrativo; eles sobreviviam unicamente do capital de risco investido, de dinheiro da IPO ou da generosidade de seus pais corporativos ricos. Igualmente problemática foi a queda nas taxas de publicidade na internet, que acompanhou a queda das ações da internet, e a percepção pelos anunciantes de que poucos internautas (cerca de

---

[61] A lista dos melhores sites não havia sido oficialmente lançada quando fiz uma consulta, em 6 de fevereiro de 2001, mas já continha uma longa lista de sites sobre a Guerra Civil. THE HISTORY Channel.Com Network, no The History Channel. com (http://network.historychannel.com/index.asp?page=home). Cowles History Group, Inc. The HistoryNet: Advertiser Information, no The HistoryNet (http://www.thehistorynet.com/forms/adinfo.htm); ABOUT Us: Our Story, no About.com, About – The Human Internet (http://ourstory.about.com/index.htm?PM=59_1100_T).

0,4 por cento) estavam clicando nos banners de publicidade.[62] A queda nessas taxas era parte de um ciclo vicioso no qual os preços em queda das ações afastavam anunciantes da internet e então causavam problemas para as *start-ups*, que – em uma espécie de esquema Ponzi[63] – já haviam elas mesmas elevado as taxas artificialmente com seus próprios anúncios.

A derrubada dos preços das ações das ponto-com e a queda das taxas de anúncios na internet sugerem que o futuro da história patrocinada comercialmente na web pode não ser tão cor-de-rosa como alguns acreditaram. O negócio da história já havia tido sua cota de sucessos no mundo "real" – da revista *American Heritage* ao History Channel, do History Book Club ao turismo voltado ao patrimônio histórico –, mas nunca foi um grande setor da economia estadunidense.[64] O passado continua sendo um domínio no qual predominam iniciativas não lucrativas, voluntárias e entusiastas.

Mas, como Susan Smulyan relembra em sua história da comercialização da radiodifusão nos Estados Unidos, tanto os donos de empresas de radiodifusão quanto os anunciantes, bem como os ouvintes, viam com ceticismo a viabilidade da publicidade no rádio. Talvez chegue o dia em que a publicidade na web seja tão "natural" e lucrativa quanto

---

[62] Oakleigh Thorne citado em CARR, Sarah; BLUMENSTYK, Goldie. The Bubble Bursts for Education Dot-Coms. *Chronicle of Higher Education*, June 30, 2000, A39-40. DISCOVERY.Com Workers Get Pink Slips. *Washington Post*, Nov. 14, 2000, C7. ONLINE Advertising Rate Card Prices and Ad Dimensions. *AdRelevance*, Jupiter Media Metrix, Aug. 14, 2000. Disponível em: http://www.adrelevance.com/intelligence/intel_archive.jsp; NUNES, Paul F. Wake-up Call for Internet Firms Overly Dependent on Ad Revenues. *BusinessWorld*, Philippines, June, 2000 (disponível em LexisNexis Academic Universe).

[63] O esquema Ponzi é uma operação financeira fraudulenta baseada no esquema das pirâmides, desenvolvido na década de 1910, nos Estados Unidos, pelo golpista ítalo-americano Charles Ponzi. Ele prometia lucros de até 50% aos investidores, mas o dinheiro que pagava provinha do próprio dinheiro investido por eles e daquele que Ponzi arrumava de outros investidores que ia captando, e não de lucros reais da venda de produtos ou serviços. (N.T.)

[64] Ver, por exemplo, ROSENZWEIG, Roy. Marketing the Past: American Heritage and Popular History in the United States. *In*: BENSON, Susan Porter; BRIER, Stephen; ROSENZWEIG, Roy (ed.). *Presenting the Past: Essays on History and the Public*. Philadelphia, 1986. p. 21-49.

os comerciais de TV. Além disso, a queda nas *taxas* de publicidade na internet não deteve o contínuo crescimento no volume geral de publicidade na rede.[65] E o estouro na bolha das ações das ponto-com não desacelerou o uso da internet ou o crescimento da importância da web como veículo comercial. Quer a história acabe ou não se saindo melhor com Coca-Cola (anúncios), a venda de informação digital (provavelmente a maior parte a bibliotecas e não a indivíduos) crescerá em importância e será cada vez mais dominada por um pequeno número de corporações gigantes. Talvez tenhamos uma combinação de sistemas baseados em taxas e outros sustentados por publicidade. A LexisNexis Academic Universe, da Reed Elsevier, cobra substanciais taxas de assinatura das bibliotecas, mas ainda traz banners piscantes de publicidade. (Um pesquisador que imagine estar "num dia de sorte" pode, por exemplo, clicar num anúncio e apostar algum dinheiro – talvez o que lhe restou de sua última bolsa de pesquisa – na mesa de *blackjack* do CybersportsCasino.com.)

Faz pouco sentido soar um alarme sobre o caráter capitalista do negócio da informação e da publicação, já que a publicação sempre foi um negócio. Mas não foi tradicionalmente um negócio dominado por umas poucas corporações gigantes. No outono de 2000, quando a Reed Elsevier e a Thomson compraram conjuntamente a editora Harcourt (onde Ted Nelson havia resgatado o termo "Xanadu" há quatro décadas) por 4,4 bilhões de dólares em dinheiro vivo e assumindo dívida de 1,2 bilhão, o *The New York Times* observou que o preço estava abaixo do esperado. "A principal razão para o preço baixo", explicou o jornal, "é que as fusões nas empresas do ramo da educação e da publicação profissional – o cerne da Harcourt – progrediram a tal ponto que quase não restaram mais ofertas. Cada um dos negócios principais da Harcourt é dominado por apenas três ou quatro companhias, como

---

[65] SMULYAN, Susan. *Selling Radio: The Commercialization of American Broadcasting, 1920-1934*. Washington, 1994; ELLIOTT, Stuart. Banners' Ineffectiveness Stalls an Up-and-Coming Rival to TV. *The New York Times*, Dec. 11, 2000, C4; DOT Coms in the Driver's Seat. *AdRelevance*, Sept. 5, 2000. Disponível em: http://www.adrelevance.com/intelligence/special_dotcom.pdf; THE FAILURE of New Media. *Economist*, Aug. 19, 2000.

a McGraw-Hill ou a Pearson. Quase todos os potenciais compradores já enfrentaram problemas com ações antitruste ou tiveram suas folhas de balanço ocupadas por recentes aquisições."[66] Em um mundo em que as bibliotecas só podem comprar de um ou dois vendedores, esses vendedores podem facilmente ditar preços e conteúdo. E num mundo em que há poucas editoras, elas podem igualmente ditar termos para os autores.

O mundo online patrocinado por publicidade também parece ir pelo mesmo caminho de fusões de mídias prenunciado pela fusão da AOL com a Time Warner, Inc. Considere, por exemplo, a história da revista *Civil War Times*, cujas origens humildes remontam à década de 1940, quando Leroy Smith usou o que havia ganhado jogando pôquer no exército para iniciar um negócio de turismo histórico em Gettysburg, Pensilvânia. Em 1962, durante o centenário da Guerra Civil, ele e o empresário do ramo de jornalismo Robert H. Fowler criaram a *Civil War Times*; mais tarde, foram acrescentando outras publicações sobre história no que eles chamaram de Historical Times, Inc. Em 1986, a Cowles Media comprou a Historical Times, Inc. e acrescentou ainda outras revistas de história, que se tornaram parte do Cowles Enthusiast Media e a base do The HistoryNet.com, que apareceu na web em 1996. Dois anos mais tarde, a cadeia de jornais McClatchy adquiriu a Cowles e então vendeu a Cowles Enthusiast Media para a Primedia – antes conhecida como K-III Communications, um conglomerado de revistas especializadas (como a *National Hog Farmer* e a *Lowrider Bicycle*), reunidas lá atrás, na especulativa década de 1980, pelos especialistas em aquisições alavancadas da Kohlberg Kravis Roberts. No outono de 2000, a Primedia anunciou planos de comprar a About.com por mais de meio bilhão de dólares – e com isso não só juntou a velha mídia (revistas) e a nova (web), como também colocou sob um guarda-chuva corporativo dois dos principais sites de história bancados por publicidade da web.

---

[66] KIRKPATRICK, David D. Media Giants in Joint Deal for Harcourt. *The New York Times*, Oct. 28, 2000, C1. Ver também POYNDER, Richard. The Debate Heats Up: Are Reed Elsevier and Thomson Corp. Monopolists?. *Information Today, NewsBreaks*, Apr. 30, 2001. Disponível em: http://www.infotoday.com/newsbreaks/nb010430–1.htm.

Poucos meses mais tarde, comprou metade da Brill Media Holdings, a companhia por trás da Contentville.com.[67]

Ironicamente, apesar da tendência para as fusões online, uma das maiores frustrações da Xanadu histórica do jeito como ela existe no alvorecer do novo milênio é sua miríade de divisões. Descobrir o que a internet oferece sobre Eugene V. Debs requer pelo menos uma dúzia de diferentes buscas – usando um mecanismo de pesquisa geral como o Google; é preciso consultar os arquivos de artigos acadêmicos do JSTOR, do ProQuest, da EAA, da EBSCO, do History Cooperative e do Project Muse; obras de referência no History Resource Center; escritos sobre história popular no The HistoryNet.com; artigos e fontes no Contentville; as fontes primárias do American Memory; e o arquivo de imagens no Corbis.com. O mercado capitalista de informação e as limitações dos mecanismos de pesquisa da web incentivaram tanto a fusão quanto a competição. Nenhuma das tendências é totalmente amistosa para os pesquisadores.

Assim, de forma talvez paradoxal, a web parece estar estimulando dois desdobramentos contraditórios. Por um lado, os recursos requeridos para publicar na web são tão modestos que nos últimos cinco anos temos visto um impressionante esforço popular de publicação. E mesmo assim, por outro lado, a capacidade de montar um negócio sério de publicação ou informação baseado na web pode revelar-se de fato bastante limitada. Mesmo *start-ups* da web como a Questia e a NetLibrary são bancadas por centenas de milhões de dólares de capital de risco. Claro que o mundo das entidades sem fins lucrativos tem também seus gigantes, como a NDLP, mas sua continuidade depende das bases instáveis do financiamento do setor público. E as economias de escala baseadas na internet estão pressionando para uma crescente

---

[67] FROMSON, Brett D. On the Level: Is This a Stock 'Primed' for an Uptick?. The Street.com, Dec. 5, 2000. Disponível em: http://www.thestreet.com/_yahoo/markets/onthelevel/1199748.html. (A fusão foi concluída em 1º de março de 2001.) PRIMEDIA'S Loss Exceeds Expectations, Taking Hit from New-Media Businesses. *WSJ.Com*, Feb. 2, 2001. Disponível em: http://public.wsj.com/sn/y/SB981035131440666351.html (acessado em 17 de fevereiro de 2001, mas não mais acessível em 5 de maio de 2001).

fusão em termos globais. Será que a web de história pública sobrevirá ao ataque dessas megaoperações? Será que a "autoridade" e a "autenticidade" residirão nesses fornecedores corporativos do passado? E será que os vendedores corporativos acharão o zelo acadêmico por precisão e contextualização tão atraente quanto os arquivistas e acadêmicos?

O presidente da Bell & Howell, James P. Roemer, apresenta sua companhia – segundo a revista *Forbes* – "como a guardiã da verdade em uma internet livre para todos". "Não há garantia de que aquilo que você encontra na internet seja correto ou seja a informação que você quer", diz ele. O porta-voz da companhia, Ben Mondloch, coloca a importância da sua Digital Vault Initiative em termos ainda mais amplos. "Somos a única companhia que poderia fazer isso", disse ele a um repórter da *Wired News*. "Nós nos tornamos o arquivo nacional *de facto*."[68]

A noção de um "arquivo nacional" privatizado e voltado aos interesses coorporativos ocupa o outro extremo do *continuum* cujo lado oposto é ocupado pela Xanadu livre e aberta sonhada por Ted Nelson. Um vislumbre bem-humorado e assustador do aspecto que isso teria é dado pelo romance cyberpunk de Neal Stephenson *Snow Crash*, de 1992, na qual tudo virou propriedade privada, desde as FOQNEs (*Franchise-Organized Quasi-National Entities* [algo como as "Entidades Quase-Nacionais Organizadas por Franquias"]) conhecidas como Burbclaves, onde as pessoas moram, até as rodovias administradas pelas concorrentes Fairlanes Inc. e Cruiseways Inc., e os Portais Perolados do Reverendo Wayne, que tem o monopólio dos serviços de culto. O protagonista desse livro, Hiro Protagonist, é um jornalista *freelancer*

---

[68] MURPHY, Victoria. Unlocking the Vault. *Forbes Magazine*, Nov. 13, 2000. Disponível em: http://www.forbes.com/forbes/2000/1113/6613228a.html; SILBERMAN, Steve. Putting History Online. *Wired News*, June 26, 1998. Disponível em: http://www.wired.com/news/culture/0,1284,13298,00.html. Ver também JACSÓ, Péter. With Experience and Content, UMI Is Poised for a Conversion Megaproject. *Information Today*, Sept. 8, 1998. Disponível em: http://www.infotoday.com/it/sep98/jacso.htm, e a versão melhorada, http://www.umi.com/hp/News/Reviews/SiteBuilder.html; BELL & Howell's ProQuest Digital Vault Initiative Leaps Forward This Spring, *press release*, Mar. 22, 2000, em Bell & Howell's Learning and Information (http://www.umi.com/hp/PressRel/20000322.html).

da CIC, a Central Intelligence Corporation de Langley, Virginia. O "banco de dados" da CIC era, segundo escreve Stephenson,

> a antiga Biblioteca do Congresso, mas ninguém mais a chama assim. A maioria das pessoas não tem muita clareza sobre o que a palavra "congresso" significa. E mesmo o sentido da palavra "biblioteca" está ficando nebuloso. Costumava ser um lugar cheio de livros, a maioria velhos. Depois começaram a incluir fitas de vídeo, gravações e revistas. Então toda a informação foi convertida em uma forma legível por máquinas, ou seja, uns e zeros. E à medida que crescia o número de mídias e que o material se tornava mais atualizado e os métodos de buscas na Biblioteca ficavam mais sofisticados, aproximou-se o ponto em que não havia mais diferença substancial entre a Biblioteca do Congresso e a Agência Central de Inteligência. Por acaso, isso aconteceu bem na hora em que o governo de qualquer forma estava desabando. Então fizeram a fusão e lançaram uma grande e gorda oferta pública de ações.[69]

É extremamente fácil na era do ciberespaço deixar-se levar por visões extravagantes do futuro – quer sejam os sonhos utópicos de Ted Nelson ou a visão distópica de *Snow Crash*. A história nos diz que a mudança vem de modo bem mais lento e não uniforme do que a maioria dos visionários gostaria. Mesmo assim, o que é notável é o quanto a prática da pesquisa, do ensino e da apresentação do passado tem mudado em apenas cinco anos, desde que a web e a internet entraram na vida dos historiadores. Temos várias razões para celebrar os enormes avanços – o vasto arquivo de fontes primárias e secundárias hoje acessíveis nas nossas telas de computador e disponíveis a nós, pesquisadores, aos nossos alunos e a qualquer um que se interesse pelo passado. Mas, enquanto celebramos os ganhos, devemos estar atentos em relação ao que poderemos perder, caso a energia popular e o espírito cooperativo de amadores entusiasmados, bibliotecários dedicados e arquivistas perseguindo suas paixões pessoais por história, bem como

---

[69] STEPHENSON, Neal. *Snow Crash*. New York, 1992. p. 22.

o entendimento público do passado, forem esmagados pelo avanço de mastodontes corporativos em busca de lucros privados.

Seja como for, o poder e a riqueza das forças corporativas não devem nos levar a supor que estamos condenados inevitavelmente ao CIC de Stephenson. William Y. Arms, editor da *D-Lib Magazine*, focada em bibliotecas digitais, recentemente argumentou que o "acesso aberto" pode, no final, acabar dominando o futuro da informação. Ele observa que, enquanto há 10 anos a porcentagem de informação usada no trabalho profissional que estava "abertamente disponível, sem pagamento" talvez fosse de 1% ou menos, hoje a maioria das pessoas diria que 5 a 80% está disponível com acesso aberto. Eu mesmo muitas vezes encontro informação histórica mais rapidamente na web pública (e, portanto, estou mais inclinado a usá-la) do que nos bancos de dados da web privada e fechada oferecida pela minha universidade. Minha biblioteca, por exemplo, paga mil dólares por ano para obter a versão online de *Books in Print*, da Thomson Corporation, mas a Amazon.com oferece boa parte da mesma informação de graça. Além disso, o avanço do poder da computação significa que é cada vez mais fácil encontrar essa informação nas vastas extensões da internet. Para Arms, "bibliotecas digitais automatizadas combinadas com informação de acesso aberto na internet oferecem o Modelo Ford T de informação", isto é, transporte básico para todos.[70]

Historiadores têm muito interesse em moldar as estradas e os veículos que vão compor as futuras super-rodovias da informação. Precisamos colocar nossas energias em manter e ampliar a impressionantemente rica web pública de história que emergiu nos últimos cinco anos. Para alguns, isso deveria significar uma adesão aos ecléticos, mas disseminados, esforços populares de colocar o passado online – quer isso envolva postar alguns poucos documentos online para os seus alunos ou levantar fundos para projetos mais ambiciosos de criar arquivos

---

[70] OLSEN, Florence. "Open Access" is the Wave of the Information Future, Scholar Says. *Chronicle of Higher Education*, Aug. 18, 2000; ARMS, William Y. Automated Digital Libraries: How Effectively Can Computers Be Used for the Skilled Tasks of Professional Librarianship?. *D-Lib Magazine*, v. 6, July-Aug. 2000. Disponível em: http://www.dlib.org/dlib/july00/arms/07arms.html.

públicos gratuitos. Assim como o código de "fonte aberta" tem sido a bandeira de cientistas acadêmicos da computação, "fontes abertas" deveria ser o slogan de historiadores acadêmicos e populares. Acadêmicos e entusiastas criaram a web; não deveríamos cedê-la de modo rápido ou silencioso às corporações gigantes. Para todos nós, moldar o futuro digital requer uma gama de ações políticas – lutar contra os esforços de reduzir drasticamente os orçamentos de órgãos públicos como a NEH e a Biblioteca do Congresso que estão financiando importantes projetos digitais; resistir a esforços adicionais de estreitar o "domínio público"; e unirmo-nos aos bibliotecários que com frequência têm levantado sozinhos bandeiras amarelas de alerta a respeito do crescente poder dos conglomerados da informação.[71] Talvez tenhamos ainda de reexaminar nossa própria posição contraditória, por sermos ao mesmo tempo detentores de direitos e consumidores de conteúdo protegido por direitos autorais. Talvez devamos até insistir para que a propriedade intelectual que criamos (com frequência com considerável financiamento público) fique disponível livremente a todos. Se não agirmos, a Xanadu digital, como fantasiada por Nelson, pode acabar tendo tudo o que um "professor desatento poderia querer", mas apenas por um alto preço.[72]

---

[71] Sobre um esforço recente de bibliotecários e cientistas para combater os preços extorsivos de periódicos científicos de propriedade de empreendimentos comerciais, ver SCHOLARLY PUBLISHING & ACADEMIC RESOURCES COALITION; TRIANGLE RESEARCH LIBRARIES NETWORK. *Declaring Independence: A Guide to Creating Community-Controlled Science Journals*. Washington, 2001. Disponível em: http://www.arl.org/sparc/DI/.

[72] NELSON. A File Structure for the Complex.

Agradecimentos

Quando aceitou o prêmio Richard W. Lyman em maio de 2003, Roy quis expressar seu reconhecimento a todos aqueles com quem havia colaborado em projetos de história digital. Como a lista que havia compilado tinha mais de 150 nomes, viu que lê-la em voz alta consumiria muito do tempo que tinha para fazer suas considerações. Então colocou os nomes num projetor e exibiu-os ao público. Foi um gesto típico dele, que sentia muita satisfação em agradecer a seus colegas de trabalho; aos que haviam lido seus esboços; àqueles que o haviam inspirado, aconselhado e incentivado; e às escolas, entidades e fundações que ofereceram apoio material ao seu trabalho. Lamento não poder fazer jus ao que teria sido o relato eloquente do próprio Roy daqueles que o acompanharam e enriqueceram seu trabalho durante os anos em que escreveu sobre história digital.

Roy tinha grande apreço por todos os seus amigos e pelos colegas com os quais criou projetos no Center for History and New Media e no American Social History Project/Center for Media and Learning. Além disso, ele e seus coautores agradecem às seguintes pessoas nos artigos sobre novas mídias reproduzidos neste volume e em *Digital History: A Guide to Gathering, Preserving, and Presenting the Past on the Web*: Debbie Abilock, Mike Alcoff, Susan Armeny, Emily Bliss, Marta Brooks, Robert Chazan, Rustin Crandall, Leani Donlan, John Elfrank-Dana, Bret Eynon, Joan Fragazy, Mary Jane Gormley, Abbie Grotke, Giles Hudson, Stephanie Hurter, Kathy Isaacs, Frances Jacobson, Dawn Jaeger, Peter Jaszi, T. Mills Kelly, Bob Lockhart, Joanne Meyerowitz, Rikk Mulligan, Jim O'Brien, Noreen O'Connor, Julie Plaut, Elena Razlogova, Terence Ross, Jim Safley, Carl Schulkin, David Seaman, Peter Seixas, Amanda Shuman, Ron Stoloff, John Summers, Tom Thurston, Bill Tally, David Thelen, Rebecca Tushnet, Eileen Walsh e John Willinsky. Roy era muito grato ao Charles Warren Center da

Universidade Harvard, por ter-lhe disponibilizado o escritório no qual escreveu a maior parte de "Scarcity or Abundance?", e a Pat Denault e Laura Thatcher Ulrich, por sua hospitalidade ali. Agradeceu à Fundação Alfred P. Sloan pelo apoio financeiro, assim como ao diretor do programa Jesse Ausubel "por seu incentivo vital" [e] "compromisso visionário com o uso da nova tecnologia digital para coletar, apresentar e preservar o passado". Também expressou seu reconhecimento à Universidade George Mason pelo apoio ao CHNM, e particularmente ao auxílio de Daniele Struppa e ao resoluto e incansável Jack Censer.

Em suas publicações sobre novas mídias Roy expressou seu reconhecimento repetidamente a algumas pessoas, agradecendo calorosamente pelos insights e sábio aconselhamento a Michael Grossberg, Gary Kornblith, Tom Scheinfeldt, Kelly Schrum, Abby Smith, James Sparrow, Robert Townsend e Sam Wineburg. E, por suas incisivas análises culturais e políticas e grande criatividade, era profundamente grato àqueles com os quais havia escrito, editado e "conspirado" na nova mídia por vários anos: Randy Bass, Stephen Brier, Joshua Brown, Daniel Cohen e Michael O'Malley.

Pela ajuda e pelos conselhos na preparação deste livro, quero agradecer a Jean-Christophe Agnew, Betsy Blackmar, Steve Brier, Josh Brown, Jack Censer, Dan Cohen, Matt Karush, Gary Kornblith, Alison Landsberg, Mike O'Malley, Tom Scheinfeldt e Sean Takats. Roy nunca quis outra pessoa que não Jim O'Brien para elaborar o índice de seus livros; sou grata a ele por ter feito também o deste. Foi também um prazer trabalhar com Philip Leventhal e Leslie Kriesel, da Columbia University Press. Minha maior dívida é com Peter Dimock. Foi ele que abordou Roy com a ideia de publicar uma coletânea de seus ensaios sobre novas mídias e, com seu tato e gentileza característicos, me fez a proposta, vários meses após o falecimento de Roy. A visão de Peter e sua fiel persistência tornaram *Clio conectada* possível. Finalmente, dediquei este livro à mãe de Roy, que o ensinou – e mais recentemente mostrou a mim – o valor de olhar sempre à frente.

D. K.

As versões originais dos capítulos deste livro foram publicadas nos seguintes locais e reproduzidas aqui com a devida permissão:

"Scarcity or Abundance: Preserving the Past in a Digital Era", *American Historical Review*, v. 108, n. 3 (junho 2003), p. 735-762.

"Web of Lies? Historical Knowledge on the Internet", com Daniel J. Cohen, *First Monday*, v. 10, n. 12 (dezembro 2005).

"Can History Be Open Source? Wikipedia and the Future of the Past", *Journal of American History* (junho 2006).

"Historians and Hypertext: Is it More Than Hype?", com Steve Brier, *AHA Perspectives* (março 1994), p. 3-6. (Outra versão foi publicada em Lawrence Dowler, ed., *Gateways to Knowledge: The Role of Academic Libraries in Teaching, Learning, and Researching* [Cambridge: MIT Press, 1997], p. 207-214.)

"Rewiring the History and Social Studies Classroom: Needs, Frameworks, Dangers, and Proposals", com Randy Bass, *Journal of Education*, v. 181, n. 3 (1999), e *Computing in the Social Sciences and Humanities*, ed. Orville Vernon Burton (Urbana: University of Illinois Press, 2002), p. 20-48.

"The Riches of Hypertext for Scholarly Journals", *Chronicle of Higher Education*, March 17, 2000.

"Should Historical Scholarship Be Free?", *Perspectives on History*, v. 43, n. 4 (2005).

"Collecting History Online" em *Digital History: A Guide to Gathering, Preserving, and Presenting the Past on the Web*, com Daniel Cohen (Philadelphia: University of Pennsylvania Press, 2005), p. 160-188.

"Brave New World or Blind Alley? American History on the World Wide Web", com Michael O'Malley, *Journal of American History* (junho 1997), p. 132-155.

"Wizards, Bureaucrats, Warriors, and Hackers: Writing the History of the Internet", *American Historical Review*, v. 103 (dezembro 1998), p. 1530-52.

"The Road to Xanadu: Public and Private Pathways on the History Web", *Journal of American History* (setembro 2001), p. 538-579.

Este livro foi composto com tipografia Bembo Std e impresso em papel Off-White 70 g/m² na Formato Artes Gráficas.